PROCÈS

DES FRÈRES

ET DE L'ORDRE DU TEMPLE

D'APRÈS DES

PIÈCES INÉDITES PUBLIÉES PAR M. MICHELET
ET DES DOCUMENTS IMPRIMÉS ANCIENS ET NOUVEAUX

PAR

M. LAVOCAT

CONSEILLER HONORAIRE A LA COUR D'APPEL DE ROUEN

PARIS

LIBRAIRIE PLON

E. PLON, NOURRIT ET Cie, IMPRIMEURS-ÉDITEURS

RUE GARANCIÈRE, 10

—

1888

Tous droits réservés

PROCÈS

DES FRÈRES

ET DE L'ORDRE DU TEMPLE

L'auteur et les éditeurs déclarent réserver leurs droits de traduction et de reproduction à l'étranger.

Ce volume a été déposé au ministère de l'intérieur (section de la librairie) en janvier 1888.

AVANT-PROPOS

Nous offrons au public curieux d'histoire un livre intéressant, dans lequel abondent de nombreux documents peu connus.

On l'a dit bien des fois, « l'abolition de la milice du « Temple est un des mystères de l'histoire les plus obscurs; « les nombreuses pièces du procès donnent les motifs et non « les causes véritables de cette mesure terrible ». L'auteur a essayé de pénétrer ces causes et de les préciser.

Elles sont multiples.

La ruine du Temple fut la conséquence de la lutte engagée par le pouvoir royal temporel contre le pouvoir spirituel, lutte dont Philippe le Bel sortit vainqueur contre Boniface VIII.

Le Roi voulut poursuivre ses avantages. Philippe provoqua la destruction d'un Ordre religieux et militaire créé uniquement pour la défense de la Terre Sainte, *pour la Croisade,* et qui était plutôt le sujet des Papes que le sujet des Rois.

Les acquisitions faites depuis près de deux siècles par les Templiers, leurs nouveaux acquêts, étaient devenus considérables; l'Ordre absorbait peu à peu une partie du territoire français. Déjà du temps de Mathieu Pâris, vers le milieu du treizième siècle, les Templiers avaient des possessions immenses, *ils étaient aussi riches que les rois.*

Philippe le Bel eut pour objectif de faire rentrer dans son domaine de fieffeux-souverain ces biens considérables, qui en étaient sortis pour devenir biens de mainmorte, libres, affranchis de tous services réels et personnels, ne rapportant plus rien à l'État. Le Roi voulut combler les vides du trésor épuisé, créer des ressources au moyen de perceptions de droits de mutation, de droits de lods et ventes, de droits de francs-fiefs à payer par de *nouveaux possesseurs*. Le but du Roi était de réunir en sa main tous les démembrements de fiefs des barons acquis par le Temple, amortis en partie au profit de l'Ordre, et surtout ceux non amortis.

Philippe le Bel trouvait d'un seul coup des ressources financières ; il avait sa nouvelle noblesse, les chevaliers ès lois avides de biens et de récompenses, la bourgeoisie aspirant à la noblesse, les *hommes de poeste* (les roturiers) devenus, sous Philippe le Hardi, capables de *détenir et posséder* des fiefs : de nouvelles inféodations, des aliénations auraient procuré immédiatement au Roi les avantages pécuniaires dont le Trésor avait un impérieux besoin.

Philippe a-t-il cherché à frapper en même temps la noblesse de son royaume, comme on l'a prétendu ? Sans doute, l'Ordre du Temple se composait de nobles ; mais on n'a pas fait attention que cette communauté, avec ses éléments spirituels et temporels, était haïe de la noblesse du royaume, qui supportait seule les charges de la féodalité et du service militaire. Les priviléges nombreux, les exemptions dont jouissait la milice sacrée, créaient à la noblesse du royaume des obligations qui, chaque jour, prenaient une plus large extension.

Philippe le Bel, en provoquant la destruction du Temple, frappa les nobles qui composaient cet Ordre ; mais ce coup terrible n'atteignit pas directement la noblesse. Le but du

Roi fut au contraire d'en ouvrir les rangs à ceux qu'il jugeait dignes et capables de rendre des services à l'État, avec tous les droits et priviléges de la noblesse, mais aussi avec tous les devoirs et obligations de celle déjà existante.

Le Roi avait plus besoin d'une noblesse que la noblesse n'avait besoin du Roi. Sans la noblesse, à cette époque, la France n'aurait pas eu d'armées, pas de généraux, pas d'officiers, pour conduire *leurs hommes* et ceux des communes à la bataille ; pas d'argent, pas de ces armements, de ces approvisionnements nécessités par les guerres que Philippe le Bel avait à soutenir.

Mais l'intention du Roi, son intention bien caractérisée, fut de porter un coup à l'Église romaine, de diminuer la richesse, l'influence, la puissance territoriale dont l'Église jouissait en France au treizième et au quatorzième siècle.

Les causes peuvent donc se résumer ainsi.

Causes féodales, financières ou budgétaires, si l'on veut se servir d'une expression des temps modernes ; le Roi eut l'ambition d'agrandir son domaine, sa puissance souveraine personnelle : la nation était appauvrie, les besoins du Trésor étaient urgents, Philippe espéra enrichir l'État, et s'enrichir lui-même des dépouilles de l'Église du Temple.

Le Roi manqua son but.

Les motifs ne furent que des prétextes. La défense de la religion, prétexte inique, étrange de la part d'un Roi se disant le premier champion de l'Église, mais employant tous les moyens pour réduire le pouvoir et l'autorité du Saint-Siége.

Les agissements de Philippe le Bel devaient avoir un résultat négatif. L'Église demeura aussi puissante, sous les rois ses successeurs, que par le passé, plus puissante même qu'elle ne l'avait été du temps de Louis IX.

Des moyens déplorables, la terreur qu'inspirait ce Roi redoutable (*metuendissimus*) entraînèrent un Pape. La mémoire de Philippe le Bel, la mémoire de Clément V resteront chargées dans l'histoire. Les flammes dévorèrent une grande partie de cette noblesse du Temple, composée d'hommes d'une bravoure à toute épreuve, d'une orthodoxie conforme à sa règle.

Le Roi manqua son but, avons-nous dit ; l'Ordre du Temple (et ceci est fort important à retenir) n'a été ni jugé ni condamné en jugement ; les immeubles ne furent donc pas confisqués au profit du Roi, au profit du fisc ; Clément V, en vertu de son autorité apostolique, de son pouvoir personnel, et sous sa seule responsabilité, cassa l'Ordre *parce que le Roi de France, son fils chéri, avait cette affaire à cœur* (*cui negotium erat cordi*). Les immeubles échappèrent à la convoitise de Philippe, restèrent biens d'Église, et furent adjugés aux Hospitaliers de Saint-Jean de Jérusalem et à d'autres gens d'Église.

Lorsqu'on emploie les termes généraux : *condamnation de l'Ordre du Temple,* on se sert d'expressions qui tendraient à faire croire qu'il n'y eut qu'un seul procès, celui dirigé contre l'Ordre.

L'auteur fait ici une distinction importante. Il y eut deux sortes de procès : les uns, dirigés contre les personnes des Templiers, furent instruits par des commissions d'inquisiteurs et jugés par des conciles provinciaux institués en France et à l'étranger ; l'autre procès fut suivi contre l'Ordre seul (*contre la personne morale*) ; ce procès fut instruit par une grande commission spéciale nommée par Clément V, qui siégea à Paris ; il devait trouver des juges au concile général de Vienne.

Les personnes furent condamnées par les conciles de

Sens (Paris), de Senlis (Reims), de Pont-de-l'Arche (Rouen), par les conciles de Pise, de Florence, de Provence, de Sicile. Les Templiers furent déclarés innocents par les conciles de Ravenne, de Salamanque, de Mayence. Le concile de Londres, tout en reconnaissant l'innocence des Frères, les condamna à la pénitence perpétuelle ; ils furent répartis dans divers couvents ; ils y menèrent une conduite *édifiante d'observance et de piété.*

Le concile de Vienne refusa de juger l'Ordre, de le condamner sur le vu de l'enquête de la grande commission : 1° parce que l'Ordre n'avait pas été cité ; 2° parce qu'un grand nombre de conciles provinciaux avaient absous les personnes et proclamé l'innocence de l'Ordre.

Philippe le Bel fut l'inventeur de ces divers procès, et, suivant l'expression de Dupuy, *le Roi fut le premier qui remua cette pierre.* Rien n'est plus exact.

Les autres motifs, c'est-à-dire les autres prétextes, furent ceux mis en usage au moyen âge contre tout ce que le despotisme voulait faire disparaître : l'hérésie, l'apostasie, l'idolâtrie, les mauvaises mœurs.

Les moyens de preuve employés (et qui étaient toujours infaillibles) consistèrent dans la torture, la question, les violences, les menaces de mort, la terreur, les promesses d'argent, de subsides et de pensions, la subornation des témoins, le mensonge, les manœuvres pratiquées dans les prisons, la partialité des juges ecclésiastiques, la pression exercée sur le plus grand nombre, la corruption de quelques-uns.

Les aveux arrachés par la torture, la douleur et les menaces de mort constituaient à cette époque des preuves juridiques. Un grand nombre de Templiers se rétractèrent ; mais ils furent condamnés au feu, **comme impénitents, obstinés et relaps.**

Dans quelques maisons du Temple, et non dans toutes on faisait subir au profès une épreuve terrible et détestable. On imposait au profès, qui venait de prêter son serment en entrant dans l'Ordre, l'épreuve de renier Jésus-Christ, de cracher sur la croix, de subir des baisers indécents. C'était une épreuve d'obéissance passive, d'abnégation de volonté ; l'épreuve du reniement se retournait contre les ennemis de la foi.

On jugeait, d'après la résistance opposée par le profès à se soumettre à cette redoutable épreuve, de l'énergie qu'il déploierait en combattant les infidèles, du refus opiniâtre, inébranlable, de renier Jésus-Christ et sa foi pour sauver sa vie, s'il venait à tomber entre les mains des Sarrasins.

Cette série d'épreuves n'était qu'une détestable et grossière plaisanterie... un jeu... une brimade...(*trufa...jocus...*) un semblant... une fiction... qui n'avaient aucune conséquence pour la foi ; il n'en restait plus rien, lorsque le profès était revenu de cette *épouvante*.

L'enquête fait connaître divers incidents qui ont entraîné la conviction de l'auteur. Cette opinion s'appuie sur des textes nombreux.

Ceux qui voudront lire les documents inédits, méditer et peser l'ensemble des témoignages, décideront si l'auteur s'est trompé.

Au cours de la volumineuse enquête à laquelle il fut procédé à Paris, trois Templiers seulement dans tout l'Ordre, vaincus par la torture, la douleur et les menaces de mort, se sont accusés d'infamies, mais ils se rétractèrent. L'enquête nous donne leurs noms et nous fait connaître leurs déclarations.

Philippe le Bel s'appropria toutes les valeurs mobilières du Temple, qui étaient incalculables ; sa famille, sa femme, ses enfants et son frère Charles de Valois en usèrent largement. L'auteur a essayé d'établir le compte des valeurs immenses qui furent approfitées par le Roi et sa famille.

La destruction de l'Ordre du Temple ne profita en rien à la nation, qui perdit l'action utile, dans le Levant, en Grèce et en Orient, d'une milice qui, composée en la plus grande partie de Français, sagement réformée, aurait pu créer une marine florissante, un vaste empire, des relations commerciales et politiques considérables qui échappèrent à la France dans le présent et dans l'avenir.

Aucun témoignage ne s'est produit concernant les prétendues habitudes criminelles imputées aux Templiers... tous protestèrent. La preuve entreprise contre eux et contre l'Ordre reste pour nous à l'état de calomnie et de diffamation : la règle punissait des peines les plus sévères (la prison perpétuelle, *in pace*) ceux qui étaient convaincus de telles ignominies.

Les documents joints à la Règle attestent qu'elle fut de tout temps appliquée sans pitié à ceux qui se rendaient coupables d'actes pareils.

OBSERVATIONS

Nous avons conservé les fautes d'orthographe rencontrées dans les textes.

Nous reproduisons en latin les noms des témoins entendus aux enquêtes, pour faciliter les recherches aux tables des documents inédits.

Au lieu d'employer dans les notes à renvois les mots *Documents inédits*, nous nous servons du mot *Procès* : Proc.

PROCÈS

DES FRÈRES

ET DE L'ORDRE DU TEMPLE

CHAPITRE PREMIER

Commencements des pauvres soldats du Temple (*pauperes commilitones Christi templique Salomonici*). — Hugues de Payens et Godefroy de Saint-Omer. — Leur vœu, leurs services. — Un seul cheval sert à ces deux chevaliers. — Leur cachet. — De 1118 à 1127, la petite communauté se compose de neuf chevaliers. — Ils demandent la règle. — Le pape Honorius II et Bernard, abbé de Clairvaux.

Au nombre des croisés qui partirent pour Constantinople et la Terre sainte en 1096, se trouvaient Hugues de Payens ou de Payns, *Hugo de Paganis*, de la maison des comtes de Champagne, et Godefroy ou Geoffroi de Saint-Omer, *Godefridus de Sancto Audemardo*, Flamand d'origine.

Le notaire apostolique *Sicus de Vercellis*, témoin entendu le 3 mars 1311 dans le procès dirigé contre l'Ordre du Temple, affirme que l'on prétendait *en Orient* que ces deux chevaliers fondateurs de l'Ordre étaient *Bourguignons*[1]. Le nom de Hugues de Payens figure sur la liste des princes, seigneurs et chevaliers qui prirent part à la seconde croisade; celui de

---

[1] Quod duo nobiles de Burgundia milites Ordinem militiæ Templi inceperunt. *Proc.*, t. I, p. 642.
L'article 2 de la *Règle française* disait : « Bien aeuvre damedieu avec nos « et nostre Sauveor Jhesu Crist, lequel a mandé ses amis de la sainte cité de « Jhérusalem en la marche de France et de *Bergoigne*. »

Godefroy de Saint-Omer ne s'y lit pas[1]. Cette lacune peut s'expliquer. La personnalité de Godefroy de Saint-Omer s'effaça devant celle de Hugues de Payens, qui fut élu maître de la communauté naissante. Nous verrons que le Frère Godefroy de Saint-Omer accompagna Hugues de Payens et le patriarche de Jérusalem, *Étienne de la Fierte*, en 1128, au concile de Troyes, où l'Ordre du Temple recevra la règle.

Après le sac de Jérusalem (15 juillet 1099), alors que princes, comtes, barons, avides de conquêtes temporelles, s'étaient adjugé souverainetés et seigneuries, et les *belles femmes de la Grèce* dont Alexis Comnène avait promis l'amour à la vaillance, on vit de modestes gentilshommes poursuivre un but plus désintéressé. « Que les défenseurs de la foi », écrivait Alexis Comnène à Robert, comte de Flandre, « se laissent « au moins attirer par l'amour de l'or et de l'argent qui abon- « dent ici; qu'ils se laissent, de plus, séduire par la beauté des « femmes de la Grèce qui sont voluptueuses partout dans mon « empire[2]. »

Matthieu Pâris nous apprend qu'après la prise de Jérusalem, le roi Godefroy de Bouillon fit enlever les cadavres amoncelés dans l'intérieur des églises et autour du Temple[3], qu'il fonda tout de suite un chœur de chanoines chargés de célébrer l'office divin dans l'église du Saint-Sépulcre. Le Roi mourut le 7 avril 1100, au retour d'une expédition; en passant par Césarée, l'émir de cette ville lui avait fait servir un cédrat empoisonné. Baudouin, frère utérin de Godefroy, qui s'était emparé d'Édesse à son singulier profit, fut élu roi par la partie militante des vassaux immédiats à la couronne : sous son règne, le patriarche de Jérusalem Arnulphe fit réguliers de Saint-Augustin les

---

[1] *Galeries historiques du palais de Versailles*, t. VI, 1re et 2e partie, édit. 1840-1844.

[2] « Amor saltem auri argentique quorum innumerabiles illic habentur « copiæ, cupiditas liceret; præter hæc, universa pulcherrimarum fœminarum « voluptate trahantur... » Lettre d'Alexis Comnène à Robert, comte de Flandre. GUIBERT, *Gesta Dei per Francos*, liv. Ier, ch. v, p. 376 D.

[3] Ecclesias civitatis et præcipue templi ambitum a cadaveribus occisorum, et sordibus universis mundantes. Matth. PARIS, année 1099, p. 34. Paris, 1644.

chanoines dont la corporation avait été créée par le roi Godefroy. Vers l'année 1118, sous Baudouin Dubourg, cousin et successeur de Baudouin d'Édesse, Hugues de Payens et Godefroy de Saint-Omer se consacrèrent au service de Dieu, sous la règle des chanoines de Saint-Augustin. Ils firent, entre les mains du patriarche Guatimond, vœu perpétuel d'obéissance, d'abdication de volonté, de chasteté, de pauvreté (ne rien posséder en propre). *Pour la rémission de leurs péchés*, ils s'étaient établis en permanence dans un certain défilé dangereux pour les caravanes qui se rendaient au *saint Sépulcre*. Ils surveillaient les routes, les mouvements des infidèles, toujours prêts à attaquer et à massacrer les pèlerins; ils se portaient à leur rencontre, et les conduisaient en sûreté jusque dans les murs de la ville sainte. Ce défilé, connu alors sous le nom de chemin des Pèlerins, prit bientôt celui de *Camp*, de *Château-Pèlerin*, qu'il conserva par la suite [1].

Le dévouement de ces chevaliers attira sur eux les bienfaits du Roi et du patriarche.

Hugues de Payens et Godefroy de Saint-Omer associèrent sept autres chevaliers à leur rude besogne. Comme ils étaient sans logement (*méson*), le roi Baudouin II leur donna une habitation, *un asile* (*habitaculum*), dans son palais près du Temple; les chanoines abandonnèrent à leur profit un emplacement contigu qui leur avait été affecté. Les chevaliers y établirent leurs quartiers [2]. À partir de ce moment, on les appela les

---

[1] Quondam passum custodiebant qui nunc castrum peregrinum nuncupatur, in quo passu, qui tunc iter peregrinorum vocabatur. Déposition du notaire apostolique Sicus de Vercellis. *Proc.*, t. I, p. 643.

Telle est l'origine du célèbre Château-Pèlerin, qui fut construit sur le bord de la mer, à dix milles de Césarée. Ce passage dangereux, dont parle le témoin de Vercellis, portait le nom de *Pierre-Encise*, — le détroit, — parce qu'il avait été creusé de main d'homme, dans le rocher. Les Templiers y élevèrent une tour, et, en l'année 1218, ils construisirent une forteresse sur un promontoire en face.

Château-Pèlerin resta au pouvoir des chrétiens jusqu'en 1291, date de la chute d'Accon (Ptolémaïs).

Château-Pèlerin porte aujourd'hui le nom d'Athlit, au sud d'Acre, entre Césarée et Caïpha, à la hauteur de Nazareth.

[2] In palatio regis mansionem habent... rex Balduinus in palatio suo eis

1.

pauvres soldats du Temple, « *pauperes commilitones Christi templique Salomonici* ». Dans les commencements, ils étaient si pauvres qu'à deux, ils montaient un seul cheval en signe de fraternité ; le sceau des Templiers représentait à l'origine un palefroi monté par deux cavaliers[1]. On trouvera dans Matthieu Pâris[2], à la suite de l'histoire de Henri III, roi d'Angleterre, le *spécimen curieux du sceau* des deux premiers fondateurs de l'Ordre. Le sceau du Temple prit le nom de *boule;* il était coulé en plomb et en argent. C'était le signe du commandement.

En 1310, lors du procès du Temple, un nommé Pierre de Palude, Frère Prêcheur, bachelier en théologie, affirmera sous la foi du serment avoir entendu dire que ces deux chevaliers s'étaient donnés au diable à la suite d'un combat dans lequel l'un avait été blessé, bien qu'il se fût recommandé à Jésus-Christ, tandis que l'autre qui s'était recommandé au démon avait été préservé ; les erreurs du Temple dataient, ajoute le témoin de Palude, de cette époque. Ce bachelier en théologie n'hésite pas à déclarer qu'il croit que le chevalier qui fut préservé dans la bataille était le *diable en personne*[3]. Nous reviendrons en temps utile sur l'ensemble de la déposition de Pierre de Palude.

Guillaume de Tyr et Matthieu Pâris font remarquer que, de l'année 1118 à l'année 1127, époque à laquelle ils demandèrent la règle, le nombre des chevaliers du Temple ne dépassait pas *neuf*, nombre égal au temps de leurs services passés[4]. Pendant ces neuf années, *les Frères conservèrent l'habit séculier*. Bientôt, la faveur du Roi et du patriarche provoqua la générosité du peuple, des grands et des prélats ; on assigna aux che-

---

habitaculum concessit... Canonici vero plateam quam circa habebant palatium ad officinas constituendas concesserunt. Matth. PARIS, p. 46.

[1] Adeo pauperes ut unum tantum equum haberent communem, unde eorum sigillo inculpuntur duo equites uni equo insidentes. *Variantes* de Matth. PARIS. G. Lombard.

[2] Voir Matth. PARIS, édit. de Paris, 1644, in-f°.

[3] Quem credit fuisse diabolum transformatum in forma humana. *Proc.*, t. II, p. 195.

[4] Matth. PARIS, t. II, p. 46.

valiers, soit des bénéfices à temps, soit à perpétuité[1]; dès lors il devint nécessaire de réglementer leur association; *gens d'épée* et *gens de religion, hommes d'Église,* le Pape seul avait le pouvoir de les autoriser à verser le *sang humain* dans les combats[2]; le Pape seul avait qualité pour permettre la création d'un Ordre tout à la fois religieux et militaire, une communauté capable de recevoir, d'acquérir, de conserver, de contracter, conformément aux principes du droit canonique et féodal.

Lorsque les chevaliers demandèrent la règle, le patriarche Étienne de la Fierte sollicita le pape Honorius II de la leur accorder. Lambert, évêque d'Ostie, qui occupait le trône pontifical depuis le 11 décembre 1124, sous le titre d'Honorius, chargea de cette affaire importante Bernard, abbé de Clairvaux[3].

---

[1] Certa eis provictu et amictu beneficia, quædam ad tempus, quædam in perpetuum contulerunt. G. DE TYR, t. I, p. 12, liv. VII, et GURTLER, n° 44.

[2] Hostem sine culpa ferint... *Règle latine,* art. 51.
La chevalerie armée puet sanz colpe tuer les anemis de la croix... *Règle française,* art. 57.

[3] ...qui (Bernardus) pro dicto negotio et officio per sanctam Ecclesiam Romanam fuit *Ellectus...* Cédule du Templier Helias Aymeric. *Proc.,* t. I, p. 121 *in fine...* — De mandato Domini Honorii papae... LABBE, *Conciles,* vol. XI, p. 1564, D.

CHAPITRE II

L'abbaye de Clairvaux. — Bernard. — Sa doctrine. — Les deux glaives. — L'épée spirituelle et l'épée temporelle. — Constitution d'une religion armée. — Unité du dogme. — Unité politique sur le modèle de l'unité catholique. — Idée fixe de l'abbé de Clairvaux de préserver l'Occident contre l'invasion des Sarrasins et du monothéisme.

Bernard était le troisième fils de Técelin, seigneur du château des Fontaines, et de dame Aleth de Monbars [1]. En sa qualité de *mains né*, Bernard était destiné aux fonctions ecclésiastiques. En l'année 1112, à l'âge de vingt-deux ans, Bernard entra à l'abbaye de Cîteaux, gouvernée par l'abbé Étienne; il raffermit la règle, et créa dans ce centre religieux l'amour de l'étude, du travail, la prospérité.

En 1115, Bernard quitta Cîteaux pour fonder l'abbaye de Clairvaux, dans un lieu situé sur les bords de l'Aube, qui lui fut concédé par Thibaut, comte de Champagne, lieu hanté depuis les temps reculés par les malfaiteurs. Ce repaire était alors connu sous le nom de *Vallée d'absinthe*, vallée de douleurs pour les voyageurs qui s'y aventuraient et tombaient entre les mains des brigands [2]. Les moines de Clairvaux furent dans le principe forcés de vivre d'aliments mêlés de feuilles de hêtre, d'orge, de millet et d'avoine, de se composer un pain ressemblant à de la terre [3]; mais bientôt le sol se couvrit de verdure et de moissons. Cette transformation fut due à la foi, à la prière, à l'obéissance, à la règle et au *hoyau* que

---

[1] Burgundiæ partibus fontanis oppido patris sui oriundus fuit... Pater ejus Tesselinus, mater Aleth ex castris cui nomen Monsbarrus... *Vie de saint Bernard*, ch. I et II.
[2] Vallis absintialis dicebatur propter amaritudinem incidentium in latrones... Nangis, anno 1115, p. 6.
[3] Magis terrenus quam furfureus. Nangis, *id*.

Bernard maniait aussi lui-même pour donner l'exemple à ses frères [1].

Bernard avait pris en main la défense du dogme, de l'unité catholique, de la foi, de la morale. Il protégeait les faibles, il fulminait contre les désordres de l'Église et les vices du clergé. Le mal était grand et profond, au douzième siècle. En 1107, le roi Philippe Ier avait, du consentement du pape Pascal, été forcé d'expulser les religieuses de Saint-Éloi, à cause de leur *impudicité*[2]. En 1119, le pape Calixte II fut dans la nécessité d'excommunier les *simoniaques*, ceux qui exigeaient de l'argent pour administrer les sacrements, et d'interdire le concubinage aux prêtres, aux diacres et sous-diacres [3]. En 1127, le pape Honorius dut renouveler les mêmes défenses [4]. En 1129, Suger finit par expulser de leur couvent les religieuses d'Argenteuil, à cause de leur mauvaise conduite, au nombre desquelles se trouvait Héloïse, femme d'Abélard.[5]

Bernard professait la doctrine de saint Augustin, ses principes sur l'amour, sur la grâce, sur l'anéantissement de l'homme devant Dieu, sur les avantages de la vie en commun. Toutefois, la vie contemplative ne suffisait pas à l'âme énergique de l'abbé de Clairvaux, qui imprima un mouvement considérable à la religion de l'évêque d'Hippone, en l'associant à la règle austère et active de Saint-Benoît [6]. Il soutenait que l'anéantissement de l'homme devant Dieu ne devait pas exclure l'activité. Nous esquissons en quelques mots la doctrine de l'abbé de Clairvaux. « L'homme est impuissant s'il reste inerte. La contemplation n'est qu'un loisir. L'homme doit exercer sa puissance sur la nature et sur la société. L'activité est le principe du salut. Le devoir de l'homme consiste dans la connais-

---

[1] *Vie de saint Bernard*, ch. IX.

[2] Propter intemperantem quam *imprudenter* agebant fornicationem moniales... FÉLIBIEN, *Histoire de la ville de Paris*, t. III, p. 55.

[3] Ubi sunt excommunicati simoniaci et pro sepultura, Chrismate vel baptismo pretium exigentes, ibique uxorum et concubinarum contubernia, presbyteris, diaconis et subdiaconis, sunt penitus interdicta... NANGIS, ann. 1119.

[4] LABBE, *Conciles*, t. X, p. 919.

[5] Moniales infames... NANGIS, année 1129.

[6] SAINT BERNARD, lettre 3e à certains chanoines réguliers.

sance de Dieu, dans la pratique de la continence, de la chasteté, de l'obéissance, du dévouement, du sacrifice, du travail. L'oisiveté est l'ennemie de l'âme ¹. L'homme doit lutter et combattre contre la matière. La foi qui sauve l'âme conduit à la conquête du ciel. » Ce n'était pas assez pour Bernard : la foi et l'épée devaient d'un commun accord agir, combattre pour le triomphe du dogme et de l'unité catholiques, car *la couronne ne se remporte pas sans combat* ². Il fallait à l'abbé de Clairvaux une *religion armée* ³, une *religion militante :* c'était à l'aide de la croix et de l'épée que Charlemagne avait fondé l'empire : « Ma mission », écrivait Charles à Léon III, « est de « défendre, à l'aide de la miséricorde divine, la sainte Église du « Christ, à l'extérieur par les armes contre toute attaque des « païens et tout dommage de la part des infidèles; à l'inté- « rieur, en l'affermissant par la profession de la foi catholique. « Votre obligation *à vous* est d'élever les mains vers Dieu « comme Moïse, et de soutenir mon service de guerrier par « des prières. »

Bernard voulait associer pour la conquête et la conservation de la Terre sainte l'épée spirituelle et l'épée temporelle, qui, à cette époque, étaient solidaires en matière de gouvernement et de juridiction. « Il faut sortir les deux glaives », écrit-il au pape Eugène ⁴. « Deux espées sunt, par lesquelles toz li « pueples doit être governés espirituellement et temporale- « ment, car l'une des espées doit être espirituel, et l'autre « temporel. L'espirituel doit être laissé à Sainte Église, et le « temporel aux princes de la terre; quand une espée a mestier « l'autre, elles s'entredoivent aider... l'espée temporel doit « toz jors estre appareillé pour garder et deffendre Sainte « Église toutes les fois que mestier est ⁵. »

Bernard, que l'on considérait comme un astre tombé du ciel sur la terre ⁶, croyait avoir reçu une mission d'en haut.

---

¹ Pierre le Vénérable, abbé de Cluny, à saint Bernard, lettre 229.
² Corona non datur sine certamine... SAINT BERNARD, liv. V, p. 49 B.
³ Religio per militiam armata. *Règle latine du Temple*, art. 51.
⁴ Exerendus nunc utique gladius... SAINT BERNARD, lettre 56 au pape Eugène.
⁵ BEAUMANOIR, *Coutume du Beauvoisis*, t. II, p. 245, 246.
⁶ Sidus terris illapsum. LABBE, *Conciles*, vol. X, p. 907.

Souvent il se posait à lui-même cette question : « Bernard, à
« quelles fins es-tu donc venu¹? » Il rêvait l'unité politique
sur le modèle de l'unité catholique; il voulait précipiter
l'Europe chrétienne sur l'Orient musulman monothéiste. Son
objectif était d'assurer la conquête de la Terre sainte au moyen
de cette arme à double tranchant, la *Foi* et l'*Épée,* d'opposer
un rempart à l'invasion de ces Sarrasins qui, maîtres dès 741
de la Syrie, de la Perse, de la Palestine, de l'Afrique et de
l'Espagne, menaceraient une seconde fois l'Occident, après
avoir subjugué l'Orient et la Grèce². Bernard croyait à l'utilité
d'une *milice d'élite permanente,* composée de chevaliers catholiques de toute nationalité revêtus du double caractère religieux et militaire, assez puissante pour servir d'avant-garde aux
armées de la foi. Son but était d'écarter des armées les prêtres
et les moines, ces non-valeurs qui étaient toutes tombées en
masse sous le sabre musulman lors de la première croisade.
Les armées de la foi, disait-il, ont besoin de chevaliers qui
combattent, et non de moines qui passent leur temps à pleurer
et à murmurer des psaumes. « Ce n'est point vers la Jérusalem
« terrestre que les moines doivent diriger leurs pas; qu'ils
« se bornent à élever leurs aspirations vers la Jérusalem
« céleste³! » La règle de Saint-Benoît disait la même chose⁴.
En vain Bernard essaya-t-il de modérer l'entraînement des
foules qui n'étaient pas en état de porter les armes; en vain
essaya-t-il de conjurer le désordre lors de la seconde croisade;
une masse énorme d'hommes de poeste, de petites gens armés
à la légère, de femmes, *parvulæ mulieres,* se mit cette fois
encore à la suite des 140,000 hommes armés de cuirasses
(*equitum loricatorum*), commandés par Conrad et Louis VII.
De cette multitude, il ne revint pas un dixième en Occi-

---

¹ Bernarde! Bernarde! ad quid venisti?... *Vie de saint Bernard,* liv. Ier,
ch. IV. Paris, édit. 1658.

² BERNARD, lettre 322 aux clercs et au peuple de France; — lettre 394 aux
comtes et aux barons de Bretagne; — lettre 395 à Manuel Comnène.

³ SAINT BERNARD, lettre 319, et lettre à l'abbé de Morimond.

⁴ Le moine doit pleurer et gémir... *Règle de Saint-Benoît,* ch. V. — Le
moine est destiné aux gémissements et aux larmes. *Règle de Saint-Benoît,*
ch. VII.

dent [1]. On sait qu'il advint à ceux qui se précipitèrent à cette seconde croisade ce qui était arrivé lors de la première. Presque tout le monde avait péri par le fer et par la faim [2]. Nangis nous apprend les désastres semblables qui affligèrent les armées de Conrad et de Louis VII. Les vivres vinrent à manquer, l'armée fut en proie à la famine; on en fut réduit à manger les chevaux et les bêtes de somme [3]. La luxure, l'indiscipline qui régnaient dans les camps amenèrent la perte des armées [4].

Les rêves de saint Bernard, qui furent aussi ceux de tous les hommes de son temps, s'évanouiront; l'enthousiasme s'affaissera sous le poids des revers; l'Évangile devra en Orient céder la place au Coran; l'Ordre du Temple, qui avait versé jusqu'à la dernière goutte de son sang pour le dogme, payera pour toutes les illusions, et sera sacrifié par le pouvoir spirituel aux jalousies, aux convoitises, à la politique du pouvoir temporel.

[1] Vix decima pars evasit. Matth. Paris, années 1146, 1147, p. 64, 65.
[2] Saint Bernard, lettre 322 *in fine*.
[3] Victu deficiente, fame nimia cruciati, ita ut quidam equorum et asinorum carnibus vescerentur... Nangis, années 1147-1148.
[4] Castra illa nostra, castra non erant in quibus atque infelici quadam licentia, multorum spirabant libidines... Guillelm. Neubrig., liv. Ier, *De rebus Angl.*, ch. xxx.

CHAPITRE III

1128, concile de Troyes. — La règle. — Hugues de Payens, le patriarche de Jérusalem, Étienne de la Fierte. — Révision de la règle par Bernard. — Compléments apportés à la règle latine. — Statuts et règlements de l'Ordre trouvés par Maillard de Chambure. — L'Église connut-elle ces additions à la règle ?

Dans le courant de l'année 1127, Hugues de Payens, qui avait été élu maitre de la petite communauté, se rendit de Jérusalem en France pour recevoir la confirmation pontificale et la règle. A ces fins, un concile fut convoqué à Troyes; l'ouverture en fut fixée au jour de la fête de saint Hilaire, 1128. Au nombre des personnages qui assistèrent à ce concile se trouvait l'abbé de Clairvaux, qui en fut l'âme; Hugues de Payens était accompagné des Frères Godefroy, Rolant, Geoffroy Bisol, Payen de Montdidier et Archambauld de Saint-Aman.

Une règle, libellée par le patriarche de Jérusalem Étienne de la Fierte et par Hugues de Payens, fut présentée développée par ce dernier. On la discuta, on élimina certaines propositions qui parurent *sans réson*, « *quod videbatur absurdum* ». En somme, l'opinion de saint Bernard fut en tout point adoptée par acclamation; ce qu'il décida fut admis. « *Sententiam ejus* « *libera voce collaudabant.* » Une fois la règle revisée et votée, le concile chargea Bernard de sa rédaction, « le vénérable « Père Bernat, abès de Clerevaux, à qui estoit coneuz et creuz « cestui Diou office[1] ». L'abbé de Clairvaux donna ce travail à faire à l'humble scribe Jean Michel, assistant, « *humilis scriba* ». Jean Michel rédigea, écrivit la règle en latin. Les membres du concile confièrent à la discrétion du pape Hono-

---

[1] Prologue de la *Règle*, art. 5 et 6. — Nous suivrons l'ordre adopté par M. Curzon dans son travail (*la Règle du Temple*), publié par la Société de l'Histoire de France, année 1886.

rius, à l'intelligence du patriarche Étienne, « *celi qui savait la* « *fère de la terre d'Orient* [1] », à la sagesse du chapitre de l'Ordre, le soin de compléter les statuts suivant les circonstances et les besoins intérieurs de la communauté, mais sous l'approbation du Pape [2].

La règle latine renfermait les prescriptions générales se rapprochant plus ou moins des règles de Saint-Augustin et de Saint-Benoît; elle n'avait pu s'occuper de ce qui devait intéresser l'administration intérieure, ni des détails de la discipline. Le concile se borna à reconnaître les droits généraux du grand maître en cette matière, sans définir les compléments qui seraient commandés par l'expérience, et que des règlements ultérieurs devaient codifier. La règle latine ne parle ni du mode d'élection des maîtres, ni du mode de réception des Frères, ni des fonctions des divers dignitaires de l'Ordre, ni du code des peines, ni de l'indulgence disciplinaire, ni des règlements stratégiques ; elle n'avait pas à s'immiscer dans les questions de personnes et d'administration intérieure, qui devaient être résolues librement par les seuls membres de l'Ordre; ces divers détails restaient subordonnés, comme toutes les choses humaines, aux nécessités de la pratique. On trouve, dans la grande enquête qui sera dirigée contre l'Ordre, un texte positif sur ce point. « *Des statuts furent créés après la règle* » à laquelle ils faisaient suite [3]. Nous aurons l'occasion de comparer certains articles de la règle réformée avec les divers chefs d'inculpations qui furent dirigés contre l'Ordre; on verra ressortir ces prescriptions additionnelles. Aucun de ces articles n'apportait de modifications répréhensibles à la règle. On en fit cependant des chefs graves d'accusation contre le Temple, notamment la confession, l'absolution disciplinaires, que l'on voulut confondre avec la confession sacramentelle et l'absolution des péchés [4]. Disons tout de suite que, si la règle

---

[1] Prologue de la *Règle,* art. 5 et 6.
[2] Labbe, *Conciles,* vol. X, année 1127, p. 924.
[3] Statuta facta post dictam regulam... Déposition du chevalier De Caus. *Proc.,* t. I, p. 388. Cette déposition est d'une importance capitale.
[4] Curzon, *Règle,* nos 45, 389, 390, 502 à 505, 538 à 542.

latine reçut des articles complémentaires, qui furent intercalés dans son texte primitif, leur application fut, à n'en pas douter, approuvée par le Saint-Siége ; ce fut le Saint-Siége qui, concédant à l'Ordre des priviléges successifs, nécessita l'adjonction de certains articles et statuts spéciaux à la règle primitive. L'ensemble de ces statuts a été reconstitué par Maillard de Chambure, à l'aide de documents trouvés à Dijon, à Rome et à Paris. En lisant ces documents, il est aisé de distinguer les époques auxquelles furent forgés les rouages de cette machine puissante, la règle de l'Ordre du Temple.

La règle latine, celle donnée au concile de Troyes, est la pièce principale à laquelle sont venus se souder des ressorts complémentaires, ce qui forme l'ensemble trouvé dans les archives de Dijon, de Rome et de Paris. Dupuy avait eu raison de dire que la règle latine *n'était qu'un abrégé de la règle entière*. « Cette règle, écrit Dupuy, *n'est pas parvenue jusqu'à nous* [1]. » Maillard de Chambure la fit connaître en France en 1840.

La règle complétée, réformée (nous lui donnerons à l'avenir le nom de *règle française*), fut approuvée par l'Église, qui la connaissait bien. Plusieurs Templiers l'ont positivement déclaré, au cours de l'information dirigée contre l'Ordre en 1309 et en 1310 [2]. Le Saint-Siége n'a pu ignorer ces additions successives aux statuts primitifs. Le Temple était devenu le bras droit des papes, qui le comblèrent de priviléges et d'exemptions moyennant finances [3]. Il est vrai que les Frères abusèrent de ces priviléges [4].

[1] Dupuy, *Templiers*, vol. I, p. 3 et 4.
[2] La religion deu Temple fut fête et establie par monseigneur St Bernart... confremée de nostre per le pape qui a che tems estoit, et des *autres papes ensuivans*. Antiquamant li Frères deu dit Ordre sont eus cubiculaires de nostre sire *le Papa* et vivaient en conversamant religion sancta et honesta en *tiel guisse* que si il fussent cil on lor mist dessus, il ne les eurent pas receu à cet office... Cédule du Frère Jean de Montréal et du Frère Colard d'Évreux. *Proc.*, vol. I, p. 140, 142, 145.
[3] Interveniente opima retributione versus Papam exempti, ut magis gloriarentur libertini... Papa se subjunxerint... Matthieu Paris, *Variantes*.
[4] Per abusum litterarum apostolicarum vexabant multos... Déposition du Frère Géraldus, *Proc.*, t. II, p. 83.

Nous indiquerons dans un des chapitres suivants comment, à l'aide de quels priviléges et affranchissements, les papes attirèrent sous leur juridiction spéciale et personnelle l'*Ordre régulier* du Temple; nous ne saurions admettre que l'Église ait pu ignorer les articles complémentaires à la règle latine : cette règle se trouve à la suite du concile de Troyes; la copie en a été tirée des archives de la bibliothèque de Saint-Victor à Paris[1]. Elle a été reproduite par Maillard à la suite de son ouvrage. Le travail plus complet de M. Curzon ne laisse rien à désirer.

On a écrit que rien n'autorisait à croire que saint Bernard fût l'auteur de la règle. Il suffit de lire le prologue de la session du concile de Troyes pour acquérir la certitude contraire. Les écrivains ecclésiastiques du dix-septième et du dix-huitième siècle sont unanimes ; l'opinion de Michelet est conforme[2]. Maillard de Chambure décompose la règle et l'attribue pour partie au patriarche Étienne de la Fierte et pour une autre partie à saint Bernard. Quant à nous, nous trouvons dans les articles de la règle latine elle-même une preuve qui nous semble décisive. La règle latine est remplie de pensées tirées des textes des Écritures, avec lesquels l'abbé de Clairvaux était si familier. Si saint Bernard eut jamais un orgueil légitime, ce fut celui de l'érudition ; dans ses ouvrages, dans ses lettres, dans ses sermons, toutes ses démonstrations s'appuient sur les écritures des textes sacrés; cette science faisait sa force comme orateur, comme écrivain, comme homme politique. Au Temple, tout le monde savait qu'il était le fondateur de la religion[3]. On ne saurait s'abstenir de lire avec soin la règle latine et la règle réformée (française).

Notre but est de dépouiller les diverses procédures dirigées tant contre les *personnes des Templiers* que contre l'*Ordre du Temple,* procédures différentes que l'on a confondues, et qui

---

[1] Labbe, *Conciles,* vol. X, année 1127, p. 923, 924.
[2] Michelet, *Histoire de France,* vol. III, p. 124.
[3] Religio fundata per Bernardum sanctum confessorem tuum, qui pro dicto negotio et officio per sanctam Ecclesiam Romanam *Ellectus... Proc.,* t. 1. Cédule du Frère Helias Aymeric, p. 121.

cependant ne furent confiées ni aux mêmes *enquêteurs,* ni aux mêmes juges *ecclésiastiques,* pour les raisons que nous aurons l'occasion d'expliquer. Il y eut deux sortes de procès : l'un fut dirigé contre les personnes qu'on voulait faire disparaître, surtout les *défenseurs* de l'Ordre; l'autre fut suivi contre l'Ordre, dont Philippe le Bel voulait obtenir la condamnation dans le but de s'adjuger ses biens par voie de confiscation (l'encours d'hérésie, *incursus hæresis*).

CHAPITRE IV

La blanche chlamyde des chevaliers. — Donations de Raoul le Gros, de Hugues de Payens, de Godefroy de Saint-Omer, de Payen de Montdidier, de Barthélemy de Vire, de Thierri, comte de Flandre. — Bernard recommande les chevaliers aux puissances du siècle. — Ses lettres. — 1132, richesses croissantes de l'Ordre. — Princes, comtes et barons se font Templiers. — André, oncle de Bernard; Hugues, comte de Champagne. — Résumé de l'exhortation aux chevaliers. — Bernard leur fait accorder par le pape Eugène III, son disciple, la faveur de porter la croix rouge du côté gauche, sur leur manteau. — Même faveur accordée aux Frères inférieurs portant robe noire. — Bernard et Pierre le Vénérable.

La règle donna aux chevaliers le vêtement blanc, la blanche chlamyde, ce signe de l'innocence et de la chasteté[1]. Les Frères inférieurs, « famuli et armigeri », durent porter le vêtement noir[2]. « Les *servants*, les *escuiers*, doivent porter *robes « noires*[3]. » Les simples chapelains devaient aussi conserver le vêtement noir; mais du moment où ils devenaient *chevaliers de sainte Église*, c'est-à-dire, s'ils étaient élevés à la dignité de l'épiscopat, ils avaient le droit de revêtir le manteau blanc, après en avoir demandé avant, mult humblement et dévotement, l'autorisation au maître et au couvent (art. 434 *Règle française*).

En 1146, Bernard fera accorder par le pape Eugène III, son disciple, tant aux chevaliers qu'aux Frères servants, le droit de mettre la croix rouge sur leurs manteaux du côté gauche, *a sinistra*, « la croix rouge, ce signe du martyre[4], ce signe qui « obligeait ceux qui en étaient décorés à ne *jamais lâcher pied « dans les batailles*[5], armés ainsi du signe de la croix contre

---

[1] Castitas securitas mentis, sanitas corporis. *Règle latine*, n° 17.
[2] *Id.*
[3] *Règle française*, n° 68.
[4] Cruces rubeas martyrum designantes... Jacobus VITRIACUS ch. LXV.
[5] Matth. PARIS, p. 624.

« les ennemis du Christ[1] ». Hugues de Payens parcourut la France et l'Angleterre, et retourna à Jérusalem, après avoir fait des acquisitions et des recrues importantes, notamment le frère du comte d'Anjou (Foulques), qui fut couronné roi de Jérusalem en 1131[2].

L'Ordre, dès les premiers jours de sa confirmation, après le concile de Troyes, reçut les preuves de l'enthousiasme que soulevait le but de sa création. Un des membres du concile, le seigneur Raoul le Gros, « Crassus », lui donna, sous réserve d'usufruit, une maison dite *la Grange*, située devant Troyes, avec la terre de Preize : l'acte de cette donation fut dressé dans la maison de la Grange, en présence de Hugues de Payens, des Frères Godefroy de Saint-Omer, Payen de Montdidier et autres chevaliers[3]. La terre de Preize devint le fondement de la commanderie de Troyes. L'évêque Barthélemi de Vir ou de Jura, qui assistait aussi au concile, donna aux chevaliers une maison qu'il possédait à Laon. Telle fut *l'origine de l'ancien Temple de Laon*[4]. Hugues de Payens fit don à la communauté de sa terre de Payens près Troyes ; Godefroy de Saint-Omer donna la concession qu'il obtint de son père, seigneur châtelain de Saint-Omer, les églises, « altaria », de Slype et de Leffinghe en Flandre, avec les dixmes qui en dépendaient ; Payen de Montdidier abandonna à l'Ordre sa terre de Fontaine-lez-Montdidier ; Thierri, comte de Flandre, abandonna *pour le salut de son âme*, dans une réunion qui se tint solennellement dans l'église de Cassel, en présence de Hugues de Payens, de Godefroy de Saint-Omer et de Payen de Montdidier, *les reliefs de tous les fiefs*, dans la mouvance de son comté[5]. Telles furent à leur origine les premières commanderies de l'Ordre. Hugues de Payens resta en Europe jusqu'à l'année 1130, époque à laquelle il retourna à Jérusalem.

Nous voyons dès ce moment saint Bernard recommander

---

[1] Bulle de Clément V. LABBE, *Conciles*, vol. XI, p. 1503.
[2] Père MANSUET jeune, *Histoire des Templiers*, p. 15, édit. 1789.
[3] *Ordre de Malte : les Commanderies.* MANNIER, p. 303.
[4] *Ibid.*, p. 501.
[5] *Ibid.*, p. 729.

les chevaliers au patriarche et aux puissances du siècle. « Je « vous conjure très-humblement, écrit-il au patriarche, de « jeter les yeux de votre miséricorde sur les chevaliers du « Temple, et de découvrir les entrailles de votre charité à de si « bons défenseurs de l'Église[1]. » En 1130, Simon I*r*, évêque de Noyon, accordait à l'Ordre l'annate ou le revenu d'une année des prébendes de son église, toutes les fois qu'elles viendraient à vaquer.

En 1132, l'Ordre avait déjà pris de grandes proportions. Nangis loue les Templiers qui se multipliaient sous l'observance de la règle; dès cette époque, prélats et seigneurs laïques les comblaient de biens, consistant en *terres, prés et forêts;* mais à côté de l'éloge, le chroniqueur apporte une restriction. Il cite l'exemple des Chartreux, qui *savaient* mettre un terme à leurs possessions, en les réduisant à leurs besoins purement et simplement [2]; on rencontre plusieurs exemples de désintéressement de la part des religieux de ce temps. En 1156, Henri II, roi d'Angleterre, duc de Normandie, donna à titre d'indemnité du trouble apporté à leur jouissance, aux *bons hommes* de l'Ordre de Grandmont en sa forêt de Rouvray, deux cents livres de rente, *parce qu'ils n'en avaient pas voulu davantage,* disent les lettres patentes du 3 juillet 1156 [3].

Il faut bien le reconnaître, la position des Chartreux et des *bons hommes de Grandmont,* vivant renfermés dans le cloître, différait essentiellement de celle des Frères du Temple, obligés d'accroître leurs richesses pour faire face à un état de guerre permanent, à des armements considérables.

Cette même année 1132, Bernard fit obtenir aux chevaliers un bénéfice important dans la chapelle d'Ypres, celui des offrandes et oblations qui seraient faites pendant les huit jours des Rogations.

---

[1] SAINT BERNARD, lettre 75.
[2] Qui præ cæteris continentes, pesti avaritiæ terminos posuerunt, dum certum numerum possessionum et animalium, quem eis prætergredi, nullo modo licet, statuerunt... NANGIS, année 1332.
[3] FARIN, *Histoire de Rouen*, 6ᵉ partie, p. 34.

En 1144, Bernard recommanda les chevaliers à la reine de Jérusalem, Mélisende, veuve du roi Foulques », et tutrice de Baudouin III, son fils mineur. « Mon oncle André », écrit-il à la Reine, « m'a fait savoir que vous avez bien de la bonté pour « les chevaliers du Temple, et que vous les considérez fort « particulièrement[1]. »

Une charte de Simon, évêque de Noyon, en date de 1146, concède aux Templiers l'église de Tracy-le-Val[2], et constate leur établissement à Paris à cette même époque[3].

En 1148, les Templiers s'installèrent en Normandie à Baugy[4]. Vers 1152, on voit leur établissement de Paris prendre certaines proportions. Ils y possédaient un moulin sous le Grand-Pont avec une maison au-dessus : déjà quelques années après le concile de Troyes, de hauts personnages étaient entrés dans l'Ordre, entre autres Hugues, comte de Champagne. Saint Bernard lui écrivait : « Si c'est pour la gloire de Dieu que de « comte vous êtes devenu chevalier, et de riche pauvre, il est « juste que je vous en congratule[5]. » Thibaut, comte palatin de Troyes, avait donné aux Templiers une rente de sept marcs d'argent ; Henri, son fils, compléta cette largesse, en y ajoutant une nouvelle rente de trois marcs ; les divers seigneurs du comté de Champagne se signalèrent comme leur suzerain par leurs générosités[6]. L'oncle de saint Bernard, le seigneur André, se fit Templier. « Le seigneur André », écrit saint Bernard, « si « fort nécessaire à la Terre sainte, au point que l'absence de « ce chevalier la mettrait dans un péril *éminent*... Peut-être que « votre venue en France, ajoute saint Bernard, ne serait pas « tout à fait inutile ; il pourrait se faire qu'avec l'aide du bon « Dieu plusieurs personnes s'en retournassent avec vous pour « secourir l'Église, à cause que vous êtes connu et aimé de

---

[1] Saint Bernard, lettre 189.
[2] Arrondissement de Compiègne.
[3] Actum Parisiis in *Templo, præsente magistro et conventu militium...* Anno ab incarnatione Domini MCXLVI. *Ordre de Malte : Commanderies;* p. 5.
[4] Arrondissement de Bayeux.
[5] Saint Bernard, lettre 31.
[6] *Ordre de Malte : Commanderies.* Mannier, p. 303.

« tout le monde¹. » En 1130, Raimond Bérenger II, comte de Barcelone, se fit Templier.

Dans son traité de la nouvelle milice, *Tractatus de nova militia*, saint Bernard nous apprend que le grand maître Hugues de Payens le supplia jusqu'à trois fois de composer une exhortation à l'adresse des chevaliers du Temple². Se rendant au désir du grand maître, Bernard écrivit un sermon en treize chapitres³.

Au chapitre premier de ses exhortations, il développe sous toutes les formes cette pensée de saint Paul dans l'épître aux Romains : « Soit que nous vivions, soit que nous mourions, « c'est pour le Seigneur; soit donc que nous vivions, soit que « nous mourions, nous sommes toujours au Seigneur⁴. » Le sermon des exhortations valut à saint Bernard le titre de panégyriste de la milice sacrée : « *Sacræ militiæ præco.* »

On a résumé ainsi l'ensemble de ces exhortations : « Ce « genre de milice est fondé sur le double combat qu'on y livre « aux ennemis corporels et spirituels. Ils n'agissent par aucun « mouvement de colère, d'ambition, de vaine gloire ou d'ava-« rice, bien différents de ceux qui sont dans la milice séculière, « où souvent celui qui tue pèche mortellement, et où celui qui « est tué périt éternellement. Ils font la guerre de Jésus-Christ « leur Seigneur sans craindre de pécher en tuant leurs enne-« mis, ou de périr s'ils sont tués eux-mêmes, puisque soit « qu'ils donnent le coup de la mort ou qu'ils la reçoivent, ils « ne sont coupables d'aucun crime; au contraire, il leur en « revient beaucoup de gloire. S'ils tuent, c'est le profit de « Jésus-Christ; s'ils sont tués, c'est le leur. Le chrétien est « glorifié dans la mort d'un païen, parce que Jésus-Christ est « glorifié lui-même. Il ne faudrait pas néanmoins tuer les « païens, si l'on pouvait les empêcher par quelque autre voie

---

¹ Lettre 258 de saint Bernard à son oncle, le seigneur André.

² Semel, et secundo, et tertio (ni fallor) petivisti a me, Hugo clarissime, ut tibi tuisque commilitonibus scriberem exhortationis sermonem... SAINT BERNARD, t. IV, p. 96.

³ Exhortatio ad milites Templi. *Id.*

⁴ Sive vivimus, sive moriamur, Domini sumus... SAINT PAUL, *Épître aux Romains*, ch. XIV, v. 8.

« d'insulter aux fidèles et de les opprimer; mais dans le cas
« présent, il est plus expédient de les mettre à mort, afin que la
« verge des pécheurs ne frappe pas les justes. »

Saint Bernard pense que dans les combats ordinaires le guerrier met son âme en danger, si la cause de la guerre n'est juste, et s'il n'a lui-même une intention droite, en sorte que ce ne soit ni la colère ni la vengeance qui l'animent : « Cheva-
« liers, allez contents, allez tranquilles, repoussez avec intré-
« pidité les ennemis de la croix du Christ, assurés que ni la vie
« ni la mort ne pourront vous exclure de l'amour de Dieu qui
« est en Jésus-Christ : heureux et glorieux ceux qui reviennent
« vainqueurs, plus heureux encore ceux qui sont morts dans
« le combat; réjouis-toi, athlète, si tu vis vainqueur dans le
« Seigneur; mais réjouis-toi mieux encore si tu meurs réuni
« au Seigneur[1]. »

Dans le chapitre deuxième, saint Bernard met les chevaliers en garde contre les *habitudes et la fin* de la chevalerie du siècle de perdition, *« miles ex massa perditionis »*. « Je ne dirai pas », écrit-il, « de cette *milice*, mais de cette *malice, hujus non dico*
« *militiæ, sed malitiæ*. A quoi vous servirait-il de combattre, alors
« que le résultat serait la mort ou le crime? Vous ornez vos
« chevaux de housses de soie brodée et de riches caparaçons,
« vous faites peindre vos armes et vos boucliers, vos selles
« sont incrustées de pierres précieuses, les harnachements de
« vos chevaux, vos étriers, vos éperons sont d'or et d'argent,
« et vous allez ainsi imprudemment à la mort; ce sont là des
« ornements à l'usage des femmes. Est-ce que le fer de l'en-
« nemi ne pénètre pas ces soieries et ces ornements? Rien de
« tout cet attirail n'est nécessaire à un combattant qui doit
« toujours veiller et rester sur ses gardes, prompt à l'attaque
« et à la défense. Vous entretenez votre chevelure comme les
« femmes, *« fœmineo ritu comam nutritis »* ; vous laissez croître
« vos cheveux longs et épais, vous vous gênez ainsi la vue,
« vous enveloppez vos mains de longues manches; parmi vous
« surgit le vain désir de la gloire et des promesses terrestres. »

---

[1] Saint Bernard, *Exhortations*, t. IV, ch. I, p. 96.

Dans le chapitre quatrième, saint Bernard rappelle l'observation absolue de la règle dont il reproduit les principales dispositions : Bernard écrivait cette exhortation avant l'année 1136, époque à laquelle mourut Hugues de Payens[1]. Il nous dit, dans le chapitre cinquième, que les scélérats de toute espèce, les impies, les voleurs, les sacriléges, les adultères, les parjures, les homicides, affluaient dans les rangs des Templiers, qu'ils se faisaient admettre dans l'Ordre en expiation de leurs péchés et de leurs crimes. « Leur conversion produit deux « biens, dit saint Bernard : l'un de délivrer le pays de ceux « qui l'opprimaient et le ravageaient, l'autre de fournir des « secours à la Terre sainte... C'est ainsi, conclut-il, que le « Christ triomphe et se venge de ses ennemis, qui deviennent « ses plus zélés défenseurs. Le Christ se fit un champion d'un « persécuteur, d'un *Saul* (Paul), *qui de Saulo, quondam per-* « *secutore, fecit Paulum.* »

Nous savons donc que dès avant 1136, les chevaliers du Temple avaient une tendance à modifier la règle. Ainsi les Frères devaient porter les cheveux coupés également devant et derrière la tête, de manière que la vue ne fût en rien gênée par les mouvements du corps, pour l'attaque et pour la défense[2]. L'article 37 de la règle défendait aux Frères d'acheter or ou argent, d'en porter sur les freins de leurs chevaux, sur leurs éperons ou étriers. Dans le cas où ils auraient reçu des choses pareilles à titre de charité, « *si caritate data fuerint* », ils devaient en faire disparaître l'éclat sous une couche de couleur sombre, en sorte que les autres Frères ne fussent pas scandalisés[3].

Ainsi, dès avant 1136, l'article 57 de la règle latine qui défendait tout rapport avec les excommuniés avait reçu une modification profonde, à laquelle saint Bernard donnait son assentiment. Cet article 57 défendait aux Templiers toute com-

---

[1] 24 mai 1136, 9 des calendes de juin.
[2] Ut regulariter ante et retro et ordinate considerare possint... *Règle latine*, n° 37.
[3] Ne splendidus color vel decor cæteris arrogantia videatur... *Règle latine*, n° 37.

munication avec les excommuniés, et le chapitre v des exhortations prouve que sur ce point l'article 57 de la règle fut modifié par l'article 12 de la règle française, qui permit aux Frères de l'Ordre « d'aller vers les chevaliers excommuniés qui vou-
« draient se rendre et ajuster à l'Ordre des chevaliers des
« parties d'outre-mer, de leur ouvrir leurs rangs pour le salut
« éternel des *âmes d'els* » ; mais avant toute initiation, ces chevaliers excommuniés devaient se confesser aux évêques de leur province, et recevoir l'absolution. « Quant l'evesque
« l'aura entendu et asos (absous) si le mont au *mestre et as*
« *Frères du Temple*... il soit donné tout le bénéfice de la fra-
« ternité d'un des *povres* chevaliers du Temple [1]. »

Quand on lit les exhortations aux Templiers, à la milice sacrée, on se demande si saint Bernard n'a pas puisé l'énergie de son style, la vigueur de certaines inspirations aux sources du fanatisme musulman, aux sources du Coran. De chaque côté, c'est le même appel à la guerre sainte, à l'extermination. L'abbé de Clairvaux savait bien en quels termes les Sarrasins prêchaient la guerre contre les chrétiens, il connaissait leur loi religieuse. On lit dans la dix-septième épître de Pierre le Vénérable à l'abbé de Clairvaux, *qu'il lui fit l'envoi d'une nouvelle traduction du Coran de l'arabe en latin*, exécutée par Pierre de Tolède : Pierre le Vénérable annonce par la même lettre à saint Bernard qu'il lui adresse l'abrégé de l'histoire de Mahomet et de sa doctrine [2].

---

[1] *Règle française*, n° 12.
[2] CEILLIER, vol. XXII, p. 488. — DUPARROY, *Histoire de Pierre le Vénérable*, année 1862.

CHAPITRE V

Les pèlerins et les Templiers. — Alphonse le Batailleur, roi d'Aragon. — Munificence du roi Louis VII. — Lettres adressées au Roi par le grand maître Bertrand de Blanquefort et par un grand de l'Ordre, Fulcherius. — Les Templiers s'installent à Paris en 1146. — Charte de Simon, évêque de Noyon. — Munificence de Baudouin III, roi de Jérusalem. — Donations de Thibaut, comte palatin de Troyes, de la princesse Constance, sœur de Louis VII, de l'impératrice Mathilde, de Henri II, roi d'Angleterre, duc de Normandie, de Richard Cœur de lion et de Jean, son fils, de Philippe-Auguste, de la reine Alix sa mère, d'Adelicia, veuve du comte de Blois. — En 1181, les Templiers créent une boucherie à Paris, pour les besoins de la population (*de la ville*), et *à cette seule considération de lui être utile*. — 1193. L'Ordre comprend 900 chevaliers. — Envahissement des biens des églises et des dixmes.

L'enthousiasme religieux, entretenu par la prédication des moines, poussait vers la Terre sainte une masse énorme de pèlerins qui se renouvelaient sans cesse. Les troupes de ces pèlerins étaient devenues si nombreuses qu'elles avaient le titre d'*Armées du Seigneur*[1]. Cette masse se composait surtout de *Latins*. Ces pèlerins comblèrent l'Ordre du Temple de leurs offrandes après leur visite à Jérusalem et aux lieux saints. Les pèlerins se rendaient aux eaux du Jourdain pour se purifier. Le commandeur de Jérusalem devait toujours avoir dix Frères du Temple pour garder, défendre les pèlerins qui se rendaient au Jourdain. Le commandeur devait emporter tentes, mener sommiers, porter viande[2] et *raporter les pèlerins sour les somiers*. Tous ces services se payaient au moyen d'aumônes par les fidèles. Des princes, des comtes, des barons entrèrent dans les rangs de l'Ordre et versèrent leurs richesses au trésor commun. Alphonse Ier le Batailleur, roi d'Aragon et de Navarre, se

---

[1] *Chronique d'Adhémar de Chabannes : Bibliothèque des Croisades*, t. I. Voir MICHAUD, p. 570.
[2] *Règle française*, art. 121.

voyant sans postérité, partagea ses États entre les Templiers, les Hospitaliers et les chevaliers du Saint-Sépulcre, par son testament de 1131, renouvelé en 1133 [1]. La noblesse d'Aragon s'opposa à la réalisation de cette libéralité; mais comme les services des Templiers étaient nécessaires pour combattre les Maures, on concéda successivement à l'Ordre des terres et des châteaux jusque sur les frontières du Portugal. Les chevaliers y possédaient dix-sept places en 1310 [2].

Louis VII, avant de passer en Terre sainte, avait enrichi le Temple de bénéfices. En 1140, il avait affranchi de *toutes coutumes*, et exempté du cens qui lui était dû, une maison que les chevaliers possédaient à Laon, provenant de la générosité de l'évêque Barthélemi de Vir, qui avait siégé au concile de Troyes [3]. Louis VII permit à ceux de ses sujets qui, guidés par l'*Esprit-Saint*, voudraient entrer dans les Ordres religieux et militaires de l'Hôpital et du Temple, de donner *la moitié seulement de leurs biens sous le cens du Roi.* Cette charte de Louis VII, en date de 1143, apportait des limites aux donations excessives. Cette sage mesure cessa d'être appliquée par les rois ses successeurs, et dans les réceptions des *donnés du Temple,* l'abandon de tous les biens devint la règle générale.

Une charte de Simon I*er*, évêque de Noyon, dont nous avons déjà parlé, concédant aux Templiers l'église de Tracy-le-Val [4], datée du Temple de Paris, de l'année 1146, prouve que les chevaliers étaient installés à cette époque dans l'intérieur de la *ville*, et qu'ils y avaient une *méson;* nous avons donné plus haut le texte de cette charte. Le 27 avril 1147 (octave de Pâques), l'Ordre tint dans sa maison de Paris un chapitre où assistaient *cent trente* chevaliers ayant le pape Eugène III, en personne, à leur tête; le roi Louis VII y assistait [5]. Ce chapitre avait été assemblé à l'occasion de la croisade pour laquelle

---

[1] Père Mansuet jeune, *Histoire des Templiers,* t. I, p. 17.
[2] Labbe, vol. XI, *Concile de Salamanque,* p. 1535, en donne le détail.
[3] *Ordre de Malte : Commanderies.* Mannier, p. 501.
[4] Oise, arrondissement de Compiègne.
[5] Mansuet, p. 42.

Louis VII partit *le samedi 14 juin de la même année* 1147 [1]. Tout porte à croire que, vers ce temps, l'Ordre possédait une *méson* sur le Grand-Pont (pont au Change), avec un moulin au-dessous. Vers le milieu du douzième siècle, l'Ordre dut transporter son principal établissement dans une rue de Paris, qui prit le nom de *rue du Temple*. Au milieu du treizième siècle, cette rue fut désignée sous le nom de *Vieille rue du Temple*, « *Viex du Temple* », lorsque les Templiers s'installèrent sur le domaine considérable de Reuilly qui leur avait été donné en 1152 par Mathieu de Beaumont, seigneur de Reuilly (*Ruilli*), grand chambellan de Louis VII. Alors s'ouvrit dans l'intérieur de Paris une rue qu'on appela *rue de la Chevalerie du Temple*. En 1283, cette rue prit le nom de *rue de la Maison du Temple;* elle descendait depuis le Temple jusqu'à la rue Barre du Bec, la rue Sire-Gratien et la grève. En 1190, Philippe-Auguste fit construire la nouvelle enceinte qui fut terminée en 1211, au temps où les Templiers finissaient eux-mêmes d'édifier leur grand *établissement avec sa tour*. Cet établissement se trouva alors *extra urbem*, et l'on donna à la rue le nom de *rue de la Porte du Temple* [2]. Cette rue nouvelle, qui partait de la porte du Temple et conduisait au grand établissement des Templiers, reçut le nom de *vicus Novus*, rue Neuve; un texte que nous aurons bientôt l'occasion de citer nous fournira cette preuve. Quant au *domaine du Temple extra muros* et aux maisons qui s'élevèrent dans son voisinage, on les désigna sous les dénominations de *Villeneuve-le-Temple lez Paris*, « *Villa nova Templi juxta Parisios* ».

En 1148, les Templiers s'établirent à Baugy, sur la paroisse de Planquery [3]; nous parlerons plus amplement de cette commanderie de Baugy, en nous occupant des commanderies du Calvados et des événements graves qui s'y rattachent.

A son retour de Palestine en 1149, Louis VII, « pour récom-

---

[1] *Paris sous Philippe le Bel.* Géraud, p. 290. Eugène III accorda à l'Ordre, à l'occasion de cette croisade et à la suite de ce chapitre, les plus grands privilèges, qui furent confirmés par ses successeurs. Mansuet, p. 42.

[2] Sauval, *Antiquités de Paris*, vol. Ier, p. 163.

[3] Calvados, arrondissement de Bayeux, canton de Balleroy.

« penser les chevaliers *de leurs services, pour les aider à faire*
« *le bien et à secourir les pauvres pèlerins* », leur donna par
une charte datée d'Orléans sa maison de Savigny, sise au-
dessus de Melun (Savigny-le-Temple), avec toutes les dépendances), « *pour par eux en jouir librement comme il en jouissait*
« *lui-même* ». Le Roi leur donna en outre 30 livres de rente à
prendre sur le cens qu'il recevait chaque année à Étampes,
« *apud Stampas* », à la Saint-Remi[1]. Au nombre des domaines
que Louis VII octroya au Temple, se trouvait aussi une terre
dite *Ramolu*, qui fut rattachée à la commanderie d'Étampes[2].

Le grand maître Bertrand de Blanquefort, auquel le Roi
reconnut le titre de *grand maître par la grâce de Dieu*[3], écrivit
à Louis VII : « Il est impossible de dire et de compter les
« bénéfices, les bienfaits que l'Ordre doit à votre munifi-
« cence[4]. » Un des grands de l'Ordre, G. Fulcherius, se donnant le titre modeste, mais exact et régulier, d'*humble esclave*
de la milice du Temple, conservus humilis militiæ Templi, écrivait à Louis VII en ces termes : « Dieu seul pourra vous
« récompenser de ce que vous avez donné à notre Ordre en
« bénéfices et en honneurs[5]... Vous m'avez chargé de visiter
« les lieux saints et de les saluer *en votre nom;* je vous envoie
« cette bague, je les lui ai fait toucher partout où je me suis
« rendu ; je vous envoie cet anneau afin que vous portiez ce
« cher souvenir[6]. »

En 1150, Baudouin III, roi de Jérusalem, donna aux chevaliers
la ville de Gaza, dont ils réédifièrent les murailles[7]. Vers le

[1] *Ordre de Malte : Commanderies.* Mannier, p. 59.
[2] *Ibid.*, p. 73.
[3] Maillard de Chambure, p. 144.
[4] Quot et quantæ nobis et predecessoribus nostris, de munificentiæ vestræ largitate collata sunt beneficia, nec littera poterit nec lingua sufficere.
Regum et principum epistolæ. *Gesta Dei per Francos,* p. 1181.
[5] Beneficia et honores parvitati meæ a vobis exhibitos solus Deus... dignetur retribuere. *Gesta Dei per Francos,* p. 1183.
[6] Hunc annulum quem vobis mitto, per sacra loca circumferens et singulis applicans, in memoriam vestri, singulis apposui, pro cujus reverentia precor, ut annulum custodiatis et habeatis cariorem. *Gesta Dei per Francos,* p. 1183.
[7] Nangis, année 1150.
Gaza ou Gazara était située à l'extrémité de la Palestine, près de la mer

même temps, l'impératrice Mathilde, veuve de l'empereur Henri V, et en secondes noces de Geoffroy le Bel, comte d'Anjou, donna à l'Ordre du Temple la terre et seigneurie du *Gué du Loir*, dite la *Bonne-Aventure*, et le domaine de *Fretteval* dans le Vendômois. Pour aider les Templiers à fonder la commanderie de Troyes, Thibaut, comte palatin, leur donna une rente de sept marcs d'argent ; le comte Henri, fils de Thibaut, leur donna, en 1159, trois autres marcs d'argent.

On voit en 1172 la princesse Constance, sœur du roi Louis VII, faire donation à la « *Chevalerie du Temple, pour le salut de son* « *âme et de celle de ses père et mère, et du feu roi Philippe, son* « *frère* », d'une maison sise à Campeaux[1]. En l'année 1173, Henri II, roi d'Angleterre, donna à l'Ordre sa *maison de Sainte-Vaubourg* sise au Val de la Haie [2]. Richard Cœur de lion et Jean, son fils, accordèrent aux Templiers des lettres d'amortissement pour la donation du roi Henri, et régularisèrent toutes les donations qui leur avaient été faites en Normandie[3].

En 1181, l'Ordre rendit un service signalé à la population de Paris. La *ville* s'était considérablement agrandie sur la rive droite de la Seine (outre Grand-Pont) ; la grande boucherie dite *de la porte de Paris*, qui était sur l'emplacement des maisons comprises actuellement entre les rues Saint-Denis, Saint-Jacques-la-Boucherie, de la Joaillerie, et la place du Châtelet, se trouvait à une trop grande distance des habitants des quartiers éloignés. Les Templiers, dans le but d'être utiles

---

au sud d'Ascalon ; elle appartenait aux Templiers depuis l'année 1150 ; elle fut prise par Saladin en 1187, reconquise par les chevaliers en 1191. Nous aurons l'occasion d'en parler encore, lorsque nous traiterons la question du reniement de Jésus-Christ.

[1] Campeaux (Oise), arrondissement de Beauvais, canton de Formerie. *Ordre de Malte : Commanderies.* MOUNIER, p. 415.

Le jeune roi Philippe était mort, le 13 octobre 1131, d'une chute de cheval, à l'âge de quatorze ans ; Louis le Gros, son père, l'avait fait sacrer deux ans auparavant. Le 25 du même mois d'octobre 1131, Louis le Gros fit sacrer à Reims son second fils, Louis, par le pape Innocent III, qui se trouvait alors en France : on donna au jeune roi le nom de *Louis le Jeune,* pour le distinguer du roi son père, qu'on appelait *Louis le Gros.* FÉLIBIEN, t. Ier, p. 157.

[2] Canton de Grand-Couronne, arrondissement de Rouen.

[3] *Ordre de Malte · Commanderies*, p. 418, 419.

à ces habitants, et « *à cette seule considération* », nous dit Félibien, créèrent une boucherie sur les terrains des rues qui, au dix-septième siècle, du temps de Sauval, et au dix-huitième siècle, du temps de Félibien, étaient connues sous le nom de *rue de Braque, de la Mercy, des Boucheries, rue des Bouchers du Temple* et *rue aux Boucheries de Braque*. Il s'éleva à cette occasion un conflit entre les Templiers et la corporation des bouchers de Paris qui revendiquaient leurs priviléges; les difficultés furent aplanies [1].

En 1185, la reine Alix, mère de Philippe-Auguste, fit donation au Temple de son domaine royal de *Chalou*, « *Chalo sancti Aniani* », qui prit le nom de *Chalou-la-Reine* [2]. En 1192, Adèle, *Adelicia*, veuve de Thibaut, comte de Blois, ancien sénéchal de France, donna à la chevalerie du Temple son habitation de Sours [3], « *hebergementum suum de Sours* », et une terre du nom de champ de Festu, « *de campo de Festuce* ». Cette donation fut approuvée par ses enfants, qui en consentirent amortissement ; ce qui fut confirmé par le roi Philippe-Auguste [4].

Philippe-Auguste, fils et successeur de Louis VII, en mourant (1223), laissa par testament 40,000 livres d'argent au grand maître de l'Ordre du Temple [5]. Ce fut sous son règne, en 1212, que les chevaliers achevèrent d'élever la célèbre tour sur leur vaste domaine de Paris qui égalait, d'après tous les auteurs, le *tiers de la cité.* Les divers amortissements consentis par Philippe-Auguste et par sa mère sont fort nombreux. On vit ce Roi servir d'arbitre entre les Templiers et ses hommes des Grès [6] à l'occasion de difficultés survenues entre eux pour l'exercice d'un droit de pâturage [7]. Louis IX combla l'Ordre. Un jour, le Roi abandonna ses droits de justice en faveur des Tem-

---

[1] Félibien, t. I, p. 304. — Sauval, *Antiquités de Paris*, t. I, p. 120.
[2] Chalon-Moulineux, arrondissement d'Étampes, canton de Mereville.
[3] Canton de Chartres (Eure-et-Loir).
[4] *Ordre de Malte : Commanderies.* Mannier, p. 137.
[5] Gurtler, p. 375.
[6] Commune des Grès (Seine-et-Marne), arrondissement de Fontainebleau.
[7] Lettres en date à Fontainebleau de 1183.

pliers, sur des terres qu'ils venaient d'acheter à Hénonville [1].

Du temps de Guillaume de Tyr, c'est-à-dire de 1138 à 1193, l'Ordre comptait déjà plus de trois cents chevaliers, et un nombre considérable de Frères servants [2]. Dès cette époque les possessions du Temple, en Orient et dans tous les pays de la chrétienté, étaient immenses. Les Frères étaient devenus plus riches que les rois [3]; à l'humilité gardienne de toutes les vertus, ajoute Guillaume de Tyr, succéda l'orgueil, l'avarice. Les Templiers se rendirent peu à peu indépendants de la juridiction du patriarche de Jérusalem; armés des priviléges qui leur furent concédés par les papes, ils envahirent les dixmes et les biens des églises [4].

Nous avons voulu donner quelques exemples de la richesse sans cesse croissante du Temple, de la faveur dont il était l'objet dès les commencements; cette fortune grandira dans des proportions inouïes. Nous ne saurions entrer dans le détail des acquisitions faites par l'Ordre depuis sa fondation jusqu'à sa ruine, pendant l'espace de cent quatre-vingt-quatre années; nous nous bornerons à relever quelques-uns seulement des priviléges qui lui furent accordés par les papes; pour être complet, pour reproduire tous les actes disséminés dans les archives de Malte et dans le *Bullarium rubeum*, il nous faudrait écrire des volumes.

Lorsque, au cours du procès que nous étudions, nous aurons à parler plus spécialement d'un *établissement*, d'une *commanderie*, nous fournirons les explications nécessaires : on ne lira pas sans intérêt quelques-uns des priviléges généraux ou spéciaux concédés au Temple par les papes.

---

[1] Hénonville (Oise), canton de Méru. Charte de Louis IX, du mois d'août 1237. *Ordre de Malte : Commanderies*, p. 276.

[2] De conventu eorum plus quam trecentos equites, exceptis servientibus ipsorum quorum non erat numerus. G. DE TYR, liv. XII, ch. VII.

[3] Ita ut excellentiis regiis, divitiis regiis, præstantiores existant. G. DE TYR, liv. XII, ch. VII.

[4] Ecclesiis Dei decimos, privilegiis, *adquisitis* armati, subtrahentes. Matthieu PARIS, *Chronique*, à la suite de l'*Histoire de Henri III, roi d'Angleterre*.

CHAPITRE VI

Certains priviléges généraux et spéciaux accordés par les papes. — Les Templiers affranchis de la juridiction des évêques. — Au commencement du treizième siècle, l'Ordre possède 9,000 maisons, *maneria*. — Opinion de Matthieu Paris. — La confession disciplinaire. — Martin IV et les Templiers. — Croisade d'Aragon. — Les chevaliers servent dans cette croisade. Pourquoi? — Ils avaient déjà servi dans les croisades contre les Albigeois.

Une bulle de Pascal II, en date du 15 février 1113, avait exempté les chevaliers de l'Hôpital des dixmes et autres charges [1]. Le bénéfice de cette bulle fut accordé à l'Ordre du Temple, dès les premières années de son institution [2].

En 1163 et en 1173, Alexandre III permit à l'Ordre d'avoir des chapelains spéciaux [3]. Cette mesure était un acheminement à l'affranchissement, poursuivi par les communautés religieuses de l'Orient, de la juridiction du patriarche de Jérusalem et du clergé séculier. Ce privilége fut définitivement confirmé, en 1216, par le pape Honorius III. L'article 122 de la règle fut alors ainsi formulé : « Les Frères chapelans doivent oyr les « confessions des Frères, ne nul Frère ne se doit confesser à « autre part fors que a lui, parque il puisse avoir le Frère cha-

---

[1] *Histoire des chevaliers de Malte*, édit. 1629, p. 10.
[2] Les articles 66 de la *Règle latine* et 58 de la *Règle française* leur accordent le droit d'accepter les dixmes que les évêques leur donneraient en charité, et celles retenues indûment par les laïques.
[3] Bulle du 18 juin 1163 et bulle du 26 octobre 1173 (*Omne datum optimum*). Rymer, *Fœdera*, édit. 1816, t. 1, p. 27.

Sancimus ut liceat vobis honestos clericos et sacerdotes secundum Deum quantum ad vestram conscientiam ordinatos, *undecunque ad vos venientes suscipere*.

Ils n'étaient tenus à aucune preuve de *noblesse*; *ils tenaient* leurs pouvoirs immédiatement du Saint-Siége. — Voir aussi l'ouvrage du Père Mansuet jeune, *Histoire des Templiers*, t. I, p. 18, édit. Paris, 1789.

« pelain sans congie ; car ils en ont *greignor pouvoir* de
« l'apostoïle de aus assoudre que un arcevesque[1]. » Il est difficile de fixer exactement l'époque à laquelle les Templiers
furent affranchis par les papes de la juridiction des évêques :
on voit que ces tentatives d'affranchissement datent de 1163,
et qu'en 1216 tout était consommé. Un passage de Baronius
nous porte à croire qu'à la fin du douzième siècle, l'Ordre du
Temple était affranchi de la juridiction du patriarche et des
évêques, comme l'Ordre des Hospitaliers. En 1155, les Hospitaliers ayant refusé de payer les dixmes au patriarche de Jérusalem, le pape Adrien IV fut prié de vider le différend. Les
Hospitaliers déclarèrent qu'étant affranchis de la juridiction du
patriarche en vertu d'un privilége du Pape, ils étaient sujets du
Pape et ne devaient pas de dixme au patriarche : les Templiers jouissaient des mêmes priviléges. « *Hospitalarii privi-*
« *legio pontificio exempti essent a juribus patriarchæ, subjecti*
« *tantummodo Romano pontifici*[2]. » Matthieu Pâris, qui
écrivait au commencement du treizième siècle, nous apprend
que l'Ordre du Temple fut mis sous la juridiction spéciale du
Pape, qui les combla de priviléges : « *Papæ se subjunxerint*[3]. »
Une bulle du pape Urbain III, en date, à Vérone, du 7 février 1187, invita les évêques à venir en aide par leurs
aumônes aux Templiers, et à ne pas les molester[4]. On voit,
dès 1190, le pape Clément III s'immiscer dans les affaires
temporelles du Temple ; par une bulle, en date, à Latran, du
16 avril 1190, ce pape confirme les arrangements, « trengas »,
intervenus dans la province de Narbonne en faveur des Templiers et de leurs possessions. Déjà, au commencement du
treizième siècle, du temps de Matthieu Pâris (de 1197 à 1250),
les Templiers possédaient dans la chrétienté neuf mille maisons, *maneria, membres de diverses commanderies importantes ;*
les Hospitaliers en possédaient dix-neuf mille, *novem decim ;*

---

[1] *Règle française*, n° 269.
[2] Baronius, *Annales, Adrien IV*, anno 1155, p. 390.
[3] Matthieu Paris, *Chronique de Guillaume Lombard.*
[4] *Documents concernant les Templiers.* Delaville-Leroux, édit. Paris, 1882, p. 20, n° X.

d'après Matthieu Paris, chaque maison pouvait fournir aisément un chevalier pour la défense de la Terre sainte[1]. Ce renseignement fourni par cet historien est à retenir.

L'Ordre, qui se composait de trois cents chevaliers du temps de Guillaume de Tyr, pouvait donc mettre sur pied neuf mille chevaliers dans les premières années du treizième siècle! Déjà les richesses mobilières du Temple étaient énormes, sans cesse grossies par le denier des confréries, par les quêtes des Frères mineurs et prêcheurs que le peuple finit par appeler *pêcheurs d'écus*[2]. Le chapitre général des Frères prêcheurs alla, en 1243, jusqu'à statuer que, toutes les fois qu'un Dominicain, comme confesseur, assisterait au testament d'un mourant, il s'emploierait pour assurer un legs aux Templiers[3]. Il existe une autre preuve que la sujétion de l'Ordre au Saint-Siége était un fait accompli au commencement du treizième siècle. Les Templiers accordèrent au pape Innocent III l'affiliation honorifique qu'ils refusèrent plus tard à Philippe le Bel. A ceux qui persisteraient à croire que les Templiers étaient, dès le treizième siècle, infectés de manichéisme, il n'y a qu'une chose à dire : le pape Innocent III (le tiers) était affilié à l'Ordre, au temps où il *faisait exterminer les cathares* dans le midi de la France... Innocent III exerçait une surveillance active, incessante, sur l'orthodoxie de tous les Ordres religieux[4]. Sous son pontificat, un grand nombre d'Églises eutychéennes, monophysites, de Mésopotamie, d'Arménie, de Géorgie, se rangèrent au dogme catholique. Rien n'attira ses soupçons sur les Templiers[5]. Ce Pape se préoccupa d'une manière toute particulière des intérêts temporels du Temple. En 1201, Innocent III confirma une décision de l'archevêque de Sens qui avait adjugé aux chevaliers une prébende par eux en-

---

[1] Quodlibet igitur *manerium* sine gravamine, unum militem potest in subsidium Terræ Sanctæ, et sine aliquo defectu *adinuenire* (sic). Matthieu Paris, année 1244, p. 417, E. F.

[2] Non jam piscatores *hominum*, sed *nummorum*. Matthieu Paris, année 1247, p. 492 D.

[3] Maillard de Chambure, p. 195.

[4] Labbe, t. XI, 1re partie, p. 165.

[5] *Ibid.*, p. 238.

levée au doyen de Saint-Quentin[1]. En 1213, Innocent III invita Léon, roi d'Arménie, à ne causer aucun dommage aux défenseurs de la Croix, et lui enjoignit de restituer à l'Ordre tout ce qu'il lui avait pris[2]. Par sa bulle en date du 4 des calendes d'avril (29 mars) 1216, ce même Pape maintint contre les prétentions de l'abbé de Saint-Corneille de Compiègne l'exemption dont les Templiers jouissaient déjà, en vertu d'anciens priviléges à eux accordés par *indult* de ses prédécesseurs, de l'impôt de *rouage* et de *forage*, pour le transport et la vente des vins provenant des vignes qu'ils possédaient aux environs de Compiègne[3]. L'abbé de Saint-Corneille prétendait que la coutume lui donnait le droit de prélever une certaine quantité de vin pour le transport et la mise en perce de chaque tonneau. (*Afforer* signifiait *mettre en perce un tonneau plein*. Le *rouage* était ainsi appelé à cause des *roues des voitures* qui transportaient les boissons; de là vient évidemment le mot *roulage*.)

En l'année 1216, Honorius III exempta les Templiers de la juridiction du patriarche de Jérusalem et de la juridiction des évêques, c'est-à-dire de toute juridiction ecclésiastique, ce qui, d'après Matthieu Pâris, aurait fait dire avec douleur au patriarche : « Je les avais nourris et élevés en dignité comme « mes enfants, et ils m'ont méprisé[4]. » En 1217, Honorius III, par une bulle en date, à Latran, du 23 janvier, ordonna aux archevêques et évêques de recevoir les prélats de la milice du Temple, *ses fils bien-aimés*, lorsqu'ils se présenteraient dans leurs églises, « *quanto dilecti filii*[5] ». Au mois de février de la même année, Honorius défendit d'exiger des Frères du Temple, *ses bien-aimés*[6], aucun décime.

---

[1] Baronius, année 1201, § 5.
[2] Baronius, année 1213, § 14. — Mansuet, t. I, p. 257, 258.
[3] *Ordre de Malte : Commanderies.* Mannier, p. 286.
[4] Filios enutrivi, et exaltavi, ipsi autem spreverunt me. Matthieu Paris, *Chronicon G. Lombard.*
[5] Les prêtres et prélats de l'Ordre reçurent le privilége d'aller, à certaines époques de l'année, célébrer l'*office dans les églises* et d'y faire des quêtes pour le trésor des Templiers. La résistance du clergé fut vaincue par cette bulle du pape Honorius.
[6] Honorius III decimos a Fratribus militiæ Templi exigi vetat. « Ex parte

En 1229, l'accord est manifeste entre le Saint-Siége et l'Ordre du Temple ; à cette date, Grégoire IX défendit aux Templiers de prendre parti en Terre sainte pour l'empereur Frédéric II, et de lui donner secours [1]. La sujétion de l'Ordre au Saint-Siége était dès lors absolue ; c'est ce que nous dit encore Matthieu Pàris : « Les Templiers, jaloux des actes et « conquêtes de Frédéric II, prirent les armes à cause de la « haine que lui portait le Pape [2]. » Cet écrivain ajoute que les Frères étaient informés que le Pape avait porté la guerre sur le territoire de l'Empire [3]. Faisons tout de suite remarquer que l'on ne s'explique pas les reproches amers que certains historiens font aux Templiers de l'attitude hostile que l'Ordre prit contre Frédéric II en Terre sainte [4]. Cette attitude fut commandée par les nécessités de la politique. Cette politique de *résistance* contre Frédéric II en Orient fut *inspirée, ordonnée* par Grégoire IX ; l'Ordre a agi comme il l'a fait à cause de son dévouement absolu, à cause de sa sujétion à l'Église romaine, au Saint-Siége [5]. Ceci est de toute évidence ; car, en 1230, Grégoire IX refusait de faire la paix avec Frédéric s'il ne restituait aux Templiers leurs biens de Sicile et de la Pouille dont il s'était emparé. L'Empereur fut forcé de s'exécuter, avant de se rendre à Rome, où il reçut l'absolution [6]. Une lettre du patriarche de Jérusalem, Gérolde, rapportée par Matthieu Pàris, année 1229, donne des détails circonstanciés sur la *conduite* et la *trahison* de Frédéric II en Terre sainte, sur la jalousie qui l'animait contre les Templiers

dilectorum. » *Bullarium rubeum. Documents.* DELAVILLE-LEROUX, p. 21, n° XIII, 13 février 1217. Laterani.

[1] NANGIS, année 1232.

[2] Templarii invidentes factis Imperatoris (Frederici) sumpserunt *cornua* ex odio papali. Matthieu PARIS, année 1229, p. 246 E.

[3] Audierant enim quod jam Papa imperium hostiliter invaserat. Matthieu PARIS, année 1229, p. 246 E.

[4] Notamment M. l'abbé CHRISTOPHE, *Histoire de la papauté*, vol. 1er, p. 244.

[5] Amore Papæ quem Frederico infestum noverant, inductos... Matthieu PARIS, année 1229, p. 246 E, et GURTLER, n° 138.

[6] Veniens enim Romam, mense Augusti, dictus Imperator absolutus est... Matthieu PARIS, année 1230, p. 252 D E.

qui en étaient les défenseurs[1]. Cette jalousie, cette haine de Frédéric contre les chevaliers du Temple s'exhalent dans une lettre que l'Empereur adresse à Richard, comte de Corbie; il accuse l'Ordre de trahir les chrétiens et d'avoir des rapports intimes avec les Soudans : « Nous sommes instruits par plu-
« sieurs religieux qui viennent des parties d'outre-mer que les
« Templiers reçoivent les Soudans dans l'intérieur de leurs
« maisons avec empressement et avec pompe, qu'ils tolèrent
« en leur présence l'exercice du culte mahométan[2]. » L'empereur Frédéric était mal venu à formuler une pareille plainte, lui qui passait pour avoir renié absolument Jésus-Christ. « Il
« est, disait-il, *trois charlatans* qui ont séduit leurs contempo-
« rains, *Moïse*, *Jésus-Christ* et *Mahomet*. Il croyait plus au
« Coran qu'à l'Évangile, il avait plusieurs concubines musul-
« manes. Il avait traité avec les Sarrasins, il était l'ennemi des
« chrétiens[3]. »

La confession disciplinaire fut autorisée en 1254 par Alexandre IV. On essayera, au cours du procès suivi contre l'Ordre, de confondre la confession disciplinaire, l'indulgence, le pardon, avec la confession sacramentelle, avec l'absolution des péchés et la pénitence; on en fera un chef d'articulation d'inculpation terrible contre le grand maître Molay, que l'on accusera d'avoir usurpé les fonctions ecclésiastiques.

---

[1] Matthieu Paris, année 1229, p. 247 D.
[2] Matthieu Paris, année 1244, p. 419 D.
[3] Fertur enim Fredericum Imperatorem dixisse (licet non sit recitabile) tres *prœstigiatores* callide et versure ut dominarentur in mundo, totius populi sibi contemporanei universitatem seduxisse, videlicet, Moisem, Jesum et Mahometam... Ipsum Fredericum plus consensisse et credidisse in legem Mahometi quam Jesu Christi ; etiam quosdam *meretriculas Saracenas* sibi fecisse concubinas... Saraceno a multo tempore ipsum fuisse confederatum et amicum fuisse, plus quam Christianorum... Matthieu Paris, année 1238, p. 326 F G.
La sentence d'excommunication prononcée en 1245 contre Frédéric par Innocent IV est conçue dans les mêmes termes : « Saracenorum ritus amplectitur... Eorum etiam more uxoribus quas habuit de stirpe regia descendentibus eunuchos non erubuit deputare custodes... Tacita compositione cum Soldano, Mahometi nomen in templo Domini proclamari permisit. »
Innocent IV va même jusqu'à accuser Frédéric d'avoir fait *opérer* la castration des surveillants de ses épouses musulmanes. Labbe, t. XI, p. 643.

Par bulle en date, à Viterbe, du 9 février 1262, Urbain IV, dans sa sollicitude pour l'Ordre, qui lui était soumis, défendit de *détourner* ou de frapper les Frères servants du Temple, ou leurs animaux, et de s'emparer des possessions des Templiers[1].

Le 19 mars 1265, par une bulle datée de Pérouse, Clément IV fait savoir à son légat Simon, cardinal-prêtre au titre de Sainte-Cécile, qu'il a exempté les Frères du Temple, les Hospitaliers et les chevaliers de l'Ordre Teutonique de l'obligation de payer les décimes, c'est-à-dire le *dixième du revenu* de leurs biens, pour les besoins de la Terre sainte[2]. Clément IV prit en main d'une manière toute spéciale les intérêts temporels et spirituels de l'Ordre, qui lui *était cher*. Par une bulle en date, à Pérouse, du 22 avril 1265, le Pape avertit l'abbé de Saint-Guillerme des Déserts qu'il a révoqué toutes les concessions faites par la maison du Temple dans la province, et toutes les aliénations des biens de l'Ordre. Les actes des Templiers dans ces circonstances furent des plus blâmables. Ils avaient abandonné à arrentement de grands espaces de terres incultes, à la charge par les arrentataires de les mettre en culture et de construire des maisons d'exploitation. Une fois les améliorations accomplies, le grand maître obtint, à force de sollicitations, une bulle du Pape qui déposséda les arrentataires et les tiers détenteurs des biens qu'ils croyaient avoir légitimement acquis. Clément IV céda à ce principe de la règle et du droit ecclésiastique qui défendait *aux Églises* d'aliéner directement ou indirectement aucune parcelle de leurs biens, *comme biens d'Église*[3]. Le Saint-Siége sera donc mal venu à faire un jour un grief à l'Ordre du Temple d'avoir acquis le bien d'autrui « *per fas et nefas*[4] ».

Par une autre bulle, datée de Pérouse du 8 juin 1265, Clément IV défendit à tout ecclésiastique de prononcer ou de

---

[1] *Bullarium rubeum*. V. Documents. DELAVILLE-LEROUX, p. 31, n° XX.

[2] *Documents* : *Bullarium rubeum*, Archives de Malte. DELAVILLE-LEROUX, p. 37, n° XXV.

[3] *Documents* : *Bullarium rubeum*, Archives de Malte. DELAVILLE-LEROUX, p. 38, n° XXVI, et *Ordre de Malte : Commanderies*. MANNIER, p. xv, Introduction.

[4] *Articulations contre l'Ordre*, n° 90.

promulguer aucune sentence d'excommunication ou d'interdit contre les Templiers, *ses fils chéris, dilecti filii*. Enfin, par une dernière bulle du 13 juin 1265, Clément ordonna à l'abbé de Saint-Saturnin de Toulouse de faire observer la sentence d'excommunication qu'il avait rendue contre les *Frères de la paix et de la foi, fratres pacis et fidei,* parce qu'ils avaient refusé de comparaître en justice à l'occasion d'un procès suivi contre eux par les Templiers, *ses chers Templiers*[1], « *suo nobis dilecti* ». Clément IV était un pape très-austère, « *erga Deum religiosus* ». Il exerçait une *surveillance sévère*, active, sur tous les Ordres religieux. En 1267, au concile de Vienne, et en 1268, au concile de Londres, il prescrivit des enquêtes dans certains monastères de l'Ordre de Saint-Benoît, opéra des réformes et fit punir les abbés et les moines qui menaient une *vie dissolue*. L'Ordre du Temple ne donnait lieu à aucun soupçon[2].

Une bulle du pape Grégoire X, en date, à Lyon, du 14 octobre 1274, exempta le maître et les Frères du Temple de la prestation des décimes votés au concile général pour la libération de la Terre sainte[3]. Il est essentiel de faire observer ici que Grégoire X avait permis à Philippe le Hardi de lever pendant trois ans consécutifs un décime, à l'occasion de la guerre contre *Pierre d'Aragon,* vassal du Saint-Siège. Cette guerre fut *considérée comme une croisade*. En 1275, le 13 mars, Grégoire X se constitua arbitre entre les Hospitaliers, les Frères du Temple et l'Ordre Teutonique, à l'occasion de difficultés survenues entre eux[4].

Le 17 novembre 1278, le pape Nicolas III accorda aux maîtres et aux Frères du Temple un privilége considérable, celui de percevoir les dixmes dans les paroisses de leurs églises dont les terres devenaient décimables[5].

---

[1] *Documents,* Archives de Malte. DELAVILLE-LEROUX, p. 38-39, nos XXVII et XXVIII.

[2] LABBE, t. XI, partie 1re, p. 863, 899.

[3] *Documents,* Archives de Malte. DELAVILLE-LEROUX, p. 41, n° XXX.

[4] *Documents, id.,* p. 42, n° XXXI.

[5] Concedit ut in parochiis Ecclesiarum suarum *novalium* quoque decimas percipiant. *Documents,* DELAVILLE-LEROUX, p. 42, n° XXXII. On appelait dixme novable celle qui se percevait sur les fruits des terres nouvellement

En 1284, le pape Martin IV, en sa qualité de seigneur suzerain de don Pèdre d'Aragon, détrôna ce vassal qui avait enlevé la Sicile à Charles d'Anjou, après le massacre des Vêpres siciliennes. Le Pape avait donné la couronne d'Aragon à Charles de Valois, second fils de Philippe le Hardi : le Saint-Siége proclama *sainte et faite au nom de l'Église* la guerre d'Aragon.

Martin IV concéda à Philippe le Hardi un décime de quatre années pour aider le roi de France à exécuter par la force des armes la sentence pontificale. Et voilà comment il se fait que nous voyons les Templiers, les *subjecti* du Pape, servir dans les guerres d'Aragon comme défenseurs de l'Église suzeraine, en leur qualité de soldats de la milice sacrée [1]. Les droits du Saint-Siége sur l'Aragon remontaient aux premières années du treizième siècle; le 10 novembre 1204, Pierre II, roi d'Aragon, comte de Barcelone et seigneur de Montpellier, afin d'obtenir la protection de l'Église romaine, avait offert son royaume au pape Innocent III pour lui et ses successeurs, et promis de le tenir à titre de fief et de payer un cens annuel [2] : l'Ordre du Temple avait aussi pris part en 1219 à la croisade contre les Albigeois. « Le cardinal de Rome, les abbés (prélats des Mons-
« tiers), les archevêques, les évêques, les abbés, les *Tem-*
« *pliers*, les moines blancs et noirs, les chanoines sont dans
« l'ost au nombre de cinq mille. Tous ces clercs prêchent et
« ordonnent de tout massacrer [3]. »

---

mises en labour, et qui auparavant, ou étaient en friche, ou ne rapportaient pas des fruits sujets à la dixme. Ainsi, dans une paroisse où les terres, toujours ensemencées en lin, « n'étaient pas décimables », ces terres devenaient sujettes à la dixme si on les ensemençait en *bled, le bled étant toujours décimable.* Ce privilége de la dixme était accordé aux Ordres par un indult au *préjudice* du *droit* des curés des autres paroisses séculières. Le Temple jouissait des dixmes dans l'étendue de ses novales, de ses possessions.

[1] Ils durent se rendre à l'appel de Martin IV, sous peine de perdre leurs terres, fiefs et priviléges en Aragon.
Sententia contra Petrum Aragonum regem a Martino Papa IV, du 11 des calendes d'avril 1283. Labbe, t. XI, 1re partie, p. 1199.
[2] *Notices et Extraits* des manuscrits, 2e partie, p. 102, vol. XX. *Académie des inscriptions*, Raynaldi, année 1204, § 71.
[3] *Chanson de la croisade contre les Albigeois*, traduction de l'érudit Paul

Nous croyons que l'Ordre n'acquit du chef du Pape aucunes terres à cette occasion dans l'Albigeois, car elles furent *toutes attribuées* au comte de Montfort [1].

En 1289, Nicolas IV imposa un nouveau décime pendant trois ans sur les biens situés dans le royaume de France, et sur les *métropoles* dont quelques diocèses suffragants dépendaient du Roi, pour les besoins de la croisade d'Aragon ; mais le 31 mai de la même année, le Pape exemptait les Templiers et les Hospitaliers de l'obligation de payer ces décimes [2].

Meyer, publiée par la Société de l'histoire de France, t. I, p. 374, vers 9337 et 9340, et t. II, p. 463, année 1219, ch. 213.

[1] Tota vero terra *et Tolosa civitas*, quam obtinuerunt cruce signati adversus hæreticos... comiti Montisfortis dimittatur et concedatur.

Sententia de terra Albigensi. *Concile de Latran*, Labbe, t. XI, partie 1re, p. 235, du 11 au 30 novembre 1215. Voir, pour plus de renseignements, *Chanson de la croisade*, t. II, pages 170 à 199, et Mansuet, *Conciles*, t. XXII, 1069.

[2] Volumus cardinales sint exempti... teneri nolumus ad decimam memoratam, nec Templarios, nec Hospitalarios... *Notices, Extraits* des manuscrits, vol. XX, p. 88.

CHAPITRE VII

Les Templiers seigneurs féodaux. — Le grand maître prince souverain. — Biens du Temple. — Coup d'œil sur les droits de mutation. — L'amortissement. — Les abrégements de fiefs. — L'allodium. — L'Ordre a tous les avantages de la féodalité, sans en avoir les charges. — Travaux considérables des Templiers. — Défrichements de bois et forêts. — Mise en culture de landes et bruyères. — Dessèchements de marais. — Création de vastes centres agricoles. — Revenus de l'Ordre au quatorzième siècle, près de 57 millions de francs. — Calculs approximatifs. — Emploi des revenus.

Comme nous le verrons, l'Ordre du Temple était souverain dans la personne du grand maître, prince souverain. L'Ordre avait le droit de conquête en Orient. Les villes, les châteaux et terres dont il s'emparait sur les infidèles devenaient sa propriété, d'où une source de services, de cens, d'impôts, de tributs, de revenus considérables : nous citerons un exemple. En 1173, l'Ordre possédait des places fortes sur les frontières du *Vieux de la montagne,* qui lui payait un tribut annuel de 2,000 besants d'or[1]. Cette source de richesses dut se tarir le jour où la Terre sainte fut à jamais perdue à la suite de la chute d'Accon.

Les tenures que les Templiers avait acquises en France, soit à *aumône,* soit à *pure aumône,* étaient nombreuses, immenses; possesseurs de fiefs devenus biens d'Église, les chevaliers ne devaient pas le service militaire au Roi, ils ne devaient ce service que pour la *croisade.*

Détenteur de biens de *mainmorte,* l'Ordre ne payait pas de droits de mutation, les fiefs par lui acquis restant toujours en

---

[1] G. DE TYR, liv. XX, ch. XXI, XXII.
Le besant d'or variait de 5 à 10 sols. III M besanz d'or valaient *mille livres tornois,* soit 6 sous 8 deniers le besant, soit, d'après M. DE WAILLY (*Mémoires de l'Académie,* t. XXI, p. 296), 5 fr. 93 c.

ses mains, ne passant jamais à d'autres possesseurs. La communauté ne mourait pas, elle était perpétuelle, et par subrogation de personnes était réputée toujours la même communauté ; de plus, elle n'aliénait jamais. Il s'ensuivait que les seigneurs immédiats et médiats perdaient leurs droits de *rachats* ou *reliefs*, les droits de *lods et ventes;* le préjudice remontait jusqu'au Roi. Un pareil état de choses avait soulevé des conflits entre les églises et les seigneurs. Dans l'intérêt général, Louis IX, Philippe le Hardi et Philippe le Bel créèrent le *droit d'amortissement,* qui accordait aux mainmortes la *possibilité,* la *permission* de détenir la propriété définitive de leurs fiefs, en payant finance [1]. Les Templiers obtenaient des seigneurs suzerains (*pardessus*) ayant droit d'*amortir*, la faculté de posséder à tout jamais en toute propriété les fiefs qu'ils avaient acquis, soit gratuitement, soit moyennant finance, le plus souvent gratuitement. Les exemples de cette manière d'amortir sont innombrables. La promesse d'une association aux *services spirituels* de l'Ordre, la promesse de la célébration d'un anniversaire pour le repos de l'âme d'une personne chère, de la sépulture dans la *terre bénie* du Temple, suffisait pour obtenir l'amortissement. En qualité de seigneurs de fiefs se trouvant dans la mouvance de leurs commanderies, les Templiers jouissaient de tous les droits de mutation et de reliefs attachés à ces fiefs. Nous avons eu occasion de voir que les seigneurs suzerains abandonnaient au Temple même les *reliefs de fiefs* dont l'Ordre n'était pas investi.

L'Ordre était devenu seigneur féodal, avec le droit de haute, moyenne et basse justice, avec les prérogatives attachées aux possessions de franc-alleu. Les biens *amortis* de la communauté prenaient en effet ce caractère [2]. Or le franc-alleu ne reconnaissait ni seigneur ni supérieur, *pardessus féodal,* n'était assujetti à payer aucuns droits seigneuriaux ou féodaux,

---

[1] *Établissements de saint Louis,* liv. Ier, ch. cxxv.
Ordonnance de Philippe le Hardi, de Noël 1275.
Ordonnance de Philippe le Bel, de la Toussaint 1291.

[2] Ordonnances de 1302, 20 janvier, 15 août, 9 novembre 1303 et 9 juillet 1304. Lourière.

parce qu'il n'était tenu en fief d'aucun seigneur, parce qu'il était libre, franc de toute sujétion, et ne reconnaissait aucun supérieur, excepté le *Roi pour la féauté*[1]. Au moyen du mécanisme que nous venons de décrire en quelques mots, l'Ordre jouissait de tous les avantages de la féodalité sans en avoir les charges.

Ces abrégements des fiefs avaient à la longue diminué les forces de la nation, et portaient un préjudice considérable au Roi, à l'État, au fisc. Le mal était là, mais il faut aussi connaître le bien.

Le Temple employait un grand nombre de bras à l'agriculture, des serfs, des *casati*, des hommes libres, des censitaires, des arrentataires. L'Ordre, avec ses Frères servants, fit défricher des étendues considérables de terres incultes, de forêts, broussailles, marais, landes et bruyères qui furent livrées à la charrue, au hoyau, à la culture. Le Temple faisait vivre ainsi des multitudes. Le premier établissement consistait tout d'abord en une simple *grange dîmeresse;* bientôt s'élevaient la maison du commandeur (*præceptor*) et une chapelle, avec un *courtil* (jardin) enclos de murs ; les aumônes, les travaux des champs attiraient les *hommes;* on construisait des habitations, les terres en friche devenaient des terres arables, les commandeurs étaient obligés par leurs fonctions de cultiver eux-mêmes leurs terres et de *résider en leurs commanderies*. Les Frères servants dirigeaient, stimulaient les travailleurs ; on défrichait, on déroquait, on donnait de l'écoulement aux eaux stagnantes des étangs et marais. On ne lira pas sans intérêt les quelques détails qui suivent.

En 1195, les Templiers défrichèrent une grande partie de bois dans la forêt de Vendôme. Barthélemi de Vendôme leur octroya dans cette forêt sept charrues de terre, en un lieu nommé la *Materas*. Il leur donna tout le bois nécessaire à la construction d'une maison qui prit le nom de *Beauchêne lez Materas*[2].

---

[1] Erat enim anodium prædium immune, liberum, nihil pensitans, ab omni præstatione servitio reali et personali liberum... Ducange, au mot *Allodium*.

[2] La Chapelle-Vicomtesse (Loir-et-Cher), arrondissement de Vendôme, canton de Droué.

En 1175, ils avaient défriché au milieu des bois des terrains sur lesquels ils avaient établi une commanderie à Sériel [1]. En 1199, les Templiers défrichèrent le bois de la Sablonnière, que Marguerite, comtesse de Bourgogne, venait de leur donner. Ils y créèrent la maison de la Sablonnière, qui fit partie de la grande commanderie de Moisy-le-Temple [2].

En 1252, les Frères défrichèrent la forêt de Bellelande, entre Mondoubleau et Vendôme; ils y construisirent leur *méson*, qui prit le nom de *Bellelande*; tout fut mis en culture; un gros village (*villa*) se bâtit, la commanderie de Bellelande fut rattachée à la commanderie principale de Sours, dont nous avons déjà parlé. En 1219, l'Ordre défricha de grandes étendues de bois qui lui avaient été données à une lieue des Andelys, à Bourgoult, à la Mare *Huonet* et à Lépinaye [3], à Vertbuisson. Il créa la commanderie principale de Bourgoult sur la paroisse d'Arquency [4]. Une dame Asseline, veuve de *Richard le Clozier*, de Longueville, donna à la chapellenie de Bourgoult, lorsque la chapelle fut élevée, un *demi-muid de vin blanc*, à prendre chaque année au temps des vendanges dans sa vigne des *Clozeaux*, sise au territoire de la Guernelle [5]. Les Frères avaient déjà créé le domaine de Cahaignes [6] sur la terre de Millères ou Millares, qui leur avait été donnée en 1198 par le seigneur Raoul de Cahanes.

Par lettres en date du mois de juin 1222, Thibaut, comte de Champagne et de Brie, abandonna au Temple quatre cents arpents dans la forêt de Mahaut, avec des étangs considérables. Tout fut défriché, aménagé, cultivé. Les Templiers fondèrent en cet endroit la commanderie de *Bilbartaut*, qui, dans le principe, n'était qu'une grange dimeresse; cet éta-

---

[1] Sériel, commune de Puchevillers (Somme), arrondissement de Doullens, canton d'Acheux.
[2] Commune de Montigny-l'Allier (Aisne), arrondissement de Château-Thierry, canton de Neuilly-Saint-Front, et commune de Montreuil-aux-Lions, arrondissement de Château-Thierry, canton de Charly.
[3] Paroisse de Boisemont, canton des Andelys.
[4] Canton des Andelys.
[5] La Guernelle, près d'Arquency, canton des Andelys.
[6] Arrondissement des Andelys, canton d'Écos.

blissement fut relié à la commanderie principale de Maisonneuve lez Coulommiers ¹. En 1253 et en 1254, les Frères défrichèrent des étendues considérables de bois à Bonlieu ², et dans la forêt du *Der,* où ils possédaient deux mille cinq cents arpents de bois à Vandeuvre ³. Ils créèrent des fermes qui devinrent des domaines de la commanderie de Bonlieu, membre de la commanderie principale de Troyes; ces fermes furent Maurepaire ⁴, Rosson ⁵, la Milly ⁶, la Picarde ⁷, la loge Bazin près de la Ville-aux-Bois ⁸. Presque toutes ces créations sont devenues des centres agricoles importants, des communes florissantes qui portent les noms que les fondateurs leur donnèrent au cours des douzième et treizième siècles.

Ces créations sont innombrables.

Après le pillage de la Thrace, de Thessalonique, de l'Hellespont, du Péloponèse, de la Grèce et d'Athènes, les Templiers rapportèrent à leur trésor des valeurs incalculables. Le revenu du Temple au quatorzième siècle, d'après M. Honoré de Sainte-Marie, cité par Maillard de Chambure ⁹, s'élevait à la somme de 54,000,000 (cinquante-quatre millions) de francs de notre monnaie moderne; M. Mannier estime ce revenu à plus de 120,000,000 de francs; M. Schœll indique le chiffre impossible de 8,000,000 de livres (huit millions) : ces chiffres sont exagérés ¹⁰. D'après M. Leber, l'argent sous Philippe le Bel avait six

---

¹ Commune de Monroux (Seine-et-Marne), canton de Coulommiers, et commune de Jouarre, arrondissement de Meaux, canton de la Ferté-sous-Jouarre.

² Canton de Piney, arrondissement de Troyes.

³ Vandeuvre-sur-Barse, chef-lieu de canton, arrondissement de Bar-sur-Aube.

⁴ Commune de Piney.

⁵ Commune de Doches.

⁶ Commune de Brévonne.

⁷ Canton de Piney.

⁸ La Ville-aux-Bois-lez-Soulaines, arrondissement de Bar-sur-Aube, canton de Soulaines.

Voir *Ordre de Malte : Commanderies.* Mannier, p. 149, 150, 203, 242, 312, 313.

⁹ Maillard de Chambure, p. 64.

¹⁰ Comp. Mannier, *Ordre de Malte,* Introduction, p. xvi, et Schœll, *Cours d'histoire des États européens,* vol. VII, p. 77.

fois plus de valeur qu'aujourd'hui, et d'après M. Géraud cinq fois seulement[1]. Suivant les calculs de M. de Wailly, 20,000 livres parisis, *forte monnaie*, avaient le pouvoir de 2,845,000 francs (deux millions huit cent quarante-cinq mille francs) ; 400,000 livres parisis représenteraient à peu près 56,900,000 francs[2]. Vingt mille livres parisis (20,000 livres), *faible monnaie*, avaient le pouvoir d'environ 2,000,000 de francs (deux millions), soit 40,000,000 pour quatre cent mille livres. L'avocat du Roi Dubois, dans un mémoire adressé en 1306 au roi d'Angleterre (d'accord avec Philippe le Bel), évalue les revenus des deux Ordres du Temple et de l'Hôpital à 800,000 livres (huit cent mille livres), 113,800,000 francs, soit 108,000,000 millions, en suivant les calculs de M. de Sainte-Marie); mais pour les deux Ordres réunis, on peut sans exagération fixer à 400,000 livres la part afférente au revenu de l'Ordre du Temple; cette somme représente en monnaie moderne une valeur de 57,000,000 de francs environ. Ce chiffre dépasse un peu celui qui est proposé par M. de Sainte-Marie. Les calculs auxquels nous nous sommes livré personnellement nous donnent à croire que MM. de Sainte-Marie, Maillard de Chambure et de Wailly sont dans le vrai ; on comprendra aisément que tous ces calculs ne peuvent être qu'approximatifs[3].

Quant aux richesses mobilières de l'Ordre, entassées dans les commanderies, dans les églises et à la tour du Temple de Paris, elles étaient immenses. Les revenus que les Frères tiraient de leurs possessions d'Orient *suffisaient pour entretenir les dépenses d'armement et de guerre;* et l'on accumulait les capitaux provenant des revenus de France et d'ailleurs, pour faire face au payement de *nouveaux acquêts*. Avec un pareil système, l'Ordre devenait peu à peu *propriétaire seigneur féodal* d'une partie du territoire français.

L'Église de Rome aurait fini par tout absorber, avec ses *réguliers* et *séculiers*. On a prétendu qu'à la fin du treizième siècle,

---

[1] Géraud, *Paris sous Philippe le Bel*, p. 563.
[2] De Wailly, *Mémoire à l'Académie*, t. XVIII, p. 479.
[3] Voir Maillard de Chambure, p. 64, et Boutaric, *la France sous Philippe le Bel*, p. 146, et la note.

l'Ordre du Temple comptait 30,000 chevaliers; nous croyons que Ferretus Vicentinus est plus près de la vérité lorsqu'il en fixe le nombre à 15,000. La plupart appartenaient à la France [1]. A côté des chevaliers, il y avait les Frères servants, *Fratres servientes,* aussi Templiers, et un personnel considérable composé de ceux que l'on appelait les *sujets du Temple,* les hommes libres, les recommandés, puis les *mesnées,* serviteurs et servantes, les serfs, les *esclafs,* les hommes de corps et les colons partiaires, les kasaliers [2].

L'Ordre était réparti en provinces, Chypre, Portugal, Castille, Aragon, France et Auvergne, Aquitaine, Provence, Angleterre, Haute-Allemagne, Brandebourg, Bohême, Italie, Sicile, Pouille, Hongrie, Slavie. Chaque province avait un grand prieur de qui relevaient d'autres prieurs, les précepteurs ; mais tout ce monde de chevaliers, de servants et d'hommes était disséminé sur un grand nombre de points isolés, dans les divers établissements et commanderies : le Temple était puissant, sans doute; mais cette puissance de la richesse ne pouvait contre-balancer au quatorzième siècle la puissance politique de la monarchie du petit-fils de saint Louis, qui tenait dans ses mains la noblesse, le clergé, le tiers état, les communes, les forces vives de la nation. Lors de l'arrestation des Templiers, et au cours du procès dirigé contre eux, les hommes de ces seigneurs féodaux ne tentèrent même pas *de se lever pour les défendre.* Le Temple avait été organisé pour l'attaque et la défense en Terre sainte contre les ennemis de la foi, et non point contre les *monarchies,* contre les *fieffeux souverains.*

---

[1] Ferretus Vicentinus, apud MURATORI, vol. IX, p. 1018.

[2] Aussi Frères servants, ils étaient préposés à la garde des casaux, fermes d'exploitation et villages.

CHAPITRE VIII

Revers de la septième croisade. — Grégoire X veut réunir les deux Ordres du Temple et de l'Hôpital. — Concile de Lyon, 7 mai 1274. — Le Pape échoue dans ses projets. — Chute d'Accon, 16 juin 1290; massacre des Templiers. — Nicolas IV veut réunir les trois Ordres militaires : le Temple, l'Hôpital et l'Ordre Teutonique. — Concile de Saltzbourg. — Le grand maître du Temple s'oppose à cette fusion. — Conséquences de ce refus. — Clément V ne pourra parvenir à fusionner les deux Ordres du Temple et de l'Hôpital.

Les revers de la septième croisade *hâtèrent* la chute de l'empire latin en Orient. Le Saint-Siége voulut tenter un dernier effort : il eut la pensée de réunir en un seul les Ordres du Temple et de l'Hôpital. Grégoire X assembla un concile à Lyon pour le 7 mai 1274, où l'on devait traiter cette question. La proposition fut repoussée, en prévision de l'opposition du roi de Castille et du roi Jacques d'Aragon. Accon, la dernière place de la chrétienté, tomba au pouvoir des Sarrasins le 16 juin 1291 ; le grand maître de Bellojoco fut tué avec cinq cents chevaliers[1]. Dix-huit Templiers et seize Hospitaliers échappèrent seuls au massacre. — Acre ou Accon (Ptolémaïde) avait été prise en 1104 par le roi Baudouin; Saladin s'en empara en 1187. Les croisés la reprirent sur les Sarrasins en 1191 ; elle resta au pouvoir des chrétiens jusqu'au 16 juin 1291; c'était le principal port des Templiers. — Le pape Nicolas IV se hâta de convoquer un concile à Saltzbourg afin d'aviser aux moyens de porter secours à la Terre sainte. L'opinion générale était que si les Ordres militaires, que si le peuple avaient réuni tous leurs efforts au lieu de se diviser d'intérêts, que si tout le monde avait fait son devoir, la ville n'eût pas été prise[2]. Nicolas IV n'avait pas perdu tout espoir;

---

[1] Schoell, t. VII, p. 76.
[2] Multorum erat opinio quod si Fratres domorum ibidem, scilicet Hospitalarii,

des envoyés mongols étaient venus dans le but de contracter une alliance contre les Sarrasins ; Michel Paléologue avait promis son concours; Rodolphe de Habsbourg s'engageait à prendre la croix. Le concile de Saltzbourg décida qu'il fallait absolument réunir en un seul les trois Ordres militaires sous une règle uniforme, et appeler le roi des Romains et les autres princes à la défense de la Terre sainte[1]. Nicolas IV mourut sans avoir rien pu entreprendre[2].

Le grand maître Molay se montrera hostile à ce projet de fusion. Il le déclarera impossible, à cause de la jalousie qui divisait le Temple et l'Hôpital. Clément V essayera d'opérer un rapprochement entre les deux Ordres, il n'y réussira pas. Le grand maître Molay et ses prédécesseurs manquèrent de clairvoyance ; ils ne surent pas s'élever au-dessus de la question des intérêts temporels et personnels ; la fusion des deux Ordres du Temple et de l'Hôpital *eût sauvé le Temple*. Cette obstination des Templiers fut une des causes de leur perte ; on les accusa de sacrifier la Terre sainte à de mesquines jalousies, à des intérêts purement matériels. Nous estimons que ceux qui s'opposèrent à la réunion des deux Ordres, que ceux qui ne poursuivirent pas la mise à exécution de cette mesure devenue nécessaire, manquèrent de sens politique, parce que ces deux Ordres réunis, avec leurs immenses richesses[3], leur valeur militaire, pouvaient créer dans les îles du Levant et de la Grèce un vaste empire maritime, arrêter l'essor des flottes musulmanes, empêcher le ravitaillement des côtes de Syrie, dominer les mers, préparer à la France un *avenir immense de relations commerciales et politiques.*

Templarii et Teutonii, et reliquus populus omnino concordasset, civitas capta non fuisset... LABBE, *Concilium Saltzburgense*, anno 1291, t. XI, p. 1278, et ÉBÉRARD, dans *Henri Canisius*, t. Ier.

[1] Rescriptum fuit Papæ ut tres Ordines conjungerentur ad unum Ordinem, melioribus eorum observantiis in unum redactis, et quod ad succursum ejusdem Terræ Sanctæ, rex Romanorum cum principibus vocaretur... LABBE, *Conciles*, vol. XI, *loc. cit.*

[2] Lettre du Pape à l'archevêque de Narbonne, du 15 des calendes de septembre 1291. DOM VAISSETTE, vol. VI, *Preuves*, p. 97.

[3] Les deux Ordres réunis disposaient d'un revenu s'élevant à plus de 112 millions de francs.

L'utilité de cette fusion avait déjà frappé l'esprit de Louis IX ; c'est ce qu'on lit dans un mémoire de Molay remis à Clément V en 1307. Nous croyons que Louis IX, Grégoire X et ses successeurs étaient dans le vrai. La descente que Pierre I*er*, roi de Chypre, accompagné de quelques chevaliers français, opéra en 1265 à Alexandrie, qui fut prise et pillée le 4 octobre ; les succès remportés sur les Sarrasins en 1267 à Japhé (Joppé) et à Sur (l'ancienne Tyr, en Syrie) par Pierre I*er*, qui était devenu le *maître de la mer*, nous donnent la mesure de ce qu'on pouvait entreprendre avec les deux Ordres réunis, leurs richesses, leur valeur, leur organisation militaire. Il est permis de croire que si l'*armée* des Hospitaliers, qui combattit si vaillamment en 1267 à Japhé, avait été doublée de celle du Temple, le résultat de la descente sur cette partie des côtes de Syrie eût été bien différent [1].

[1] *Chronique des quatre premiers Valois*, p. 164, 166, 185, 191.

CHAPITRE IX

L'Ordre du Temple mêlé aux différends de Boniface VIII et de Philippe le Bel. — Lutte entre le pouvoir spirituel et le pouvoir temporel. — Ambition du Roi. — Promesse du Pape de transférer l'empire romain à un prince français. — Décimes royaux. — Plaintes du clergé de France. — Principales bulles du Pape : *Clericis laicos, Noveritis nos, Ausculta fili, Petri solio excelso*. — Boniface joue Philippe le Bel à l'occasion de l'Empire. — Jubilé de l'année 1300. — Philippe le Bel envahit le comté de Melgueil. — L'évêque de Pamiers, Saisset. — Bertrand de Got, archevêque de Bordeaux. — 10 avril 1302, réunion des états généraux. — Philippe le Bel reconnu comme fieffeux souverain. — Lettre du clergé au Pape. — Lettre de la noblesse. — Concile de Rome. — Session du 13 novembre 1302. — Constitution *Unam sanctam*. — 11 février 1302, le Roi fait brûler publiquement à Paris la bulle *Ausculta fili*. — Assemblée des prélats et barons des 17 et 20 janvier et 12 mars 1302. — Grande assemblée tenue au Louvre les 13 et 14 juin 1303. — Appel au futur concile contre Boniface; les Templiers donnent leur adhésion. — Conciles provinciaux; les Templiers donnent encore leur adhésion. — Adhésion des couvents de Paris et de Toulouse. — Adhésion des diverses Églises, des monastères et couvents, même des communautés de femmes. — Étrange conduite des abbés de Cîteaux, Cluny et Prémontré. — Bulle d'excommunication *Petri solio excelso* du 8 septembre 1303. — Attentat d'Anagni. — Mort de Boniface VIII, 11 octobre 1303.

    Les chevaliers du Temple n'oublièrent jamais leurs devoirs de fidélité envers le roi de France. Ce qui suit nous fournira cette preuve : mais il nous faut entrer dans certains détails qui se rattachent aux différends du pape Boniface VIII et de Philippe le Bel. L'Ordre fut mêlé, de 1296 à 1304, à ces différends, à la lutte entre le pouvoir spirituel et le pouvoir temporel. L'Ordre sera brisé à la suite de cette lutte dont le pouvoir temporel (c'est-à-dire le pouvoir royal, personnel) sortira vainqueur. Ce succès considérable que la royauté dut à la nation, à la fermeté du tiers état et des communes, ne servit en rien la cause des libertés publiques. Nous voyons au contraire qu'à partir de cette époque le pouvoir royal absorba tout, courba tout sous son joug, sous son obéissance, sous sa personnalité[1]. La bourgeoisie seule gagna la possibilité d'acquérir, de posséder des fiefs ; quelques bourgeois eurent la faveur d'être anoblis.

Beaumanoir nous apprend.

« Comment li hommes de poeste eu li bourgois poent avoir tere defief[2]. »

Boniface avait une idée fixe, celle de reconquérir la Terre sainte. Pour arriver à ce but, le Pape jeta les yeux sur la France, la *fille aînée de l'Église, sur les Capétiens;* il fallait une grande unité d'efforts et de volontés. De son côté, Philippe rêvait la reconstitution de l'empire de Charlemagne. « Une « de ses premières préoccupations fut d'étendre jusqu'au Rhin « la monarchie française, de s'assurer, au moyen de fortes « pensions, l'*alliance et la neutralité* des princes voisins du « fleuve ; d'exciter les villes impériales libres, situées sur la « rive gauche, à reconnaître son protectorat. Le royaume ne « s'étendait que jusqu'à la Moselle. » Le traité de Vaucouleurs qui sera conclu en 1299 entre Philippe et le roi des Romains, Albert d'Autriche, porta les frontières de la France jusqu'au Rhin, ou tout au moins *son protectorat*[3].

Boniface détruira d'un seul coup, en 1301, les conséquences d'une alliance qui, pour son pouvoir, constituait une menace. Boniface se fera *Gibelin* pour la circonstance, en haine de la France, *cette fille aînée de l'Église.*

Dans le principe, avant le traité de Vaucouleurs, le Pape avait promis à Philippe le Bel de faire transférer l'empire romain à un prince français, à Charles de Valois, frère du Roi. Ceci paraît hors de doute ; Vicerius, écrivain de la vie de Henri de Luxembourg, empereur d'Allemagne, sous le titre de Henri VII, affirme ce fait, et les annotateurs du concile de

---

[1] Un mandement du Roi en date, à Paris, du mercredi après la Quasimodo 1305, défendit *aux Français* de s'assembler, *même de jour*, à plus de cinq personnes. ISAMBERT, p. 830.

[2] BEAUMANOIR, *Des fiefs vilains*, t. II, p. 254, et BOUTARIC, *Des anoblissements*, ch. II, p. 55.

[3] NANGIS, année 1299. *Chronique de Saint-Denis*, t. V, p. 128. — GÉRARD DE FRACHETTO, *Historiens de France*, vol. XXI, p. 18.

Rome du 1er novembre 1302 le considérèrent comme exact[1] ; mais Boniface et Philippe le Bel n'étaient pas faits pour s'entendre : tous deux étaient d'un orgeuil intraitable, avides de pouvoir et de domination; ils se heurtèrent. Les nécessités de la défense nationale, les guerres engagées contre l'Angleterre et la Flandre, obligèrent le Roi à recourir à une série d'impôts sur la noblesse, le clergé et les Ordres religieux. On appelait ces impôts *décimes royaux ;* chaque décime équivalait à un dixième du revenu des biens. En 1296, le clergé adressa *secrètement* ses doléances au Saint-Siége. Dans leur supplique au Pape, les prélats comparent le Roi à « Pharaon, qui n'avait « aucune notion de la loi divine[2]... De nos jours », ajoutent les prélats, « les princes écrasent les Églises des charges qui « incombent à eux seuls[3]. Le Roi ne fait pas attention à la « distance qui le sépare du Souverain Pontife; cette distance « est égale à celle qui existe entre le *soleil et la lune*[4]. » Boniface promulgua de prime saut, le 18 août 1296, d'après les uns, ou en janvier de la même année, d'après d'autres, la bulle célèbre « *Clericis laicos infestos oppido tradit antiquitas* », bulle aux termes de laquelle il excommuniait tous ceux qui levaient les impôts sur le clergé et sur les ecclésiastiques sans le consentement du Saint-Siége; il excommuniait les ecclésiastiques eux-mêmes qui payeraient ces impôts[5]. Le Pape menaçait personnellement le Roi : « Nous n'avons pas l'intention, disait-il, de tolérer les horribles abus du pouvoir sécu-

---

[1] Bonifacius promisisse enim sibi (regi) paucis ante annis, cum aliqua quædam, tum de summa Romani imperii potestate ab Germanis ad Gallos tradicendo, atque adeo Carolum fratrem diserte fuisse in conventis nominatum, cui ad decus promissum, assignaretur. Labbe, *Conciles*, vol. XI, année 1302, p. 1476.

[2] Sacerdotium videatur quam sub Pharaone fuit, qui legis divinæ noticiam non habebat.

[3] Moderni vero principes onera sua fere imponunt Ecclesiis universa.

[4] Non considerando quod tanta inter reges et pontifices, quanta inter solem et lunam distantia cognoscatur.
Kervyn, *Recherches*, p. 15, et *Manuscrit des Dunes*, t. XIV : *Mémoires de l'Académie de Belgique.*

[5] *Recueil des anciennes lois,* Jourdan Decrusy. Isambert, t. I, p. 702, 1822. Bulle *Clericis laicos.*

lier¹. » La bulle *Clericis laicos* ² fut, d'après nous, la cause première de la haine de Philippe le Bel contre Boniface VIII ³. Il est vrai que les bons rapports parurent se rétablir un instant entre le Roi et le Pape, que cette bulle fut rétractée le 31 juillet 1297 par Boniface, qui essaya *de faire croire que* sa bulle *Clericis laicos ne regardait pas la France;* il est vrai encore que cette décrétale fut atténuée par les termes de la bulle *Ineffabilis amor*, par ceux de la bulle *Romana mater Ecclesia*, par ceux de la bulle du 3 des ides d'août 1297, qui était accompagnée de la canonisation de Louis IX, aïeul du Roi, et qui fixait et instituait la célébration de sa fête au 25 août de chaque année; mais le précédent subsistait avec tous ses dangers, avec toutes ses menaces.

Philippe en conçut un tel ressentiment que, après la mort de Boniface, il imposa au pape Clément V l'obligation de supprimer la bulle *Clericis laicos* et de la faire biffer sur les registres du Vatican. Il nous parait donc que la bulle *Clericis laicos* doit être considérée comme le point de départ de l'inimitié de Philippe le Bel contre Boniface, comme l'origine de leurs différends, comme la cause première des représailles qui seront successivement exercées par le Roi contre le Pape, l'Église de Rome, et par suite contre l'Ordre du Temple, *sujet du Saint-Siége*.

En 1297, le Roi leva un nouveau décime sur les revenus des Églises. Cette fois, les évêques de France prièrent le Pape de l'accorder⁴. Boniface autorisa Philippe à lever ce décime. En 1298, au mois de juillet, des événements graves se passaient en Allemagne. Le 2 juillet, l'empereur Adolphe de Nassau fut

---

¹ Cum nostræ intentionis existat, tam horrendum sæcularium potestatum abusum nullatenus (sub dissimulatione transire). Bulle *Clericis laïcos, id.*

² Qui fut plus tard justement qualifiée *dangereuse, pernicieuse, scandaleuse* par Clément V. LABBE, *Conciles*, t. XI, p. 1515.

³ Le manifeste du Roi de 1296, en réponse à cette bulle, est conçu en termes positifs : « Refuser au Roi les décimes, c'est un crime de lèse-majesté, « c'est *trahir le défenseur de la république* (de l'État). Crimen læsæ majes- « tatis incurrere... Quasi prodere ipsum (regem) reipublicæ defensorem. » ISAMBERT, t. I, p. 708.

⁴ DUPUY, *Différends*, p. 16.

vaincu et tué à la bataille de Gelheim par Albert d'Autriche, qui acheta les électeurs à prix d'argent et se fit élire. Boniface l'excommunia et déclara « qu'il ne reconnaîtrait jamais ce « régicide »; jusqu'à trois fois il refusa de le confirmer comme empereur [1]. Lorsque Boniface apprit qu'Albert d'Autriche s'était fait élire, il monta sur son trône, revêtu de ses armes, le glaive au côté, le diadème en tête, l'épée haute; il se serait écrié : « Eh quoi! ne suis-je pas là pour défendre les droits de « l'Empire? Je suis empereur[2]. » Il semble que le moment était venu où le Pape, s'il l'eût voulu, pouvait réaliser les promesses qu'il avait faites à Philippe le Bel ; mais il s'en garda bien. Philippe connaissait les mauvaises dispositions de Boniface, qui, suivant l'expression d'un chroniqueur anonyme, était *ahurté contre lui*[3]; aussi le Roi s'empressa-t-il de conclure avec le nouvel empereur le traité de Vaucouleurs. Boniface sentit le coup qui lui était porté par ces deux souverains qui tenaient entre leurs mains le pouvoir temporel; il essaya de détacher Albert de cette alliance, il se décida à le reconnaître comme empereur. « Albert lui promit d'attaquer la France « si le Souverain Pontife assurait l'hérédité de l'Empire à la « maison d'Autriche. » Ce fait est affirmé par Albert de Strasbourg, écrivain de cette époque ; il est confirmé par la chronique de Pépin : « Boniface était tellement exaspéré contre le Roi « que, dans sa haine implacable, il conclut des alliances avec « Adalbert, roi des Romains [4]. »

En lisant certains passages de la confirmation qui fut ensuite consentie à Adalbert par Boniface, on pourra mesurer l'orgueil de ce Souverain Pontife et la haine qu'il portait à Philippe

---

[1] Alberto Austriæ duci bis terque petenti confirmationem denegavit. LABBE, *Vita Bonifacii octavi. Conciles,* vol. XI, p. 1397.

[2] Sedens idem Bonifacius in solio, armatus, cinctus ense, et caput diadematum, stricto dextra capulo ensis accincti dixerat : Nonne possum imperii jura tutari? Ego sum Imperator. MURATORI, vol. IX. *Chron. Francisci Pippini,* p. 739.

[3] *Historiens de France,* t. XXI, p. 148.

[4] Bonifacius ipse adeo erat contra Regem ipsum implacabili animo motus, ut in ipsius regis odium fœdera inierit cum Adalberto, duce Austriæ, tunc rege Romanorum. MURATORI, t. IX, *Chron. Francisci Pippini,* p. 738.

le Bel et à la France. Le Pape, dans ce document, compare le pouvoir ecclésiastique au *soleil*, et le pouvoir temporel, *impérial et royal, à la lune;* Boniface emploie les termes de comparaison dont s'étaient servis les prélats de France dans leur *supplique secrète* de 1296 :

« C'est du soleil que la lune tire l'éclat qu'elle n'a pas par
« elle-même ; c'est de l'autorité ecclésiastique que les rois
« tiennent leur pouvoir. Que les *Français* en rabattent de leur
« superbe; eux qui prétendent ne pas reconnaître de supé-
« rieurs au *temporel,* ils *mentent,* car ils sont subordonnés au
« roi des Romains et à l'Empereur! Il paraît que maintenant
« Philippe proteste de son dévouement, qu'il se déclare dis-
« posé à faire toutes nos volontés, celles de nos Frères, celles
« de l'Église. Voudrait-il en agir autrement, qu'il ne le pourrait
« pas ; car nous n'avons ni les ailes, ni les mains, ni les pieds
« liés, et nous sommes en mesure de réprimer son orgueil,
« comme celui de tous les princes de la terre[1]. »

Au jubilé centenaire de l'année 1300, Boniface mit en scène ces préceptes, à la face du monde chrétien. Il affecta de se montrer en public en habits pontificaux, puis revêtu des insignes de l'Empire ; on porta devant lui l'épée, le globe, le sceptre et les autres attributs impériaux; il fit proclamer par un héraut ces paroles : « Il y a ici deux glaives. Pierre, tu vois « ton successeur, et toi, Christ, regarde ton vicaire[2]!» Ces deux glaives représentaient le pouvoir temporel, le souverain pontificat, l'empire, la royauté réunis dans la main d'un seul : parodie de la double puissance dont étaient investis les Césars

---

[1] « Et sicut luna nullum lumen habet, nisi quod recipit a sole, sic nec
« aliqua terrena potestas aliquid habet, nisi quod recipit ab ecclesiastica potes-
« tate. Nec insurgat hic superbia gallicana quæ dicit, quod non recognoscit
« superiorem. *Mentiuntur* quia de jure sunt, et esse debent, sub Rege Romano
« et Imperatore.
« .....Nunc autem exhibet se devotum et promptum ad facienda omnia
« quæ volumus, nos et Fratres nostri, et Ecclesia ista...
« .....Si autem ipse vellet contrarium facere, non posset, quia non
« habemus alas nec manus ligatas, nec pedes impeditos, quia bene possumus
« eum reprimere et quemcumque principem alium terrenum. » Dupuy, *Différends,* vol. I, p. 101.

[2] Baillet, p. 96.

de l'ancienne Rome, qui, dans la même cérémonie nationale, se montraient au peuple sous le costume impérial, sous la robe des pontifes et sous les attributs des dieux de l'empire. En sa présence, devant le Sacré Collége, devant la foule assemblée, le cardinal d'Acquasparta prêcha que Boniface était tout à la fois souverain temporel et spirituel, en sa qualité de vicaire de Jésus-Christ; que le droit de l'Église était de combattre avec le glaive spirituel ceux qui résisteraient à cette double autorité. La mise en action suivit de près la mise en scène. Philippe le Bel et Boniface perdirent tout sang-froid; Philippe alla jusqu'à choisir et nommer les évêques de France, sans se préoccuper des droits du Saint-Siége en matière d'élection [1]. Le Roi envahit le comté de Melgueil, appartenant à l'évêque de Maguelonne; le vicomte de Narbonne, agent de Philippe le Bel, refusa de rendre hommage à l'évêque de Narbonne, son seigneur. Le Pape s'émut et fit assembler à Béziers un concile provincial qui fut célébré le 14 des calendes de novembre 1299. Ce concile, composé d'ecclésiastiques dévoués au Pape, fit parvenir au Roi les représentations suivantes : « Depuis près
« de cent ans, les vicomtes de Narbonne tiennent à foi et
« hommage de l'archevêque de Narbonne le faubourg et la
« moitié de cette ville, en vertu des priviléges qui ont été
« accordés par les rois vos prédécesseurs. Cédant à une mau-
« vaise inspiration, *non bono ductus spiritu,* le vicomte, d'après
« ce qui nous a été rapporté, prétend que ce fief relève direc-
« tement de Votre Majesté, ce qui, étant contraire à l'hommage
« de fidélité des prédécesseurs dudit vicomte, n'est pas tolé-
« rable, *quod tolerabile non existit*[2]. »

D'après Baluze, il y avait d'ancienneté de graves contestations sur ce point entre les vicomtes et les évêques de Narbonne. Non-seulement le concile en écrivit au Roi, mais l'archevêque en appela à Boniface, qui ordonna au vicomte de se rendre à

---

[1] Ad hoc Philippus, ne quid impotentiæ prætermitteret, sacerdotes Gallicarum, titulos a pontificibus antea pro decretis, proque more sanctæ matris Ecclesiæ componi solitos, ipse ordinare citra consensum præsulis Romani statuit. Labbe, *Concilium Romanum,* t. XI, p. 1476.

[2] Labbe, *Conciles,* t. XI, p. 1430.

Rome, pour qu'il eût à s'expliquer devant lui. Il résulte de cet incident la preuve que, lorsqu'ils se trouvaient en contact, les deux pouvoirs du Pape et du Roi se heurtaient violemment[1].

Boniface adressa à Philippe le Bel de vifs reproches[2]; il lui députa en 1301 l'évêque de Pamiers, Saisset, pour l'inviter à mettre en liberté le comte de Flandre (détenu à Compiègne, sous prétexte de félonie) et à secourir la Terre sainte[3].

Le choix de Saisset comme négociateur était malheureux, car l'évêque de Pamiers était l'ennemi de Philippe le Bel. Saisset s'était permis à plusieurs reprises de manquer de respect au Roi, et, ce qui était plus grave, l'évêque de Pamiers avait *entrepris contre l'autorité royale* dans le Toulousain. Philippe fit arrêter le négociateur, saisit son temporel et ordonna d'informer. L'enquête établit que Saisset avait en réalité essayé de soulever contre le Roi plusieurs grands du royaume, notamment le comte de Foix; qu'il avait prétendu hautement que Pamiers ne faisait pas partie de la France. Quant aux outrages, il résulta de l'enquête la preuve que l'évêque de Pamiers avait dit à plusieurs : « 1° Que Philippe « le Bel n'était pas *de la race de Charlemagne,* qu'il venait de « bâtards par sa mère, parce que tous ceux de la race d'Aragon « étaient des bâtards; 2° que Philippe n'était *ni homme, ni bête,* « mais un *phantôme*, au regard fixe comme celui d'une statue. » Le Roi se décida à rendre la liberté à l'évêque de Pamiers, et le remit ès mains du légat du Pape, Jacques de Normans; il les fit expulser tous les deux du royaume. Saisset se rendit près du Pape, et siégea au concile de Rome du 1er novembre 1302, dont nous allons parler.

Après la mort de Boniface, Saisset revint en France, et au mois de juin 1307 il accorda au Roi le pariage de l'Église de Pamiers; puis il rentra en grâce auprès de Philippe le Bel, qui, à la date du 8 janvier 1309, le recommanda à la bienveillance de Clément V [4].

---

[1] Labbe, *Conciles*, t. XI, p. 1430.
[2] Rainaldi, p. 296; lettre en date d'Anagni, du XI des calendes d'août.
[3] Rainaldi, p. 298. — Dupuy, *Différends*, p. 9.
[4] Dom Vaissette, t. IV, p. 101, 143, et *Notices, Extraits* des manuscrits;

Boniface, exaspéré de l'arrestation de Saisset, avait retiré à la couronne de France tous les priviléges qui lui avaient été concédés, soit par ses prédécesseurs, soit par lui-même. Il convoqua la réunion d'un concile à Rome, dont il fixa l'ouverture au 1ᵉʳ novembre 1302, jour de la Toussaint; les prélats, les docteurs, les abbés, les supérieurs des communautés religieuses, furent tenus de se rendre à cette assemblée, les maîtres en théologie appelés alors *maîtres en divinité*, les maîtres en décrets et en lois[1]; mais le Roi défendit à aucun ecclésiastique de sortir du royaume[2]. Philippe interdit aussi l'exportation de l'or et de l'argent, de toutes marchandises, sous peine de confiscation et de plus fortes peines. « Tout « archevêque ou évêque qui sortira du royaume sera réputé « *ennemi de l'État*[3]. » Puis le Roi envoya à Rome son conseiller Pierre de Flotte. Cet ambassadeur, par ses discours audacieux, nous apprend Walsingham, exaspéra Boniface, qui lui dit : « J'ai en main les deux pouvoirs. » De Flotte répondit au Pape : « Oui, tous deux; mais votre pouvoir est purement verbal, « tandis que le nôtre est réel, effectif. — C'est bien, répliqua « Boniface en fureur, je remuerai contre vous ciel et terre[4]. »

Dans ce concile de Rome, il ne devait s'agir de rien moins que de *travailler à la réformation du royaume de France*, à la *correction du Roi et au bon gouvernement du royaume*[5]. Philippe le Bel fut invité à *comparaître* pour fournir ses *moyens de défense*[6].

lettre de Philippe le Bel à Clément V, vol. XX, 2ᵉ partie, p. 191, et Christophe, *Histoire de la papauté*, t. Iᵉʳ, p. 107.

[1] *Historiens de France*, t. XXI. Dans cette bulle, on lit ces mots abusifs : Correctionem Regis, reformationem regni Domini. Latran. Nones de décembre 1301.

[2] « Sous peine de mort et de confiscation. » (Lettre en date à Vincennes du dimanche après la Saint-Magloire 1303.) Isambert, t. I, p. 800.

[3] Lettre de Philippe le Bel, du 28 juillet 1303. Isambert, t. I, p. 800, 801, et Walsingham, *Ipodigmæ Neustriæ*, p. 38.

[4] Nos habemus, inquit Papa, utramque potestatem. Petrus (de Flotte) pro suo domino respondit : Utique, domine; sed vestra est verbalis, nostra autem realis... Quo responso, tantum exundavit ira Papæ, ut diceret se movere contra eum cœlum et terram... Bulle *Ausculta fili*. Walsingham, *Ipodigmæ*, p. 88, ligne 44.

[5] Rainaldi, p. 315. — Isambert, p. 736, 737.

[6] Baillet, *Preuves*, p. 42.

Une bulle dite « *Ausculta, fili carissime* », en date, à Latran, du 5 décembre 1301, proclama la supériorité du Saint-Siége sur les rois, et plaça le pouvoir du Pape, tant au temporel qu'au spirituel, au-dessus de leurs pouvoirs : « Il y a deux juridictions, « la spirituelle, la temporelle ; l'une donnée par Dieu à saint « Pierre, l'autre qui appartient à l'Empereur et aux rois. Dieu « nous a mis au-dessus des rois et des royaumes[1]; ne te per- « suade pas que tu n'aies sur la terre d'autre supérieur que « Dieu, et que tu ne sois pas sujet du Pape; celui qui pense « ainsi est un infidèle[2]. La juridiction spirituelle s'étend sur « le temporel, parce que le Pape a le droit de connaître de « toutes les actions humaines, à cause du péché. » Déjà Innocent III avait proclamé cette théorie que l'Église, juge du péché, avait le droit de juger toutes les actions humaines[3]. La bulle *Ausculta, fili carissime*, renfermait une phrase des plus injurieuses : « Nous sommes fatigué, disait Boniface, « de t'avertir de te corriger, et de mieux gouverner ton « royaume; comme l'*aspic* qui n'entend rien, tu as fermé les « oreilles[4]. » Cette bulle fut biffée sur les registres du Vatican par Clément V, depuis ces mots : « *Sane, fili, cur ista dixerimus...* » jusqu'à ceux-ci : « *ad hoc ne Terræ Sanctæ negotium* » (environ cinq pages de texte)[5]. La phraséologie agressive, sentencieuse, alors en usage dans le style ecclésiastique, se rencontre dans toutes les bulles de Boniface. On peut exprimer en trois mots les sentiments de ce pape envers la France, sa fille aînée, la *haine*, l'*orgueil* et la *domination*. Il était clair, après tout cela, que le pouvoir spirituel s'arrogeait le

---

[1] Constituit nos enim Deus super reges et regna.
[2] Non tibi suadeat quod superiorem non habes, et non subsis summo hierarchiæ Ecclesiæ. Non desipit qui sic sapit, et pertinaciter hæc affirmans convicitur infidelis... Bulle *Ausculta fili*.
[3] Kervyn, *Recherches*, p. 13.
[4] Sed tu velut aspis surda, obturasti aures tuas.
Bulle *Ausculta fili...* en date, à Latran, des nones de décembre an VII du pontificat de Boniface (5 décembre 1301).
Boniface se sert des expressions employées en 1245 par Innocent IV dans sa sentence d'excommunication contre Frédéric II : *Obturans more aspidis aures suas*. Labbe, *Conciles*, vol. XI, 1re partie, p. 642.
[5] V. Rainaldi, *Bulles de Boniface*, et l'abbé Christophe.

droit de juger les rois et leurs actes, et qu'il pouvait arriver jusqu'à la conséquence intolérable d'avoir le droit de les condamner et de les déposer comme de simples vassaux. La constitution « *Unam sanctam* », dont nous allons parler, affirme positivement que si le pouvoir temporel s'égare, le pouvoir spirituel a le droit de le juger [1].

La mesure était comble, Philippe comprit le danger, et la nécessité d'en appeler à la nation. Le Roi convoqua les états généraux, qui furent composés des barons, des évêques, des abbés, des prieurs et doyens des chapitres et des députés des communes [2]. La réunion des états fut fixée au 8 avril 1302, à Paris, en l'église de Notre-Dame. L'assemblée ne se tint que le mardi 10 avril [3]. La matière en discussion aux états était : « Le « Pape veut que le Roi lui soit subordonné au temporel. Le « Pape a convoqué à Rome tous les prélats du royaume, les « maîtres en théologie, les professeurs de droit ecclésiastique « et civil, afin de traiter la question de la *réformation du* « *royaume et de la correction du Roi*. Ceci, exposa-t-on aux « états, est *intolérable,* comme étant contraire à la liberté du « Roi et du royaume [4]. »

Philippe le Bel prononça un discours et déclara ne tenir la couronne que de Dieu seul, être prêt à sacrifier tous ses biens, même sa vie, pour conserver intacte l'indépendance du royaume. Un point de la dernière importance et qui entraînait des conséquences capitales se dégagea de cette assemblée : la noblesse et les évêques reconnurent qu'ils *tenaient leurs fiefs*

---

[1] Si deviat terrena potestas, judicabitur a potestate spirituali... Constitution *Unam sanctam.*

[2] Philippi regis jussu... prælatos regni, barones, abbates, cæterosque honore aliquo ecclesiastico insignes, necnon ecclesiarum urbiumque œconomos, syndicos ac procuratores. Labbe, *Conciles,* t. XI, année 1302, p. 1474.

[3] Conventus Parisiensis in æde beatæ Mariæ, die Martis X aprilis, anno MCCCII, super dissidiis inter Bonifacium VIII et Philippum Francorum regem exortis. Labbe, *Conciles,* t. XI, année 1302, p. 1474.

[4] Hic multis conquestum esse Regem de Pontifice, qui Regem in temporalibus sibi *subjectum* vellet, de regni prælatis omnibus, magistris in theologia et professoribus utriusque juris, Romam convocatis, multisque aliis quæ a se *minime tolerari possent,* utpote regni sui libertatis contraria profitebatur... Labbe, *Conciles,* vol. XI, année 1302, p. 1475.

du Roi. Ce fut à partir de cette époque que le roi de France fut avoué sans *conteste* comme *fieffeux souverain* [1]. Nous allons voir cet aveu important passé dans la lettre que le clergé adressa à Boniface, à la suite de l'assemblée du 10 avril.

L'opinion générale était que Boniface favorisait la *faction gibeline;* qu'après avoir promis l'Empire d'Allemagne à la France, il avait témérairement manqué à sa parole [2]. La double attitude du Pape était de nature à soulever le mécontentement des Français : comme pape, Boniface était *Guelfe radical*, partisan de la domination de l'Église ; mais quand il s'agissait de la France et du Roi, Boniface *se faisait Gibelin*, partisan de la domination impériale ; c'est ce qu'il avait écrit, nous l'avons vu plus haut : Superbia gallicana... *mentiuntur*, de jure esse « debent sub rege Romano et imperatore. » Le sentiment public fut consigné par un chroniqueur anonyme du temps en ces termes : « Boniface fut au roy de France moult contraire, « car il s'efforçait moult de establir le roy d'Alemagne à « Empereur, par quoy il peust mettre au dessoulz le roy de « France, et si s'efforçait moult de jetter entredit sur le royaume « de France, et pour ce le Roy fourma appel contre lui [3]. » Et voici ce que dit à ce sujet la chronique de Pépin : « La haine de « Philippe contre Boniface venait de ce qu'il l'avait trompé en « favorisant l'élection d'Adalbert [4]. »

Les états généraux approuvèrent Philippe le Bel, qui *leur demandait conseil* [5]. Si ce que rapporte Walsingham est exact, la haine du Roi se trouvait doublement justifiée. « En 1302 », nous dit Walsingham, « Boniface somma le roi d'Angleterre

---

[1] De tous les fiefs, même des fiefs biens d'Église : ceci est, nous le répétons, capital.

[2] Grave adversum Pontificum maximum Bonifacium octavum (Philippus) conceperat odium, tum Gibellinæ factionis studiosiorem existimans, tum quod fidem *temere* prævaricatam contenderet... LABBE, *Concilium Romanum*, t. XI, année 1302, p. 1476.

[3] *Chronique anonyme : Historiens de France*, t. XXI, p. 136.

[4] *Chronicon F. Pippini*. MURATORI, t. IX, p. 589.

[5] Quæ cum essent a Rege proposita, barones simul cum syndicis et procuratoribus Regis laudaverunt consilium. LABBE, *Conciles*, t. XI, p. 1475.

« Édouard de faire la guerre à la France, en lui promet-
« tant de lui fournir de grands subsides ; le roi Édouard re-
« fusa[1]. Philippe disait souvent que *le pape Boniface l'avait
« grevé en sa guerre*[2]. »

La noblesse déclara à l'assemblée des états, que les nobles du royaume étaient disposés à mourir pour la défense de la couronne de France[3] ; le clergé adressa une lettre au Pape ; la noblesse et le tiers état écrivirent aux cardinaux ; dans la lettre de la noblesse, on alla jusqu'à éviter de donner à Boniface le *titre de pape*[4].

Les annotateurs des conciles nous font connaître les hésitations, les perplexités du clergé. Voici quelques passages de sa lettre au Pape : « Nous, archevêques, abbés, prieurs, doyens,
« chapitres, couvents, réguliers et séculiers du royaume de
« France, assemblés à Paris, *au pape Boniface*. Mis en demeure
« de donner notre adhésion, nous avons demandé un plus long
« délai pour délibérer. Tout retard nous fut refusé[5]. Comme
« il était évident pour le Roi et pour tout le monde que tout
« contradicteur serait considéré comme *l'ennemi du Roi et du
« royaume ;* réfléchissant que si le Roi et les barons n'étaient pas
« satisfaits de notre réponse, il y aurait danger de scandales sans
« nombre et sans fin ; que l'obéissance des laïques et du peuple
« pouvait se retirer de l'Église de France et de l'Église de
« Rome, nous avons répondu, non sans perplexité[6], que nous
« assisterons le Roi des conseils et des aides que nous lui devons
« pour la conservation de sa personne et des siens, de ses
« hommes, de la liberté, des droits du royaume, parce que nous
« tenons *à foi et hommage des fiefs, bénéfices, duchés, comtés,
« baronnies et autres lieux* nobles dans le royaume, qui nous

---

[1] Walsingham, *Ipodigmæ*, p. 95, et *in Edwardo I⁰*, p. 55.
[2] *Chronique normande*, p. 28.
[3] Nangis, année 1302, p. 325.
[4] On lira cette lettre en vieux français dans Isambert, *Lettre des barons de France aux membres du Sacré Collége, au sujet de l'appel interjeté par le roi de France contre le Pape au futur concile*. Cette lettre est signée de toute la haute noblesse française. Isambert, t. I, p. 783.
[5] Ulteriori tamen dilatione negata...
[6] Non sine multæ perplexitatis angustia...

« rattachent au Roi par les liens de la fidélité. Nous avons
« adjuré le Roi de nous donner l'autorisation de nous rendre à
« Rome afin de répondre à votre convocation ; le Roi et les
« barons nous ont tout de suite répondu que sous aucun
« prétexte ils ne nous permettraient de sortir du royaume.
« Dans le but d'éviter désordres, tumultes et scandales; nous
« vous supplions de rapporter votre édit de convocation [1]. »
Sous Philippe le Bel, il y avait six pairs ecclésiastiques ; les
évêques de Beauvais, de Noyon, de Châlons, avaient le titre
de comte ; les archevêques de Reims, de Laon, de Langres,
avaient le titre de duc [2].

Cette grande manifestation du 10 avril 1302 n'arrêta pas
Boniface, qui refusa de rapporter son édit de convocation, et
dans un consistoire tenu au mois de juillet, il proféra contre
le Roi les discours les plus violents, notamment ces paroles
imprudentes : « Qu'il ne me pousse pas à bout, car je con-
« nais le secret de sa faiblesse. Trois rois de France ont déjà
« été déposés par nos prédécesseurs [3] ; qu'il sache que j'ai en
« main le pouvoir de le ramener à la raison [4]. »

Le concile se réunit à Rome, le 1er novembre 1302 ; un certain nombre de prélats français et l'archevêque de Bordeaux,
Bertrand de Got (sujet anglais), s'étaient rendus à la convocation du Pape, malgré les défenses du Roi, et après avoir
échappé à la surveillance des officiers préposés à la garde des
passages (*custodibus portuum et passagiorum*), Bertrand de
Got était parvenu à gagner la frontière, d'abord sous le dégui-
sement d'un soldat, puis sous l'habit d'un Frère prêcheur [5].
Dans la session du 13 novembre, le concile dont faisait partie
Bertrand de Got [6] consacra la doctrine de la supériorité des

---

[1] *Revocando vestræ vocationis edictum...* LABBE, *Conciles*, t. XI, p. 1475, 1476.
[2] LAURIÈRE, *Ordonnances*, p 305. Règlement de Noël 1275.
[3] Les rois Robert II, Philippe Ier et Philippe-Auguste.
[4] DUPUY, *Preuves du différend*, p. 77.
[5] Sumpto militari habitu, clam regnum exiens ad curiam Romanam prope-
ravit... In habitu Fratrum prædicatorum (*iit*)... MURATORI, t. IX, *Chron. Pippini*, p. 739, 740. — *Notices, extraits* des manuscrits, t. XX, p. 144.
[6] MURATORI, t. IX. *Chron. Pippini*, p. 739, 740. — *Notices, extraits* des
manuscrits, t. XX, p. 146.

papes, et Boniface s'empressa de promulguer la constitution connue sous le nom de *Unam sanctam*, dans laquelle on lisait : « Il y a deux glaives ; à l'Église appartiennent les deux pou- « voirs : le spirituel et le temporel ; elle a en main *les deux* « *glaives* [1]. Le pouvoir temporel, qui est entre les mains des « rois, ne s'exerce que grâce *à la bonne volonté, et à la pure* « *tolérance du prêtre* [2]. Le pouvoir temporel est entièrement « subordonné au pouvoir spirituel [3]. C'est le pouvoir spirituel « qui institue celui des puissants de la terre ; il a aussi le droit « de le juger *s'il n'est pas bon* [4]. Si le pouvoir des rois dévie de « la voie droite, il sera jugé par le pouvoir spirituel [5]. Toute « créature humaine est sujette au Pontife romain ; nous « le déclarons, nous le disons, nous le proclamons : c'est de « nécessité absolue au salut [6]. » Boniface prétendait être le souverain des rois [7].

Les 17 et 20 janvier 1302, deux assemblées de prélats et barons se tinrent à Paris ; les prétentions du pouvoir spirituel furent condamnées *définitivement*, et le dimanche 11 du mois de février 1302, Philippe le Bel fit brûler publiquement, solennellement, la bulle *Ausculta, fili carissime* ; ce fut le comte d'Artois qui la jeta lui-même dans le feu [8]. Cette exécution fut annoncée à son de trompe dans toutes les rues de Paris [9].

Une nouvelle assemblée de prélats et barons se réunit au Louvre, le 12 mars 1303, en présence du Roi. Guillaume de

---

[1] Spiritualis scilicet et materialis...

[2] Ad nutum et potentiam sacerdotis...

[3] Spirituali subjici potestati...

[4] Spiritualis potestas terrenam potestatem instituere habet, et judicare si bona non fuerit...

[5] Ergo si deviat terrena potestas, judicabitur et potestate spirituali.

[6] Porro subesse Romano Pontifico omnem humanam creaturam declaramus, dicimus, diffinimus et proclamamus. Omnino esse de necessitate salutis... Constitution *Unam sanctam* donnée à Latran le 14 des calendes de décembre an IX du pontificat de Boniface. Voir Rainaldi et Christophe, *Histoire de la papauté*, vol. Ier, Appendice.

[7] Dans l'ouvrage *Histoire de la papauté*, il s'est glissé une erreur singulière d'impression ; au lieu des mots *ad nutum sacerdotis*, on a écrit *ad metum sacerdotis*.

[8] Dupuy, *Différends*, p. 77, et Félibien, t. I, année 1302.

[9] Dupuy, *Différends*, p. 59.

Plasian, un de ses conseillers, donna lecture d'une série d'imputations odieuses dirigées contre la moralité du Pape [1]. Nous donnons le relevé de ces imputations : « Il est hérétique. Il
« ne croit pas à l'immortalité de l'âme, ni à la vie éternelle. Il
« a dit qu'il aimerait mieux être *chien* que *Français*. Il ne croit
« pas à la présence réelle dans l'Eucharistie. Il prétend que la
« fornication n'est pas un péché. Il a approuvé un livre
« d'Arnaud de Villeneuve, lequel a été censuré et brûlé.
« Il s'est fait élever des statues dans les églises pour se faire
« adorer. Il a un démon familier qui le conseille; il con-
« sulte les devins. Il a prêché publiquement que le Pape ne
« peut commettre de simonie. Il fait trafic des bénéfices; il
« veut mettre la guerre partout. Il a dit que les Français sont
« des *patarins*. Il est *S*....., il a commandé des meurtres,
« il a forcé des prêtres à révéler des confessions. Il a nourri
« une haine cruelle contre le roi de France; on l'a entendu
« dire, avant d'être pape, que s'il le devenait, il ruinerait la
« chrétienté ou il détruirait la fierté française. Il a empêché la
« paix entre la France et l'Angleterre. Il a pressé le roi de
« Sicile de faire mourir tous les Français. Il a confirmé le
« roi d'Allemagne à condition de réduire la superbe des Fran-
« çais qui se vantaient de ne pas reconnaître de supérieur au
« temporel, en quoi ils mentaient par la gorge. Que si un
« ange lui disait que la France ne lui est pas soumise, à lui et
« à l'Empereur, il lui crierait *anathème*. Il a causé la ruine de
« la Terre sainte, ayant pris tout l'argent qui y était destiné,
« pour le donner à ses parents, dont il a fait des marquis, des
« comtes et des barons, et auxquels il a fait bâtir des châteaux.
« Il a expulsé la noblesse de Rome, il a rompu des mariages.
« Il a créé cardinal un de ses neveux qui n'est qu'un ignorant
« et qui était marié; il a forcé sa femme à prendre le voile
« dans un couvent. Il a fait périr en prison Célestin, son
« prédécesseur [2]. »

Philippe le Bel qualifiait d'*intrus* Boniface VIII; la plupart

---

[1] Dupuy, *Différends,* p. 101.
[2] Dupuy, *Preuves du différend,* p. 101. Dans cette indigne tirade, Boni-

des historiens attestent que Boniface avait forcé son prédécesseur, Célestin (Pierre de Murrone), à renoncer à la tiare, et qu'il le séquestra[1].

La question de savoir si un pape pouvait se démettre du souverain pontificat était très-contestée; Philippe le Bel était d'avis que Célestin n'avait pu se démettre; Boniface se chargea de la résoudre par une bulle de 1296, qui permit aux souverains pontifes de renoncer à la papauté[2].

Le 13 août 1303, Boniface lança une nouvelle bulle connue sous le nom de *Per processus nostros*, aux termes de laquelle il déclarait le Roi excommunié, s'il persistait à ne pas se soumettre : rien de plus irritant que ces agissements de Boniface, qui a toujours la menace à la bouche. Philippe le Bel fit arrêter à Troyes et mettre en prison Nicolas Bienfaite, archidiacre de Coutances, porteur de cette bulle; les agents du Roi la lui enlevèrent[3].

Les 13 et 14 juin 1303, une grande assemblée eut lieu au Louvre; elle ne comprenait pas les députés des trois ordres; elle se composait de cinq archevêques, de vingt et un évêques, de onze abbés et de *trois prieurs*, dont *un de l'Ordre du Temple*, Hugues de Payrando, grand visiteur de France, *en grand honneur auprès de Sa Majesté*[4], et *un autre de l'Hôpital*. Nous ne parlons ni des comtes ni des barons; le Roi était présent en personne[5]. Philippe fut supplié, en sa qualité de champion de la foi, de *travailler* à la convocation d'un concile général; c'était ce que le Roi demandait[6].

Il importe de constater tout de suite que les Ordres du Temple et de l'Hôpital donnèrent *leur adhésion;* nous ne disons pas qu'ils approuvèrent les chefs d'inculpation outrageants,

---

face VIII était accusé de *sodomie;* l'épithète de *patarin* était à l'ordre du jour. Elle sera employée contre les chevaliers du Temple.

[1] Petrus de Murrone, quondam papa Celestinus, per Bonifacium papam captus, et in arcta detentus custodia ergastulo... WALSINGHAM, *in Edwardo*, p. 34.
[2] ISAMBERT, t. I, p. 705.
[3] DUPUY, p. 98, 181.
[4] MANSUET, t. II, p. 123.
[5] DUPUY, p. 108, 109.
[6] *Id., Différends*, p. 100, 101.

calomnieux, diffamatoires, dirigés contre les mœurs et l'orthodoxie du Pape; mais ce qu'il faut retenir, c'est qu'en présence des menaces adressées à la France et au Roi, les deux Ordres *votèrent l'appel au futur concile.* Ceci est très-grave, parce que plusieurs auteurs ont prétendu que l'Ordre du Temple se mit en opposition contre Philippe le Bel dans cette circonstance solennelle. Voici ce que dit l'auteur de l'*Histoire de la papauté* : « Les Templiers s'étaient crus assez indépen-
« dants pour se déclarer ouvertement en faveur de Boniface
« contre Philippe le Bel; on a ajouté même qu'ils lui avaient
« fourni de l'argent, que le trésorier de l'épargne avait fait
« parvenir au Pontife une somme considérable[1]. » L'acte d'appel au futur concile fut lu le 24 juin, dans le jardin du palais, en présence d'une foule immense. Il importe de faire ressortir que les députés des trois ordres ne se trouvèrent pas réunis à l'assemblée des 13 et 14 juin; mais la décision de cette assemblée, l'appel furent soumis à la ratification des représentants des trois ordres dans diverses *assemblées provinciales.* Le 1er juillet 1303, Boniface riposta par la bulle dite « *Juxta verbum propheticum præceptum a Domino* ». Le Pape exhale sa haine contre la France, contre le Roi; il démembre le royaume. Il ordonnait aux nobles, aux Églises, aux Ordres de Cîteaux, de l'Hôpital, du Temple, de Calatrava, à l'Ordre Teutonique, aux communes des métropoles de Lyon, de Tarentaise, d'Embrun, de Besançon, d'Aix, d'Arles et de Vienne, de la Bourgogne, de la Lorraine, du Barrois, du Dauphiné, de la Provence, du comté de Forcalquier et de la principauté d'Orange, du royaume d'Arles, qui relevaient de l'Empire, de rompre les liens de vassalité et d'obéissance qu'ils avaient pu contracter au détriment de l'Empereur, et les déliait des serments de fidélité qu'ils avaient pu prêter au Roi. Le traité de Vaucouleurs, en ce qui concernait le *protectorat* des villes de la rive gauche du Rhin, était anéanti[2].

Les adhésions à l'appel au futur concile furent données dans les conciles provinciaux. Elles furent *unanimes,* y compris

---

[1] Christophe, *Histoire de la papauté,* t. I, p. 142 et suiv.
[2] *Notices, Extraits* des manuscrits, t. XX, 2e partie, p. 147, 148.

celles de l'*Ordre du Temple*. Aux états de Languedoc, convoqués à Montpellier, le Frère Bernard de Rocha, commandeur de Vaor, représentant le précepteur de Provence, adhéra à l'appel et déclara qu'au nom de tous les Commandeurs-Templiers de Provence, il en appelait contre Boniface, renouvelant ainsi les protestations du grand visiteur Hugues de Payrando[1]. Le Roi obtint avant la fin du mois de septembre 1303 plus de *sept cents* actes d'adhésion, tant de la part des prélats, églises, monastères et couvents de l'un et de l'*autre sexe*, que de celle des divers barons et des peuples du royaume. Les *universités* de Paris et de Toulouse adhérèrent à l'appel. Il est curieux de voir des couvents de femmes, des abbesses donner aussi cette adhésion. Le patriotisme de tous se montra[2]; toutefois l'Ordre de Citeaux, l'Ordre des Frères prêcheurs de Montpellier refusèrent leur adhésion. Les religieux étrangers qui résistèrent furent expulsés du royaume[3].

« Tout le monde, nous dit Frachetto, adhéra, à l'exception de
« l'abbé de Citeaux, *Jean de Pontoise*. Il fut forcé de quitter
« l'Ordre et de se retirer, à cause du dommage que le Roi et
« ses agents causèrent aux religieux depuis ce refus. Il fut
« remplacé par *Henri, abbé de Jouy*[4]. » Ce fait est relevé en ces termes par Walsingham, dans l'*Histoire d'Édouard I*[er] : « Le
« Roi, irrité de ce que l'abbé de Citeaux n'avait pas consenti à
« l'appel à ce futur concile contre Boniface, persécuta tous
« les monastères de l'Ordre[5]. »

L'abbé de Citeaux ne fut pas seul à protester; les abbés de Cluny et de Prémontré agirent de même : Philippe les fit incarcérer[6].

Nous avons fourni la preuve que l'Ordre du Temple ne s'était

---

[1] Père Mansuet, t. II, p. 124.
[2] Dom Vaissette, *Histoire du Languedoc*, t. IV, p. 115, 116.
[3] *Annales de Colmar*, année 1303, et Dupuy, p. 104.
[4] G. Frachetto, *Historiens de France*, t. XXI, p. 22, 23.
[5] Rex Franciæ offensus abbate Cisterciensi, quia in appellationem contra papam Bonifacium non consueverat, omnia monasteria ejusdem Ordinis in regno Franciæ constituta, plurimum molestavit, propter quod, abbas, ultro regimini Ordinis sui cessit... Walsingham, *Hist. Angl. Edwardi I*. p. 61.
[6] Tres abbates, Cluniacensis, Cistercensis et Premontratensis, a rege Franciæ

pas rangé parmi les ennemis de Philippe le Bel, au cours de ses différends avec Boniface VIII. Il faudra donc trouver d'autres causes à la haine du Roi contre l'Ordre. Il nous suffit d'avoir prouvé, quant à présent, que les *Templiers* donnèrent adhésion à l'appel au futur concile, et qu'ils se montrèrent en cette occasion solennelle fidèles défenseurs des droits du Roi et du royaume. Par ordonnance du 15 juin 1303, Philippe le Bel déclara prendre sous sa protection l'abbé de Saint-Corneille de Compiègne, les prélats, les barons, tous autres fidèles adhérents ou qui voudraient adhérer à l'appel contre Boniface [1].

Nous n'avons point à parler de la bulle « *Nuper ad audientiam nostram* », ni de la bulle « *Petri solio excelso* », du 8 septembre, qui prononçait l'excommunication définitive de Philippe le Bel : nous ne parlerons pas de l'attentat dirigé à Anagni contre le Pape, attentat dont tout le monde connaît les *tristes* détails, qui causa la mort de Boniface VIII, abandonné de tous dans sa lutte contre le *roi de France* et le *royaume de France.*

copiuntur, quod noluerunt ei, contra Papam, obedire... *Annales de Colmar,* année 1302. (V. la lettre écrite par l'Ordre de Citeaux dans KERVYN.)

[1] Efficaciter defendamus contra hominem qui vellet statum, honorem, libertates et jura infringere... et specialiter contra Bonifacium, nunc Ecclesiæ Romanæ *regimini* PRÆSIDENTEM.

Philippe affecte de refuser à Boniface le titre de Pape... LAURIÈRE, *Ordonnances,* vol. I, p. 374.

CHAPITRE X

Mémoire de Nogaret au Roi. — Il lui conseille d'en rester là quant à présent. — Nogaret et l'avocat du Roi, Dubois, indiquent certains moyens de défense à opposer à l'Église de Rome, si elle inquiète Philippe le Bel. — Moyens tirés des Écritures. — Dubois soulève la question du célibat des prêtres. — Philippe le Bel ne voulut jamais aller jusqu'au schisme. — La bourgeoisie et le peuple aimaient le Roi, tout en le redoutant. — Vaillance, patriotisme de Philippe le Bel. — Le pape Benoit XI. — Ce Pape releva le roi de France, sa femme, leurs enfants, les grands et le royaume de toute excommunication. — 7 juillet 1304, mort de Benoit XI. — Réflexions.

La mort de Boniface VIII arriva le 11 octobre 1303. L'attentat d'Anagni souleva de vives protestations dans le haut clergé, des appréhensions même parmi les amis du Roi. Nous lisons, dans un mémoire que Nogaret adressa en 1303 à Philippe le Bel, ce qui suit : « Beaucoup de personnages con-« sidérables tant du siècle que de l'Église, même *amis du Roi*, « n'approuvent pas les faits qui se sont accomplis à Anagni. « Ils estiment que le Roi et moi, nous devons avoir un remords « de conscience envers Dieu. » Nogaret indique au Roi qu'il a un moyen à lui proposer pour sortir de là. Il affirme que ce moyen existe, qu'il est facile à employer, qu'il produirait un excellent effet pour le royaume ; « *ce moyen se trouverait dans les Écritures* [1] ». Cet expédient permettrait au Roi de confondre le Pape et les autres partisans de son pouvoir temporel [2]. Nogaret savait que son moyen se trouvait dans les Évangiles

---

[1] Consilium Regi sanum testimoniumque Scripturarum antiquarum et fidelium clarum inveniri posset... *Notices* et *Extraits* des manuscrits : *Mémoires de Nogaret*, t. XX, 2ᵉ partie, p. 149, 150, 151.

[2] Insuper et *Personam* et personas adverse partis confundere si vellet... *Notices* et *Extraits* des manuscrits : *Mémoires de Nogaret*, t. XX, 2ᵉ partie, p. 149, 150, 151.

Le mot *Personam* indique bien qu'il s'agit de la *personne du Souverain Pontife*.

de saint Jean et de saint Matthieu, dans ces paroles de Jésus-Christ : « Mon royaume n'est pas de ce monde, mon royaume « n'est pas d'ici [1]. Que celui qui voudra devenir plus grand « parmi vous soit votre serviteur; celui qui voudra être le « premier d'entre vous sera votre esclave [2] » ; indiquant ainsi à ses disciples qu'ils ne devaient avoir « *aucune autorité* ou « *domination* les uns sur les autres. Après la multiplication « des cinq pains, Jésus, pour ne pas être enlevé par la foule qui « voulait le *proclamer roi,* s'était retiré en fuyant sur la mon- « tagne, *lui tout seul* [3] ».

En définitive, Nogaret conseille à Philippe le Bel de *s'en tenir là* quant à présent de ses représailles contre l'Église de Rome [4]. « Il faut attendre! » Philippe n'était pas homme à se laisser intimider; il connaissait les sentiments de la bourgeoisie et du peuple, qui lui étaient absolument dévoués. La lettre du clergé au Pape, du 10 août 1302, manifestait certaines appréhensions de tiraillements qu'il fallait éviter. La bourgeoisie et le peuple redoutaient et aimaient tout à la fois le *biau Phélippon,* comme on apppelait alors Philippe le Bel; le Roi avait réprimé les excès de l'inquisition en Languedoc [5], il se montrait impitoyable envers les Juifs, les Lombards et Caorcins (Italiens qui étaient venus s'installer à *Cahors* pour y faire la banque et l'usure, « *voraginem usurarum, usurariam pravitatem* »). Philippe portait haut l'ambition et la fierté nationales ; il était brave et se *combattait bien dans la bataille;* il fera des prodiges de *proëce* au combat de Mons en Puelle, le 18 août 1304; il décida de la victoire; sans lui, tout était perdu [6]. Le Roi avait

---

[1] Saint Jean, ch. xviii, v. 36.
[2] Saint Matthieu, ch. xx, v. 26, 27.
[3] Saint Jean, ch. vi, v. 15.
Consulter, à ce sujet, les notes curieuses de Laurière, *Ordonnances,* vol. 1, p. 375.
[4] Denique notandum, non plus ad præsens. *Notices, Extraits* des manucrits, t. XX, 2ᵉ partie, *Mémoire de Nogaret.*
[5] Dom Vaissette, t. IV, p. 121. — Martène, t. VI, p. 511.
[6] « Si fourent souspris et s'enfuirent... Pluisieurs et mesmes le comtes de « Savoye et de battaille. La nouvelle fut ditte au biau roy qui se reposoit en « ses trefs (tentes) que se gent s'enfuioient en pluisieurs parties. Adonc monta « et alla a toute la battaille, et fu li Roi desmontez et ses chevaux ochis desoubz

donné l'exemple de l'affranchissement d'un nombre considérable d'hommes de corps qu'il rendit à la liberté et à l'exercice du droit de propriété. En 1298, Philippe avait affranchi les serfs du domaine royal dans les sénéchaussées de Toulouse et de Carcassonne; en 1302, il avait étendu la libéralité de cette mesure aux sénéchaussées d'Agenois, de Rouergue, de Gascogne, et au bailliage de *Caen*. Cet exemple fut suivi par Charles de Valois et les seigneurs. Les serfs se divisaient en deux classes, en *hommes de corps* et en *hommes de caselage,* ces derniers libres de leurs personnes, mais cultivant des *terres serviles;* les hommes de corps attachés à la glèbe, mais *devenus libres,* eurent le droit d'aller travailler où bon leur semblerait ; les *hommes de caselage, déjà libres,* devinrent en réalité propriétaires, au moyen de l'emphytéose, *sans fixation de terme,* des fonds qu'ils avaient jusqu'alors cultivés comme fonds serviles, mais à condition de payer un *cens annuel de douze deniers tournois* pour chaque *septerée* de terre, soit un sou tournois, équivalant à 4 fr. 49 c. de notre monnaie [1]. En 1305, le Roi fera une ordonnance qui dut le rendre très-populaire à Paris. Il déclarera libre le commerce de la boulangerie, et réglementera la police des marchés.

Le Roi voulut mettre un terme au monopole des boulangers : le règlement autorisa tout habitant de Paris « à faire son pain

---

« luy, et Guillaume Gentieux et Jehans ses frères qui estoient à son fraint
« furent ochis, et li oriflamme à le terre versée, et ansiaux de Chievreuse qui
« le porte ce jour y fut mors de caut et de painne : Mille de Noüers releva
« l'oriflamme de Franche, et Charles de Valois et Loeys d'Évreux, Loeys de
« Bourbon et plusieurs prinches s'en rallèrent à la bataille dou Roy qui en
« personne *se combatti ce jour fort et poissamment* le mardi d'août avant la
« St Bertrémi (Saint-Barthélemy 1304)... » *Chronique de Jean Desnouettes :
Historiens de France,* t. XXI, p. 104, 105. — Le mardi après la mi-août, 18 août. *Chronique normande du quatorzième siècle,* p. 26. — Auguste et Émile MOLINIER, *Société de l'histoire de France.*

[1] Quæ quidem Caselagia fore. de cætero res *amphyteoticas* declaramus... L'ordonnance ne *fixait* pas de terme à cette *emphytéose. Ordonnances,* t. XII, p. 325, 335.

Déjà en 1238, Guillaume, évêque de Paris, avait donné le signal des manumissions, en affranchissant les serfs du chapitre de Saint-Marcel... FÉLIBIEN, t. III, p. 14.

« dans sa maison, et à le vendre en payant les droits accou-
« tumés. Tous les jours de la semaine, chacun eut le droit
« d'apporter librement son pain, son blé, et des vivres à Paris,
« pour les y vendre. »

Ce règlement prescrivit aux « talmeliers et boulangers de
faire pain *souffisant, de juste poids, de prix proportionné à la
valeur du blé* ».

« Les vivres et denrées durent être apportés sur le marché,
« et vendus en *plein marché*, et personne ne put acheter des
« blés ou aucuns grains pour les revendre le *jour du même*
« *marché*. »

Le Roi ordonna « que toutes denrées venant à Paris, puis-
« qu'elles seront *aforées (appréciées)*, tout le *commun*, en pût
« avoir pour un *tel prix*, comme *li grossier* (marchands en
« gros) les *achèteront* [1]. »

Pierre Dubois, avocat du Roi à Coutances, dans un mémoire
soumis dès 1299 à Philippe le Bel, avait appelé son attention
sur *certaines* réformes. Dubois blâmait quelques institutions
de la discipline ecclésiastique, et notamment le *célibat des
prêtres*. « Le vœu de continence, écrivait Dubois, a été imposé
« dans l'origine par des vieillards auxquels il n'était pas diffi-
« cile de pratiquer cette vertu. Ils ont éloigné du saint minis-
« tère les hommes qui vivaient dans le mariage; mais ils n'ont
« pas repoussé, et l'on ne repousse pas, les *fornicateurs*, les
« *adultères*, les *incestueux*, qui se disent *continents*, quoique
« leur conduite prouve le *contraire*, et qui ne sont voués qu'à
« la dissimulation et à l'hypocrisie. Tous font vœu de conti-
« nence, et peu l'observent. L'Apôtre *permettait* à chacun
« d'eux *d'avoir une épouse*... Quant à la digression que je me
« suis permise, elle aurait pour objet d'engager Votre Majesté
« Royale à *changer, corriger* et *amender* les coutumes et les
« statuts ecclésiastiques établis par ses prédécesseurs et par
« d'autres personnages, *fussent-ils des saints*, toutes les fois
« qu'Elle s'apercevra qu'il peut en résulter de grands périls

---

[1] Donné à Parcent de lez-Beaumont, le mardi après les octaves de Pâques
1305. ISAMBERT, t. I, p. 828.

« et des inconvénients graves [1]. » Dubois découvrait une des plaies les plus saignantes qui affligeaient alors l'Église. Les derniers conciles et synodes tenus depuis l'année 1278 avaient dévoilé l'incontinence *lamentable* (*sic*), le concubinage des ecclésiastiques ; malheureusement les faits révélés *aux canons et aux actes* donnaient une grande force aux attaques de Dubois, et au mémoire qu'il avait fait parvenir au Roi [2].

On parlait donc déjà, à la fin du treizième siècle, de la question du célibat des prêtres ; on cherchait à les affranchir au moyen du mariage de la *servitude du célibat*. Il y avait là un moyen de défense et d'attaque proposé au Roi, s'il lui eût été nécessaire d'entrer dans la voie que lui indiquait son conseiller Dubois. Le mot *litium* employé par Dubois vise les différends (*lites*) qui existaient à la fin du treizième siècle et au commencement du quatorzième entre Boniface et Philippe le Bel, entre le pouvoir spirituel et le pouvoir temporel. Si Philippe eût été forcé d'en arriver aux moyens extrêmes pour défendre ses droits et les libertés du royaume, nous avons la conviction que le pays eût suivi le Roi dans cette *évolution*. Philippe n'eut jamais l'intention d'aller jusqu'au *schisme ;* il voulut rester sur le terrain des représailles, au nombre desquelles il faut mettre la poursuite, la destruction de *l'Ordre des Templiers, sujets de l'Église de Rome,* les représentants de *l'épée spirituelle et temporelle* dans son royaume.

Le nouveau souverain pontife Benoît XI fut élu le XI des

---

[1] De Wailly, *Mémoire à l'Académie*, t. XVIII, p. 435 et 481.
Summaria brevis et compendiosa doctrina, felicis expeditionis, et abreviationis *guerrarum* ac *litium* regni Francorum.

[2] Consulter, dans le vol. XI de Labbe :

Nicolas III.	Année 1278.	*Conc. Langesiense*, p. 1040, n° 4.
	Année 1279.	*Conc. Redingense*, p. 1065, n° 5.
	Année 1280.	*Conc. Coloniense*, p. 1108, n°ˢ 1, 2.
Martin IV.	Année 1281.	*Conc. Lambethense*, p. 1167, n° 17.
Honorius IV.	Année 1286.	*Conc. Bituricense*, p. 1149, n°ˢ 7, 8.
Sedis vacatio.	Année 1287.	*Synodus Exoniensis*, p. 1283, n° 18.
	Année 1288.	*Conc. Remense*, p. 1317, n° 5.
Nicolas IV.	Année 1289.	*Synodus Cistercensis*, p. 1347, n°ˢ 2, 3, 4, 6.
Boniface VIII.	Année 1299.	*Conc. Rotomagense*, p. 1427, n° 1.
	Année 1300.	*Synodus Bajocensis*, p. 1455, n°ˢ 37, 38.

calendes de novembre (22 octobre 1303). Le Pape comprit que, dans l'intérêt de l'Église, il fallait ramener la paix entre la France et le Saint-Siége : après avoir pris connaissance de la cause du Roi [1], le nouveau Pontife promulgua une bulle qui fut lue solennellement le 28 juin 1304, en l'église cathédrale de *Notre-Dame* de Paris, en présence des prélats et du clergé *spécialement* convoqués. Le Pape relevait spontanément le Roi, la Reine, leurs enfants, les grands, le royaume et leurs adhérents, de toutes excommunications, de tous interdits prononcés à quelque cause que ce fût par Boniface VIII, et donnait l'absolution *ad cautelam*. Cette bulle accordait à Philippe le Bel des décimes ecclésiastiques pendant deux ans, et les annates pendant trois années, pour l'aider à frapper de la monnaie sur le pied de celle de saint Louis [2]. Le Pape rendait au chancelier de Paris (ce qui était fort important pour l'Église gallicane) le droit de licencier les maîtres en décrets et en théologie, droit dont Boniface avait dépouillé les docteurs de l'Université du parti du Roi, par une bulle en date du 18 août 1303 [3].

L'auteur de l'*Histoire de la papauté* nous dit que les Templiers ayant refusé de payer ce décime, le Roi se trouva dans la nécessité de les y contraindre [4], que ce fût une des causes de l'inimitié de Philippe le Bel. Nous ne le croyons pas ; car la perception du décime de 1304, accordé par Benoît XI, eut lieu *seulement* en 1307 et en 1308 [5]. Les Templiers se trouvaient alors dans les prisons du Roi, et leurs biens mobiliers et immobiliers étaient sous sa main. On verra bientôt que, dès l'année 1276, l'Ordre avait tiré de grands avantages en *soldant* les décimes *royaux,* et qu'il est plus que probable que les Templiers s'acquittèrent, par

---

[1] Cognita vero Philippi regis causa... LABBE, *Vita Benedicti papæ XI, Conciles,* t. XI, p. 1477.
[2] Decima biennis a papa Benedicto XI concessa, pro reductione monetarum ad pondus... Voir BOUTARIC, *la France sous Philippe le Bel,* p. 208, note 6, et page 293, note 5.
[3] NANGIS, année 1304.
[4] CHRISTOPHE, *Histoire de la papauté,* t. I, p. 248.
[5] BOUTARIC, p. 288, note.

anticipation, des décimes accordés par Benoît XI. Nogaret, l'auteur de l'attentat d'Anagni, avait été excepté du pardon accordé par le nouveau Pape ; les auteurs de cet attentat furent appelés en jugement, ils firent défaut. Benoît les excommunia *de integro excommunicati*. Le Pape avait tout d'abord accordé l'absolution aux Colonna ; mais peu de temps après, il leur enleva le cardinalat [1].

Benoît XI mourut le 7 juillet 1304. Philippe le Bel, qui aspirait toujours à l'Empire pour son frère, Charles de Valois, et qui nourrissait bien d'autres projets, employa tous les moyens pour faire élire pape une créature de son choix.

Nous avons vu à l'aide de quels procédés violents, dans la défense d'abord, puis dans l'attaque, Philippe le Bel s'était débarrassé de l'ingérence du pouvoir des papes dans les affaires temporelles de son royaume. Le Roi était entouré d'*ennemis* à l'extérieur ; Boniface lui avait en cela tenu parole, et avait soulevé contre lui *ciel et terre*. Boniface avait joué le Roi et Charles de Valois dans l'affaire d'Allemagne ; il avait poussé l'Empereur à déclarer la guerre à la France, la *fille aînée de l'Église ;* il avait essayé de démembrer le royaume ; il avait entretenu la mauvaise intelligence entre la France, l'Angleterre et les Flandres. La situation était inquiétante : Philippe fit appel au pays pour la défense nationale. L'argent manquait ; le Roi se trouva dans la nécessité de recourir à tous les moyens pour s'en procurer. Le premier usage que Philippe fit de son pouvoir temporel fut : 1° d'essayer de s'emparer des biens de l'Ordre du Temple, de les faire rentrer dans son domaine ; 2° de porter un coup à l'Église de Rome, en frappant un Ordre religieux composé d'hommes qui étaient plutôt les sujets du Pape que du Roi ; 3° de restreindre l'influence de l'Église romaine, en réduisant ses possessions et ses richesses, ses moyens d'action en France. Le Roi ne réussira qu'à faire condamner les *personnes des Templiers,* et ne pourra obtenir la condamnation de la personne morale, l'*Ordre ;* l'Église consentira toutefois à le détruire, à le *casser,* pour complaire au

---

[1] Labbe, *Vita Benedicti papæ, Conciles,* t. XI, p. 1477.

Roi, *son fils chéri*. Le Saint-Siége conservera les biens, mais les attribuera à des *religieux* d'un autre Ordre, à d'autres *gens d'Église* qui, tout en protestant de leur dévouement à Philippe le Bel, n'en restèrent pas moins les plus fidèles sujets du Pape.

CHAPITRE XI

Bertrand de Got, archevêque de Bordeaux. — Intrigues des Colonna, du cardinal de Prato et de Philippe le Bel. — Bertrand de Got élu pape. — Roman de Villani. — Ambassadeurs de Philippe le Bel à Bordeaux. — On y traite d'affaires secrètes. — Lesquelles? — Lettres importantes du Pape à Philippe le Bel. — Opinions des plus anciens auteurs : Vecerius, saint Antonin, Jean Marius. — Opinion de M. Boutaric. — Étranges révélations faites à Philippe le Bel au sujet des Templiers. — Solennité du couronnement du nouveau Pape à Lyon. — Attitude de Philippe. — Accidents, conférences. — Promesses du Pape. — Rapport de la constitution *Unam sanctam*. — La bulle *Clericis laicos* rapportée plus tard. — Vengeances du Pape contre Gérard Pigalotti, évêque d'Arras, et contre Gauthier de Bruges, évêque de Poitiers. — Exactions commises par l'entourage du Pape. — Retour du Pape à Bordeaux. — *Roberies* commises par ses gens au préjudice des Églises de France.

Il y avait alors à Bordeaux un archevêque du nom de Bertrand de Got[1], avide d'honneurs, de pouvoir et d'argent, disent les auteurs, qui avait siégé au concile de Rome du 1er novembre 1302, très-partisan des doctrines de Boniface VIII, ainsi que nous l'avons vu déjà, l'un des auteurs de la constitution *Unam sanctam*. Bertrand de Got était du nombre des compétiteurs à la tiare; il avait attiré l'attention du Sacré Collége en sa qualité d'adversaire résolu de l'appel au futur concile[2]. Bertrand de Got avait été l'ami de jeunesse de Philippe le Bel[3]; arrivé à l'épiscopat, il s'était rangé au parti de Boniface contre le Roi, dont il était devenu l'ennemi; Philippe le Bel jeta son dévolu sur le personnage, qu'il savait passionné et ambitieux, avec lequel il lui serait facile de s'entendre[4]. Le Roi fit savoir à l'archevêque de Bordeaux qu'il userait

---

[1] Sujet anglais. Licet in Anglia præsul esset... MURATORI, t. IX, *Ferretus Vicentius*, p. 1015.
[2] MURATORI, t. IX, *Chron. Pippini*, p. 739.
[3] A juventute familiaris extitisset... MURATORI, t. IX, p. 1014.
[4] Papa hic et Franciæ rex bene *conveniebant*; nam uterque erat *avarus*, et

de toute son influence pour le faire élire pape. *La paix fut faite* avec Bertrand de Got[1].

Depuis une année environ, les cardinaux réunis à Pérouse, renfermés, conformément aux prescriptions d'une constitution du pape Grégoire X, ne pouvaient parvenir à se mettre d'accord, à formuler un choix ; l'or et la magnificence de Philippe le Bel, les intrigues de Pierre Colonna, l'intervention du cardinal de Prato, *Nicholaus Pratensis,* ancien évêque de Spolète, dévoué à la France, eurent raison des hésitations[2]. Après une année de délibérations et de douce captivité[3], les cardinaux finirent par s'entendre et élurent Bertrand de Got, le 5 juin 1305, veille de la Pentecôte[4].

On a prétendu que Philippe, *en personne,* avait fait ses conditions à l'archevêque de Bordeaux avant son élection ; que Bertrand de Got s'était précipité aux pieds du Roi, en lui promettant de déférer à tout ce qu'il exigerait de lui. On s'est appuyé sur un passage de l'historien Villani, passage que tout le monde connait, et qui tient du roman ; Philippe serait allé trouver l'archevêque de Bordeaux dans une abbaye près de Saint-Jean d'Angely, et, s'adressant à lui, lui aurait dit, « Je « puis vous faire pape, si vous me promettez six grâces, et voilà « pourquoi je suis venu : la première, que vous me récon- « ciliiez avec l'Église ; la seconde, que vous rendiez la commu- « nion à moi et à tous les miens ; la troisième, que vous « m'accordiez les décimes sur le clergé, dans mon royaume,

cupiebant sibi Ordinis (Templi) bona vindicari... *Chron. Germaniæ,* August. Vindel, p. 1476.

[1] Homine antea inimico... Gurtler, p. 288.

[2] Petrus Columna itaque, opulentissimi Regis spe ductus, omnes quos aurum sitientes noverat, pollicitis donis corrumpere ausus est... Muratori, t. IX, *Ferretus Vicentius,* p. 1014.

[3] Inclusi sibi tamen exquisitis fraudibus ministrari victualia procurantes... Nangis, année 1304, p. 342, et nonis junii, année 1305.

[4] Cardinali per voluntà del re di Francià é per industria de Colonnensi, elessonno messer Bertrando Ramondo del Gotto archivescovo di Bordéa di Guascogna... *Chron. de Dino Compagni : Historiens de France,* t. XXI. — Muratori, t. IX, p. 517.

Bertrand de Got, archevêque de Bordeaux, fut nommé pape à *l'instans* et *pourchas* du roi Philippe le Bel. Nostradam., *Histoire de Provence,* p. 318.

« pendant cinq ans, afin de subvenir aux dépenses de la guerre
« de Flandre; la quatrième, que vous abolissiez entièrement
« la mémoire du pape Boniface; la cinquième, que vous ren-
« diez la dignité de cardinal à Jacques et à Pierre Colonna, et
« que vous l'accordiez à quelques-uns de mes amis; et la
« sixième grâce, je vous en parlerai en temps et lieu. »

L'archevêque de Bordeaux aurait promis, sur l'hostie, d'accorder au Roi ce qu'il demandait, s'il lui était redevable de la tiare[1].

Rien de cette entrevue n'est vrai; il n'y eut pas d'entrevue. Toutefois, dans tout roman, il y a un fond de vérité qu'il faut dégager de l'invention. Villani, qui écrivait vers le milieu du quatorzième siècle, rapporte, *après coup*, ce qu'il a entendu dire, ce qui s'est passé en partie. Villani était un des chefs de la maison des *Petrucci* ou *Perruches*, qui eurent plusieurs fois sous Philippe le Bel l'entreprise de la monnaie d'or. Villani vint à Paris; il y séjourna, il se rendit l'écho de ce qui se disait dans l'entourage du Roi et de la bourgeoisie. Si l'on consulte les itinéraires suivis par Philippe, on voit que le Roi n'est pas allé à Saint-Jean d'Angély en 1304[2]. En réalité, le Roi envoya des messagers à l'archevêque de Bordeaux; une lettre de ce prélat devenu pape, en date du 13 octobre 1305, dont nous allons reproduire le texte, ne laisse aucun doute sur ce point. Il n'y eut pas de conditions dictées par le Roi en personne ou en son nom; mais Bertrand de Got fit aux ambassadeurs des promesses, les unes réalisables, d'autres tellement graves qu'elles étaient difficiles, sinon impossibles à tenir. Ces promesses imprudentes rivèrent le Pape aux volontés et aux caprices de Philippe; d'où une série d'actes auxquels Clément V fut forcé de donner son adhésion et son concours, au mépris de la dignité et des droits du Saint-Siége.

Philippe le Bel n'a pu demander que le futur Pape le réconciliât avec l'Église et lui rendît la communion, à lui et à tous

---

[1] Villani, liv. VIII, ch. xl. — Muratori, *Dino Compagni*, t. VIII, p. 237.
[2] *Historiens de France*, t. XXI, p. 406 et 450. *Itinéraires de Philippe le Bel.*

les siens, par la raison bien simple que la bulle de Benoît XI, du 28 juin 1304, était un acte de solennelle réconciliation. Benoît XI avait rendu la communion au Roi, à la Reine, à leurs enfants, aux grands du royaume et à leurs adhérents. Philippe le Bel voulait quelque chose de plus, la radiation des expressions injurieuses qui abondaient dans les diverses bulles et constitutions de Boniface VIII ; c'était ce qu'il exigeait par-dessus tout[1]. Le Roi voulait la condamnation, par Clément V, des doctrines de Boniface consignées dans la constitution *Unam sanctam*. Il demandait encore (ce qui était exorbitant) la condamnation de Boniface lui-même comme hérétique[2]; il voulait la destruction du Temple, sujet de l'Église, et la confiscation des biens de l'Ordre à son profit. Quant aux décimes, Philippe était alors en mesure de se passer du Pape, pour les décréter. Il en obtint du clergé tout ce qu'il en voulut; rendre aux Colonna le cardinalat, nommer les cardinaux du parti français, cela allait de soi. Une promesse inouïe aurait été faite par l'archevêque de Bordeaux, l'*abolition entière* de la mémoire de Boniface VIII. Les plus anciens écrivains sont unanimes sur ce point; il reste la prétendue *sixième grâce*. S'agit-il, dans l'esprit de Villani, de la destruction de l'Ordre du Temple? S'agit-il de la nomination d'un des fils de Philippe le Bel, comme roi de Jérusalem? Nous croyons que les ambassadeurs du Roi *traitèrent* de la suppression de l'Ordre du Temple. Il est fort possible que la question de l'Empire fut agitée, que Philippe voulut sonder l'opinion et les dispositions de Bertrand de Got. Quant à la nomination d'un des fils du Roi en qualité de roi de Jérusalem, cette proposition fut *postérieure* aux années 1304 et 1305 ; cette idée vint à l'esprit des conseillers de Philippe, lorsqu'on agita la grave question de la destination à donner aux biens du Temple, à leur emploi. Villani nous laisse à la *devine* avec sa prétendue sixième grâce. S'agissait-il d'obtenir du futur Pape la promesse de transférer le Saint-Siége en France? Ceci nous paraît avoir été convenu

---

[1] Namque id *primum* postulatorum *caput*, extiterat... Labbe, *Concile de Vienne*, t. XI, p. 1569.

[2] Bonifacium tanquam hereticum condemnaret... Labbe, t. XI, p. 1570.

et arrêté ; Philippe espérait ainsi pouvoir mettre la main sur l'Église. Les cardinaux, en annonçant à Bertrand de Got son élection, le suppliaient de se rendre à *Rome, à son siége;* mais lorsque le Sacré Collége reçut l'ordre de se transporter à Lyon pour la cérémonie du couronnement (14 novembre 1305), le doyen des cardinaux, en quittant Rome, interpella le cardinal de Prat et lui dit : « Vous êtes enfin parvenu à nous conduire « au delà des monts; si je ne me trompe, nous ne reviendrons « pas sitôt ; je connais les Gascons [1]. »

M. Boutaric n'hésite pas à déclarer qu'on ne saurait comprendre la stricte obéissance du Pape, que si l'on suppose des engagements antérieurs à son élection [2].

Si le Roi n'eût pas d'entrevue personnelle avec Bertrand de Got avant son élection, ils échangèrent leurs rapports au moyen de députés, de *messagers, nuntii;* en effet, l'archevêque resta presque toujours à Bordeaux, pendant le temps que dura la délibération du Sacré Collége; le décret du conclave lui fut envoyé à Bordeaux [3]. Après l'élection, Philippe envoya de nouveaux ambassadeurs, mais *officiels, solempnes,* à Bordeaux, pour reprendre les négociations. M. Boutaric affirme qu'il a acquis la preuve que ces négociations avaient un double objet, la *condamnation* de la mémoire de Boniface VIII et la *suppression* de l'Ordre du Temple [4]. Quant à nous, en ce qui concerne l'Ordre du Temple, nous voyons que ces négociations eurent lieu *entre l'élection* et le *couronnement,* qui fut célébré à Lyon, le 14 novembre 1305. Nous trouvons notre preuve dans la bulle adressée de Poitiers, le 10 août 1308, aux

---

[1] Mansuet, t. II, p. 130.

[2] *Correspondance intime de Philippe le Bel et de Clément.* M. Boutaric a lu ces lettres, que Baluze a supprimées dans son 2ᵉ volume de la *Vie des papes à Avignon.* Elles se trouvent dans le n° 170 des Cartulaires de la Bibliothèque nationale, ancien registre XXIX ou C du Trésor des chartes. Boutaric, *Philippe le Bel et les Templiers,* p. 124, note 3.

[3] Labbe, *Conciles,* t. XI, p. 1496, 1497, 1498.

Les cardinaux écrivirent de Pérouse au nouveau Pape, le 5 des ides de juin (9 juin 1305), en le priant de se rendre à son siége... Labbe, *Conciles,* t. XI, p. 1499.

[4] Boutaric, p. 126. — V. Rainaldi, t. XV, p. 1305. — Choisy, *Histoire ecclésiastique,* et l'abbé Fleury.

membres de la grande commission chargée par Clément V d'enquêter contre l'*Ordre*. « Vers le temps de notre promotion », écrit le Pape, « avant même de nous rendre à Lyon pour nous « faire couronner, nous avions entendu *parler en secret* des « désordres de l'Ordre du Temple[1]. » Il paraîtrait donc exact de dire que les envoyés, *nuntii*, de Philippe le Bel traitèrent à Bordeaux, *vers le temps* de l'élection de Bertrand de Got, de questions qui avant l'élection avaient fait l'objet d'importantes communications. Le nouveau Pape et le Roi durent échanger une correspondance très-intime ; car ils se *jurèrent* de garder le *secret* le plus absolu. Cependant Philippe le Bel, dans une lettre, pria Clément V de l'autoriser à en parler à *trois* ou *quatre* de ses conseillers. Le Pape répondit au Roi qu'il s'en rapportait à sa discrétion. On n'écrit pas ainsi, lorsqu'on n'a pas pris des engagements qu'on ne saurait avouer publiquement. Voici le texte de cette lettre : « Quant à certains points « que nous avons traités *avec tes ambassadeurs officiels, so-* « *lempnes*[2], et qui devaient *rester secrets* pour toi et pour eux, « tu nous as demandé par ta lettre l'autorisation d'en faire « part à deux ou trois personnages ; nous t'autorisons *à faire* « cette communication à trois ou quatre personnes, nous en « rapportant à ta circonspection royale. Nous savons que tu « ne feras *ces révélations* qu'à ceux que tu reconnaîtras comme « pleins de zèle et d'affection pour *notre honneur et le tien*[3]. »
La preuve que le *Roi en personne* n'eut pas d'entrevue à Saint-Jean d'Angély avec l'archevêque de Bordeaux avant son élection nous semble donc faite. Dans cette même lettre, le Pape invitait le Roi à assister à la cérémonie de son couronnement.

---

[1] Circa promotionis nostræ ad apicem summi apostolatus initium, etiam antequam Lugdunum venerimus... *Proc.*, vol. I*er*, p. 2, ligne 11.

[2] Qui étaient l'archevêque de Narbonne, Gilles Aiscelin, et Pierre de Latiliac.

[3] Scimus enim quod illud personis non revelabis aliis nisi quos credis *honorem nostrum et tuum* diligere et zelari... Donné à Saussan, le 13 octobre 1305. Baluze, *Lettres des papes*, vol. II, p. 62.

L'opinion de M. Schœll confirme la nôtre. « Il n'y a plus de doute, dit « cet écrivain, la destruction de l'Ordre du Temple était résolue avant le « procès. » Schoell, *Cours d'histoire*, vol. VII, p. 87. — Telle est aussi l'opinion de Mansuet. t. II, p. 130, 131.

Les autorités que nous avons citées sont graves; l'affirmation de M. Boutaric est plus importante encore. Il ne faut donc plus en douter, l'archevêque de Bordeaux et Philippe le Bel s'étaient réunis dans une même pensée, mais par des motifs différents. Clément V saisissait l'occasion de châtier des sujets qui avaient osé adhérer à l'appel au futur concile contre un pape, le *maître*, le *père* de leur religion [1]. Le Roi voulait sacrifier l'Ordre à ses jalousies, à ses défiances, à ses *convoitises*, s'emparer de ses biens, les faire rentrer sous sa main de fieffeux souverain, dans son domaine, et frapper l'Église de Rome dans la puissance de réguliers relevant du Saint-Siége, ses sujets (*subjecti*), investis de la double influence *spirituelle et temporelle*. Les sentiments de Bertrand de Got se modifièrent lorsqu'il fut sur le trône pontifical; reprenant les desseins de saint Louis et de Nicolas IV, Clément V voulut réunir en un seul les deux Ordres du Temple et de l'Hôpital. Il en sera empêché par la résistance qui fut opposée à cette combinaison par les deux grands maîtres. Clément songera alors à une réformation de l'Ordre du Temple; les raisons ne lui manquaient pas. Harcelé par Philippe le Bel, le Pape se trouva acculé, forcé de prononcer la dissolution, la *cassation* de l'Ordre ; toutefois le Saint-Siége sut conserver à l'Église la plus grande partie des possessions considérables du Temple, en les adjugeant à une autre *religion*, à celle des Hospitaliers. C'est ce que nous essayerons de prouver à l'aide des faits et des textes que nous grouperons dans cette étude.

Avant de se rendre à Lyon pour assister aux cérémonies du couronnement, Philippe aurait reçu, *s'il faut l'en croire*, d'étranges révélations; il s'agissait de pratiques *hérétiques*, de mauvaises mœurs, d'*apostasie* qu'un Templier, chassé de l'Ordre et emprisonné à Paris pour quelque *meffait*, imputait aux Frères qui lui avaient enlevé la *méson*[2]. Le Roi donna avis à Bordeaux de cette découverte, puis en parla au Pape

---

[1] § 123 de la règle de l'Ordre. Maillard de Chambure, p. 414.
[2] Baluze, t. I, p. 99 et 100.

lors de leur entrevue à Lyon[1]. En ce qui concerne la promesse faite par Bertrand de Got de condamner la mémoire de Boniface, nous trouvons des renseignements dans les annotateurs des conciles ; Labbe cite les opinions de Vicerius, de saint Antonin, évêque de Florence, et de Jean Marius. Vicerius, écrivain de la vie de Henri VII, empereur d'Allemagne, déclare que Clément avait promis au Roi, sous la foi du serment, de faire le procès à la mémoire de Boniface[2]. Saint Antonin dit la même chose[3]. Le doute ne semble plus possible en présence d'une lettre que Clément V écrivait au Roi, le 18 novembre 1309 : « Tu as souvenir de ce que nous avons décidé « il y a longtemps (*naguères, dudum*), pour terminer cette « *affaire;* nous te donnons avis que le Frère Guillaume, de « l'Ordre des Prêcheurs, docteur en théologie, notre chape- « lain, porteur de ma lettre, ne sait absolument rien (n'a pas « été mis au courant), et que nous ne voulons pas que tu t'en « *ouvres* en quoi que ce soit avec lui[4]. » Jean Marius nous apprend que Clément avait promis au Roi d'abolir toutes les bulles, tous les actes et décrets de Boniface[5]. On ne s'est donc pas trompé en disant que le procès à la mémoire de Boniface, la question de la suppression de l'Ordre du Temple, furent choses traitées entre Bertrand de Got, archevêque de Bordeaux, et les ambassadeurs de Philippe le Bel, avant l'élection, au cours de l'élection, depuis l'élection, avant le couronnement.

Le nouveau Pape quitta Bordeaux pour se rendre à Lyon, où il avait convoqué tous les cardinaux[6]. Le couronnement s'accomplit en grande pompe, le 14 novembre 1305, en l'église de Saint-Juste, dans le quartier de la ville qui dépen-

---

[1] Dupuy, *les Templiers*, p. 9.
[2] Abolenda in perpetuum memoria Bonifacii occurrebat, sacramenti interventu, firma promissio... Labbe, *Conciles*, t. XI, p. 1569.
[3] Promissione regi Franciæ facta de delenda memoria Bonifacii ex Ecclesia. Labbe, *Conciles*, p. 1569.
[4] Baluze, t. II, *Epistola ad regem Philippum de negotio Bonifacii*, p. 124.
[5] Omnia acta ac decreta Bonifacii... id quod Clemens quidem regi, se facturum, promiserat... Labbe, *Conciles*, t. XI, p. 1569.
[6] Labbe, *Conciles*, vol. XI, *Vita Clementis papæ*, p. 1476.

dait alors, pour partie seulement, du royaume de France, l'autre partie relevant de l'Empire.

Philippe le Bel, ses frères Charles et Louis, et le duc de Bretagne, assistèrent à cette solennité. Après la cérémonie, le Pape fut reconduit à son palais. Le Roi, voulant donner une preuve d'humilité, était à pied, tenant la bride du cheval monté par Clément V. Le grand maître du Temple Molay n'assista pas au couronnement; il se trouvait en Chypre en 1305, et ne vint en France qu'en 1307 [1]. Au moment du passage de la *procession*, un mur s'écroula sous le poids de la multitude qu'il portait : le duc de Bretagne fut écrasé, il mourut le 18 novembre; Charles de Valois fut grièvement blessé, le Pape fut renversé de cheval, sa mitre fut brisée, le cardinal Mathæo des Orsinis, Gaillard de Got, frère du Pape, furent tués, beaucoup de personnes furent blessées ou tuées : « Cette journée « de joie, nous dit Nangis, fut changée en journée de deuil, de « larmes et de confusion [2]. » Le lendemain, à la suite d'une querelle entre les gens du Pape et les gens des cardinaux italiens, le second frère du Pape perdit la vie [3].

Au cours de la conférence qui eut lieu à Lyon avec Philippe le Bel, Clément V renouvela toutes ses promesses. Il promit de rapporter les bulles *Unam sanctam* et *Clericis laicos*, répudiant ainsi la doctrine qu'il avait préconisée de la soumission du temporel au spirituel; puis il affirma qu'il ferait le reste en temps opportun [4]. A la demande du Roi, Jacques et Pierre Colonna furent réintégrés dans leurs dignités de cardinaux. Clément accorda pour la guerre de Flandre les décimes ecclésiastiques et les annates pendant trois ans, pourvut de bénéfices les chapelains du Roi et ceux de son frère et de ses fils, créa dix-huit cardinaux nouveaux, et en envoya deux à Rome pour conserver la dignité sénatoriale. Le Pape fit pro-

---

[1] *Procès de l'Ordre*, t. I, p. 401. Déposition du Frère Rudulphe de Gisi, ligne 32.

[2] Nangis, année 1305. — Ces accidents arrivèrent dans la rue du Gourguillon, qui menait à l'église, pendant que le cortège (il processo) passait.

[3] Rainaldi, année 1305, et Baluze, t. I, *Vie de Clément V*, p. 63.

[4] Reliqua promissorum tempestive se effecturum affirmans... Labbe, *Conciles*, p. 1569.

mettre au Roi que la *monnaie qui était faible, il la mettrait
en bon état et convenable* [1]. La réalisation de cette promesse
sera cause, en 1306, d'une sédition à Paris qui déterminera
le Roi à mettre à exécution ses projets contre le Temple.

Clément donna une première satisfaction à Philippe, en
déposant l'évêque d'Arras, Gérard Pigalotti, créature de Boniface VIII. En même temps, le Pape sacrifiait à un sentiment
personnel de haine et de vengeance Gauthier de Bruges,
évêque de Poitiers, qui lui avait contesté le titre de primat
d'Aquitaine, alors qu'il n'était qu'archevêque de Bordeaux [2].
Le nouveau Pape déposa l'évêque de Poitiers, le renvoya au
cloître des Franciscains dont il était sorti, et transféra la
primatie d'Aquitaine de l'Église de Bourges à Bordeaux [3].
Gauthier de Bruges rédigea un appel de la sentence de
Clément V, soit au jugement de Dieu, soit au concile général;
il ordonna que cet acte fût enterré avec lui, et mourut en le
tenant dans ses mains. On rapporte que plus tard Clément V,
curieux de lire cette pièce, fit ouvrir le tombeau de l'évêque
défunt. On lit dans la *Gallia christiana* la relation dramatique
de ce qui se serait passé dans cette circonstance : « On ne put
« arracher l'acte d'appel des mains crispées de Gauthier de
« Bruges. Le Pape ordonna au cadavre de *lâcher* prise, lui
« promettant par serment de lui rendre l'écrit. Le Pape, après
« avoir lu l'acte d'appel, le restitua au mort [4]. Clément fit
« ensuite orner le tombeau de Gauthier de Bruges [5]. »

Philippe quitta Lyon après les fêtes de Noël de l'année 1305,
et traversa la France. Le 20 janvier suivant, Clément sortit de
Lyon et s'en retourna dans son pays, c'est-à-dire à *Bourdiaux*
(nous dit la *Chronique de Saint-Denis*). Avant de quitter Lyon,
Clément annula la constitution *Unam sanctam*, que son prédécesseur Boniface, *de bonne mémoire* (*bonæ memoriæ* Bonifacius),

---

[1] *Chronique de Saint-Denis.*

[2] Sumto Clementis nomine, clementiam adversus contumacem, ut aiebat,
suffraganeum suum, minime servavit... *Gallia christiana*, vol. II, p. 1187.

[3] WALSINGHAM, *Ipodigmæ Neustriæ*, p. 98, ligne 2.

[4] Quam schedulam cum aperta manu legisset Pontifex, eam restituit...
Gallia christiana, t. II, p. 1188.

[5] Sepulcrum ornari jussit. *Gallia christiana*, t. II, p. 1188.

avait lancée contre Philippe le Bel et le royaume de France :
« Nous ne voulons pas que la constitution, la déclaration du
« pape Boniface VIII notre prédécesseur, *de bonne mémoire,*
« puisse porter aucun préjudice au Roi et au royaume. Nous
« n'entendons pas que le Roi, le royaume et les régnicoles
« soient soumis à l'Église plus qu'ils ne l'étaient avant cette
« constitution; tout restera en l'état comme avant [1]. » La bulle
Clericis laicos fut rapportée *un an plus tard.* Le Pape déclara
révoquer cette bulle comme « *pernicieuse,* comme ayant été
« la cause de grands dangers, de grands scandales qu'il fallait
« faire cesser au plus tôt, afin d'en éviter les redoutables
« conséquences [2] ». Clément fit biffer sur les registres du
Vatican les phrases attentatoires aux droits, à l'honneur du
royaume et du Roi, tout ce qui avait rapport à la soumission du
temporel [3].

Le Pape en quittant Lyon se dirigea vers Bordeaux, après
la fête de la purification de la Vierge, visita Cluny, Mâcon,
Dijon, Nevers, *Bourges* et Limoges; il mit à forte contribution
les églises et les monastères qu'il rencontra sur son passage [4].
Ces exactions causèrent l'indignation générale, et soulevèrent
contre Clément V des plaintes dont il eut à se défendre :
« Nous sommes hommes, écrivait-il à Philippe le 27 avril 1306
« (dans le but de se disculper); nous vivons parmi les hommes,

---

[1] Non volumus quod per illam, Rex, regnum, regnicolæ, prælibati, amplius Ecclesiæ sint subjecti quam antea existebant. Sed omnia intelligantur in *eodem esse statu* quo erant ante diffinitionem præfatam, tam quantum ad Ecclesiam, quam etiam quoad regem et regnum superius nominatis..
Donné à Lyon, le 14 janvier 1305, première année de notre pontificat...
Labbe, *Conciles,* t. XI, p. 1499.

[2] Ex declaratione Bonifacii nonnulla *scandala, pericula magna* et incommoda gravia secuta, et ampliora sequi, nisi celeri remedio succurratur... nos de consilio fratrum nostrorum... constitutionem et declarationem penitus revocamus, et eas haberi volumus *pro infestis.*
Donné à Lyon, aux calendes de février 1306. Labbe, *Conciles,* t. XI, p. 1515.

[3] Boutaric, p. 124, et note.
Rainaldi a publié les bulles de Boniface, en indiquant les parties *biffées* par ordre de Clément V, sur la demande de Philippe le Bel.

[4] Ecclesias et monasteria, tam per se quam per suos satellites depredando. Nangis, 1305, t. I, p. 352.

« nous ne pouvons tout voir. Nous n'avons pas le privilége de
« la divination[1]. » Il y avait cependant une chose qu'il était
permis à Clément de savoir, c'est que, durant son séjour à
Lyon, il avait été *extorqué* des sommes énormes aux abbés et
aux évêques de France qui, pour les besoins de leurs affaires,
s'étaient rendus à sa cour[2]. Il y a unanimité chez tous les
chroniqueurs de ce temps. « Il fut fait *moult* de *roberies* aux
« églises, tant *layes* comme de *religion, par lui* et par ses
« *ménistres*[3]. »

---

[1] Homines sumus, inter homines conversamur, de occultis tamen non possumus divinare.
Bordeaux, 27 août 1306. — BALUZE, t. II, p. 58.

[2] Innumerabilem pecuniam extorsit... — Jean DE SAINT-VICTOR, *Historiens de France*, t. XXI, p. 645.

[3] *Chronique de Saint-Denis* : *Historiens de France*, t. XXI, p. 680.

CHAPITRE XII

Clément V et Philippe le Bel mettent les mains sur les libertés de l'Église de
France, sur le droit d'élection. — Ils choisissent des créatures et les élèvent
aux dignités de l'épiscopat. — Nominations scandaleuses.

Le nouveau Pape et Philippe s'entendirent pour mettre
leurs mains sur les libertés de l'Église de France, sur le droit
d'élection. Clément se réserva de nommer d'office aux évêchés vacants. Le Roi le laissa faire, à la condition que les
choix tomberaient sur ses créatures. Philippe le Bel méconnut
l'ordonnance mémorable de son aïeul saint Louis, qui garantissait la *liberté des élections* des églises cathédrales et des
autres églises : « Elles *auront* la liberté entière de faire leurs
« élections : les promotions, les collations des prélatures et
« autres bénéfices seront faites suivant le droit commun, sui-
« vant les décrets des conciles et les décisions des Pères [1]. »
Clément voulait aussi être le *maître;* le droit d'élection, le
principe de l'élection contrariaient la nature ambitieuse d'un
pape qui devait *tout à l'élection*. Il lui déplaisait, entre autres,
de n'avoir aucune action sur l'élection du grand maître de
l'Ordre du Temple. En vertu de la règle et des statuts, cette
élection échappait à son autorité, à sa *confirmation*. Le Pape
n'avait aucun droit d'ingérence dans les actes d'administration
intérieure et disciplinaire de cette communauté; c'est ce qui
sera parfaitement expliqué par le Templier chevalier de Caus
dans sa déposition devant la grande commission d'enquête,
en date du 12 janvier 1310 [2].

Dès le 28 janvier 1305, les premières notes de ce concert

---

[1] LAURIÈRE, t. I, p. 97. Ordonnance de saint Louis, du mois de mars 1268.

[2] Nec magister major confirmabatur per sedem apostolicam, sed ex *electione*,
plenum jus assequebatur administrandi... *Proc.*, t. I, p. 379 à 394. Déposition du chevalier de Caus.

d'usurpations du droit d'élection se font entendre de la part de Clément V et de Philippe le Bel. Clément écrit de Lyon au Roi « qu'il envoie à Langres, par suite du décès de l'évêque « Jean, Bertrand évêque d'Agen, parce qu'il s'était réservé « de nommer à l'évêché de Langres [1] ». Le Pape préparait ainsi une *place* pour un de ses *neveux*, Bernard de Farges.

Le 29 janvier 1305, Clément, par une bulle datée de Lyon, accorde une dispense d'âge à son neveu Bernard de Farges, archidiacre de Beauvais, jeune homme de vingt-cinq ans, sans sagesse, sans expérience; et à la date du 28 mars suivant, il le nomme évêque d'Agen. Par une autre bulle, en date à Bordeaux du 4 juin 1306, le Pape élève le même Bernard de Farges à l'*archevêché de Rouen* [2]! *Mauvais choix!* Bernard de Farges fut forcé de quitter son siége le 5 mai 1311, parce qu'il se trouvait en lutte avec la noblesse de Normandie, à cause de sa *jeunesse* [3]. Il fut remplacé par Gilles, archevêque de Narbonne, principal conseiller de Philippe [4]. Il sera plus d'une fois question de Bernard de Farges, notamment dans un mémoire que nous aurons l'occasion de consulter au cours de cette étude. L'écrivain de ce mémoire, l'avocat du Roi, Dubois, conseiller de Philippe le Bel, s'efforce de couvrir de ridicule le neveu de Clément V, le *jeune archevêque de Rouen*. Le 11 février 1305, le Pape écrit de Lyon au Roi qu'il se réserve de nommer aux siéges vacants au sujet desquels Philippe lui écrit [5]. Le 11 août 1306, Clément écrit de Poitiers au Roi pour lui apprendre qu'il a *cassé* l'élection du Frère Bernard de Ganniaco (Gannat) au siége de Clermont, et qu'il le remplace

---

[1] Baluze, t. II, p. 64.

[2] Baluze, t. II, p. 154, 155, 156.
Bernardus de Fargis insulas init anno 1306. Transfertur ab eodem Clemente ad metropolim Narbonensem, anno 1311.
Guillaume Bessin, t. II, 2ᵉ partie, p. 4, et Dom Pommeraye, p. 287, *Concilia Rotomagensis provinciæ*.

[3] Pacem bonam non haberet cum Normanis nobilibus, propter suæ *insolentiam juventutis*... Nangis, année 1310.

[4] G. de Frachetto, *Histoire de France*, t. XXI, p. 15, et *Gallia christiana*, t. VI, p. 87.

[5] Secrete volumus quod nos eorum Ecclesiarum provisiones, *hac vice*, nobis duximus reservandas... Baluze, t. II, p. 65.

d'office par Arbin Aycelin, archidiacre de Chartres [1]. Le 17 août 1306, le Pape écrit de Bordeaux au Roi pour lui annoncer qu'il a nommé au siége de Bayeux qu'il s'était réservé, Guillaume, trésorier de l'église d'Angers [2]. Le 15 novembre de la même année, Clément avertit Philippe le Bel qu'il élève à l'évêché de Limoges Guillaume, abbé d'un monastère de Cluny de l'Ordre des Chartreux [3].

Philippe veut faire nommer le *chantre de Paris, des Grès*, son clerc, chancelier de son fils le roi de Navarre, à l'évêché d'Auxerre; il écrit au chapitre de cette église, pèse de tout son pouvoir sur les *élections,* fait croire au Pape à de prétendues intrigues, le supplie de se réserver cette nomination au sujet de laquelle ils auraient une conférence dans une entrevue prochaine [4]. Philippe écrit dans le même sens à Clément V, au sujet de la vacance de l'église de Laon. Dans une autre lettre, le Roi écrit au Pape et le remercie d'avoir donné à ses clercs les évêchés vacants : à Pierre de Bella-Pertica le siége d'Auxerre, le siége de Bayeux à Guillaume Barnetti [5], et à Nicolas de Luzarches le siége d'Avranches. Le 4 août 1308, le siége d'Auxerre étant venu à vaquer par suite du décès de Bella-Pertica, le Pape écrit de Poitiers au Roi qu'il se réserve de nommer à cet évêché [6]. Par acte en date à Avignon du 23 avril 1309, le Pape se réserve de nommer à l'archevêché de Sens, devenu vacant par la mort de l'archevêque Étienne; il fait *défenses* au *chapitre* de se réunir et de *procéder à une élection* [7]. Philippe le Bel demande avec instance ce siége pour son conseiller, Philippe de Marigny, évêque de Cambrai,

---

[1] Baluze, t. II, p. 71.
[2] *Id.*, p. 61.
[3] *Id.*, p. 78.
[4] *Id.*, p. 85.
[5] Guillaume Bonnet ou Bonvet, qui mourut en 1208, après avoir fondé à Paris le célèbre collége de Bayeux, le samedi après le dimanche où l'on chante le *Reminiscere*, le samedi de la seconde semaine du carême... Félibien, t. V, p. 616.
[6] Baluze, t. II, p. 115. Le chantre de Paris, Pierre des Grès, fut nommé, et comme il n'était pas *prêtre*, il se fit ordonner. *Chron. Saint-Victor.* — Baluze, t. II, p. 8.
[7] Baluze, t. II, p. 142.

frère d'Enjorrand (ou Enguerrand) de Marigny, son premier ministre [1]. Le Pape résiste et finit par se rendre, en priant le Roi de ne plus l'importuner à l'avenir, au sujet des églises qu'il s'est réservées [2].

La raison de l'insistance de Philippe le Bel était en effet *fort grave;* nous la ferons ressortir lorsque nous arriverons au mois de mai 1310. Le Roi écrivit au Pape pour le remercier; mais il ne tint aucun compte de ses observations, et le pria de nommer à la vacance du siége de Cambrai Guillaume de Trie, jeune homme qu'il lui déclara très-apte à remplir ces fonctions, malgré sa *jeunesse* [3].

L'Église de France, qui avait tenu pour le Roi contre Boniface VIII, était bien mal récompensée de son dévouement; elle était tombée à la merci de deux usurpateurs.

---

[1] Les Marigny, qui jouèrent un rôle important dans l'affaire du Temple, *étaient gens de petit lieu quant à l'ynage en Normandie. Chronique anonyme : Historiens de France,* t. XX, p. 149.

[2] « Tuam excellentiam exhortantes ut nos super similibus reservationibus « faciendis quæ nostræ voluntati *redduntur contrariæ,* saltem absque magna « causa, non infestes. » Avignon, 3 mai 1309. Baluze, t. II, p. 144, 145.

[3] Baluze, t. II, p. 146.

CHAPITRE XIII

L'Ordre du Temple inspirait tout à la fois des jalousies et des craintes. — Détesté de la noblesse, du clergé, de la bourgeoisie et du peuple. — Pourquoi? — On lui reprochait son âpreté au gain, son avarice, certains moyens employés pour acquérir. — On lui reprochait d'avoir été la cause de la prise de Louis IX à Damiette. — Belle conduite de l'Ordre du Temple au combat de la Massoure. — Motifs du refus de contribuer à la rançon de Louis IX. — Récit du sire de Joinville. — La clef. Le Roi. — Fidélité de l'Ordre au Roi, ses services. — Le Roi n'accusa pas l'Ordre de félonie. — Crimes de l'Ordre : son indépendance, sa souveraineté, sa richesse. — Aucun dessein dangereux contre la monarchie des Capétiens. — Faiblesse de Molay devant les inquisiteurs. — Il se relèvera en face de la mort.

Nous avons essayé de prouver en peu de mots que l'Ordre du Temple ne s'était jamais montré hostile au Roi, qu'il avait donné son adhésion à l'*appel au futur concile contre Boniface*, que Cîteaux, Cluny et Prémontré, par leur refus, *leur opposition*, s'étaient attiré la persécution. Cependant, l'Ordre du Temple sera détruit, et les Cisterciens reprendront leurs avantages. On décidera au concile de Vienne qu'à l'avenir, les *exempts* devront suivre le droit commun en matière d'*impôts* [1]. Le clergé dut payer les décimes royaux, sans *crainte* d'encourir l'excommunication [2]. Quant à l'Ordre de Cîteaux, il parvint à faire maintenir, à prix d'argent, ses anciens priviléges d'exemption, *avant la célébration du concile général* [3]; Clément V se souvint que l'Ordre de Cîteaux avait refusé son adhésion au futur concile contre Boniface VIII, et qu'il avait été persécuté à cette occasion.

[1] Quod omnes et singuli religiosi *exempti* ad jus transirent commune... WALSINGHAM, *in Edwardo*, t. II, p. 72.
[2] BALUZE, *Concile de Vienne*, t. XI, p. 1568 C.
[3] Unde solus Ordo Cistercensis Papam adiit, ante dicti concilii *celebrationem* pro exemptione sua pristina pacifice obtinendo, quod et obtinuit *donis datis*. WALSINGHAM, *in Edwardo*, p. 73.

La puissance et les richesses du Temple constituaient-elles un danger pour la monarchie? Philippe le Bel se décida-t-il à le frapper par mesure de prudence, par raison d'État? Pucérius, dans sa chronique, cité par Gurtler, s'est exprimé ainsi : « La cause de la ruine du Temple fut due à sa puis-« sance, à ses richesses redoutables pour les rois du monde « chrétien[1]. » M. Guizot prétend que l'Ordre inspirait *plus de jalousie que de crainte.* Nous estimons que le Temple inspirait tout à la fois des jalousies et des craintes, à cause de l'envahissement constant, journalier, des fonds de terres et des fiefs qui lui arrivaient de toutes mains.

Cependant, Philippe le Bel était tout-puissant. Celui qui se prétendait assez fort pour relever pièce par pièce l'empire de Charlemagne n'avait rien de bien sérieux à redouter de la *république* fractionnée, disséminée, de l'Ordre : au premier signe du Roi, la noblesse française se levait en masse, et avec elle le ban et l'arrière-ban « composé de toute *manière de gens* « *âgés de dix-huit à soixante ans, pouvant porter les armes,* « *nobles et non nobles, de poeste* et d'autres conditions, soit « sous le Roi, ou tous autres seigneurs d'Église ou du siècle[2] ». En 1298, Philippe le Bel avait eu à sa disposition jusqu'à six corps d'armée ! Lorsque le Roi fit ses trois fils chevaliers, en présence du roi d'Angleterre, Henri III, le 3 juin, jour de la Pentecôte 1313, vingt-deux mille hommes *à cheval, bien montés,* et trente mille piétons *fort lestes, firent l'exercice dans l'île Notre-Dame*[3].

L'Ordre du Temple était détesté du clergé, de la noblesse, du tiers état et du peuple : du clergé à cause de ses priviléges d'exemption, de son indépendance, de son affranchissement de toute juridiction ecclésiastique ; de la noblesse, parce que l'Ordre tenait, sous sa *mainmorte,* des fonds des

---

[1] Magnitudinem potentiæ et opum quæ monarchis orbis christiani, et formidabilis et intolerabilis erat... GURTLER, p. 296.

[2] *Notices, Extraits* des manuscrits, t. XX, p. 144. Ordonnance du Roi en date, à Saint-Germain en Laye, du dimanche avant la fête de saint Laurent 1302.

[3] SAUVAL, *Antiquités de Paris,* t. II, p. 649.

possessions considérables, dont il ne devait aucun des services féodaux réels et personnels; du tiers état, à cause de son orgueil et du faste qu'il étalait partout dans Paris, au milieu de la misère générale du temps, et surtout parce que le tiers état et le peuple *aimaient le Roi* qui détestait l'Ordre du Temple. L'attitude des états généraux de 1308 et de 1311 fournira la preuve de la haine que tout le monde avait contre l'Ordre. On l'accusait hautement d'avoir été la cause de la perte de la Terre Sainte. Le but de l'institution avait été manqué, et l'Ordre s'était enrichi : on lui reprochait son âpreté au gain, l'emploi de certains moyens d'acquérir, l'usage de contrats usuraires. On peut citer les exemples suivants. L'Ordre donnait des terres, à la charge par le donataire d'en augmenter l'étendue, avec droit de retour au donateur lors du décès du donataire. Des fiefs importants étaient engagés; l'Ordre prêtait une somme minime, à la condition que ces fiefs lui seraient acquis au décès de l'emprunteur [1]. Les exemples abondent. La maladie du temps consistait dans l'âpreté au gain, l'avarice, l'usure; cette maladie avait envahi diverses classes de la société, le monde des prêteurs d'argent, aux bénéfices faciles, aux fortunes rapides, gens qui spéculent sur la gêne de quelques-uns et sur la misère de tous. On prétendait (ce qui n'était pas vrai) que les Templiers avaient été cause de la prise du roi Louis IX, à Damielte [2]. Un homme compétent en fait de bravoure et d'honneur, le sire de Joinville, parle ainsi qu'il suit de l'intrépidité et du dévouement des chevaliers du Temple au combat de la *Massoure* en 1250. Ils s'y étaient fait tuer pour défendre l'imprudent comte d'Artois. Ils laissèrent sur place deux cent quatre-vingts chevaliers; le grand maître Guillaume de Sonnac fut tué. « Il y avait bien une *journél* de
« terre d'arière les Templiers qui estoit si chargié de pyles
« (javelots) que les Sarrasins leur avaient lanciées, que il n'i
« paraît point de terre pour la grand foison des pyles [3]. »

---

[1] *Ordre de Malte : Commanderies.* MANNIER, p. 307, 675 et suiv.
[2] *Historiens de France*, t. XX, p. 686.
[3] JOINVILLE, *Histoire de saint Louis : Historiens de France*, t. XX, p. 225, 232.

On les accusait d'avoir refusé de contribuer à la rançon de Louis IX. Il faut savoir pourquoi et comment ils refusèrent; il faut connaître les conditions de leur refus. La règle du Temple défendait impérieusement de disposer des biens de l'Ordre. Nous allons apprendre du sire de Joinville ce qui se passa entre lui et les Templiers, au sujet de la rançon du Roi prisonnier : « Le samedi après l'Ascension, on paya aux
« Sarrasins la rançon du Roi. On pesa nuit et jour les espèces
« *avec une balance, dix mille livres chacune balance;* il man-
« quait XXX mille livres. Après avoir pris les ordres du Roi, je
« requis les Templiers de prêter ces XXX mille livres pour le
« délivrer. Le commandeur du Temple, Estienne d'Otricourt,
« qui remplaçait le grand maître qui avait été tué, me dit :
« — Le conseil que vous donnez n'est *ni bon ni raisonnable.*
« Nous ne *pouvons rien prêter,* nous sommes liés par nos ser-
« ments (la règle), nous ne pouvons disposer des biens du
« Temple. — Alors parla Renaut de Vichiers, maréchal du
« Temple; il dit ainsi : — Laissez là la dispute avec le comman-
« deur, vous en *ferez à votre volonté,* et si vous prenez du nôtre,
« nous avons bien à tant du vôtre en *Accre,* que vous nous
« *dédommagerez* bien. — Après avoir pris de nouveau l'avis
« du Roi, je me rendis à la galère des Templiers; le maréchal
« m'accompagna pour voir la *force que je ferais.* Quand je fus
« en présence du trésor, je demandai la clef de la *huche* (coffre)
« au trésorier, qui me la refusa. Je saisis une cognée, je la levai
« et déclarai que je *ferais la clef le Roy;* le maréchal me dit :
« Nous voyons bien *quelle force* vous nous faites, nous vous
« *ferons bailler* la clef. On me la remit, je pris tout l'argent
« dont on avait besoin. Les Templiers me laissèrent trans-
« porter dans notre vaisseau l'argent nécessaire [1]. »

Voilà comment et pourquoi les Templiers avaient refusé de compléter la rançon de 200,000 livres imposée au Roi. D'après la règle, ils ne pouvaient disposer librement des biens de l'Ordre; ils furent couverts vis-à-vis du *couvent* par le simu-

---

[1] Joinville, *Histoire de saint Louis : Historiens de France,* t. XX, p. 249, 250.

lacre de l'emploi de la force, ils ne demandaient pas autre chose; leur trésor contribua, en définitive, à délivrer le Roi. Ce n'était pas la première fois que les Templiers avaient mis leur trésor à la disposition d'un roi de France. En 1148, l'armée de Louis VII arrivée sur les côtes de la Pamphilie se trouva dans l'*impossibilité* de subsister, par suite de l'*épuisement* de la *caisse militaire;* alors, le grand maître des Templiers, Everard, mit les trésors des Templiers à la disposition du Roi, auquel l'Ordre prêta toutes les sommes dont il eut besoin, et qui furent considérables [1].

En tant que propriétaire de tenures et de fiefs, l'Ordre devait *féauté* au Roi. Il n'apparaît pas que les chevaliers du Temple aient jamais failli à ce devoir. En tant qu'Ordre de noblesse, les Templiers devaient *conseil* au Roi; ils étaient employés par Philippe le Bel dans ses négociations, dans l'administration des affaires de l'État, même à l'occasion de ses affaires personnelles. En 1290, le Roi, qui voulait mettre un terme à la guerre d'Aragon, envoya au pape Nicolas IV une ambassade qui comprenait des Frères du Temple; c'est ce qui résulte d'une lettre de ce pape [2]. Les Templiers étaient employés par le Roi en qualité de trésoriers, d'aumôniers, de receveurs de ses domaines.

On ne lira pas une seule ligne dans les pièces de cette volumineuse affaire du Temple, qui puisse laisser supposer que l'Ordre ait jamais conspiré contre le Roi et la monarchie. Philippe n'a jamais accusé les Templiers de félonie, mais d'hérésie, d'apostasie, de mauvaises mœurs [3]. Lors de l'arrestation générale des Frères, le même jour, à la même heure, à Paris, et par tout le royaume, le 13 octobre 1307, on ne trouva

---

[1] Voir lettres de gratitude adressées par Louis VII aux régents de ses États, à Suger. (Mansuet, p. 45, t. I.)

[2] « Dilectos filios nobilem virum Joannem de Accon, magistrum Geraldum « de Malamorte capellanum nostrum, Fratrem Renulphum Ordinis militiæ « Templi... nuper ad sedem apostolicam accedentes, libenter vidimus et affec- « tuose recepimus... » Rainaldi, *Annales ecclésiastiques*, t. IV, p. 85, n° 32.

[3] Se reporter à la lettre du Roi, en date, à Pontoise, du jour de l'Exaltation de la sainte Croix, année 1307, dont nous donnons un extrait dans un chapitre suivant.

7.

dans leurs archives aucune trace de complot. Le crime de l'Ordre était son indépendance, sa souveraineté, sa règle. C'était, par-dessus tout, sa richesse, la crainte de son influence territoriale. La convoitise fut un des principaux mobiles de sa ruine [1]. « Ce sont nos biens qui sont cause de la persécution », écrivaient à Clément V les chevaliers de l'Aragon [2]. La cause apparente fut la défense de la religion, de l'Église ; défense singulière, étrange, entreprise par un roi se prétendant champion de l'Église, mais cherchant par tous les moyens à réduire l'autorité pontificale et son prestige. Ce qui est étonnant, ce qui dépasse toutes les bornes, c'est que ce champion de l'Église parvint à ses fins, en se servant du Souverain Pontife lui-même !

On a parlé de projets de république *féodale universelle*, de mystères. On a dit que le grand maître Molay avait emporté avec lui le secret de *desseins* profonds et dangereux ; que le Roi avait pressenti des projets qui n'allaient à rien moins qu'à imiter les chevaliers de l'Ordre Teutonique, qui venaient de fonder un État au milieu de l'Allemagne. Il suffit de lire la bulle de Clément V, du 12 août 1308, les déclarations de Molay devant la grande commission d'enquête, pour acquérir la certitude que Molay n'était qu'un brave chevalier, *simple, illettré*, sachant entraîner avec vaillance son *échelle* (escadron) commandée par le maréchal [3], mais absolument incapable d'une idée politique subversive : Molay, dans ses interrogatoires, fut d'une faiblesse incroyable ; il perdit la tête, il se troubla. Ce chevalier, si énergique en face des Sarrasins, fut intimidé à l'aspect des inquisiteurs, en présence du Pape et du Roi. Il n'eut pas la présence d'esprit de déclarer que le fait de quelques-uns d'avoir renié Jésus-Christ, *de bouche et non de cœur* (*ore, non corde*), en entrant dans l'Ordre, était

---

[1] Dans le but de s'emparer de leurs biens, le Roi, nous dit Trithennius, les accusa faussement d'hérésie. Quorum possessiones ut Rex sibi acquireret, crimen eis hæreseos *falsum* imposuit... TRITHENNIUS abbas, *Chron. Hirsaug.*, 1311

[2] DUPUY, p. 53, 54.

[3] MAILLARD, *Règle française*, n°* 106, 108 (*cit.*).

une *épreuve d'obéissance passive, d'abnégation de volonté, d'abdication* de personnalité ; que cette épreuve *se retournait contre les ennemis de la foi* (c'est ce que nous aurons l'occasion d'étudier). Molay ne se releva qu'en face de la mort, en brave chevalier.

CHAPITRE XIV

La règle du Temple, cause de sa grandeur et de sa perte. — L'Ordre ne reconnaissait d'autre maitre que Dieu. — République aristocratique. — Hiérarchie basée sur l'élection. — Le couvent obéit au grand maitre, et le grand maitre au couvent. — Jalousie de Philippe le Bel. — L'Ordre a le droit de basse, moyenne et haute justice dans ses possessions. — Conflits entre les officiers de l'Ordre et les officiers de Philippe-Auguste, après l'agrandissement de l'enceinte de Paris. — Philippe le Hardi reconnait aux Templiers le droit de basse justice et de cens dans leurs possessions à l'intérieur de Paris, et le droit de haute, moyenne et basse justice, la libre disposition de leurs biens, pour toutes leurs possessions en dehors de l'enceinte. — Queue du Temple. Philippe le Bel décharge les habitants de la *Villeneuve-le-Temple* des impositions de la capitale. — Maltôte de 1292. — Sédition à Rouen, pillages, graves conséquences. — La ville perd ses priviléges, concédés par Philippe-Auguste et par Philippe le Hardi. — Lettres patentes de 1207 et de mai 1278. — Philippe le Bel rend, en 1309, à la ville de Rouen ses priviléges. — Extension considérable du commerce maritime de Rouen, de la navigation et des pêches, sous Louis le Hutin. — Ordonnance royale du mois de juillet 1315.

La règle du Temple, qui fit la grandeur de l'Ordre, fut aussi la cause de sa perte. Cette grandeur et cette perte se trouvaient en germe dans les trois paragraphes suivants de la règle :

ART. PREMIER. — « Nous parlons premièrement à toz cels
« qui mesprisent *segre lor propres volontés*, et desirent, ô pur
« coraige, servir de chevalerie au *souverain Roi*. » (Art. 1er de la règle.)

« O double mérite et béauté de proëce, et poez avoir terres
« et hommes, et vilains en chans, tenir et governer justement,
« et votre droicture prendre d'els, si come il est établi espécia-
« lement. » (Art. 57.)

Traitant des obligations réciproques du chapitre et du grand maitre : « Trestuit li Frères dou Temple doivent estre obéis-
« sanz au mestre, et li mestres doit être obédienz à son cou-
« vent. » (Art. 85, 98.)

L'Ordre ne connaissait d'autre *maître que Dieu*. Le Temple était souverain dans ses villes, places, châteaux en terre d'Orient, au même titre que le roi de France dans son domaine, au même titre que les barons dans leurs fiefs ; il ne devait de service militaire qu'en Terre Sainte, *ou pour la croisade*. Il faisait la guerre, la paix, les trêves, comme il l'entendait. Il avait droit de conquête, et ne devait aucun compte aux rois ; il ne dépendait sur la terre que du Vicaire de Jésus-Christ, et de sa règle. Le Temple était organisé en république aristocratique ; sa hiérarchie était basée sur l'élection ; l'autorité résidait dans la volonté du chapitre, et non dans la personne seule du grand maître. Le pouvoir partait d'en bas avec l'obéissance absolue ; mais il s'exerçait en haut avec l'obéissance aux volontés de la *majorité, au couvent*. Le grand maître était obligé envers le chapitre, et l'Ordre envers le grand maître ; ce dernier « ne « pouvait *donner, vendre,* et même *recevoir terres, châteaux et* « *seigneuries, déclarer la guerre,* traiter de la *trêve* ou de la « *paix,* sans en avoir obtenu la permission du chapitre ; mais « si tant était chose que les trêves ne fussent brisées, li maître « les poait alongier par le conseil des Frères qui étaient en cel « païs [1] ».

Nous verrons, lors d'un des interrogatoires de Molay, que cet article de la règle dut être appliqué par le grand maître de Bellojoco, dans l'intérêt général. Les ennemis de l'Ordre en firent aux Templiers l'injuste reproche de *trahison*. Une telle constitution soulevait les susceptibilités, l'antipathie de Philippe le Bel, roi en vertu du *droit de naissance et du principe d'hérédité,* ne relevant de personne *fors de Dieu,* et duquel *tous* devaient relever et *relevaient;* mais plutôt religieuse que politique, cette constitution n'était guère de nature à créer des dangers au gouvernement monarchique. Ce qui blessait profondément l'orgueil du Roi, c'était cette *tour féodale du Temple,* avec ses privilèges, son *droit d'asile,* sa haute, moyenne et basse justice ; cette tour qui se dressait en face du palais et du château du Louvre! On trouve la preuve de

---

[1] *Règle,* art. 85.

cette jalousie que le Roi éprouvait à la vue de cette construction féodale, dans les faits suivants. Lors de l'arrestation des Templiers, le 13 octobre 1307 au *matin*, le Roi prit immédiatement possession de la *tour* du Temple et de ses bâtiments, et s'y installa. A la suite du concile de Sens, en mai 1310, Philippe le Bel poussa la passion et la haine jusqu'à faire exhumer et brûler les ossements du trésorier qui avait *fait construire la tour*, un siècle auparavant[1]. « Ses os furent déterrés comme « étant ceux d'un hérétique, ce qui fut *découvert depuis*. » Les chroniqueurs donnent à ce trésorier le nom de Jean de *Turo*; mais, au chapitre suivant, on verra que le trésorier qui éleva la tour du Temple, sous Philippe-Auguste, s'appelait, non pas Jean de *Turo*, mais bien *Frère Hubert*. Nous donnerons au même chapitre la description de la tour du Temple.

En leur qualité de seigneurs féodaux, les Templiers avaient *en général* droit de haute, moyenne et basse justice, dans l'étendue de leurs domaines. Vers le milieu du douzième siècle, un quartier nouveau s'était construit sur les terrains dépendant de l'ancienne seigneurie de Reuilly, donnée aux Templiers en 1152, par Mathieu de Beaumont. En 1191, Philippe-Auguste avait fait commencer la nouvelle enceinte de Paris; les travaux en furent terminés en 1212, en même temps que ceux des bâtiments du Temple avec *sa tour* édifiés sur le domaine de Reuilly. Une rue désignée sous le nom de rue *Neuve du Temple* desservait l'établissement des Templiers et le nouveau quartier, *extra muros* ou *extra urbem*. L'existence de cette rue (*vicus novus*) en 1211 est certaine. On voit le Frère Holdomus, précepteur du Temple, céder en novembre 1211 à l'hospice de Sainte-Opportune de Paris une *méson* située dans la *rue Neuve du Temple* (*in vico novo quamdam domum sitam*); telle fut l'origine du *faubourg du Temple*[2]. L'enceinte de Philippe-Auguste avait englobé dans l'intérieur de Paris (*intra urbem*) certaines parties de la *ville neuve*, et des maisons appartenant aux Templiers sises dans l'ancienne enceinte. Philippe-Auguste

---

[1] Qui turrim Templi construi fecit. Vol. XXI, *Historiens de France*, FRACHETTO, p. 35.
[2] Voir FÉLIBIEN, t. III, p. 86

avait indemnisé, avec son trésor, les propriétaires des terrains où *passaient* les fondations des *nouveaux murs* et *remparts;* mais il prétendit être le *seigneur des terres, des lieux* compris dans la nouvelle enceinte. Il s'éleva des conflits entre les officiers de justice de Philippe-Auguste et ceux des Templiers à l'occasion de leurs *juridictions* respectives. Cet état de choses dura jusqu'en 1270 ; à cette date, les droits des nouveaux habitants du Temple résidant *extra urbem* n'étaient pas bien déterminés ; Philippe le Hardi fit rendre en Parlement un arrêt en date de 1270, qui décida que les habitants du Temple, résidant en dehors des murs d'enceinte, étaient soumis à la *taille au Roi,* comme les autres habitants de la ville de Paris; que n'ayant pas de *privilége spécial,* ils devaient suivre le droit commun. En conséquence, il fut décidé que les habitants de la *Ville-neuve-le-Temple* étaient *sujets au guet*, comme les autres bourgeois [1]. Mais en 1279 il intervint un accord entre Philippe le Hardi et les Templiers, au sujet du droit de juridiction dans l'intérieur de Paris (*intra urbem*). Toutes difficultés furent dès lors aplanies. Par lettre en date, à Vincennes, du mois d'août 1279, Philippe le Hardi limita les droits de l'Ordre, dans Paris, *au cens* et à la *basse justice*, mais lui accorda la libre disposition des biens de l'Ordre, la *haute, moyenne et basse* justice pour toutes les possessions de la communauté *en dehors de l'enceinte*[2]. Toutefois, les habitants de la *Ville neuve du Temple (extra muros)* restèrent toujours soumis, jusqu'en 1298, à la taille au Roi et aux impositions de la capitale. Ils contribuèrent donc, en 1292, au payement de la taille de *cent mille livres* qui fut substituée par Philippe le Bel à la *maltôte*, en compensation du denier pour livre sur toutes les denrées qui se vendaient à Paris. Cette taille fut perçue en 1292 sur *cent cinq habitants* de la *Villa nova Templi* en dehors des murs; ce fut ce que les collecteurs appelèrent la *queue du Temple dehors les murs* [3].

[1] Félibien, t. IV, p. 514, et Olim, vol. I, anno 1270.
[2] *Ibid.*, t. I, p. 445.
[3] Voir le rôle de la taille de Paris en 1292, dans Géraud, p. 177. C'est la *queue du Temple dehors les murs.*

Les choses changèrent de 1292 à 1298 ; Philippe le Bel eut besoin des avances du trésor des Templiers, le Roi fit rendre un arrêt en Parlement de 1298, qui décida en faveur des Frères, contre les bourgeois de Paris, que la *Ville neuve du Temple*, les habitants, les *hospites* (*hôtes*), les *mansionarii*, n'étaient pas assujettis aux impositions de la capitale. On décida que les Templiers *justifiaient* (dit l'arrêt) de leurs droits de basse, moyenne et haute justice sur les hôtes et *habitants hors ville;* en conséquence, mainlevée fut donnée des saisies qui avaient été pratiquées sur les biens de ces hommes par le prévôt, *Adamus Alati* [1]. Les bourgeois de Paris furent renvoyés à se pourvoir devant le Roi, ainsi qu'ils aviseraient. Il s'agissait de la taxe du cinquantième des biens de 1297, payable en deux termes, l'un à la Chandeleur, l'autre à l'Ascension de 1298 [2].

A la fin du treizième siècle, après la perte de la Terre Sainte, l'Ordre du Temple n'avait plus de but ; il était devenu *inutile, absorbant ;* comme les croisades, il avait fait son temps. La mainmorte qui pesait sur ses nombreuses possessions avait eu pour conséquence d'amoindrir la valeur du fonds féodal du royaume, et de diminuer les ressources de l'État. Il nous paraît évident que pour faire rendre à ces possessions considérables les services réels, personnels et militaires, dont le trésor et la défense nationale avaient grand besoin, Philippe se crut dans la nécessité de provoquer la sécularisation de ces biens d'Église.

Nous venons de parler de la maltôte de 1292. C'était un impôt indirect levé sur les objets de consommation ; il consistait en un denier par livre qui devait être payé à la fois par l'acheteur et le vendeur. Cet impôt fut qualifié d'*exaction*. Nous en parlons ici, parce que la perception de la maltôte attira sur la ville de Rouen de grands malheurs. Un coup d'œil rétrospectif pourra intéresser à ce récit nos concitoyens. Cette taxe fut perçue à Rouen, au commencement du carême 1292. Il s'éleva à cette occasion dans la ville une violente émeute ; le peuple envahit la maison des collecteurs, les tua, pilla leurs

---

[1] Félibien, t. IV, p. 516, et Olim, t. II, année 1298.
[2] Voir Boutaric, *Sur la taxe du cinquantième de 1297*, p. 263.

caisses, jeta à la rue les produits des recettes [1]. Les maîtres de l'Échiquier furent attaqués, et forcés de se réfugier dans le château. On les y assiégea (*obsederunt eos*). Lorsque la sédition fut apaisée, on pendit un certain nombre de malheureux; d'autres furent incarcérés dans les prisons du Roi. La perception de la maltôte continua à Rouen et en Normandie, jusqu'à la Pentecôte de l'année 1293 [2]. La ville de Rouen avait alors d'importants priviléges qui lui avaient été accordés par Philippe-Auguste et par Philippe le Hardi. Voici en quoi consistaient ces priviléges.

Par lettres patentes de 1207, Philippe-Auguste avait accordé à la ville de Rouen « la propriété de toutes les communes « dans la banlieue de la ville; et aux habitants, le panage et « le pâturage dans toutes les forêts de Normandie pour nourrir « leur bétail. — *Item*, le Roi avait donné aux habitants de « Rouen le droit qu'il *pourrait* prendre sur leurs marchan- « dises, par toute la terre que Henri, roi d'Angleterre, avait « tenue, à l'exception du comté d'Évreux et autres lieux (*ect*.). « — *Item*, le Roi leur avait *donné l'amodiation* du vin qu'ils « achèteraient pour leur provision. — *Item*, il leur avait donné « leur *commune* ou banlieue, et leur justice, dans les mêmes « limites (réservé le droit des seigneurs qui auraient des titres « en ce lieu). — *Item*, il promettait de ne point contraindre « les bourgeois de lui payer aucun impôt ou subside, s'ils ne « le voulaient faire de leur bon gré. — *Item*, les bourgeois « ne payeraient aucun barrage. — *Item*, il leur accordait le « droit de monter et descendre par la rivière de Seine, sans « rien payer pour leurs marchandises. — *Item*, il leur donnait « passage et pâturage pour leur bétail aux forêts au domaine « de Normandie [3]. » En 1276, Philippe le Hardi avait relevé les bourgeois de Rouen (*cives*) de l'obligation de payer la maltôte [4]. Par ordonnance du mois de mai 1278, Philippe le Hardi

---

[1] Per plateos denarios collectos dispergentes... Nangis, année 1292.
[2] Farin, p. 179.
[3] Farin, p. 38 et 39.
[4] Placuit domino regi quod malatolta quae apud Rothomagum levabatur cessaret. Olim, vol. II, p. 82, n° XX.

avait confirmé les libertés, priviléges et la justice du maire et des bourgeois de Rouen concédés par son bisaïeul [1]. La ville de Rouen, à la suite de la sédition de 1292, perdit tous ses priviléges, et sa commune (*communam*). sa *mairie* [2].

Philippe le Bel se laissa fléchir, et dès l'année 1293 il rendit au commerce le passage du *pont de Rouen*, et la libre circulation des marchandises, tant en *amont* qu'en *aval de la Seine;* il manifesta aux Rouennais l'intention de leur rendre leur commune, sous *certaines formes et réserves* [3]. Par lettres patentes du vendredi avant la Pentecôte 1304, le Roi exempta les bourgeois de Rouen de l'*amodiation* du vin venant par mer. Par ordonnance du 6 septembre 1308, le Roi ordonna de surseoir à Rouen jusqu'au carême à la levée de l'aide, pour le mariage d'Isabelle, sa fille, reine d'Angleterre [4]. Enfin, par ordonnance du mois de décembre 1309, Philippe le Bel confirma les lettres accordées par le Roi son père aux *maire* et *bourgeois* de Rouen [5]. Ses priviléges furent restitués à la ville à quelque chose près. Louis le Hutin contribua à la grande fortune commerciale de Rouen; par ordonnance du mois de juillet 1315, le Roi décréta la *liberté entière, absolue, héritablement, perpétuellement, franchement et délivrément, sans arrêt, contredit ou empêchement aucun,* du commerce et de la navigation de la Seine, depuis la mer jusqu'à Paris; il décida qu'il lèverait les péages sur toutes marchandises venant de la mer jusqu'à Pont de l'Arche, *duquel péage* il n'y *aurait d'exempts* que le clergé, les nobles qui ne faisaient pas commerce, et les *bourgeois* (les citoyens de Rouen). En lisant l'ordonnance de Louis le Hutin, on se fera une idée de l'extension énorme que le commerce d'importation acquit à Rouen au commencement du quatorzième siècle. Rouen à

---

[1] Laurière, t. I, p. 306.

[2] Cum pro enormi facto quod *cives* Rothomagenses perpetraverant... dominus rex, contra eos quamdam magnam peticionem edidisset, et *statum ville* in manu sua cepisset... Olim, vol. II, p. 356, n° XIV, anno 1293.

[3] C'est ce qui résulte de l'arrêt suivant : Sub certam formam *tenebunt communam*... Olim, vol. II, p. 357, n° XIV, anno 1293.

[4] Laurière, *Ord.*, vol. I, p. 453.

[5] *Id.*, p. 470.

cette époque devint la reine de la navigation, l'entrepôt du commerce et des pêcheries : « les bleds, les huiles, les vins
« grecs et d'Espagne, les charbons de terre, le plomb, l'étain,
« l'alun, la couperose, le cuivre, le vif-argent, les cuirs d'Islande
« et d'Écosse, de meïros de Cordoue, les fourrures de prix, les
« armes et arçons, l'acier, le fer, les chaudières d'airain, les
« bois, le chanvre, le lin, les toiles, la *morue*, les *poissons frais*
« et *salés* (*ect.*) [1]. »

[1] Laurière, *Ord.*, p. 599, 600, 601.

CHAPITRE XV

En faisant rentrer les biens du Temple dans son domaine, le Roi voulait les rendre à la vie civile et à la loi féodale. — Nécessité d'obtenir une condamnation en justice contre l'Ordre. — Le bénéfice de la confiscation, l'encours d'hérésie. — Concours du Pape indispensable. — L'Ordre justiciable du Pape seul. — Dangers politiques pour le Roi résultant de la confiscation. — Observations faites à ce sujet par le roi d'Angleterre, duc de Guienne. — Lettre importante du Pape à Philippe le Bel, du 9 novembre 1310. — Perplexités de Clément V. — Aucun concile général ne consentira à déposséder l'Église de ses biens. — Empressement des hommes libres à se donner au Temple. — Pourquoi? — Avantages de la recommandation. — Source de bénéfices énormes et d'influence pour les Templiers. — Patriotisme de Philippe le Bel. — Le Roi veut employer aux besoins de la défense nationale les forces vives de la féodalité. — Le Roi n'a pas voulu détruire le *système* féodal. — Philippe le Bel compose avec les églises pour obtenir le payement des décimes nécessaires aux besoins et aux dépenses de la guerre. — En 1279, 1289 et 1304, le Roi amortit les biens de l'Ordre du Temple. — Pourquoi?

Philippe voulait faire rentrer les biens du Temple dans le domaine royal, les rendre à la vie civile, à la loi féodale. Le Roi avait sous la main les *nouvelles couches,* sa bourgeoisie, sa nouvelle noblesse, ses chevaliers et lois, avides de biens et de récompenses, quantité de familles nobles ruinées par les dépenses faites à l'occasion des croisades; une confiscation lui aurait permis de remplir les *huches* du fisc, au moyen d'inféodations nouvelles ou de ventes, au moyen des droits de mutation, de relief, à payer par de *nouveaux possesseurs,* et des droits de franc-fief[1]. Telle fut, pour nous, la cause principale qui détermina Philippe à poursuivre une *condamnation*

---

[1] Les hommes de poëste (les roturiers) eurent le droit, sous Philippe le Hardi et sous Philippe le Bel, d'acquérir et de posséder des *fiefs*, à la condition de payer le *droit de franc-fief* à chaque mutation. Ordonnance de Philippe le Hardi, vérifiée au Parlement de la Toussaint 1275, et ordonnance de Philippe le Bel, registrée au Parlement de Noël 1291.

contre l'Ordre du Temple; mais, pour l'obtenir, il fallait une *commise;* dans tous les cas, le concours du Pape était nécessaire à l'accomplissement d'aussi vastes desseins. Le Pape, qui avait créé l'Ordre, pouvait le délier; mais il fallait un motif. L'Ordre était justiciable du Pape seul. Que faire des biens, s'ils ne devaient plus être employés aux *besoins* de la Terre Sainte? Là commençaient à surgir de graves embarras; les restituer aux familles de ceux qui, dans le principe, les avaient affectés à cette destination? Le but poursuivi par le Roi eût été manqué. Demander à un concile général la *condamnation* d'un Ordre religieux et la *confiscation de biens d'Église,* au profit du roi de France? On ne pouvait y songer; l'Église n'eût jamais consenti à se déposséder. Au surplus, le Roi avait promis en 1303 à la noblesse de ne plus faire d'*acquisitions dans les fiefs* des barons sans leur consentement. La noblesse redoutait d'avoir le Roi comme *vassal;* le voisinage d'un vassal, en même temps *fieffeux souverain,* était inquiétant pour un baron. Malgré sa promesse, le Roi continua à consommer, à son profit, les *abrégements.* L'ordonnance de 1303 devint lettre morte. Le Roi ne prêta plus hommage, en acquérant des terres dans les fiefs des barons; son Parlement déclara que cet usage était tombé en désuétude. Aussi l'hommage à rendre par le Roi avait-il été converti, en 1302, en une simple indemnité [1]. Lorsque le Roi faisait une acquisition dans les grands fiefs d'un baron, celui-ci avait le droit d'exiger l'hommage. La prestation de l'hommage en personne tomba en désuétude; le Roi se fit représenter par *procureor* par un *chevalier;* mais quand la royauté se sentit assez forte, l'hommage fut converti en une prestation en argent; de cette façon, le fief acquis par le Roi entrait libre de tout lien, de toute obligation féodale, dans son domaine : c'est ce qui fut consacré par l'ordonnance de 1302. Le roi d'Angleterre, duc de Guienne, fera en 1310, au sujet des biens du Temple, présenter par Clément V à Philippe le Bel des observations de la plus haute gravité. Au

---

[1] Ordonnance de 1302. Isambert, t. I, p. 795, et Olim, vol. II, p. 616, 617. « Reges Franciæ subditis suis homagium facere nunquam fuerit consue-
« tum. »

nom du roi d'Angleterre, duc de Guienne, le sénéchal de Gascogne fit observer au Pape que, dans le cas où les biens de l'Ordre seraient confisqués, le bénéfice de l'*encours* d'hérésie (*incursus hæresis*) appartenait de droit à son maître [1]. Clément engagea Philippe le Bel à se montrer prudent et circonspect [2]. Nous reviendrons sur ce sujet.

Le Pape pressentait qu'un procès criminel intenté contre l'Ordre du Temple n'aboutirait ni à une *condamnation*, ni à une *confiscation*. Il savait que la majorité lui ferait défaut dans un concile général, et c'est ce qui arriva au concile de Vienne en 1311.

Après avoir caressé pendant quelque temps l'idée d'une simple réformation, Clément V dut subir la pression de Philippe le Bel et se résoudre à prononcer l'abolition de l'Ordre, en vertu de son plein pouvoir personnel; cette cassation de l'Ordre (*cassatio Ordinis*) prononcée par Clément n'emporta pas les conséquences de l'encours d'hérésie, de la confiscation, d'une *condamnation*, mais une *dévolution de biens d'Église à une autre Église,* ce qui était conforme aux règles du *droit ecclésiastique et féodal,* les biens d'Église (amortis) pouvant être *cédés à une autre Église* (sans qu'il fût du *finances*) [3]. Une dévolution, une cession de cette nature, n'avait pas le caractère d'une *aliénation;* on sait que les biens d'Église étaient inaliénables.

Philippe dut se contenter de cette solution, et en prendre à regret son parti. Le Roi manqua donc le but qu'il s'était proposé, la *confiscation à son profit* des immeubles du Temple;

---

[1] Ad ipsum pertinet confiscatio omnium bonorum *incursorum* ratione hæresis. Dictorum bonorum... ad ipsius prædecessores pertinuerit ab antiquo... foris factio. Réclamations du sénéchal de Gascogne pour le roi d'Angleterre. BALUZE, vol. II, p. 173.

[2] Magnificentiam regiam rogamus, et hortamur *attentius* quatenus sic prudenter... provideat. BALUZE, vol. II, p. 171. Lettre du Pape à Philippe le Bel, en date, à Avignon, du 9 novembre 1210.

[3] Si vero ecclesia in aliam similis conditionis ecclesiam, possessiones transferat, vel tenuitos, ad quam *extra manum* suam ponendas non poterat coherciri, ex translatione hujusmodi, financia non debetur. LAURIÈRE, vol. I. Ordonnance de Philippe le Hardi, rendue au parlement de la *Toussaint* ou de *Noël,* année 1275, p. 305.

mais il fit casser l'Ordre [1]. En fait, Philippe et Clément V mettront *leurs mains* sur les biens du Temple, soit en *totalité*, soit en partie. Les *revenus* des *immeubles*, les *valeurs mobilières* seront dilapidés. Clément aura sa bonne part des meubles de Provence, de Sicile et d'ailleurs.

La règle avait donné aux chevaliers une large faculté d'acquérir et de posséder. L'abus de cette faculté eut des conséquences forcées, la jalousie, les appréhensions, les *convoitises*. La règle leur octroyait le droit d'avoir des hommes (*homines habere*), et de les gouverner justement (*eos juste regere*).

Sous les derniers Carlovingiens, alors que la monarchie submergée par l'usurpation féodale était devenue impuissante à protéger les faibles et à défendre les hommes libres, les petits propriétaires d'*alleux* déclinèrent l'autorité royale, et se mirent sous la protection soit des Églises, soit des seigneurs. Les faibles trouvèrent ainsi une garantie contre les abus de la force; c'est ce qu'on appela le bénéfice de la *recommandation*. Le droit de se choisir un *maître*, un *seigneur*, avait été consacré au profit des hommes libres, par un traité conclu après la bataille de Fontenay (25 juin 841), entre Charles le Chauve, Louis le Germanique, Lothaire et Pépin, fils de Louis le Débonnaire. Les hommes libres qui jusque-là avaient été *muement* sous la protection royale passèrent, à leur volonté, sous celle des seigneurs particuliers qu'ils se choisirent [2]. On sait que, depuis Louis le Gros, la monarchie avait réagi contre l'anarchie féodale, en prenant en main les rênes de la féodalité. Philippe le Bel comme ses prédécesseurs serra les freins avec vigueur, afin de *s'assurer la garde et la direction de cette force capricieuse*.

On a prétendu que Philippe voulut anéantir le système féodal. Ceci est trop absolu. La féodalité n'était pas une de ces constitutions que l'on pût détruire en *un tour de main*.

---

[1] Cassatio Ordinis Temploriorum exstitit per Summum Pontificem, præsente rege Philippo, *cui negotium erat cordi*. LABBE, *Concile de Vienne*, vol. XI, p. 1569.

[2] Traité de Mersen, année 847.

Rappelons-nous que le Roi s'était fait reconnaître *fieffeux souverain, chef de la féodalité.* L'administration feodale procurait au Roi, à l'État, des ressources immenses, de l'argent, des soldats, des armements, des approvisionnements, un matériel de guerre considérable, des généraux incomparables pour conduire la bataille, des officiers énergiques et aguerris, vivant dans leurs domaines au milieu de leurs hommes de *toutes conditions* auxquels ils inspiraient la confiance, cette force morale qui donne la cohésion et la victoire aux armées. Philippe voulut contenir le pouvoir féodal, la noblesse, l'utiliser, prévenir ses écarts, l'habituer à la discipline et à la subordination, détruire les abus dans l'intérêt de la défense nationale. A ce point de vue politique, Philippe le Bel prouva qu'il avait le cœur et la taille d'un *grand patriote :* voilà pourquoi il faut savoir lui pardonner d'avoir employé les moyens les plus violents pour agrandir son pouvoir personnel.

Philippe vit un danger dans l'empressement avec lequel les hommes libres, en certaines parties du royaume, mettaient à se *donner* au Temple. Il faut, selon nous, attribuer ce mouvement partiel, individuel, à un sentiment de piété, de dévotion, mais non d'hostilité envers la couronne. Les hommes libres, les artisans, les ouvriers qui se recommandaient au Temple, payaient une légère rétribution annuelle, à titre de cens, à leurs nouveaux maîtres. Dans les pays *d'alleu,* dans les campagnes, en Normandie où les biens étaient libres *ou tenus en bourgage,* les fonds pouvaient être donnés, vendus, sans l'autorisation des seigneurs[1]. Le petit propriétaire, noble ou non noble, donnait au Temple, qui une partie de *son alleu,* qui une partie de *sa cour masure,* soit en toute propriété, soit en nue propriété, en se réservant l'usufruit pendant sa vie, et prêtait hommage, se mettant ainsi sous la protection de l'Ordre : « Nobles et non

---

[1] « Les Bourgages, l'on les peut vendre,
« Sans l'octroi des seigneurs attendre. »

Ancien Coutumier en vers, année 1280. Voir Richard Dourbault. Houard, *Dictionnaire de droit normand,* IVᵉ vol., *Des tenures,* ch. xli, et art. 138 de la Coutume.

Les bourgages étaient libres de toute redevance féodale, soit envers le Roi, soit envers les seigneurs particuliers. Voir Denisart, vol. I, p. 300.

« nobles requiront esser reçues aux biens de la méson, et ils
« donnoient leurs *eumesgnes* en pourra dévocion, que il avoient
« en la méson¹. » Tous avaient la volonté de sauver leurs
âmes. Boutaric cite un texte que nous reproduisons; il fournit
la preuve qu'il y avait aussi d'autres mobiles à ces donations :
l'*intérêt*, l'*utilité*, la nécessité de se prémunir contre des dangers à venir². Ainsi que nous l'apprend Beaumanoir, « par
« grant dévocion moult se donnoient aus et lor hoïrs et leur
« coses... et pour estre garanti des autres seigneurs, et d'aucunes
« haines çon avoit à eux³ ». Ainsi la piété, la dévotion, la faiblesse, avaient dans des temps plus reculés amené aux Églises
les *servitutes de cors;* ces mêmes causes poussaient, aux douzième, treizième et quatorzième siècles, les hommes libres, et
qui entendaient bien rester tels, à se recommander au Temple.

Un autre mobile était l'intérêt; car c'est dans ce sens que
l'on doit interpréter ces mots *commodo* et *utilitate* que nous
venons de citer en note. En effet, en vertu de priviléges royaux,
les Templiers étaient exemptés, eux et leurs hommes, de
toutes *tailles* et *contributions;* il n'était pas sans *intérêt* pour
les hommes d'échapper aux vexations et aux recherches des
agents royaux et seigneuriaux; la recommandation était un
moyen de se garer pour le mieux, notamment de la perception
rigoureuse des *impôts extraordinaires* qui furent levés, en
1290 et en 1296, sur *tout le monde*. Cette protection si recherchée n'était pas sans efficacité; car l'Ordre arrivait presque
toujours à faire modérer, pour lui et pour ses hommes, la
rigueur des perceptions. La monarchie se trouva dans la
nécessité d'entraver, à plusieurs reprises, ces tendances des
hommes libres à se donner au Temple. Philippe-Auguste, en
ratifiant, en 1183, l'abandon de Châlou Saint-Aignan, fait aux
Templiers par la reine Alix sa mère, imposa cette condition
que ceux-ci ne recevraient à Châlou aucun des *hôtes* ou *bour-*

---

¹ Cédule du Frère Jean de Montréal (de Monte regali) à la grande commission d'enquête, du vendredi 3 avril 1310. *Proc.*, t. I, p. 140, 141.

² Pro commodo et utilitate sua, ut sibi videbatur, et ad vitanda futura pericula. Boutaric, p. 127.

³ Beaumanoir, *Coutume du Beauvoisis*, ch. xlv, vol. II, p. 226.

geois du Roi[1]. On trouve d'autres exemples de cette condition imposée par les rois. En 1221, Philippe-Auguste fit défense aux Frères de l'Hôpital et du Temple de s'attacher « aucun homme libre » sans son autorisation, à partir du 1er septembre 1221, et d'avoir plus d'un homme dans chacune de leurs maisons[2]. On voit Philippe le Bel donner des ordres au bailli de Touraine de réprimer les Templiers qui accueillaient et détournaient les hommes du chapitre de Saint-Martin de Tours[3].

Dans le but d'obtenir plus facilement la rentrée des décimes et impôts extraordinaires, Philippe accordait des avantages aux Églises, et composait avec elles, en confirmant leurs priviléges, en amortissant leurs acquisitions : ce fut pour indemniser le Temple de la lourde charge des impôts que Philippe confirma par une charte du mois de juin 1289, et approuva la vente de la terre et seigneurie de Balisy, faite aux Templiers (au trésorier *Jean de Tours*) en 1288, par Guillaume Bataille. Cette terre, qui relevait directement de la couronne, fut incorporée à la grande commanderie de Paris[4]. Ce fut dans le même but que le Roi amortit en 1295 les nouvelles acquisitions de l'Ordre, jusqu'à la valeur de *mille livres* (1,000 livres), et qu'il exempta ses hommes de corps des *impôts extraordinaires*[5]. Par lettres du mois d'août 1299, le Roi accorda aux Templiers tout amortissement pour le fief de Baillon, dépendant de la commanderie

---

[1] *Ordre de Malte : Commanderies.* MANNIER, p. 69.

[2] Dominus rex, anno gratiæ millesimo ducentesimo vicesimo primo, mensis septembri, concessit Fratribus Hospitalis, et Fratribus Templi quod teneant homines quos acquisierant tempore retroacto, usque ad terminum predictum, in ea libertate in qua eos habuerant, et quod, a termino illo, nullum hominem acquirere vel capere poterant, nisi de voluntate domini regis, et quod non possunt nec debent habere in uno domo, nisi *unum hominem* tantummodo. *Fragment de l'Échiquier de Normandie... Notices* extraites des manuscrits, t. XX, p. 330, 364.

[3] BOUTARIC, p. 128.

[4] *Ordre de Malte : Commanderies.* MANNIER, p. 23.

[5] Nous avons déjà fait remarquer que les hommes de corps se divisaient en serfs et en hommes de caselage, ces derniers libres de leurs personnes, mais cultivant des terres serviles. Par suite de leur manumission, ces hommes possédèrent ces terres à emphytéose perpétuelle.

L'amortissement dont il est ici question était mixte. Voir FERIÈRE, vol. I, p. 116.

d'Ivry-le-Temple [1], et qui relevait de la couronne [2] : au mois de janvier 1300, Philippe le Bel accorda à l'Ordre l'amortissement de la terre et seigneurie de Gondicourt, située à Belle-Église [3]. Ce fut aussi dans le but de se ménager la bonne volonté de l'Ordre en *matière de finances* que le Roi choisit le grand maître Molay comme parrain d'un de ses enfants (Robert, en 1295) [4] ; le grand maître fit dans cette circonstance une grave exception à la règle qui défendait de tenir des enfants sur les fonts baptismaux : « Nous commandons à trestoz Frères, « que nul de ci en avant, soit hardi de lever enfanz de fonz et « ne n'ait vergoigne del refuser compères ne commères, quar « cele vergoigne amaint plus gloire que péché [5]. » Innocent IV, en 1246, et Alexandre IV, en 1253, avaient fait défense aux religieux, ecclésiastiques *réguliers* et *séculiers*, de *tenir enfants sur les fonts baptismaux*, et de *prendre des commères*. — Les articles 70, 71, 72 de la règle nous diront plus tard pourquoi. (LABBE, *Conc.*, t. XI, 1re partie, page 682.) Il est donc bien constant qu'à partir de 1246 et 1253, le Temple avait dû faire cette adjonction à la règle, en vertu des bulles et décrets du Saint-Siége : aussi, les ignorants ont-ils reproché aux Templiers de n'admettre, comme les Gnostiques, que le baptême de l'*esprit* et de répudier le baptême de l'*eau*.

Philippe savait tirer avantage de ses royales faveurs, il empruntait de fortes sommes au trésor de l'Ordre. En 1297, il se fit avancer 2,500 livres tournois sur les décimes destinés à la croisade, déposés au Temple, et il s'engagea à répondre pour les Templiers [6]. Il arriva même que le Roi se fit remettre, à titre de prêt, par un trésorier de l'Ordre, une somme de deux cent mille florins (200,000) à l'insu du grand maître [7]. Ce tré-

---

[1] Arrondissement de Beauvais.
[2] *Ordre de Malte : Commanderies.* MANNIER, p. 385, 387.
[3] Arrondissement de Senlis. *Ordre de Malte : Commanderies.* MANNIER, p. 387.
[4] RAYNOUARD, *Monuments relatifs à la condamnation des Templiers.*
[5] § 24 de la Règle. — MAILLARD, p. 213. — Rapprocher cet article de l'article 53 et de l'article 72 de la *Règle latine.*
[6] BOUTARIC, p. 145.
[7] MAS-LATRIE, *Histoire de Chypre. Preuves*, t. II, p. 690.

sorier fut chassé de l'Ordre. Dans une autre circonstance, Philippe s'était fait avancer par les Templiers cinq cent mille francs (500,000 francs), qui servirent à l'occasion du mariage de sa sœur, Blanche, fille du second lit de Philippe le Hardi avec Marie de Brabant; Blanche avait épousé en 1300 Rodolphe, duc d'Autriche, fils d'Albert, roi des Romains [1]. En 1306, lorsqu'il s'agit de percevoir les doubles décimes décrétés par Benoît XI, soit pour les besoins de la guerre de Flandre, soit pour faciliter les moyens de rétablir la forte monnaie, le Roi exalta les Templiers, afin d'obtenir le versement de ces décimes en son trésor; il fit à l'Ordre un avantage considérable, il lui donna des lettres d'*amortissement général de tous ses biens,* dans les termes les plus affectueux [2]. Il y a lieu d'être stupéfait; car déjà dès l'année 1304 Philippe nourrissait le projet de détruire les Templiers et de s'emparer de leurs biens.

Voici dans quels termes est conçue son ordonnance royale :

« Les œuvres de piété et de miséricorde, la généreuse libé-
« ralité pratiquée dans le monde entier et dans tous les temps
« par le saint Ordre des Templiers, fondé depuis longues
« années par l'*autorité divine,* le courage de ses membres qu'il
« importe d'exciter à un zèle actif et infatigable pour la défense
« périlleuse de la Terre Sainte, nous conduisent à répandre
« notre munificence royale sur l'Ordre et les Chevaliers, en
« quelque lieu de notre royaume qu'ils se trouvent, et à dis-
« tinguer par une faveur spéciale ce *corps* que nous chérissons
« sincèrement [3] » (*ect*).

Il semble donc que l'Ordre devait cet amortissement *partiel,* puis *général,* à sa fidélité, à l'empressement qu'il avait toujours mis à payer les décimes, à fournir au Roi les moyens de soutenir la guerre de Flandre. Au surplus, le payement des décimes de 1302 à 1304 était devenu pour les Églises un moyen d'*amortissement* [4].

---

[1] Dupuy, *Histoire de l'Église au quatorzième siècle.* — De Wailly, *Memoires de l'Académie,* vol. XVIII.

[2] Les Templiers payèrent une finance moins élevée, et voilà tout.

[3] Boutaric, p. 128.

[4] Regularibus et secularibus personis et *Ecclesiis* (ect) tenere et pacifice pos-

Il demeure pour nous prouvé, il sera désormais établi pour tout homme de bonne foi, et contrairement à l'opinion de certains auteurs, que l'Ordre du Temple donna adjonction à l'appel au futur concile; que le Temple ne refusa point de payer les décimes décrétés par Benoît XI en 1304, et que l'on ne saurait trouver ici une des causes qui auraient déterminé le Roi à poursuivre la destruction de l'Ordre.

sidere valeant, absque coactione vendendi, vel extra manum suam ponendi qui predictum decimum solverant... vel finando... Ordonnances de Philippe le Bel, 15 février, 15 août 1303. Laurière, t. I, p. 382, 402, 403.

CHAPITRE XVI

Juin 1306, ordonnance de Philippe le Bel rétablissant la forte monnaie. — Exigences des propriétaires de maisons à Paris. — Émeute. — Le Roi reçoit asile au Temple. — Son orgueil froissé. — Pillage, mise à sac de la Courtille-Barbette. — Pendaisons. — L'Ordre est dénoncé. — Avril 1307, voyage du Roi à Poitiers, conférence avec Clément V. — Les deux souverains tombent d'accord de faire chacun de son côté une enquête à l'occasion des dénonciations. — Menaces de Philippe le Bel de suivre le procès contre la mémoire de Boniface VIII. — Lettre du Pape. — Clément mande auprès de lui les grands maitres du Temple et de l'Hôpital. — Voyage de Molay à Poitiers. — Prétendues révélations de Cantilupo, Templier, camérier du Pape.

Une circonstance fortuite décida Philippe le Bel à démasquer ses batteries contre les Templiers. Le Roi voulut remplir la promesse qu'il avait faite au Pape de rétablir la monnaie forte, comme elle était du temps de saint Louis. Aux environs de la fête de saint Jean-Baptiste, vers la fin de juin 1306, Philippe fit publier tout à coup un édit ordonnant qu'à partir du 15 août suivant, tous les payements devraient être effectués en forte monnaie [1] ; cet édit jeta la perturbation dans les affaires. Depuis onze ans, la monnaie était faible. Il arriva que les propriétaires des maisons, à Paris, exigèrent le payement en forte monnaie des locations dont le prix avait été fixé à l'époque où la monnaie était faible. Tout le monde perdait à la brusque application de cette mesure. Les ouvriers, qui avaient reçu pendant onze ans leurs *salaires* en faible monnaie, se virent tout à coup forcés de payer *toutes choses* en forte monnaie.

« Au mois de décembre 1306, nous dit Nangis, le peuple, dont
« on exigeait les loyers en forte monnaie, ce qui en *triplait*
« le montant (*propter triplicationem consueti pretii*), se porta
« au Temple où était le Roi, s'empara de toutes les issues,

[1] In fortiorem solitum *subito* commutare volens. Nangis, année 1306.

« essaya d'affamer Philippe le Bel, auquel il n'épargna pas les
« outrages. »

Les chroniques ajoutent : « Les mutins, à force de *charètes*
« *acculées* et autrement, allèrent rompre les portes de la maison
« d'Étienne Barbitte [1], riche bourgeois de Paris, qu'ils accu-
« saient d'avoir provoqué l'édit; mirent sa maison au pillage,
« *deffonçant* tous les *touniaux* et les *queues* tout *pleins* de vin,
« et les coffres, et gettant tout à la rue aval les boes (*boues*),
« ses monnaies d'or et d'argent et moult grande quantité d'or
« et d'argent, et d'autres biens [2]. »

Les Templiers protégèrent le Roi dans l'enceinte de leur
domaine, qui était *un lieu d'asile;* un grand nombre de sédi-
tieux furent arrêtés; les plus coupables furent pendus aux
principales portes de Paris, et parmi eux un *maître* de chacun
des *mestiers* [3]. On a imputé aux Templiers le fait d'avoir excité,
entretenu, augmenté la sédition [4], parce qu'ils avaient beaucoup
d'argent, parce que l'édit leur causait un grand préjudice.

« Les Templiers, nous dit Mézeray, furent notés pour avoir
« contribué à cette mutinerie [5]. » — « Les Templiers, nous dit

---

[1] Étienne Barbette, prévôt des marchands, possédait, en dehors de l'enceinte de Paris, dans les champs, une maison de plaisance près de laquelle s'établit un jardin qui prit le nom de *Courtille Barbette*. Cette maison avait fait donner le nom de Barbette à une des portes de Paris, ouvrant à l'encoignure des terrains des *Blancs-Manteaux*, et donnant accès à la *Vieu rue du Temple.* La maison de plaisance Barbette s'étendait depuis la porte de ce nom jusqu'à la hauteur de la rue de la Perle. Ce fut sur l'emplacement de cette maison que s'ouvrit la rue *Barbette*... Le nom de *Courtille*, nous disent Félibien et Sauval, désigne plus particulièrement le *jardinage*. Le mot *courtil* signifie un jardin champêtre... Le Temple nouveau avait aussi son jardin, sa *courtille*, les deux jardins Barbette et du Temple se joignaient; les Frères, les religieux de Saint-Martin des Champs et les bourgeois allaient s'y promener pour prendre l'air. Félibien, t. I, p. 270, et Sauval, *Antiquités de Paris*, t. I, p. 67.

[2] *Chronique de Saint-Denis* et *Chronique anonyme : Historiens de France,* t. XXI, p. 139.

[3] *Chronique de Saint-Denis* et *Chronique anonyme : Historiens de France,* t. XXI, p. 139. La *Chronique anonyme* nous dit que trois cent vingt personnes furent exécutées; la *Chronique de Saint-Denis* en fixe le nombre à vingt-huit.

[4] Seditio quam Templarii vel excitabant, vel alebant, augebantque. Gurtler, p. 289.

[5] Mézeray, t. II, p. 799.

« aussi l'abbé de Choisy, qui faisaient valoir leur argent, comme
« les Juifs, irrités du changement des monnaies, et perdant
« des sommes considérables, *fomentèrent la sédition*[1]. » Cette
imputation nous paraît inexacte. Si le fait eût été vrai, Philippe
n'eût pas manqué de s'en emparer contre l'Ordre ; or, dans ses
manifestes, le Roi ne dit pas un seul mot de cette prétendue
complicité.

Philippe quitta la tour du Temple où il était resté enfermé
pendant plusieurs jours, irrité, confus, humilié d'avoir été
protégé par ceux dont il méditait la perte, par des hommes qui
lui avaient refusé l'affiliation honorifique à leur Ordre [2]. Ce
refus n'avait rien de personnel à Philippe ; les Templiers obéissaient en ceci aux prescriptions de l'Église : les papes avaient
enjoint aux Frères de se tenir en garde contre l'ingérence des
rois et des seigneurs dans leurs élections, et leur avaient fait
défenses expresses de conférer aucune dignité de l'Ordre, ou
Commanderie, à la recommandation desdits rois et seigneurs.
Le pouvoir spirituel redoutait l'immixtion du pouvoir temporel
dans les affaires de l'Église. Gurtler prétend que, pendant le
tumulte, le prieur de *Toulouse, Montfalcon,* et un nommé *Noffo
Dei,* Templiers, d'autres disent un nommé Squino de Florian,
ou de Flexian, aussi Templier, prononcèrent des discours
imprudents contre le Roi ; on rapporte qu'ils furent à cette
occasion chassés de l'Ordre, puis arrêtés par le prévôt de
Paris ; que, pour éviter le supplice de la corde, ils offrirent de
faire certaines révélations, si on leur accordait l'impunité. Elle
leur aurait été promise.

Il convient de préciser les circonstances dans lesquelles se
seraient produites ces dénonciations. « On ne connaît », nous
dit dom Vaissette, « aucun lieu, aucune commanderie, dans le
« Toulousain, du nom de Montfaucon (ou *Montfalcon*). Noffo
« Dei n'était pas Templier. » Et l'écrivain de l'*Histoire du
Languedoc* ajoute : « Un bourgeois de Béziers, non Templier,
« nommé Squin de Florian, détenu dans un château royal du

---

[1] Choisy, *Histoire de l'Église,* t. VII, p. 59, 60.
[2] Michelet, *Histoire de France,* t. III. — Maillard de Chambure, p. 64,
et note.

« diocèse de Toulouse avec un ou plusieurs Templiers apostats,
« incarcérés à cause de leurs crimes dans la même prison, par
« les officiers du Roi, reçut les confessions de ces Templiers
« qui lui révélèrent les prétendus désordres de la commu-
« nauté; Squin de Florian, dans le but d'obtenir sa liberté,
« avertit les agents du Roi, qui *l'auraient* fait *venir* à *Paris* pour
« l'entendre [1]. »

C'est le résultat de cette *suspecte confidence* que Philippe aurait fait parvenir à Clément V, qui était, comme nous l'avons vu, revenu à Bordeaux, après son couronnement. Nous trouvons dans l'enquête quelques renseignements. Squin de Florian fut conduit à Gisors, et confronté avec les Templiers arrêtés en 1307, en vertu des ordres du Roi et des instructions de l'inquisiteur Guillaume Imbert (dit Guillaume de Paris); ces Templiers avaient été appliqués à la question par les Frères Mineurs conformément à ces instructions. C'est à ce fait de confrontation que le Templier Radulphe de Gisiaco fait allusion, dans son interrogatoire devant la grande commission d'enquête du jeudi 27 novembre 1309 : « Ce sont le treytour
« liquel ont proposé fausseté, et délauté contra este de la
« religion deu Temple, Guillemes, Roberts, moynes qui les
« mitoyet à *geine*, *Esquius* de *Floyrac de Biteris*, *comprior* de
« Montfaucon, Bernardus Peleti prieur de Maso de Génois, et
« Géraues de Boysol Cebalier, *veneus* à Gisors [2]. » Ces mots *venus* à Gisors nous donnent à croire que Squin de Florian avait été transféré dans cette ville, pour être mis en présence des Frères arrêtés, et dénoncés par lui [3]. Squin de Florian, *Esquius de Floyrac* de Biteris, était aussi connu sous le titre de comprieur de Montfaucon, mais il *n'était pas Templier*.

---

[1] Augerius de Béziers (de Biterris) donne tous les détails de *l'entrevue* qui eut lieu entre le Roi et Squin de Florian. Baluze, vol. II, p. 99 et 100, et Dom Vaissette, *Histoire du Languedoc*, p. 137, 138.

[2] Il résulte de l'interrogatoire de Radulphe de Gisiaco que les Frères étaient *mitoyés à geine*, appliqués à la torture, pendant la confrontation avec Esquius de Floyrac (Squin de Florian).

[3] Dom Vaissette, *Histoire du Languedoc*, p. 138, et Déposition de Radulphe de Gisiaco. *Proc.*, t. I, p. 36, 37. Voir aussi Amalricus Augerius de Biterris (Béziers). Baluze, t. I, p. 99 et 100.

Voici en quoi auraient consisté ces prétendues, ces inexplicables et subites dénonciations ou révélations :

« Les Templiers avaient abjuré la religion du Christ pour
« pratiquer celle de Mahomet.

« Ils avaient fait alliance avec les Sarrasins, et trahissaient
« les princes chrétiens. Ils avaient trahi saint Louis. Ils avaient
« trahi à Accon.

« Ils adoraient une idole couverte d'une peau d'homme,
« une *vieil pel* comme *embasmée* et de *tèle polie*. Cette idole
« avait ès fosses des yeux *escarboucles* reluisants.

« Tout Templier avait autour de lui une courroie *çainte* ou
« liée, laquelle était en leur mahomerie.

« Ils commettaient des actes contre nature. Ils reniaient
« Jésus-Christ, et foulaient aux pieds la croix.

« Leur Ordre ne devait aucun enfant baptiser, ne lever de
« *sains* fons.

« Ils faisaient boire dans du vin, ou manger à leurs profés,
« les cendres de leurs morts qu'ils brûlaient, et *ainsi* plus fer-
« mement leur créance et leur *idolâtrie* tenaient.

« Ils cuisaient, rôtissaient au feu les enfants qu'ils avaient
« procréés aux filles, et toute la graisse ôtée ; et de cette graisse,
« ils sacraient et oignaient leur idole [1]. »

Cette machination (dans des termes qu'on a peine à croire) reproduisait contre les Templiers les accusations dirigées autrefois contre les manichéens, cathares, albigeois et patarins, qu'on avait accusés de boire et de manger les cendres d'enfants issus de leurs débauches [2]. Les premiers chrétiens, eux aussi, n'avaient point échappé à des calomnies de ce genre; on les avait accusés de *manger des enfants couverts* de *pâte*, et de *boire leur sang*, de se *livrer* dans *leurs cérémonies* secrètes à une *honteuse promiscuité*, à des amours

---

[1] *Chronique de Saint-Denis : Historiens de France*, t. XX, p. 686. — Dupuy, t. I, p. 25, édition de Brusselle, année 1713.

[2] Spurissimo concubitu infans generatus in medio eorum in igne cremabatur, cujus cinis tanta veneratione colligebatur atque custodiebatur ut christiana religiositas corpus Christi custodire solet. Inhærat enim tanta vis diabolicæ fraudis in ipso cinere, ut quicumque de præfata hæresi imbutus fuisset, et de eodem cinere quamvis sumendo parum prælibavisset, vix unquam postea de

contre nature [1] ; Tertullien nous dit qu'on les traitait publiquement de porcs (*sues*) [2]. Les Templiers étaient accusés de turpitudes inouïes ; on ira jusqu'à leur reprocher d'*adorer* dans leurs chapitres le *diable* sous la figure d'un *chat* qui *parlait* et tenait conversation avec les assistants, qui faisait ensuite apparaître d'autres *démons* sous la forme de *femmes* dont chacun abusait à son gré. L'article 15 de l'inculpation (*de catu*), que nous lirons bientôt, n'avait pas d'autre but que celui de poursuivre cette preuve. Une déclaration arrachée au milieu des tourments à quelques Templiers du Midi devait servir de base à cette absurde incrimination, qu'un témoin de l'enquête qualifiera de *dérisoire* et de *fausse* (*derisorium et falsum*) [3].

Philippe donna avis de ces prétendues révélations à Clément V qui était à Bordeaux, et lui demanda une entrevue soit à Tours, soit à Poitiers, à son choix [4]. Le Pape fixa cette entrevue à Poitiers pour le courant du mois d'avril 1307. Il écrivait à Philippe : « J'aurais préféré Toulouse ; mais j'ai « choisi Poitiers pour condescendre à ta volonté [5]. » Le Pape arriva à Poitiers le 6 ou le 7 avril 1307 [6]. Philippe ne vint au rendez-vous qu'après la Pentecôte ; il était escorté de ses frères, de ses fils, des principaux barons. Il insista pour obtenir l'abolition de l'Ordre du Temple, et communiqua au Pape les dénonciations qu'il avait recueillies de la bouche de Squin de Florian. Clément ne voulut pas y croire ; il fut convenu que le Roi continuerait ses investigations ; le Pape promit de son côté de se livrer à une enquête : « Fils, tu *enquerras diligem-* « *ment de leurs fais, et ce que tu en feras, tu me le rescripras.* »

eadem hæresi gressum mentis ad viam veritatis dirigere valeret... *Gesta synod. Aurelian.*, 605. — ADHÉMAR, *Chronicon*, p. 159, dans DOM BOUQUET, *Historiens de France*, t. XX.

[1] Voir SAINT JUSTIN, *Apologie*, p. 11, 12, 14.
[2] Post Dominici convivii celebrationem, extinctis candelis cum matribus et sororibus incestam exercere libidinem ad instar *porcorum*. TERTULLIEN, édit. 1528. *Annotationes*, p. 572.
[3] Déposition de Balduinus de Sancto Justo. *Proc.*, t. I, p. 244.
[4] Quod vultis volumus, in hac parte. BALUZE, t. II, p. 80.
[5] BALUZE, t. II, p. 80.
[6] *Id.*, p. 96.
Pâques, le premier jour de l'année 1307, était tombé le 26 mars.

Ces paroles de Clément V sont rapportées par un chroniqueur anonyme [1].

Philippe quitta Poitiers, et déclara hautement son intention de suivre le procès à la mémoire de Boniface VIII [2]. A partir de ce moment, on voit l'infortuné Clément V essayer de gagner du temps, de se dégager des étreintes dans lesquelles le Roi inflexible, redoutable (*Metuendissimus,* comme on l'appelait), le tenait enlacé. Le Pape a recours à tous les moyens... Il est souffrant! Il est malade! Il lui est impossible de s'occuper d'affaires!

Les Templiers, ayant été avertis de ce qui se passait, écrivirent au Pape pour lui demander de procéder à une enquête; c'est ce qui résulte d'une lettre que Clément, qui se trouvait alors dans un prieuré près de Poitiers, adressa à Philippe le Bel : « Tu nous as écrit que tu nous enverrais des ambassadeurs
« aux environs de l'Assomption ; nous devons te faire savoir
« que, d'après les ordonnances des médecins, il nous faut suivre
« un régime, jusqu'aux premiers jours de septembre ; nous
« devons ensuite prendre médecine [3]. Tu nous enverras tes
« ambassadeurs vers le mois d'octobre, tu te souviens de ce
« que tu nous as dit à Lyon et à Poitiers, au sujet des Tem-
« pliers; cela nous a paru incroyable, impossible ; nous avons
« appris depuis des choses inouïes ; mais nous sommes forcés
« d'hésiter (*cogimur hesitare*) et d'agir conformément aux con-
« seils de nos frères. Le grand maître et les précepteurs de
« l'Ordre ont protesté, et nous ont supplié de procéder à une
« enquête. Ils ont demandé à être absous s'ils sont innocents, et
« à être condamnés s'ils étaient coupables, ce qu'ils ne croyaient
« pas. Nous ne saurions, d'après l'avis de nos frères les cardi-
« naux, refuser aux Templiers ce qu'ils demandent. Et comme
« l'affaire est grave, nous nous rendrons vendredi à Poitiers
« afin d'aviser avec nos frères à ce qui sera reconnu néces-
« saire. Tu nous adresseras les renseignements que tu auras

---

[1] *Chronique anonyme : Historiens de France,* t. XXI, p. 137.
[2] Dupuy, t. II, p. 56.
[3] Post modum purgationem accipere quæ secundum prædictorum physicorum judicium (auctore Domino) valde utilis nobis erit. Baluze, t. II, p. 75, 76. Datum in prioratu de Lugudiaco Pictaviensis diocesis. 24 août 1307.

« pu recueillir, soit par lettres, soit par tes ambassadeurs [1]. »

Clément cita à comparaître devant lui, à Poitiers, le grand maître du Temple et *Fulco* de *Villaret*, grand maître de l'Hôpital : « Nangis assure que Molay se rendit à cette convocation, « mais que le grand maître des Hospitaliers, retenu devant « Rhodes par les Sarrasins, s'excusa par une ambassade, et « qu'il alla à Poitiers après s'être emparé de l'île. » L'abbé Christophe nous dit que Molay accourut à Poitiers [2]. Cela nous paraît exact; Molay quitta l'île de Chypre, au cours de l'année 1307, et se rendit à Poitiers pendant l'été; il était accompagné de soixante chevaliers et grands de l'Ordre, notamment de Godefroy de Gonavilla, commandeur d'Aquitaine et de Poitou. Ceci résulte de la déposition, faite par ce commandeur, le 15 novembre 1307, devant le Frère inquisiteur Anessiaco : « Je n'ai jamais vu d'idole (déclare de Gonavilla), de « *Caput;* je n'en avais jamais entendu parler jusqu'au jour où « le Pape en parla devant moi au *grand maître*, à *Poitiers* [3]. »

Le passage de Nangis cité plus haut nous porte à croire que Clément avait à ce moment l'intention d'amener les deux grands maîtres du Temple et de l'Hôpital à consentir à une fusion entre les deux Ordres. C'était en effet la seule manière d'éviter un scandale dont le Pape prévoyait les conséquences. Le Pape aurait invité Molay à lui adresser un mémoire relativement aux affaires d'outre-mer, et sur un projet de fusion des deux chevaleries en une seule. Le grand maître repoussa ce projet par les motifs insérés dans un mémoire dont le Père Mansuet nous fournit le texte [4]. Ledit projet de fusion ayant échoué, il ne restait plus que deux voies à suivre : ou la réformation du Temple ou son abolition.

Vers cette époque, Clément V avait reçu de la part d'un

---

[1] Même lettre du 24 août 1307. Epistola ad Regem de negotio castri Maleleonis. BALUZE, t. II, p. 75, 76.

[2] CHRISTOPHE, *Histoire de la papauté*, t. I, p. 201.
Le maître de Chypre vint aussi à Poitiers en même temps que Molay... SAINT-VICTON... BALUZE, t. I, p. 6.

[3] Usquequo dominus papa fecit magistro (et ipsi qui loquitur) mentionem de hoc Pictavis. Déposition de Godefroy de Gonavilla. *Proc.*, t. II, p. 400.

[4] MANSUET, t. II, p. 133-136.

chevalier du Temple attaché à sa personne une confidence *ingénue,* nous dit Dupuy : ce chevalier avait révélé au Pape *tout le mal* qu'il avait *reconnu* dans l'Ordre ; une *mauvaise habitude,* une *corruption (corruptela).* Ce chevalier de grande noblesse *(magnæ nobilitatis),* haut placé, était camérier de Clément, qui le fit cardinal ; il se nommait Guillelme de Cantilupo ; il avait été élevé au Temple depuis l'âge de onze ans [1]. Il faut avouer que ce Cantilupo, ecclésiastique familier de la cour de Rome, avait attendu bien longtemps pour faire au Pape, au Sacré Collége, une communication aussi extraordinaire. Cantilupo donna, dans cette circonstance, la mesure de son ingratitude. La règle du Temple défendait de recevoir des enfants dans l'Ordre ; et c'était par suite d'une faveur exceptionnelle que le chapitre les admettait. Il y en avait deux dans tout l'Ordre en 1307 ; ils y avaient été reçus à l'âge de onze ans, contrairement à la règle et aux statuts, parce qu'ils étaient de *haute noblesse;* c'étaient Cantilupo et Guy, Dauphin d'Auvergne, du consentement de leurs pères et mères, et sur leur demande. Nous donnons le texte de l'article de la *règle* qui défendait de recevoir des enfants [2] : « Ja soit que
« la règle des sainz pères soffre à recevoir enfanz en religion,
« nos ne vos en conseillons à chargier, quar celi qui son enfant
« voldra donner perpétuelement à la religion de chevalerie,
« il doit norrir jusques à cele hore que il puisse armes porter
« vigouresement, et arrachier de tere les anemis de Jésus-
« Christ. Dès ci en avant le père et la mère le maignent à la mé-
« son, et facent à savoir as frères ce que il demande, et meillor
« est assez que il ne face vou, quand il est enfant, que quant il
« est d'aage, et meillor est que il ne se repente pas, que il se
« repente, et de ci en avant soit mis en esprove, selon la
« provoiance du mestre et des frères, et selone l'oneste de la vie
« de celi qui demande la fraternité. » *(Règle française,* art. 14.)

---

[1] Schoell, t. VII, p. 79. *Cours d'histoire des États européens.*
Coram nobis secreto juratus (Cantilupo) deposuit quod in *receptione* Fratrum, hæc consuetudo (le reniement du Christ) velverius corruptela servatur. *Proc.,* t. I, p. 3. Bulle de Clément V.
[2] De la *Règle française,* art. 14, et *latine,* 62. *Proc.,* t. I, p. 415, 416.

CHAPITRE XVII

Lettres dites de cachet de Philippe le Bel, du 14 septembre 1307. — L'arrestation générale des Templiers est décidée le 25 septembre en conseil secret tenu à Pontoise; elle est fixée au 13 octobre dès l'*aube*, par toute la France. — Nogaret nommé garde des sceaux en remplacement de l'archevêque de Narbonne, Gilles Aisselin. — Instructions données par Guillaume Imbert, confesseur du Roi, inquisiteur de la foi en France, aux inquisiteurs de Toulouse, Carcassonne et autres.

Nous avons vu que le Roi avait quitté Poitiers vers la fin de juin 1307. De retour à Paris, il prend sa résolution : on le voit organiser son plan d'attaque contre les Templiers avec ses conseillers intimes, au nombre desquels se trouvaient Nogaret, l'archevêque de Narbonne, Gilles Aisselin et Guillaume Imbert, son confesseur, inquisiteur de la foi en France. Le 14 septembre 1307, jour de l'Exaltation de la sainte Croix, et le 20 du même mois, Philippe adressa de l'abbaye de Sainte-Marie de Pontoise des lettres de cachet aux baillis, sénéchaux, prélats, barons, chevaliers, à ses agents dans les provinces, avec ordre d'arrêter tous les Templiers se trouvant dans l'étendue de leurs juridictions, de saisir en son nom leurs biens meubles et immeubles, de les garder jusqu'à ce qu'il en ait été autrement ordonné. A ces lettres étaient jointes des instructions, notamment un manifeste qui se trouve à la fin du deuxième volume de Dupuy, page 311 [1].

Dans ce document, Philippe se pose en défenseur de la foi catholique et de la liberté ecclésiastique. L'exorde de la lettre du Roi est écrit en style élégant, ému, passionné, en termes de nature à soulever la colère des masses catholiques contre les Templiers.

---

[1] Voir aussi MESNARD, *Histoire de Nîmes*, t. I, colonne 195; *Preuves*, et NOSTRADAM, *Histoire de Provence*, p. 314, 315, 316.

Nous abordons tout de suite les accusations portées contre l'Ordre en ce document. Le Roi s'exprime ainsi :

« Les chevaliers du Temple sont des loups ravissants, cachés sous la peau d'un agneau ; nous avons appris qu'ils outrageaient gravement Notre-Seigneur Jésus-Christ, le Rédempteur du monde, qu'ils le crucifiaient une deuxième fois en l'accablant d'injures. *Nul* n'est admis parmi eux, si dans un aveuglement criminel il ne renie trois fois Notre-Seigneur, si par trois fois il ne crache sur la croix [1]. Lors de sa réception, après avoir quitté ses vêtements séculiers et s'être mis tout nu devant le visiteur de l'Ordre, ou celui qui le remplace, le nouveau Templier embrasse trois fois celui qui le reçoit, la première fois sur la partie du corps où finit l'épine dorsale, la seconde fois sur le nombril, la troisième fois sur la bouche ; puis il s'engage par son vœu professionnel à se soumettre aux plus ignobles lubricités. Nous avons cru d'abord que les délateurs de ces faits avaient agi sous l'empire de l'envie, de la haine et de la vengeance ; nous avons donc accepté avec défiance leurs déclarations ; mais les dénonciateurs se sont multipliés, et de soupçons en présomptions et en probabilités, le Saint-Père et moi, nous avons voulu rechercher la vérité, nous nous sommes entretenus de cette affaire à Poitiers, et nous l'avons traitée avec diligence (*colloquio et diligenti tractatu*). »

Ces dernières expressions donnaient à croire que le Pape et le Roi étaient tombés d'accord sur les prémisses de poursuites criminelles ; mais la lettre de Clément V du 24 août 1307 prouve que le Roi avait promis seulement de *continuer* ses *informations*, et que le Pape s'était de son côté engagé à se livrer à une enquête. Évidemment, Clément V n'avait pas autorisé de poursuites contre les Templiers et contre l'Ordre ; son intention était alors de les *réformer* purement et simplement. Il attendait, avait-il écrit au Roi, de nouveaux renseignements ; il avait été entendu, convenu, que Philippe les lui

---

[1] C'est une erreur grave de la part du rédacteur de cette lettre. Il est prouvé par l'enquête que le reniement n'était pas général en entrant dans l'Ordre. L'acte d'accusation l'a ainsi compris.

ferait parvenir, soit par lettres, soit par ambassadeurs. (Lettre du 24 août 1307.)

Le manifeste du Roi contient une phrase terrible : « Nous « nous sommes rendus aux *prières* et aux *réquisitions* de Guil-« laume de Paris, inquisiteur de la foi ; nous lui avons promis « le secours de notre bras ;... nous avons décidé que les Tem-« pliers seraient examinés, parce que s'il est parmi eux des « innocents, il faut qu'ils soient éprouvés comme l'or dans la « fournaise[1]. » Et comme le moyen juridique de s'expurger échappait aux Templiers, ainsi que nous le verrons par la suite, il s'ensuivait qu'il fallait passer des aveux ou subir la question.

Le 25 septembre 1307 après la Saint-Matthieu, dans un conseil secret tenu en présence du Roi, Nogaret fut nommé garde des sceaux, en remplacement de l'archevêque de Narbonne, qui en sa qualité de prélat ne pouvait s'associer à des poursuites criminelles entreprises contre des *gens d'Église* justiciables du Pape seul, qui ne les avait pas autorisées. Il fut décidé dans ce conseil que les Templiers seraient arrêtés le vendredi 13 octobre[2]. A partir de ce moment, l'inquisiteur Guillaume de Paris entre en scène ; *les Templiers sont perdus.* Guillaume de Paris écrit de Pontoise le 27 septembre 1307 aux inquisiteurs de Toulouse et de Carcassonne, aux Frères Prêcheurs de France, aux prieurs, supérieurs, lecteurs de leur Ordre. Il leur fait connaître la résolution du Roi, ses instructions, les *forfaits* dont sont accusés les Templiers : « C'est « moi (écrit-il en substance) qui ai conseillé au Roi de les « faire examiner, et j'ai obtenu de lui la faveur de procéder à « cet examen. Je fais appel à votre zèle, à votre vigilance, à « votre activité. Vous prendrez tous les renseignements, et si « vous venez à découvrir que les crimes reprochés aux Tem-« pliers soient vrais, vous en ferez part aux Frères Mineurs et « aux autres religieux. Vous ne procéderez ni contre l'*Ordre*,

[1] Expedit quod tanquam aurum in fornace purgatur.
[2] Die Veneris post festum beati Matthei apostoli, traditum fuit sigillum Domino G. de Nogareto milite, ubi tunc tractatum fuit de capcione Templariorum. BOUTARIC, p. 67.

« ni contre les Templiers *en général*, mais seulement contre
« les Templiers du *royaume*[1]. » Cette lettre était suivie d'une
instruction qui réglait la manière de procéder, dont la teneur
suit :

« *Tenor vero informationis seu ordonationis prædictæ talis
« erat.* Chest la forme comment li commissaire iront avant en
« la besoigne.

« Premièrement : quand ils seront venu, et auront la chose
« révélée aux sénéchaux et aux baillis, ils s'enformeront
« secrèement de toutes leurs mésons et porra lon à coutèle se
« mestiers est enquerre aussi des mésons d'autre religion, et
« *faudra* que ce soit par ocoision de disième, et por *autre
« coleur,* après ce cil qui sera envoyés aveuc le sénéchal ou
« baillif à jour assené *bien matin,* selon le nombre des mésons
« et des granches, elliront preudhommes puissans du pays
« sans soupçon, chevaliers, eschevins, consuls, et seront
« informé de la besoigne secrèement et par serment et com-
« ment li *Rois* est de ce *informés par le Pape,* et par *l'Église,*
« et tantost ils seront envoié par cascun len pour prendre les
« personnes et saisir leurs biens, et ordener de la garde, et se
« prendront garde que les vignes et les terres soient cultivées
« et semées convenablement, et commettront la garde des
« biens a bones personnes et riches du pays aveukes les
« mesnées (serviteurs et servantes), qui seront trouvées ès
« mésons et eux présens. Ils feront celui jour inventaire et
« cascum len de tous les meubles, et le sceleront et iront si
« *conforciément* que li Frère et leur mennée ne puissent con-
« trester, et auront sergens aveuc aus pour eux faire obéir;
« après ce ils mettront les personnes sous bonne et seure
« garde singulièrement, et cascun par foy, et enquerreront de
« eux premièrement la vérité et puis apeleront les commis-
« saires de l'inquisiteur et examineront diligemment la vérité,
« et par *Jehine* si mestier est, et se il confessent la vérité, il
« feront écrire leur déposition, tesmoins apelés. Cest la ma-
« nière de l'enquerre; len les *amonestera* premièrement des

---

[1] Dupuy, t. II, p. 306, 307.

« articles de la foi, et dira comment *li Pape* et li Rois
« sont enformé que plusieurs témoins bien créables de
« l'Ordre, de l'erreur et de la B... (mauvaises mœurs) qu'ils
« font espéciaument en leur entrée et en leur profession, et
« leur prometeront pardon se il confesse la vérité en retour-
« nant à la foi de sainte Église, ou autrement, il convient que
« il soient à mort condempné, len leur demandera par ser-
« ment diligement et sagement, comment ils furent receus
« et quel veu à promesse ils firent, et leur demanderont par
« generaux paroles jusques tant que l'on tirera d'eus la vérité,
« et que ils perseveront en la vérité. Ce sont li articles de
« l'erreur que l'on a trouvé contre eux por plusieurs témoins.
« Cil qui sont premièrement receu, requierent le pain et
« l'iaue de l'Ordre, et puis le commandeur ou li *mestres* qui
« le reçoit, le maine secrèement derrière l'autel ou au reves-
« tiaire (sacristie), ou ailleurs en secré, et li monstre la croix
« et la figure de Notre Seigneur Jésus-Christ, et li fait renier
« par trois fois le *Prophète*, c'est à savoir Notre Seigneur
« Jésus-Christ, de qui cele figure est, et par trois fois crachier
« sur la croix, puis le fait despoiller de sa robe, ou cil qui
« reçoit le baise à bot de l'eschine sous le brajeul et puis à
« nombril et après en la bouche, et il dit que si aucuns Frères
« de l'Ordre veut charnèlement gésir à lui que il le souffre ;
« car il le doit, et est teneus soi souffrir selon les statuts de
« l'Ordre, et que plusieur d'eus pour ce par manière de S...
« gisent l'un avec l'autre charnèlement, et ceint len chascun
« quand il est receus d'une cordelette sur sa chemise, et la
« doit tousjours li Frères porter sur lui tant comme il vivra[1],
« et entent len que ces cordelettes ont été touschiées et mises
« *autour une idole* qui est en la forme d'une *teste d'homme*, a
« une grant barbe, la quelle teste, ils baisent et aourent
« (adorent) en leur chapitres provinciaux ; mais ce ne sevent
« pas tout li Frères fors le grand maître et li *encien*. Derechef
« le prestre de l'Ordre ne sacrent pas a l'autel le corps de

---

[1] C'était la règle ; les cordelettes étaient portées sur la chemise en signe de chasteté. Art. 138, 144, 281, 317, 680 de la *Règle française*.

« Nostre-Seigneur Jésus-Christ, et *de ce* enquerre len espécia-
« ment aux prestres de leur Ordre, et doivent li commissaire
« de l'inquisiteur le plustôt que il porront la *copie de la dépo-*
« *sition de ceux qui confesseront lesdites erreurs;* spéciaument
« le *reniement* de Nostre-Seigneur Jésus-Christ[1]. »

[1] Dupuy, *loc. cit.*

CHAPITRE XVIII

Le jeudi 12 octobre 1307, le grand maître Molay assiste en grande pompe aux funérailles de Catherine de Courtenai, deuxième femme de Charles de Valois, frère du Roi. — Les Templiers ne se doutent pas qu'ils seront arrêtés le lendemain. — Conjuration. — Arrestation générale des Frères le 13 octobre au matin, dès l'aube. — Massacres à Arras. — Philippe le Bel prend possession du Temple, de la tour, du trésor et des archives. — Description de la tour du Temple, élevée au commencement du treizième siècle par le trésorier Frère Hubert. — 15 octobre, lecture, sur la place du Palais, des énormités dont les Templiers sont accusés. — Le but était de soulever la clameur publique contre l'Ordre, de légitimer les poursuites (d'office, *ex officio*), comme en matière de flagrant délit. — Exécution des ordres du Roi et des instructions de Guillaume de Paris dans les provinces. — Lettres de Philippe le Bel aux princes étrangers. — Réponses du duc d'Aquitaine, roi d'Angleterre, du roi des Romains, de l'archevêque de Cologne et du duc de Brabant.

Philippe poursuivait résolûment son but. Ce roi impassible et muet, qui ne répondait jamais quand on lui parlait, au regard fixe comme celui d'une statue, un *phantôme*, suivant l'expression de Saisset, évêque de Pamiers, agissait dans l'affaire du Temple avec la dissimulation d'un conjuré. Retiré au fond de l'abbaye de Sainte-Marie de Pontoise avec ses conseillers, rien ne transpirait au dehors. Des ordres secrets avaient été donnés pour que les Frères fussent tous arrêtés le même jour, à la même heure, dès l'aube [1].

A Arras, les soldats envahirent la maison du Temple, et égorgèrent la moitié des personnes qui s'y trouvaient; d'autres Frères furent appréhendés et conduits dans les prisons de Paris [2].

Le jeudi 12 octobre 1307, la veille de l'arrestation, le grand

---

[1] *Quasi sub ejusdem horæ momento, illucente videlicet sole vel circiter.* Nangis, année 1307.

[2] *Ordre de Malte : Commanderies.* Mannier, p. 677.

maître Molay assistait en pompe, chez les Jacobins, en présence du Roi et des grands du royaume, aux funérailles de Catherine de Courtenai, petite-fille de Baudouin II, empereur de Constantinople, seconde femme de Charles de Valois, décédée à Saint-Ouen, le lundi précédent [1]. Molay ne se doutait de rien, et les Frères étaient loin de supposer qu'ils seraient arrêtés le lendemain. « De cette prise, les Templiers ne se « donnaient garde ; car ils étaient bien puissants, et si grandes « gens qu'on ne les eût pas pris légièrement [2]. »

Le vendredi 13 octobre, au matin, tous les Frères, cent quarante environ, furent arrêtés à Paris, *y compris le grand maître qui était au Temple*, par Nogaret et Raynald de Roye, délégué de Philippe. « A l'instant même, le Roi se saisit dudit Temple, « *y alla loger, y mit son trésor*, les chartes de France, et s'em-« para de tous leurs biens meubles et immeubles », nous dit Dupuy. Dupuy a voulu dire sans doute que le Roi *s'installa définitivement au Temple*; en effet, Philippe *y logeait le plus souvent avec sa famille*. Quant au *trésor*, il faut s'expliquer. Il y avait à cette époque deux *trésors royaux*. L'un d'eux, qui était la caisse de la maison du Roi, était confié à la garde des chevaliers du Temple. L'autre trésor se trouvait au Louvre; c'était le trésor de l'*État*, le *trésor public*. En s'installant au Temple le 13 octobre, le Roi y réunit les deux trésors, qui vinrent (*cela va sans dire*) se confondre avec le trésor de l'*Ordre*, dont le Roi promit de tenir état [3]. Ce coup de force a été qualifié par Voltaire de *conjuration*. « Ce fut bien en effet une « conjuration, ce n'était pas une de ces fureurs que la ven-« geance soudaine ou la nécessité de se défendre pouvaient « justifier [4]. »

Philippe le Bel avait pris possession de la tour du Temple; il mit la main sur les archives et *sur le trésor de l'Ordre*, qui

---

[1] Molay aidait à porter le corps en terre avec les autres nobles. *Chronique de Saint-Denis : Historiens de France*, t. XX, p. 682.
[2] *Chronique anonyme : Historiens de France*, t. XXI, p. 149.
[3] Consulter de Wailly, *Mémoires de l'Académie*, t. XVIII, 2e partie, p. 536 et suiv.
[4] Voltaire, *Mélanges historiques*, t. II, *Conjuration contre les Templiers*.

se trouva confondu avec le sien. Cette tour avait été construite vers l'année 1210, sous Philippe-Auguste, par le Frère *Hubert*, trésorier de la religion. « Elle était de *pierre de taille quarée,*
« et à chacun quanton, une tornelle de mesmes, prinse de pié
« jusques au feste, toutes cinq couvertez en plomb, et crousées
« de quatre estaiges, et dedans icelle a puys, cave, four,
« moulin et chapelle. Les quelles tours souloyent estre envi-
« ronnéez de fossés à four de cuve pleins d'*iauwe* et à pont-
« levis qui estoit forte chose ; mais on a été contraint du tems
« des Templiers de les combler, et à présent n'y a point. Le
« circuit de la maison est fort grand de massonement refrois-
« toire, maison d'officiers, logis pour les prieurs d'Aquitaine
« et de Champagne, et plusieurs autres édifices [1]. Lequel Frère
« Hubert, trésorier, fit faire la tour et les logis du Temple,
« et autres édifices, comme il appert de l'*épitaphe dessus sa*
« *tombe* [2]. » Alors commença le rôle des inquisiteurs ; l'arrestation des Templiers à Lyon amena la découverte de lettres imprudentes adressées à Molay par un Templier de Marseille. Ces lettres furent interceptées par un agent de Philippe nommé *Bartolumus Caprarii*, qui les envoya au Roi [3]. Elles étaient imprudentes, non pas tant en ce qu'elles disaient qu'en ce qu'elles laissaient supposer. Ce Templier de Marseille, préposé au passage des Frères en Terre Sainte, donnait avis à Molay que les Templiers du Languedoc avaient fait des déclarations compromettantes, et que le *traité* intervenu à *Château-Pèlerin* entre le grand maître de Bellojoco et le Soudan était dévoilé. Molay et le Templier *de Nobiliac* nous diront pourquoi Bellojoco fut dans la nécessité de faire ce traité et cette *trêve* avec le Soudan. Ce fut dans l'intérêt de la chrétienté [4].

Le dimanche 12 octobre 1307, le Roi fit lire publiquement

---

[1] Le Frère Hubert était décédé le 29 mars 1222, et avait été enterré en l'église du Temple, devant le crucifix.

[2] *Ordre de Malte : Commanderies.* Procès-verbal de visite prieurale de l'année 1493. Mannier, p. 6.

[3] Déposition du Frère Mineur Étienne de Néréaco. *Proc.*, t. I, p. 454, 455.

[4] Interrogatoire de Molay, du 28 novembre 1307. *Proc.*, vol. I, p. 42, et Déposition du Templier Pierre de Nobiliac, du 14 mai 1311. *Proc.*, vol. II, p. 215.

l'acte d'accusation dans le jardin du palais, en présence de toutes les communautés et paroisses de Paris assemblées et rangées chacune sous sa bannière. La malignité se chargea de l'aggraver. Guillaume Imbert à Paris, les inquisiteurs dans les provinces, vont procéder à l'aide de moyens que Philippe avait lui-même réprouvés cinq ans auparavant; il ne craignit pas de s'en servir, il en connaissait l'efficacité. Le Roi écrivait cinq ans avant à l'archevêque de Toulouse : « Je suis informé « par des plaintes nombreuses que le Frère Foulques de Saint-« Georges, inquisiteur de la foi dans le Toulousain, commet « des atrocités; il force ceux qu'il accuse d'hérésie à des « aveux mensongers, par la menace ou l'application de la tor-« ture, et quand il ne peut ainsi leur arracher des paroles qui « suffisent à condamner leur innocence, il *suborne* contre « eux de *faux témoins*. Je prends ces personnes sous ma pro-« tection [1]. »

On a dû remarquer que la circulaire de l'inquisiteur Guillaume renfermait une *grave* inexactitude, en prétendant que le Roi avait été *informé* par le Pape et par l'Église. C'était tout le contraire : Clément V nous le dit dans sa bulle du 12 août 1308 [2], et Dupuy nous apprend sans détours « que « c'est le Roi qui le premier *a remué cette pierre* [3] ».

Les baillis provinciaux donnèrent des instructions à leurs subordonnés, en affirmant que le Roi avait pris *l'avis du Pape* avant de faire arrêter les Templiers. Le bailli de Rouen, D'Hangest, en transmettant ses ordres aux juges de la province, leur écrit : « Le Roi, après avis des grands du royaume et du *Pape* « *même*, a ordonné de faire arrêter tous les Templiers [4]. » La

---

[1] Lettres de Philippe le Bel à l'archevêque de Toulouse, en date, à Fontainebleau, du vendredi après la fête de saint Nicolas d'hiver, année 1301. DOM VAISSETTE, *Histoire du Languedoc*, t. IV; *Preuves*, ch. LIV, p. 118-119, et Ordonnance du Roi au sujet de l'inquisition en Languedoc, donnée à Toulouse le jour de l'octave de l'Épiphanie 1303. DOM VAISSETTE, ch. LXI, p. 130. *Preuves*.

[2] Accensus de præmissis (Rex) se informans ad instituendum et informandum supra hiis multam et magnam nobis informationem per suos nuntios et litteras destinavit. Bulle de Clément V, du 12 août 1308.

[3] DUPUY, t. II, p. 31.

[4] *Ibid.*, p. 91.

circulaire de Guillaume de Paris ouvrait la porte à toutes les violences. Tout fut mis en œuvre : l'intimidation, la menace, la faim, les horreurs du cachot, la chaine, les promesses de grâces et de pensions, la douceur hypocrite, la fausse pitié, les suggestions, le faux, la corde, le fer, l'eau, le feu. Le bailli de Mâcon poussa, nous le verrons, l'atrocité jusqu'à faire suspendre un Templier nommé Gerardus de Pasagio avec des poids attachés aux parties génitales [1]. On fit circuler dans les prisons de fausses lettres de Molay exhortant les Frères à passer les aveux que l'on voulait arracher à tout prix [2]. Les uns furent appliqués à toutes sortes de tortures, terrifiés par l'aspect des instruments du supplice et par les menaces; les autres, gagnés par les caresses et de belles promesses ; d'autres enfin, soumis en prison, pendant la nuit, à tous les tourments, violentés, circonvenus, contraints, forcés. On fit fabriquer une lettre revêtant les cachets authentiques du prévôt de l'Église de Poitiers et de l'huissier d'armes du Roi préposés à la garde des Templiers, menaçant les Frères, au nom du Pape et au nom du Roi, de la damnation éternelle et du bûcher s'ils venaient à se rétracter [3]. On alla jusqu'à faire remettre à certains Templiers des lettres revêtues du *sceau du Roi*, promettant la vie, la liberté à ceux qui passeraient des aveux [4]. Nangis nous apprend ce qui arriva lors de ces enquêtes préliminaires [5]. Un chroniqueur du temps assure qu' « *on obtint des témoignages d'aucuns Frères Templiers contraints à force* [6] ». On alla jusqu'à refuser à ces malheureux le secours des sacrements de l'Église, aux moribonds, et aux morts la sépulture en terre bénie [7].

Philippe envoya des lettres aux princes étrangers en les invitant à agir comme lui. Le roi d'Angleterre, duc d'Aquitaine, lui répondit le 30 octobre 1307 « que les prélats, comtes et

---

[1] *Proc.*, vol. I, p. 218.
[2] Nangis, année 1307, p. 36.
[3] *Proc.*, vol. I, p. 71.
[4] Litteræ cum bulla domini regis pendenti. *Proc.*, vol. I, p. 202.
[5] Nangis, année 1307, p. 362.
[6] *Chronique anonyme : Historiens de France*, t. XXI, p. 137. C'est-à-dire des aveux mensongers : cela résulte de toute l'enquête.
[7] *Proc.*, vol. I, p. 201, 202.

« barons de son royaume s'étaient refusés à ajouter foi aux
« crimes abominables, exécrables, dont il lui parlait dans ses
« lettres [1] ». Le roi des Romains et l'archevêque de Cologne
répondirent au Roi « qu'ils étaient fort surpris; qu'ils atten-
« dront les instructions du Pape ». Voici quelle fut la réponse
du duc de Brabant :

« Nous, duc de Lothier et de Brabant et de Limbourg, nous
« faisons savoir à Votre Hautèce que nous avons bien compris
« ce que vous demandez en la *besoigne* des Templiers. Nous
« les avons fait arrêter, et les tenons en prison ; nous avons
« saisi leurs biens, comme vous l'avez mandé, très-chiers
« Sires ; s'il vous plaît chose que nous puissions faire, si vous
« veullez mander. Et, notre Sire, soit garde de vous [2]. »

[1] Le roi d'Angleterre avertit le roi de France qu'il a ordonné à son sénéchal d'Agénois de se rendre auprès de lui, dans le but de procéder à une enquête. Lettre datée de Westminster, le 30 octobre 1307. *Notices* et *Extraits* des manuscrits, t. XX, n° XXIII, p. 161.

[2] Bruxelles, mardi après la fête de sainte Catherine, 9 novembre 1307. *Notices* et *Extraits* des manuscrits, t. XX, n° XXIV, p. 162.

CHAPITRE XIX

Le 18 octobre 1307, Guillaume de Paris commence son enquête. — Mode de procéder. — Cent quarante Templiers, détenus au Temple de Paris, sont interrogés du 18 octobre au 24 novembre 1307. — Contradictions étranges entre les déclarations consignées aux procès-verbaux des inquisiteurs et celles reçues en 1309, 1310, du chef des mêmes témoins, par la grande commission d'enquête instituée par le Pape. — Comparaison des déclarations des Frères Raynier de l'Archent, Jean de Tortavilla, Guillaume de Giaco ou de Gii, Pierre de Safet, Pierre de Arbleyo, Jean de Elemosina, Stéphane de Domont, Pierre de Blésis, Pierre de Bononia, Hugo de Payrando, Pierre de Bocli, Radulphe de Gysi. — Déclarations de Molay devant Guillaume de Paris.

L'inquisiteur de la foi, Guillaume de Paris, comme on l'appelait, commença sa *besoigne* le 18 octobre 1307. Il examina et fit examiner, du 18 octobre au 24 novembre suivant, cent quarante Templiers arrêtés et détenus. Cet inquisiteur agit dans cette circonstance de son autorité privée, sans *mandat régulier*. Il se prétendit député dans la maison du Temple de Paris par l'autorité apostolique, à l'effet «d'instruire contre les Templiers [1] ». Clément V ne lui avait conféré aucun pouvoir d'enquérir contre des religieux qui relevaient *uniquement* du *Saint-Siége*. Cet abus d'autorité dont l'exercice précipité fut concerté, calculé entre le Roi et ses légistes, devait avoir des conséquences irréparables. Clément V en conçut une violente indignation contre Guillaume de Paris, qui fut forcé d'implorer un pardon qu'il obtint plus tard, à la demande de Philippe [2]. Voici comment Guillaume de Paris procéda, d'après les procès-verbaux. Il instruisait, disait-il, « contre « certaines personnes à lui dénoncées pour cause d'héré-

---

[1] Auctoritate apostoli (deputatus) in domo militiæ Templi Parisiis... *Proc.*, vol. II, p. 277.
[2] Bulle de Clément X. *Notices* et *Extraits* des manuscrits, vol. XX, n° XXXIII, § 3.

sie ¹ ». On présentait, on faisait toucher les saints Évangiles à chaque détenu, on faisait prêter serment à chacun de dire la vérité pure, toute la vérité, « *puram, plenam et integram veritatem* », en ce qui le concernait personnellement, et les autres personnes de son Ordre. Après sa déposition (ou son interrogatoire), chaque Frère jurait à nouveau, après avoir touché une seconde fois les Évangiles, que sa déclaration était l'expression de la vérité, qu'il n'avait rien dissimulé, qu'il n'avait avancé aucune fausseté, qu'il avait déposé sans crainte d'être appliqué à la question, non par suite de la torture, ou pour toute autre cause ². Chaque Templier était averti, *admonesté*, avant de déposer, conformément aux instructions de l'inquisiteur, dont nous avons donné le texte.

Le procès-verbal d'enquête comporte les noms des Frères considérés comme ayant confessé la vérité ; il ne nous fait pas connaître ceux des Templiers qui, après avoir été appliqués auparavant à la *jéhine*, auraient passé ces prétendus aveux. Il en est cependant qui ne confessèrent qu'après avoir subi la question, et l'on comprend ce que peuvent valoir des aveux arrachés à la douleur. Ainsi Gillet de Encreyo, du diocèse de Reims, fut appliqué à la torture au *Temple de Paris* par les Frères Prêcheurs, peu de temps après l'arrestation des Templiers ³. Jean de Cormèle, du diocèse de Soissons, avait été appliqué à la question au *Temple de Paris*, lors de l'arrestation générale des Frères; et il déclara à la grande commission qu'à la suite des tourments qu'il avait subis, il avait perdu quatre dents ⁴. Ces cent quarante Templiers firent des déclarations satisfaisantes pour Guillaume de Paris, qui cherchait à faire ressortir *surtout l'acte de reniement de Notre-*

---

¹ Quasdam personas eidem delatas super dicto crimine. *Proc.*, vol. II, p. 277.
² Propter tormenta vel metum tormentorum, vel aliqua alia causa. V. les procès-verbaux, *in fine*.
³ Parisius in Templo per prædicatores fuerat suppositus quæstionibus in Templo, paulo post captionem Templariorum. Déposition du Frère Gillet de Encreyo devant la grande commission du vendredi 8 mai 1310. *Proc.*, vol. I, p. 241.
⁴ In quibus tormentis dicebat se quatuor dentes perdidisse. *Proc.*, vol. I, p. 521.

Seigneur Jésus-Christ, le crachement sur la croix, le *crime* d'hérésie et d'apostasie (circulaire de l'inquisiteur Guillaume, *in fine*). Ce même procès-verbal de l'inquisiteur et des inquisiteurs qu'il délégua est en contradiction flagrante avec les dépositions d'un certain nombre de ces mêmes Templiers devant la grande commission d'enquête qui instruira contre l'Ordre en 1309 et en 1310; la crainte de la torture, les menaces, l'application à la question ont arraché à ces hommes des aveux *forcés et mensongers*, dictés par la volonté des bourreaux (*de voluntate torquencium*). Nous y reviendrons.

La justice de ce temps considérait comme librement passés des aveux arrachés par la douleur, et renouvelés *après la question*.

C'est ainsi que le 19 octobre 1307, le Frère Raynier de l'Archent est entendu par Guillaume de Paris. Le procès-verbal porte que ce Templier a avoué le reniement de Jésus-Christ, les baisers indécents, le crachement sur la croix, l'excitation aux mauvaises mœurs, par un chant commençant par ces mots : « *Ecce quam bonum et quam jucundum habitare fratres in unum.* »

Ce chant (*Ecce quam bonum*) accompagnait le serment prêté par chaque profès, en face de l'autel. Rien n'est plus pur, plus orthodoxe que la prière faite (*super altare prosternatus*) dans un état de prosternation et d'humilité... On invoquait le *Dieu tout-puissant*, la *bienheureuse Marie*, tous les *Saints*, et *l'on promettait d'obéir à Dieu*, au couvent, de vivre sans propre, suivant la règle donnée par le Pape [1].

Ecce quam bonum est le cantique des degrés de David. Ce psaume contient en peu de mots l'éloge d'une amitié sainte et d'une parfaite union, telle que celle qui doit se trouver entre les fidèles de toute nation.

« 1° Ah! qu'il est doux et agréable de voir les Frères habiter
« ensemble!

« 2° C'est comme le parfum répandu sur la tête d'Aaron qui

---

[1] Voir cette prière, *Règle française, formules de profession*, n°s 274, 275, 276.

« descend sur toute la barbe d'Aaron, qui descend sur le bord
« de son vêtement;

« 3° Comme la rosée du mont Hermon, qui descend sur la
« montagne de Sion. Car c'est là que le Seigneur a ordonné
« que fût la bénédiction et la vie jusque dans l'éternité. »

Raynier de l'Archent aurait révélé l'existence de l'idole
« *Capud* », qu'il aurait vue douze fois, dans douze chapitres, et spécialement au chapitre qui fut tenu à Paris le mardi après la fête de saint Pierre et saint Paul. Le procès-verbal fait dire à Raynier de l'Archent que le *Capud* avait une barbe, qu'on l'adorait, qu'on l'appelait *Sauveur* [1]; or, ce même Templier, Raynier de l'Archent, est entendu par la grande commission le 4 février 1310; il déclare qu'il a été réconcilié avec l'Église par l'évêque de Paris qui lui a donné l'absolution, qu'avant d'être examiné par l'évêque il a été appliqué à la torture (*fuerat questionatus*). Il affirme sous la foi du serment qu'il ne sait rien, qu'il n'a rien vu, qu'il ne s'est rien passé d'illicite lors de sa réception dans l'Ordre, rien touchant le reniement, le crachement, les baisers indécents, rien des mauvaises mœurs, rien des idoles ou du Capud; quant aux cordelettes, chacun se les procurait comme il voulait (*eas assumebant unde volebant*) [2]. Il se rencontre dans l'interrogatoire de Raynier de l'Archent un écart suspect entre les détails consignés au procès-verbal de l'inquisiteur et la déposition reçue par la grande commission. Dans le premier cas, le témoin parlait sous l'empire de la violence et de la terreur; dans le second cas, le témoin se sentait libre de dire la vérité.

Le 20 octobre 1307, le Frère Jean de Tortavilla, qui se serait accusé devant l'inquisiteur d'avoir commis des actes impurs avec un Frère du nom de Guillerme, s'était bientôt rétracté. Peu après, appliqué à la question à la suite de cette rétracta-

---

[1] Quoddam caput cum barba, quod adorant, osculantur et vocant salvatorem suum. *Proc.*, vol. II, p. 278 et 279; comparer avec *Proc.*, vol. I, p. 494, 495.

[2] Grand nombre de Frères ont déclaré la même chose. Plusieurs ont indiqué l'origine des cordelettes qu'ils portaient; elles leur avaient été remises, en entrant dans l'Ordre, en signe de chasteté, par leurs mères, leurs sœurs et leurs parentes.

tion, la douleur le fit revenir à ses premiers aveux ; mais devant la grande commission, Jean de Tortavilla se rétracta *énergiquement* et définitivement [1].

Le procès-verbal de Guillaume de Paris est incomplet ; il y manque les détails les plus importants, et c'est avec intention que cet inquisiteur les a supprimés. Rappelons-nous les termes de sa circulaire : *on ne devait prendre copie que de la déposition de ceux qui confesseraient*. Guillaume de Paris a donc passé sous silence les protestations, les faits qui s'étaient passés au moment de l'application de la question.

Il faut s'attendre à de nouvelles surprises, si l'on continue à comparer le procès-verbal de l'inquisiteur Guillaume avec les dépositions consignées au procès-verbal d'enquête de la grande commission.

Le 21 octobre 1307, le Templier Guillaume de Giaco ou de Gii, du diocèse de Besançon, Frère servant attaché à la maison et à la personne du grand maître Molay, préposé au soin de ses chevaux et de ses écuries, avoue à Guillaume de Paris les baisers indécents, le crachement sur la croix ; il affirme qu'il a vu à Limécon [2], ville de l'île de Chypre, une tête (*capud*) que les Frères adoraient ; il déclare qu'il a eu plusieurs fois dans une nuit des rapports immondes avec le grand maître, et que les Templiers permettaient ces ignobles rapprochements entre Frères. Or, ce même Guillaume de Giaco ou de Gii, du diocèse de Besançon, fut entendu par la grande commission le mercredi 17 février 1310. Il déclara qu'il avait été réconcilié avec l'Église par l'évêque de Paris, qui lui avait donné l'absolution ; qu'il n'avait jamais *commis d'actes odieux*; qu'il ne sait pas, ne croit pas, n'a jamais vu ou entendu dire que les Frères se soient rendus coupables de telles infamies, ou qu'ils se soient livrés à d'indécents baisers. Il ne sait pas s'ils avaient des idoles ; on se procurait les cordelettes comme on voulait, elles ne touchaient pas de têtes d'idoles [3].

---

[1] *Proc.*, vol. II, p. 286 ; comparer avec vol. I, p. 24.
[2] Limisso. = Limasol.
[3] Non credit quod (cordulæ) tangerent capita idolorum. *Proc.*, vol. II, p. 290 ; comparer avec vol. I, p. 564.

Évidemment, l'inquisiteur Guillaume a voulu déshonorer l'Ordre dans la personne du grand maître ; mais Guillaume de Giaco ou de Gii se rétracta, comme nous venons de le voir. Guillaume de Paris n'a pas osé confronter le Frère de Giaco avec Molay, qui cependant était détenu au Temple, puisqu'il l'entendait *trois jours après,* soit le 24 octobre.

Le 21 octobre 1307, le Templier Pierre de Safet, Frère servant, cuisinier attaché à la maison du grand maître, comparaît devant Guillaume de Paris. Il avoue le crachement sur la croix, les baisers indécents. Il déclare qu'un Frère, du nom de Martin Martini, Espagnol d'origine, sortant une certaine nuit de la chambre du grand maître, l'appela ; qu'il eut des rapports infâmes avec lui ; qu'il n'osa refuser, parce que le grand maître lui avait dit qu'il pouvait avoir de pareilles accointances avec un Frère. Or, ce même Pierre de Safet, entendu le 28 novembre 1309 par la grande commission, ne reproduit pas les déclarations consignées au procès-verbal de Guillaume de Paris : cette fois, Pierre de Safet est confronté avec Molay, en présence du garde des sceaux Nogaret[1] ; il se borne à déclarer qu'il ne veut pas défendre l'Ordre, qui avait de *bons défenseurs,* le Pape et le Roi[2] ! Il n'ose pas répéter ce qu'il aurait dit à Guillaume de Paris.

Le 24 octobre 1307, Molay fut entendu par l'inquisiteur. Le procès-verbal porte que, lors de sa réception dans l'Ordre, Molay renia Jésus-Christ, qu'il renia malgré lui (*invitus*) ; qu'il cracha une fois à terre, et non sur la croix. Molay nia avec énergie les propositions impures, les mauvaises mœurs. Il s'est toujours borné à recommander le mode de réception dont on avait usé à son égard[3]. Molay comparut trois fois devant la grande commission, les 26, 28 novembre et 2 mars 1309. Il protesta et demanda à être conduit devant le Pape. Nous examinerons la valeur de ses protestations, quand nous

---

[1] Præsente dicto magistro Ordinis Templi, et dicto cancellario regio.

[2] Quod Ordo habebat bonos defensores, scilicet dominos papam et regem. *Proc.,* vol. II, p. 294. Comparer avec vol. I, p. 45.

[3] Quid intentionis suæ, quod facerent et præciperent illud eis quod sibi fuerat factum, et per illud modum reciperentur. *Proc.,* t. II, p. 305, 306.

nous occuperons des travaux de la grande commission.

Molay a-t-il été appliqué à la question? Jamais il ne l'a prétendu. Mais on lui infligea toutes les tortures du *carcere duro*.

Le même jour, 24 octobre 1307, le Frère Pierre de Arbleyo est conduit devant l'inquisiteur. Il déclare qu'on lui a fait renier Jésus-Christ en entrant dans l'Ordre, et cracher sur la croix. Il avoue les baisers indécents, il reconnaît qu'on lui a dit que les mœurs impures étaient permises entre Frères. Jamais il n'a commis de pareils actes. Or, ce même Frère Pierre de Arbleyo dépose, le 19 mars 1310, devant la grande commission; il avoue le reniement, le crachement, les baisers indécents; mais il affirme qu'on ne lui parla pas d'actes impurs. « Quant aux autres choses illicites, jamais on ne
« m'en a parlé; je ne crois pas que le crime imputé à l'Ordre
« fût commis par les Frères; on usait de cordelettes, mais
« on se les procurait comme on voulait[1]. »

Ledit même jour, 24 octobre 1307, le Frère Jean de Elemosina comparut devant l'inquisiteur. Il avoue le reniement de Jésus-Christ, le crachement vers la terre, et non pas sur la croix; il affirme qu'on lui a dit qu'il pouvait avoir des rapports impurs avec ses Frères, ce qu'il n'a jamais fait. Or, ce même Frère Jean de Elemosina, entendu par la grande commission le 20 février 1310, déclare qu'il ne croit ni aux baisers indécents, ni aux mauvaises mœurs; qu'il ne croit pas que les Frères possédaient des idoles[2].

Ces contradictions sont vraiment extraordinaires, choquantes. Où se trouve la verité? Il faut choisir entre les procès-verbaux de Guillaume de Paris et ceux de la grande commission d'enquête.

Le 27 octobre 1307, le Frère Stéphane de Domont comparaît devant l'inquisiteur Guillelme *de Sancto Evurcio*, prieur du couvent des Frères Prêcheurs, délégué par Guillaume de Paris. Le procès-verbal constate les aveux du Templier de Domont, relativement au reniement de Jésus-Christ, au cra-

---

[1] *Proc.*, vol. II, p. 307; comparer vol. I, p. 496, 497.
[2] *Proc.*, vol. II, p. 308; comparer vol. I, p. 588, 590.

chement *sur ou vers* la croix, aux baisers obscènes, à l'autorisation d'ignobles prosmicuités ; de Domont a vu recevoir un *Frère de cette manière*. Or, ce même Stéphane de Domont, interrogé le mardi 16 février 1310 par la grande commission, déclare qu'il a été absous et réconcilié avec l'Église par l'évêque de Paris. Il dit qu'avant d'être examiné par ce prélat, on l'a soumis à la torture pendant deux ans et plus. Il maintient ce qu'il a déclaré à l'évêque ; il ne sait ce qui s'est passé lors de la *réception* des autres Frères, n'a assisté à aucun chapitre, ne connaît pas d'*erreurs* dans l'Ordre. Il ne s'est passé rien d'*illicite* lors de sa réception. Il ne croit pas avoir fait quelque chose d'*illicite* en reniant Jésus-Christ de bouche seulement (*ore, non corde*). D'ailleurs, il y a si longtemps ! Il ne se souvient de rien. (Les commissaires déclarent qu'ils ne peuvent avoir confiance dans les déclarations passées par le témoin, qui n'a pas l'air d'avoir conscience de ce qu'il dit.) De Domont ajoute qu'il ne croit pas que les Frères se soient livrés entre eux à des actes immoraux. Il ne croit pas à l'adoration d'une idole ; les cordelettes ne touchaient pas de têtes d'idoles.

Nous constatons de nouvelles et étranges contradictions.

Le vendredi, veille de la fête des saints Simon et Jude, 1307, le Templier Pierre de Blésis, prêtre, est entendu par le Frère Prêcheur Durand de Saint-Pourcin, délégué par Guillaume de Paris. De Blésis passe des aveux : on l'a autorisé, dit-il, à commettre des actes impurs, on lui a déclaré que c'était la règle de l'Ordre. Or, ce même Pierre de Blésis dépose le 8 février 1310 devant la grande commission d'enquête. Il affirme qu'il ne sait rien du crime dont il est question aux faits articulés, ni des idoles. Il proteste qu'il n'a jamais entendu dire que ces choses illicites fussent autorisées par les statuts ou par la règle. On ne lui a pas ordonné d'omettre les paroles sacramentelles (*Hoc est enim corpus meum*) ; il n'a jamais oublié de les prononcer toutes les fois qu'il a célébré la messe [1].

---

[1] *Proc.*, vol. II, p. 383 ; comparez vol. I, p. 514.

Nous touchons en ce moment à une partie des plus graves du procès-verbal de l'inquisiteur Guillaume de Paris. Il s'agit des aveux qui auraient été passés devant le Frère Prêcheur Nicolas de Anesiaco, délégué par l'inquisiteur, le mardi 7 novembre 1307, par Pierre de Bononia (de Boulogne), prêtre, procureur général de tout l'Ordre du Temple en cour de Rome, qui fut choisi en 1310 par les Templiers pour les représenter devant la grande commission d'enquête : Pierre de Bononia aurait déclaré à l'inquisiteur que, lors de sa réception, celui qui le reçut le tira à part, lui présenta une croix en bois avec l'image du Crucifié, et lui enjoignit de renier Jésus-Christ, ce qu'il fit ; que ce récepteur lui dit qu'il pouvait avoir des relations impures avec ses Frères sans pécher. Il n'a jamais cru à cela, il n'a jamais commis ce péché *horrible*. De Bononia aurait encore avoué les baisers indécents ; il aurait vu recevoir de cette façon plusieurs Frères [1]. Pierre de Bononia s'est rétracté avec la plus grande force devant la grande commission. Il s'est offert à la défense de l'Ordre. Les Frères arrêtés et détenus le choisirent pour défenseur à l'effet de les représenter devant la commission : ses actes témoigneront de ses énergiques protestations. Nous reviendrons sur ce point, lors de l'examen du procès-verbal d'enquête dirigée contre l'Ordre. Toutefois, dès à présent, il est bon de lire un spécimen des protestations générales présentées au nom des Templiers ; elles s'appliquent aussi bien aux agissements employés en 1307 par Guillaume de Paris qu'aux procédures postérieures à 1307.

Le 31 mars 1310, un groupe de Templiers fit écrire par les notaires apostoliques Hugo Nicolaï et Guillaume Radulphi, sous la dictée de Pierre de Bononia, la protestation suivante, dont nous donnons un extrait :

« La religion du Temple est pure, immaculée ; tout ce qui
« est articulé contre l'Ordre est faux ; ceux des Frères qui ont
« déclaré que ces imputations dirigées contre les personnes et
« contre l'Ordre étaient vraies, ou partie d'elles, en ont *menti*.

[1] *Proc.*, vol. II, p. 348.

« Les Frères soutiennent qu'on ne peut s'emparer contre
« eux de pareils aveux qui ne sauraient préjudicier en rien,
« soit à l'Ordre, soit aux personnes, parce que ces aveux
« ont été *arrachés* par les menaces de mort, par la torture.
« S'il est des Frères qui n'ont pas été appliqués à la ques-
« tion, ils ont été terrifiés par la crainte des supplices; en
« voyant les autres soumis à la torture, ils ont dit tout ce
« que les tourmenteurs ont voulu [1]. Les peines subies par
« un seul ont épouvanté le plus grand nombre. Il en est qui
« ont été corrompus par la *prière*, par l'*argent*, par les ca-
« *resses*, par de grandes promesses, et qui n'ont pu résister
« aux menaces [2]. »

Le 9 novembre 1307, le Frère *de Annessiaco*, délégué par Guillaume de Paris, entendait Hugo de Payrando, visiteur de France. Les déclarations consignées au procès-verbal de ce jour sont évidemment en grande partie mensongères. Lors de sa réception (dit Payrando), il a renié une fois Jésus-Christ de bouche et non de cœur. Il a refusé de cracher sur la croix. Il a donné le baiser sur la bouche seulement; le récepteur le lui a rendu. Il avoue que l'usage des baisers indécents, que le reniement de Jésus-Christ, le crachement sur la croix étaient commandés comme faisant partie des statuts de l'Ordre. Il avoue l'autorisation par lui donnée, lorsqu'il procédait à une réception, de pratiquer les mœurs impures; il ne sait pas si tous les Frères étaient reçus dans ces conditions. A ce moment de son interrogatoire, Payrando se retira. Il se présenta à nouveau devant l'inquisiteur dans le courant de la journée, et déclara que *tous les Frères* étaient reçus de la même manière. Quant à l'*idole* ou *capud*, il affirma qu'il l'avait vue, tenue, touchée à Montpellier, dans un chapitre où tous les Frères l'*adoraient;* que toutefois ils *faisaient semblant* de l'adorer de bouche *seulement* et *non de cœur*. Il ignore si d'autres l'*adoraient* de cœur. Il a remis l'idole aux mains du Frère *Alemandin*, précepteur de Montpellier. Il ne sait pas si les gens du Roi ont trouvé

---

[1] Tamen timoribus tormentorum exterriti, videntes alios sic torqueri, dixerunt voluntatem torquencium. *Proc.*, vol. I, p. 116.

[2] *Id.*

cette *idole*. Cette tête, ce *capud* avait *quatre* pieds, deux devant du côté de la face, deux derrière [1].

On ne saurait attribuer cette déposition pleine d'invraisemblance et qui sue le mensonge, qu'à la jalousie, à la haine dont Payrando, visiteur de France, était animé contre le grand maître. Il a voulu se venger de l'Ordre, qui lui avait préféré Molay, lors de l'élection qui eut lieu après la mort du grand maître *Gaudini*. La lutte avait été ardente; Molay s'était montré très-actif, et très-vif contre Payrando [2]. Nous croyons que la déposition de Payrando est mensongère en partie. En effet, ce grand visiteur déposait de certains faits que son adjoint à la grande visitation de France, le chevalier Pierre *de Bocli*, déclara inexacts, lorsqu'il fut entendu le 18 janvier 1310 par la grande commission d'enquête. Ce chevalier avoua le reniement, mais protesta que celui qui l'avait reçu dans l'Ordre ne lui avait parlé ni du crachement sur la croix, ni des baisers indécents, ni du crime odieux, ni des idoles. Pierre de Bocli n'était pas seulement le *vicaire* (*vicarius*) de Payrando, mais son compagnon; il lui était associé (*socius*) dans ses fonctions de grand visiteur [3]. On verra plus tard quelle peut être la valeur de la déclaration de Payrando, au sujet de l'idole (du capud) : ces déclarations de Payrando se modifièrent devant les trois cardinaux Bérenger, Étienne, et Landulphe Brancacio, qui furent envoyés à Chinon par Clément V, au mois d'août 1308, pour interroger les principaux de l'Ordre [4]. Ce qui est non moins certain, ce qui peut donner une idée de la conduite *ténébreuse* de Payrando dans toute cette affaire, c'est qu'en 1307, après qu'il eut été entendu par l'inquisiteur de Paris, Payrando fut invité à dîner par les cardinaux Bérenger et Étienne, envoyés au Roi par le Pape, et qu'il *partagea leur table* [5].

---

[1] Dictum caput habebat quatuor pedes, duos ante ex parte faciei, et duos retro. *Proc.*, t. II, p. 361.

[2] Déposition du chevalier Hugues de Fauro. *Proc.*, t. II, p. 230, 234.

[3] Petrus de Bocli, *socius* Fratris Hugonis Payrando. *Proc.*, vol. I, p. 412, 414.

[4] *Proc.*, t. I, p. 4, 5.

[5] Nous verrons, au chapitre xx, quelle mission remplirent, en 1370, les cardinaux Bérenger et Étienne.

Comment expliquer ce fait qui est attesté par Dupuy? Payrando comparut deux fois devant la grande commission d'enquête en 1309. La première fois, le samedi 22 février, il refusa de répondre aux commissaires, lorsqu'on lui demanda s'il voulait défendre l'Ordre. Il se borna à déclarer qu'il s'était entretenu de cette affaire avec Clément V, à Poitiers, et avec les cardinaux délégués par le Pape; qu'il était encore tout prêt à se rendre devant le Souverain Pontife; qu'il n'avait rien à dire à la commission. Le 13 mars 1309, Payrando fut conduit une seconde fois devant les commissaires; il persista à ne vouloir rien déclarer ni *pour* ni *contre* le Temple; il maintint la déclaration qu'il avait faite le 22 février précédent [1].

Le même jour, 9 novembre 1307, le Templier Radulphe de Gysi, receveur de Champagne, déclara à l'inquisiteur Annessiaco qu'il avait vu l'*idole*, la tête (le *capud*), dans sept chapitres tenus par Hugues de Payrando et autres; à la vue du *capud*, tout le monde *se prosterna à terre* et se mit *en adoration*, après avoir levé le capuchon (*amotis capuciis*). Cette tête était terrible d'aspect; c'était la figure de quelque démon qu'on appelle en français vulgairement *Maufé*. Le témoin fut si terrifié qu'il respirait à peine. L'inquisiteur Annessiaco demanda à Radulphe de Gysi « *pourquoi les assistants adoraient* cette *tête* »; il répondit « que *puisque les Templiers avaient renié Jésus-Christ, ils pouvaient bien adorer cette tête*. Quant à lui, il ne l'adora pas de cœur ».

Cette partie de la déposition de Radulphe de Gysi est inqualifiable. Écoutons ce qu'il déclara, le 15 janvier 1309, aux membres de la grande commission. Devant eux, Radulphe de Gysi ne parle plus de sept chapitres, mais de *deux* seulement. Il a vu le Frère Hugues de Besançon apporter ce *capud*, et le mettre sur un banc (*in quodam banco*); mais il n'a *rien* pu voir; car il s'est retiré du chapitre avant l'*absolution* générale. Il n'a pas vu qu'on *adorât cette tête; personne ne s'est incliné devant elle*. Il lui semble qu'elle fut apportée dans un

---

[1] *Proc.*, vol. I, p. 28 et 88.

sac; il n'a pas vu si elle était de la grosseur d'une tête d'homme, si elle était en métal ou en bois, et si c'était une *tête de mort* [1]. La contradiction est flagrante.

On rencontre toujours les mêmes contradictions. Le 13 novembre 1307, le Frère Egidius Cheruto, de la commanderie de Frénoy [2], comparait devant l'inquisiteur Annessiaco, délégué par Guillaume de Paris. Il dépose qu'on lui a prescrit de cracher sur la croix. Il feignit de cracher, une partie de sa salive ne toucha pas la croix. Il avoue les baisers obscènes sur les trois parties du corps. Il ajoute qu'on lui ordonna de s'abstenir de *femmes;* qu'on lui permit d'avoir des relations impures avec ses Frères. Il fut reçu *seul* par le Frère Radulphe de Gysi, en présence des Templiers Henri de *Soupir*, Pierre de Chueru et autres dont les noms lui échappent. Il a vu recevoir un Frère de cette façon; il croit que tous étaient reçus de la même manière. Or, le vendredi 19 février 1310, Egidius Cheruto est entendu par la grande commission d'enquête. Il affirme qu'il fut reçu, non plus *seul,* mais en compagnie d'un nommé Jacobus de Parvo, par le Frère Radulphe de Gysi, en présence des Frères Jean le Bourguignon, prêtre, Étienne le Bourguignon, Gérard Vinhier et Odo le Picard; ce ne sont plus les mêmes personnes qui assistaient à sa réception, et le témoin ajoute que *requis* avec Jacobus de Parvo de renier Jésus-Christ, de cracher sur la croix, *ils refusèrent; ils refusèrent aussi* de donner les baisers indécents. On ne leur fit aucune violence à la suite de ces refus. Il ne leur fut rien prescrit de mal au sujet des mœurs et des idoles. Il ne croit pas qu'au Temple on eût des idoles. Les cordelettes n'étaient pas mises en contact avec des idoles. Il ne croit pas que les Frères du Temple commissent le crime odieux. Il ne fut pas question, lors de la réception, de ces choses illicites. Che-

---

[1] *Proc.*, vol. II, p. 363; comparez vol. I, p. 399.
L'auteur de la *Monographie du coffret d'Essarois* (de M. le duc de Blacas) a interverti l'ordre et les dates de ces deux déclarations. Celle de 1307 diffère du tout au tout de celle passée en 1309. Mignard, première brochure, p. 11 et 12. *Monographie du coffret du duc de Blacas.*

[2] Frénoy, près du Val de Provins, membre de la commanderie principale de la Ferté-Gaucher (Seine-et-Marne).

ruto ajoute encore qu'il n'a pas vu recevoir d'autres Frères [1].

Les déclarations consignées aux procès-verbaux de Guillaume de Paris et de ses délégués n'inspiraient aucune confiance. Cette procédure était au surplus *absolument nulle*, comme ayant été poursuivie par des magistrats incompétents, comme étant le résultat d'un abus de pouvoir. Le Saint-Père fut entièrement de cet avis.

---

[1] *Proc.*, vol. II, p. 387, 388; comparez vol. I, p. 578, 579, 580.

CHAPITRE XX

Clément V est averti par la rumeur publique de ce qui se passe à Paris et dans les provinces. — Son indignation. — Sa lettre à Philippe le Bel, du 27 octobre 1307. — Il enjoint au Roi de remettre les Templiers aux mains de deux cardinaux qu'il lui envoie, Bérenger de Frédol et Étienne de Saint-Cyriace. — Le Pape enlève leurs pouvoirs aux inquisiteurs. — Philippe ne tient aucun compte de la lettre de Clément V ; les inquisiteurs continuent leur *besoigne* à Paris. — Arrestations opérées à Pamiers, Bigorre, Carcassonne, Nimes, Beaucaire, Troyes, Pont de l'Arche, Bayeux et Caen. — Interrogatoires. — Ancienne commanderie du Temple à Rouen, rue Saint-Éloi, rue des Hermites. — Commanderie principale de Sainte-Vaubourg. — Host de Sainte-Vaubourg à Rouen, rue Saint-Éloi. — La Monnaye de Rouen. — La Vieille-Romaine. — Le grenier à sel. — Cens, revenus, maisons des Templiers à Rouen. — Procès-verbal des inquisiteurs de Caen. — Templiers des commanderies de Baugy, Bretteville-la-Rabelle, Voismer et Corval. — De Bullens ou Bullex, commandeur de Voismer, mis à la torture. — Il sera brûlé en 1310. — Gracieux accueil fait par Philippe le Bel aux deux cardinaux envoyés vers lui par Clément V. — Lettre de Philippe au Pape, du dimanche avant Noël 1307.

Clément fut averti par la rumeur publique de ce qui se passait à Paris et dans les provinces ; il fut indigné. Il écrivit de Poitiers à Philippe le Bel, le 27 octobre 1307 ; dans sa lettre, le Pape remontre au Roi que les Templiers sont ecclésiastiques, sujets immédiats de l'Église (*absque medio*). « Jamais », écrit Clément V, « les rois ses prédécesseurs n'ont entrepris de « juger les ecclésiastiques. Le Pape seul est compétent; cependant le Roi a fait arrêter, emprisonner les Templiers, les a « *tourmentés*[1], a saisi leurs biens. » Le Pape demande raison de cette entreprise. Il envoie au Roi deux cardinaux, Bérenger de Frédol[2] et Étienne[3], afin que tout soit rétabli, « et que « cette *étincelle qui pourrait porter à récidive (præstare mate-*

---

[1] C'est-à-dire, la torture leur a *arraché des déclarations mensongères* : c'est bien la pensée du Pape. Il n'est pas possible de conserver à ce sujet le moindre doute.
[2] Ancien évêque de Béziers, ayant *titre* de Saint-Nérée et Saint-Achillée.
[3] De Suizi, cardinal de Saint-Cyriace.

« *riam recidivi*) soit éteinte ». Le Pape enjoint à Philippe de remettre les Templiers et leurs biens entre les mains desdits cardinaux.

Clément V suspendit les pouvoirs des inquisiteurs et des ordinaires de France, et évoqua l'affaire à sa personne[1]. Le Pape tenait pour *suspectes* la capture des Templiers et les procédures de l'inquisiteur Guillaume de Paris et des autres inquisiteurs[2]. On trouve dans la lettre du Pape du 27 octobre 1307 la preuve que, contrairement à l'énoncé aux procès-verbaux, les inquisiteurs ecclésiastiques et laïques avaient procédé par l'application de la *question*. Ces procédures étaient nulles, de nul effet. Clément les *considéra comme telles;* mais en 1308, *malheureusement,* le Pape revint de ses premières impressions[3].

Philippe le Bel ne tint aucun compte de la lettre du Pape du 27 octobre, les inquisiteurs continuèrent leur *besoigne;* Guillaume de Paris alla jusqu'au bout, et ne clôtura son procès-verbal que le 24 novembre 1307. Les commissaires, les inquisiteurs achevèrent ce qu'ils avaient commencé dans les provinces, à Pamiers, Bigorre, Carcassonne, Nîmes, Beaucaire, Troyes, Pont de l'Arche, Bayeux, Caen. Les Templiers, surpris pendant la nuit, interrogés, *ahuris,* suivant l'expression justement employée par un écrivain, admonestés, menacés, quelques-uns torturés, passèrent ce qu'on appela *librement* des aveux, en totalité ou en partie; d'autres nièrent. A Carcassonne, les commissaires de Philippe le Bel, Hugues de Cella et Odoard de Malodinis, chevaliers, arrêtèrent cinq Templiers, au nombre desquels était Jean de Cassaignes, précepteur de la Nogarède, au diocèse de Pamiers. Ils en arrêtèrent soixante dans la sénéchaussée de Beaucaire, parmi lesquels cinq chevaliers et un prêtre; les autres étaient des Frères servants des maisons de Saint-Gilles, Montpellier, Jallez et le Puy.

Quarante-cinq furent pris à Aigues-Mortes, et cent cinquante

---

[1] Dupuy, p. 10 et 105, n° 2.
[2] Bulle du 9 juillet 1308.
[3] Bulle du 12 août 1308. *Proc.*, vol. I, p. 66.

à Nîmes. On s'empara en outre de trente-trois autres, qui furent incarcérés au château royal d'Alais.

Le 8 novembre et jours suivants de l'année 1307, soixante Frères furent interrogés, hors la présence du commissaire de l'inquisition du Pape ; on obtint des aveux partiels, il y eut des dénégations. Tous nièrent avoir adoré aucune idole, et protestèrent de leur croyance au sacrement de l'autel ; un seul, le Frère Pons Gaillard, commandeur de Lignac, déclara avoir adoré, ou vu adorer dans un chapitre tenu à Montpellier une *tête de mort,* mise sur un banc au milieu de l'assemblée. Ces Templiers déclarèrent qu'on leur avait permis de se livrer à des actes impurs, et affirmèrent qu'ils ne l'avaient jamais fait. Un *prêtre* avoua qu'il avait omis de prononcer les paroles du canon : « *Ecce enim corpus meum* », en célébrant, mais les avoir dites *mentalement* pour les laïques présents au saint sacrifice de la messe. Quelques Frères (*peu toutefois*) reconnurent qu'ils savaient qu'en communiant ils recevaient des *hosties blanches.* Ils persistèrent dans leurs déclarations devant les Frères Prêcheurs, qui leur accordèrent huit jours pour fournir de plus amples explications [1], « à moins, nous « dit *Nostradam,* que cette information *ne soit une imposture* « *malicieuse* et *préméditée,* ou que la force des *tourments* « *n'ait fait dire aux Templiers plus qu'ils n'avaient fait* et « perpétré [2] ». Ces déclarations serviront de base aux inculpations dans le procès contre l'*Ordre*, dont l'instruction fut confiée, en 1309, à la grande commission d'enquête.

Nous entrerons dans d'autres détails, lorsque les Templiers du diocèse de Nîmes comparaîtront en 1308 devant l'évêque de ce diocèse, *Bertrand,* et en 1310 devant son délégué, le curé de Saint-Thomas de Durfort, Guillaume *Dulaurens;* enfin le 20 août 1311 devant le même inquisiteur qui les fit appliquer à la question. Nous verrons enfin qu'en 1308 tous les Templiers de Provence furent mis à mort, en vertu des ordres

---

[1] Dom Vaissette, *Histoire du Languedoc*, vol. IV, p. 139.

[2] Nostradam, *Histoire de Provence,* p. 314, 315, 316, et lettre du chevalier de Malodinis à Philippe le Bel. L'opinion de Nostradam se dégage, elle est transparente.

de Charles II, roi de Naples, de Sicile, et comte de Provence, dont nous ferons connaître les *lettres* en temps et lieu.

Ce fut Pierre de Hangest, bailli de Rouen, qui interrogea dix Templiers qui furent arrêtés à Pont de l'Arche [1], et lorsque nous arriverons à l'année 1310, nous dirons quelques mots touchant le *concile de Rouen*, qui fut tenu à cette date à Pont de l'Arche.

La commanderie de Pont de l'Arche, dont il ne reste plus trace, était membre de la grande commanderie de Saint-Étienne de Renneville [2]. La commanderie de Renneville était la plus riche de toutes les commanderies de Normandie. Nous ne pouvons manquer de parler ici de la *commanderie de Rouen,* qui était membre de la grande commanderie de Sainte-Vaubourg [3]. Voici l'origine de la commanderie du Temple de Rouen.

En 1160, les Templiers s'établirent à Rouen ; ils avaient une maison et une chapelle derrière la porte de l'Estrade (Bourse); ils occupaient une grande *place quarrée* qui était à *l'opposite* de la salle des *Marchéanz,* dans la rue des Cordeliers, qui portait à cette époque le nom de rue du Temple. L'Ordre avait une seconde maison avec une chapelle, rue des Hermites, paroisse Saint-Godard, près Saint-Laurent [4]. Nous avons vu qu'en 1173 Henri II, roi d'Angleterre, avait donné au Temple sa maison de Sainte-Vaubourg ; les Templiers y transférèrent le siége de leur commanderie principale, dont leurs *mésons* de Rouen relevèrent. En 1223, sous Louis VIII, fils et successeur de Philippe-Auguste, les frères Laurent et Jehan *Salehadin* donnèrent, en *pure aumône,* aux chevaliers du Temple de Sainte-Vaubourg, un *domaine ténement*, édifié en bois et en pierre, avec les jardins et terres en dépendant, qu'ils tenaient *du fils de la vicomtesse,* sis à Rouen, dans la rue

---

[1] Dupuy, vol. I, p. 21, 81.

[2] Commune de Sainte-Colombe-la-Campagne, arrondissement et canton d'Évreux.

[3] Val de la Haie, arrondissement de Rouen, Seine-Inférieure.

[4] La rue des Hermites a été supprimée en 1861, pour l'ouverture de la rue des Basnages et pour l'établissement du square Solferino. Voir Périaux, p. 287.

Saint-Éloi, compris entre la terre de Guillaume Saint-Éloi et celle d'André de Presles, le tout s'étendant depuis la rue Saint-Éloi jusqu'à la terre de *Gaudefroy Trentegérons*. Les Templiers firent construire à cet endroit un hôtel, *host*, pour le commandeur de Sainte-Vaubourg ; ce fut ce qu'on appelait l'*ancienne commanderie*, dont les dépendances s'étendaient du côté de la porte de la Vicomté, vers celle de l'Estrade, ou de la Bourse, en face de la rue des Cordeliers. Un plan dressé en 1655 par Jacques Gomboust, ingénieur ordinaire du Roi, que nous avons sous les yeux, nous montre où se trouvait l'emplacement de l'host de Sainte-Vaubourg, rue Saint-Éloi. L'*host* était situé au-dessous des bâtiments de la Monnaye de Rouen, dont il était séparé par les bureaux et la place de la *Vieille-Romaine*, appelée ainsi du nom de l'instrument qui servait à peser les marchandises assujetties aux droits de douane. La *Vieille-Romaine* était contiguë aux bâtiments de la fonderie que l'on voit en retour sur la rue Saint-Éloi. Au plan de 1655 est figurée par une tourelle au toit ogival la *maison* du commandeur de Sainte-Vaubourg, que ce personnage habitait lorsqu'il se rendait à Rouen pour les affaires de la communauté.

La *Vieille-Romaine* servit longtemps de communication de la rue Saint-Éloi à la rue *Herbière*, et *vice versa ;* on en peut encore voir quelques vestiges entre l'ancienne fonderie et le n° 28 de la maison rue Saint-Éloi, habitée par M. Remy et M. Batteillyé. La Vieille-Romaine se prolongeait jusqu'au *grenier à sel*, dont l'emplacement est aujourd'hui occupé, en partie, par la maison n° 47 de la rue Saint-Éloi, où s'élève la brasserie de M. Theiss. L'host de Sainte-Vaubourg devait s'ouvrir sur les terrains des maisons n°s 28 et 26, rue Saint-Éloi ; les bâtiments à l'usage du commandeur couvraient l'emplacement des maisons n°s 28, 26 et 24 ; le surplus du domaine servait aux communs, jardins et courtils s'étendant jusqu'à la rue des Charrettes [1]. La rue Saint-Éloi était aussi connue sous le nom de rue du *Grenier à sel*. Il ne reste plus trace de la

---

[1] Voir le plan de Jacques Gomboust, ingénieur du Roi, 1655. Bibliothèque de la cour de Rouen.

tourelle de l'host de Sainte-Vaubourg. Les bâtiments de l'*ancienne Monnaye* de Rouen, curieux à visiter [1], servent aujourd'hui de caserne à la Douane, qui a remplacé la juridiction de la *Romaine* [2]; on verra la fonderie avec les armes de France en relief et deux F F couronnés, sculptés sur la façade intérieure. Ce bâtiment a été édifié sous François Ier. En résumé, l'host de Sainte-Vaubourg se trouvait entre la *Vieille-Romaine,* la rue Saint-Éloi, la rue des Charrettes et la rue Herbière : au dix-huitième siècle, la rue de la Vieille-Romaine a été reportée plus bas ; on la connaît de nos jours sous le nom de rue de l'Ancienne-Romaine, qui fut substitué, en 1870, à celui de rue des Ramassés.

La commanderie de Rouen jouissait d'un grand nombre de rentes foncières et de redevances seigneuriales, reposant sur des maisons et héritages situés rues Cauchoise, Ganterie, de l'École, à la Croix de Pierre, rue aux Chartrains, à la porte Martainville, rue des Crotes, rue de la Monnaye, rue des Cordeliers, rue aux Oues (aux Ours), rue Encrière, en l'*Épisserie* du côté de Notre-Dame, rue de la Vicomté, rue Hôtel du Curé, Saint-Jean sur Renelle, sur l'Hôtel de l'Écuelle d'Étain, près du fossé aux Gantiers, sur la maison de la Séranière, en la rue de Damiette, et autres lieux [3].

Le procès-verbal des inquisiteurs de Caen qui interrogèrent treize Templiers se termine ainsi : « Ces treize Templiers, « après que lesdits religieux leur eurent promis la miséricorde « de la sainte Église, et lesdits chevaliers députés par le Roi, « la rémission de la peine temporelle, reconnurent lesdits « articles être vrais, sans la cordelette et l'idole dont ils

---

[1] Ce fut à la Monnaie de Rouen que, par son ordonnance de 1303, Philippe le Bel manda au bailli de Caux de faire porter l'or et l'argent qui aurait été saisi, comme étant envoyé hors du royaume, en Italie, lors de ses différends avec Boniface VIII. Ordonnance de 1303. LAURIÈRE, vol. I, p. 372.

[2] La juridiction de la Romaine était exercée par le maître des ports ; il prenait connaissance des différends qui arrivaient touchant les impositions foraines, les droits d'entrée et de sortie, et autres faits particuliers du port. FARIN DU SOUILLET, 2e partie, ch. xxv, édition 1731, vol. II.

[3] *Ordre de Malte : Commanderies.* MANNIER, p. 423. — Voir aussi FARIN, *Histoire de la ville de Rouen par un solitaire,* édit. 1731, Louis du Souillet.

« n'avaient connaissance; bien est vrai qu'ils avaient une cor-
« delette, mais ne savent à quel effet. Le dernier desdits
« Templiers, ne voulant rien confesser, fut mis à la question,
« qui reconnut tout ce que dessus, après qu'on lui eut promis
« la même grâce [1]. »

Ce malheureux Templier était le précepteur de Voismer, l'une des commanderies du Calvados. Il se nommait Gauthier de Bullens ou de Bullex, originaire du diocèse d'Amiens.

Il y avait en Normandie, entre autres, quatre commanderies : 1° la commanderie principale de Baugy [2]; 2° la commanderie de Courval ou Corval [3], membre de la commanderie de Baugy; 3° la commanderie principale de Brecteville-le-Rabel (Bretteville-la-Rabet) [4]; 4° la maison de Voismer, membre de la commanderie de Bretteville.

La maison de Baugy, terres et biens, avait été donnée à l'Ordre du Temple en 1148 par un seigneur nommé *Roger Bacon*, faisant aux *pauvres chevaliers du Christ l'aumône* de Baugy [5]. Cette commanderie se composait en 1307 du précepteur Albin ou Aubin Langlois, et de deux Frères qui étaient Guillaume le Rore et Raoul de Pérouse. Ils furent arrêtés le 13 octobre 1307 par Jean de Verretot, et conduits à Caen. Dès le 6 du même mois, le bailli de Caen s'était transporté à Baugy pour faire, en présence d'Albin Langlois et de ses Frères, l'inventaire du mobilier, et en avait laissé la garde à cinq sergents du Roi.

L'enquête fut commencée le 28 octobre, dans les salles du Châtelet de Caen, forteresse placée sur le pont de pierre. En dépouillant le procès-verbal de la grande commission d'enquête contre l'Ordre, on voit qu'Albin ou Aubin Langlois (*Aubinus Anglici*), Raoul de Pérouse, du diocèse d'Amiens, comparurent à Paris, le jeudi 26 février 1310, devant ladite grande commission, et qu'ils déclarèrent vouloir défendre l'Ordre [6].

[1] Dupuy, vol. I, p. 91.
[2] Arrondissement de Bayeux, canton de Balleroy. commune de Planquery
[3] Arrondissement de Vire.
[4] Arrondissement de Falaise.
[5] *Ordre de Malte : Commanderies*. Mannier, p. 476.
[6] *Proc.*, vol. I, p. 86.

La commanderie de Corval ou Courval, qui dépendait de celle de Baugy, se composait du commandeur Étienne de Châteauneuf, des Frères Richard Bellennel et Guillaume Tane. Ils confessèrent aux inquisiteurs que tous les profès, en entrant dans l'Ordre, étaient tenus de renier Jésus-Christ et de marcher sur la croix ; que le profès en déshabillé était embrassé d'une manière déshonnête par celui qui le recevait, et qu'on lui permettait d'en agir de même avec ses Frères, les statuts de l'Ordre autorisant ces indécences [1].

La commanderie de Brecteville-le-Rabel (Brectivilla-la-Rabel) était composée du commandeur Matthieu Renaut et des Frères Geoffroy Hervieu et Jean Challes. Ils furent interrogés et mis à la torture à Caen, en même temps que les Templiers de la commanderie de Voismer.

Le Frère Matthieu Renaut comparut à Paris devant la grande commission, le 26 février 1310 ; il déclara vouloir défendre l'Ordre.

La maison de Voismer et ses dépendances (*Manerium Templi de Valle Wimer*) provenaient des libéralités faites en 1203 aux Chevaliers du Christ par les seigneurs de Gouvix [2]. La maison de Voismer avait une tour élevée qui portait les armes du Temple ; elle était située sur le chemin de Fontaine-le-Pin, au pont de Clairtison [3]. Cette commanderie était occupée en 1307 par le précepteur Gaultier de Bullex ou de Bullens, par les Frères Henri des Rotours et Christophe de Louviers ; arrêtés le 13 octobre, en même temps que les autres Templiers du bailliage de Caen, ils comparurent en cette ville devant une commission composée de quatre Dominicains et de deux chevaliers choisis pour les interroger. On trouve dans Dupuy les noms de ces deux chevaliers, qui étaient *Hugues de Châtel* et *Enguerrand de Villers* [4].

Le précepteur, Gaultier de Bullens, nia d'abord, fut mis à la question, puis passa des aveux après qu'on lui eut promis sa

[1] Dupuy.
[2] *Ordre de Malte : Commanderies.* Mannier, p. 471.
[3] Arrondissement de Falaise.
[4] Dupuy, p. 20.

grâce[1]. Gaultier de Bullens comparut à Paris, le 28 février 1310, devant la grande commission; il déclara qu'il voulait défendre l'Ordre[2]. Il avait rétracté les aveux que les bourreaux lui avaient arrachés. Il fut du nombre des Templiers que le concile de Sens condamna. Il fut brûlé le 12 mai 1310, avec cinquante-trois autres Frères, en un lieu situé entre le bois de Vincennes et le moulin de Paris, lieu dont nous fixerons ci-après l'emplacement exact[3]. Les commissaires et inquisiteurs procédèrent donc en employant la torture, dès le 13 octobre 1307, jour des arrestations générales : on peut fournir de nombreux exemples de leur cruauté. Nous ne manquerons pas de les relever, toutes les fois que l'examen des procès-verbaux de la grande commission nous en fournira l'occasion.

Ce qui s'était passé depuis le 13 octobre était illégal; mais le grand coup était porté, le scandale public était devenu *irrémédiable*.

Philippe le Bel reçut les cardinaux Bérenger et Étienne, qui lui étaient députés par Clément V, remit entre *leurs mains* les Templiers et leurs biens, et écrivit au Pape en ces termes, le dimanche avant Noël de l'année 1307 :

« Saint Père, nous avons accueilli avec un visage *souriant*,
« *hilari vultu*, les cardinaux Bérenger et Étienne que vous
« nous aviez envoyés au sujet de l'affaire des Templiers, que
« nous avons fait arrêter sur la réquisition des *inquisiteurs*
« *délégués dans notre royaume par l'autorité apostolique*. Nous
« avons reçu gracieusement vos *envoyés*, le cœur *content* et
« *joyeux, læta mente recepimus, hilariter vidimus;* nous les
« avons écoutés avec respect. Pour ce que vous nous dites au
« nom de l'Église, concernant les biens et les personnes des
« Templiers dont vous demandez la remise en vos mains, nous
« consentons qu'il soit fait ainsi, sous la *réserve de nos droits;*
« nous n'entendons pas porter préjudice *aux personnes et aux*

---

[1] Voir, sur les commanderies du Calvados, une petite brochure de M. Brunet (Jouaust, édit. Paris, 1869).

[2] *Proc.*, vol. I, p. 85.

[3] On lit ce qui suit dans le procès-verbal de la grande commission. Déposition du Templier Cresson-Essart, du 12 février 1310... Galterus de Bullens Ambianensis miles, qui fuit combustus Parisiis. *Proc.*, vol. I, p. 535.

« *biens,* nos droits toutefois réservés et ceux *de l'Église.* Nous
« avons donc remis les Templiers ès mains de vos cardinaux,
« en votre nom et au nom de l'Église, ainsi que tous leurs
« biens qui avaient été *donnés pour les besoins de la Terre*
« *Sainte;* nous les ferons garder et administrer avec soin, pour
« qu'ils ne soient pas distraits de leur destination, et sans les
« confondre avec ceux de notre domaine [1]. »

Dans cette lettre, le Roi considère que Guillaume de Paris *a eu qualité pour procéder,* et que *lui (le Roi)* n'a fait qu'*obéir aux réquisitions* de l'inquisiteur de la foi en France, *ayant reçu pouvoir* spécial du Pape! alors que lui, *Roi,* savait positivement qu'il n'en était rien. Il était impossible d'afficher dans une lettre *moins de respect* pour le Saint-Père. Philippe se moquait de tout, c'est évident. Il n'avait pas l'intention de tenir sa parole, il ne la tint pas. Le Roi va se procurer une consultation des maîtres en théologie de Paris qui donnera raison à ses poursuites, à son initiative.

---

[1] Separatim a nobis propriis rebus... (Écrit à Paris le dimanche avant Noël, anno 1307.) Baluze, t. II, p. 144.

CHAPITRE XXI

Soixante-douze Templiers sont conduits à Poitiers devant Clément V; ils passent des aveux. — Délibération des maitres en théologie de Paris du 25 mars 1307. — Le Roi convoque les états généraux à Tours pour le 14 avril 1308. — Lettre de Philippe le Bel, du 25 mars 1307, aux communes. — Lettre du Roi, du 26 mars, au clergé et aux grands feudataires. — Le Roi arrive à Tours le 11 mai 1308. — Séance des états généraux du 10 juin. — Les Templiers sont déclarés coupables; les députés déclarent que les Frères du Temple méritent la mort. — Philippe le Bel se rend à Poitiers auprès de Clément V, avec une partie des députés. — Molay mis en présence du Pape et du Roi, qui lui *signifient leurs volontés*. — Clément V hésite encore; il veut se borner à réformer l'Ordre du Temple. — Menaces du Roi de reprendre le procès à la mémoire de Boniface VIII. — Le Pape est forcé de composer.

Philippe le Bel, qui (d'après Dupuy) *allait franchement* dans cette affaire [1], tourmentait Clément V de toutes les façons, sous toutes les formes, et ne lui laissait aucun répit. On choisit sur le volet soixante-douze Templiers, parmi ceux qui avaient passé des aveux, obtenus à l'aide de menaces et de la question, et on les transféra à Poitiers, devant Clément qui les examina. Ils renouvelèrent leurs déclarations. Il était difficile qu'il en pût être autrement. Leurs confessions furent consignées par écrit, et à quelques jours de là elles furent lues en consistoire public. Ils persistèrent [2].

Toutefois, plusieurs Frères comparaissant le 13 février 1310 devant la grande commission d'enquête se rétracteront, et protesteront qu'ils ont *menti* devant le Pape; ce sont les Frères Gazerandus de Monte-Passato, Johannes Costa, Stephanus Trebati, de Fore-Agula, Dorde Japhet et Raymundus Finel [3].

---

[1] Dupuy, t. I, p. 12.
On peut appliquer à cette affirmation de Dupuy la *qualification d'ingénue*, dont il se sert assez souvent dans ses écrits.
[2] Bulle de Clément V, du 12 août 1308. *Proc.*, vol. I, p. 4.
[3] *Dicentes se mentitos fuisse coram Papa, et prædictam confessionem revocantes. Proc.*, vol. I, p. 70.

Tout porte à croire que ces soixante-douze Templiers firent *certains* aveux, par obéissance envers le Pape. Dans tous les cas, ceux auxquels la torture avait arraché des mensonges n'avaient plus osé se dédire.

La résistance de Clément V continuait, Philippe résolut de frapper encore un grand coup, d'intimider le Pape. Dans l'entourage du Roi l'on disait : Le Roi n'a-t-il pas le droit de juger les Templiers? Son pouvoir temporel est-il donc si restreint? Doit-il attendre les réquisitions du Saint-Siége?

A ce sujet, Philippe le Bel provoqua une délibération des maîtres en théologie de Paris, qu'il consulta sur ces divers points. Le 25 mars 1307, jour de l'Annonciation de la Vierge, les maîtres en théologie rendaient le décret suivant, qui donnait à Philippe le Bel toute latitude :

« 1° L'autorité du juge séculier ne peut s'étendre à faire le « procès à aucun pour fait d'hérésie, sinon que l'Église l'en « ait requis, et ait *abandonné* celui de qui l'on se plaint. Toute- « fois, en cas de nécessité (*ubi imminet periculum*), le juge sécu- « lier le peut prendre pour le rendre tout de suite à l'Église [1].

« 2° Ceux qui sont en une milice pour la défense de la foi « profitent du bénéfice de leur institution ; ils sont *religieux* et « *exempts*.

« 3° Pour *leurs biens,* ils doivent être réservés pour être « employés *aux fins qu'ils leur ont été donnés* [2]. Le Roi est le « premier champion, le premier défenseur de la foi. *Rex est « præcipuus fidei pugil et defensor.* Donné le jour de l'An- « nonciation de Notre-Dame 1307 (25 mars) [3]. »

Philippe entendit user de son titre de défenseur de l'Église contre l'Église elle-même; le 25 mars, il adressa une lettre circulaire de convocation aux états généraux du royaume. Les

---

[1] In crimine hæresis potest statim procedi propter delicti enormitatem, et sufficit ad requirendum vehemens suspicio... Julius Clarus, liv. IV, *Sentent.,* quæst. 6, n° 7, et Ferrière, vol. I, p. 973.

[2] Mais non pas *ceux d'un Ordre entier* s'il venait à être condamné en jugement pour crime de *lèse-majesté divine, d'hérésie.* Le cas de lèse-majesté divine était *exceptionnel.* La confiscation appartenait au fisc, et ses effets remontaient au jour du délit. Ferrière, vol. I, p. 484.

[3] Dupuy, t. I, p. 10.

états généraux! cette arme qui lui avait si bien réussi contre Boniface VIII, devaient encore lui servir à souhait contre l'Ordre du Temple et contre l'Église romaine. Le Roi prescrivit aux états généraux de se réunir à Tours, dans trois semaines après Pâques, le 14 avril, premier jour de l'année 1308 [1]. Nous donnons la traduction de la circulaire de Philippe le Bel, dont on trouvera le texte dans le XX° volume des *Notices* et *Extraits* des manuscrits (page 163, n° 25). Cette circulaire est écrite en termes de feu; elle fait appel à la haine, aux plus mauvaises passions. Philippe s'érige en véritable souverain pontife. Rien n'égale l'audace de son langage; Dupuy lui-même reconnaît que *le Roi a exagéré* [2].

« Philippe, roi de France par la grâce de Dieu, à nos amis
« et féaux, maires, consuls, scabins, jurés et communes, salut.
« Nos ancêtres se sont particulièrement distingués entre les
« autres princes par leur zèle à extirper en France les héré-
« sies et les erreurs qui affligeaient l'Église, défendant ainsi la
« foi catholique, cette *pierre précieuse*, contre les voleurs et
« les larrons. Fidèle à notre origine, et suivant les traces de
« nos pères, nous voulons profiter de ce temps de paix que
« Dieu nous a accordé, pour faire la guerre aux ennemis
« cachés de la foi et qui sont d'autant plus dangereux. Vous
« savez que la foi catholique est notre vie, que nous vivons en
« Jésus-Christ. Tout violateur de la foi est notre ennemi, et
« conspire contre nos jours *à nous* qui sommes catholiques [3].
« Aimons le Sauveur qui nous aime, ne faisons avec lui qu'un
« seul corps. Vengeons ses injures. Oh! douleur! Vous con-
« naissez l'erreur des Templiers, erreur amère, abominable,
« lamentable. Ils reniaient Jésus-Christ, forçaient ceux qui
« entraient dans leur Ordre à renier le Sauveur et les sacre-
« ments. Ils crachaient sur la croix, instrument de la rédemp-

---

[1] L'année commençait en France, à cette époque, à Pâques. Annus qui tunc in Gallia a Pascha ducebat initium. LABBE, *Conciles*, vol. XI, p. 1569, et *Notes* de BINIUS.
Il importe de bien retenir cette manière de compter.

[2] DUPUY, t. I, p. 16.

[3] Si quis igitur hanc cathenam violare nititur, nos catholicos conatur occidere. *Extraits* et *Notices* des manuscrits, vol. XX, p. 163.

« tion ; ils la foulaient aux pieds, ils se livraient aux plus vils
« attouchements, ils adoraient une idole, et se permettaient ce
« que les brutes ignorent. *Le ciel, la terre, les éléments sont
« contaminés par le souffle impur de leurs crimes.* Ces énor-
« mités, ils les ont commises dans toutes les parties du royaume ;
« les chefs de l'Ordre l'ont avoué, si l'on peut appeler cela *un*
« *Ordre* (*si sic Ordo appellare valeat*). Ils les ont commises
« en Orient, dans tous les pays. Les lois, les armes, les *quatre*
« *éléments* (*omnia quatuor elementa*) doivent se lever contre
« cette peste scélérate. Dans le but d'extirper tant de crimes
« et d'assurer l'honneur de l'Église, nous nous proposons de
« nous rendre au plus tôt auprès du Pape. Nous voulons que
« vous, qui faites partie du fidèle troupeau de l'Église, soyez
« participants avec nous à l'œuvre que nous poursuivons ; en
« conséquence, nous vous prescrivons d'envoyer à Tours dans
« *trois semaines,* à partir de Pâques, deux hommes ardents
« défenseurs de la foi (*fidei fervore vigentes*), par chacune
« de vos principales villes. Ces hommes assisteront à l'assem-
« blée au nom de vos communautés, et aviseront avec nous
« sur ce qu'il sera opportun de faire. Donné à Melun, 25 mars,
« *anno Domini* 1307 [1]. »

Une lettre du bailli de Caux du 25 mars, adressée à la commune d'Arques, l'informe que le Roi a résolu de tenir une assemblée à Tours, dans trois semaines, pour aviser à ce qui devra être fait au sujet des erreurs énormes des Templiers ; à cet effet, chacune ville devra députer deux hommes pour assister le Roi et lui donner leurs conseils [2].

A la date du 26 mars, Philippe le Bel écrivit au clergé et aux grands feudataires. On trouve dans Dupuy la liste et l'énoncé

---

[1] Cette lettre a été écrite évidemment par un juriste, probablement par l'avocat du Roi Dubois, que nous allons voir entrer en scène ; c'est le style de Dubois, à en juger par celui de ses pamphlets. Cette idée, « *les éléments sont contaminés par le souffle impur de leurs crimes* », a été empruntée à la loi de Théodose et de Valentinien, qui, en 428, proscrivirent de l'empire les manichéens. Les empereurs emploient ces expressions : « L'hérésie de « Manès est une *injure* faite aux *éléments eux-mêmes.* » « *Locus... in quo, ipsis etiam elementis fiat injuria.* » *Codex,* liv. I, tit. V, loi 5.

[2] Dupuy, t. I, p. 76, n° 2.

d'un certain nombre de procurations données pour assister aux états généraux de 1308. Elles portent les dates de mai et de juin. La circulaire du 25 mars 1307 est insérée au corps de quelques procurations. Les recherches du savant Boutaric nous font connaître *toutes les procurations* [1]. L'archevêque de Bordeaux, Arnaud de Canteloup, envoya un mandataire, tout en protestant qu'il n'était attaché à Philippe le Bel par aucun *lien de fidélité,* n'entendant préjudicier en quoi que ce fût au Siége apostolique, aux droits de l'Église de Bordeaux et à ceux de ses sujets [2]. Le suzerain de l'évêque de Bordeaux était le roi d'Angleterre, duc d'Aquitaine.

Philippe se rendit à Tours avec les députés; il y arriva le 11 mai 1308 [3]. Les états s'assemblèrent le 10 juin; « le Roi « voulait prendre conseil avant de se rendre auprès du Pape à « Poitiers [4] ». L'assemblée déclara les Templiers coupables; elle déclara qu'ils *méritaient la mort* [5].

Cette décision des états généraux donnait à Philippe une force énorme; la noblesse, le clergé, les communes, tout le monde était pour lui. Le Roi se transporta à Poitiers avec une partie des députés. Molay et plusieurs de ses Frères, si l'on en croit la *Chronique* de Saint-Victor, furent transférés à Poitiers, et mis en présence du Pape et du Roi dans le courant de juin 1308. Les deux souverains leur firent connaître *leurs volontés* (c'est-à-dire leurs volontés de détruire l'Ordre). Philippe promit à Molay de lui faire *grâce* s'il persistait dans ses aveux [6].

---

[1] Boutaric, *Philippe le Bel et les Templiers.* Appendice, p. 429 et suiv.
[2] Dupuy, p. 103. (L'archevêque était, quant au temporel, soumis au roi d'Angleterre, duc d'Aquitaine.)
[3] Copiosam tam nobilium quam ignobilium secum (Philippus) duxit illic turmam. Nangis, année 1308.
[4] Jean de Saint-Victor, *Historiens de France,* vol. XXI, p. 650.
[5] Esse merito reos mortis. Saint-Victor, *Historiens de France,* vol. XXI, p. 652, et dans Baluze, t. I, p. 12.
[6] Dupuy, t. I, p. 62.
(Pictavis) illuc quoque antequam Rex in Franciam remeasset, ducti fuerunt magistri Templi et plures alii qui voluntatem *Papæ et Regis* audierunt. *Chronique* de Saint-Victor, *Historiens de France,* t. XXI, p. 651.
La destruction de l'Ordre était donc chose arrêtée entre les deux souverains, même avant les enquêtes.

Ce chroniqueur nous apprend aussi que le dimanche 15 octobre 1307, Molay et les grands de l'Ordre avaient comparu devant les maîtres en théologie de l'Université de Paris, que leurs aveux avaient été consignés par écrit; que Molay avait tout avoué au nom de l'Ordre (*totum pro toto Ordine*) et adressé des lettres à tous ses Frères en leur prescrivant d'avouer, ce qu'il aurait confessé lui-même; que le reniement de Jésus-Christ était une ancienne erreur à laquelle ils s'étaient laissé entraîner; que copies de ces aveux et de ces lettres de Molay avaient été adressées au Roi à Poitiers [1]. La bulle du Pape, du 12 août 1308, qui entre dans les détails les plus circonstanciés sur les faits et gestes des Templiers, parle de cet incident; elle le résume en termes vagues. Elle ne dit rien des prétendues lettres de Molay; elle vise les aveux du grand maître consignés au procès-verbal de Guillaume de Paris. Molay n'a pas avoué *tout* (*totum*), comme on l'insinue, à cet inquisiteur; il a confessé seulement avoir *renié* Jésus-Christ, avoir craché par terre, et non sur la croix; mais il a *nié tout le reste*.

Il existe une contradiction énorme entre la *Chronique* de Saint-Victor et les déclarations de Molay, *connues et consignées dans les enquêtes*, entre les faits dont parle la *Chronique* et ceux relevés par les divers inquisiteurs. Molay n'a jamais passé d'autres aveux; cela résulte positivement de la lettre des cardinaux Bérenger, Étienne et Landulphe à Philippe le Bel. « *Confessus est magister abnegationem prædictam* », rien de plus [2].

Les membres de la grande commission n'eurent jamais ces prétendues lettres de Molay dans leur dossier, pas plus que le procès-verbal des maîtres de l'Université. L'enquête est muette sur ce point. Les lettres apocryphes qui circulèrent dans les

---

[1] Dictam confessionem Regi mandaverunt et copiam litterarum magistri Templi quibus omnibus Fratribus suis intimabat quod hæc et hæc fuerat confessus, et quod idem confiterentur *omnes, velut antiquo decepti errore*. Saint-Victor, *Historiens de France*, t. XXI, p. 651.

[2] Voir lettre des trois cardinaux Bérenger, Étienne et Landulphe à Philippe le Bel, du mardi après l'Assomption 1308. Baluze, t. II, p. 122. Nous la lirons dans un instant.

prisons n'émanaient pas de Molay; c'est ce que nous verrons par la suite. Ces lettres, revêtues de *faux cachets*, et même de celui du Roi, constituèrent des manœuvres de prison. Ce qu'il faut retenir du transfèrement de Molay à Poitiers, en juin 1308, c'est que le Pape et Philippe le Bel « *lui imposèrent leurs volontés* ». Ce qui fait dire à Dupuy que le Roi promit au grand maître la *vie sauve s'il persistait dans ses aveux*.

Clément hésitait encore, il voulait *réformer* l'Ordre, et non le *casser*. Le Roi menaça de nouveau le Pape de reprendre le procès à la mémoire de Boniface VIII; Philippe eut recours à des procédés inavouables, moyens à l'aide desquels on était déjà parvenu à faire *perdre la tête* à un homme de l'énergie de Boniface VIII. La faiblesse de Clément V, *prisonnier du Roi, sans défense, compromis,* ne pouvait y suffire. Ce fut à partir de ce moment que commença réellement la *captivité* de Babylone. La conscience du Pape était *violentée;* Clément V sera contraint de composer avec Philippe le Bel.

CHAPITRE XXII

Dubois avocat du Roi à Coutances. — École de droit d'Orléans; les principes qu'elle professe. — On fait circuler à Poitiers trois libelles ou mémoires diffamatoires contre le Pape, attribués à Dubois. — Extraits de ces curieux mémoires. — Attaques contre Clément V et contre les Templiers. — Bernard de Farges, neveu du Pape, archevêque de Rouen. — *Grande prise* faite par Bernard de Farges; coupes dans les forêts de l'Église de Rouen. — Népotisme. — Délibération des chanoines du chapitre de Rouen, du mercredi après la Saint-Michel 1308.

Au nombre des députés qui avaient accompagné Philippe le Bel à Tours, se trouvait Dubois, avocat du Roi à Coutances, dont nous avons déjà parlé, délégué de cette ville aux états généraux. Écrivain, penseur d'un talent considérable, monarchiste ardent, Dubois exécrait la noblesse et la cour de Rome. Conseiller de Philippe, dont il flattait l'orgueil et l'ambition, Dubois supprimait non-seulement le pouvoir temporel des papes, mais tous les pouvoirs, pour en investir le roi de France. Cet écrivain rêvait de constituer une *monarchie universelle* au profit des Capétiens; il conseillait de prendre au Pape tout le patrimoine de l'Église. On a prétendu que ce personnage était un simple *gallican*, un *simple opposant;* nous croyons que Dubois était plus radical; nous voyons qu'il ne ménageait pas plus les libertés de l'Église de France que l'Église de Rome, lorsqu'il s'agissait des passions et des intérêts de son maître. Nous savons comment Philippe traitait ces deux Églises, suivant les besoins de sa politique, selon ses caprices. Dubois, nous l'avons déjà dit, avait suggéré au Roi d'*abolir le célibat* des prêtres, et de relever le clergé du vœu de chasteté [1]. Pour nous, Dubois est un doctrinaire ferré sur les textes de l'Ancien et du Nouveau Testament, *auxquels il fait*

---

[1] Kervyn, *Recherches*, p. 84, 85, et de Wailly, *Mémoires de l'Académie*, t. XVIII, p. 435, 481.

dire *tout ce qu'il veut;* tout lui est bon pour les besoins de sa cause. Dubois est un sectaire de ces principes travestis du droit romain qui s'enseignait à cette époque avec enthousiasme en France, principalement à l'École de droit d'Orléans. Ces idées tendaient à transformer la *monarchie* capétienne en *autocratie impériale*, à faire du *roi de France un empereur universel*, un *empereur perpétuel de l'Allemagne*, en substituant l'hérédité à *l'élection* [1].

Il ne faut donc point s'étonner de voir, par son ordonnance en date du mois de juillet 1312, Philippe le Bel déclarer publique l'École de droit d'Orléans, « où florissait (dit l'ordon-
« nance) depuis les temps anciens l'enseignement du droit
« civil et canonique ». Il accordera aux maîtres et aux étudiants divers priviléges, entre autres ceux d'être logés et d'avoir des vivres à prix *raisonnable* (*victualia pro pretio competenti*), ceux d'exemption du payement de tous péages de tailles et de toutes impositions; le Roi les mit de plus sous sa protection spéciale [2]. Pour les jurisconsultes, les parlementaires de l'époque dont nous nous occupons, *le Roi était tout*, le reste n'était qu'un composé d'éléments qui devaient obéir. « Ce qui *plaît* au
« prince vaut loi, ansine come se toz li peuple douait tout son
« poer et son commandement à la loi que le Roi envoie. »
Les jurisconsultes du quatorzième siècle enseignaient que la loi émanait du bon plaisir du prince, pourvu que « l'établisse-
« ment venant du Roi fût censé fait pour le *commun porfit*,
« mais non contre Dieu, ne contre bones mœurs [3] ». Il *va sans dire* que toute loi émanée du *bon plaisir du prince réunissait toujours ces conditions*, le prince *étant infaillible!!!* Nous aurons l'occasion dans le cours de cette étude de nous trouver en face d'illusions qui, sans la circonspection que les événements imposèrent à Philippe le Bel, auraient, au quatorzième siècle, conduit la France aux aventures, aux abîmes, sous l'impulsion de l'exaltation et des rêves dangereux de Dubois.

---

[1] *Mémoires de Dubois, Notices et Extraits* des manuscrits, vol. XX, p. 186, n° XXX.
[2] Laurière, *Ordonnances*, vol. I, p. 500, 501.
[3] Beaumanoir, *Coutume du Beauvoisis*, vol. II, ch. xlix, p. 263.

Ici commencent les manœuvres odieuses employées pour peser sur la conscience de Clément V. On fit circuler à Tours et à Poitiers trois pamphlets rédigés par Dubois contre la personne du Pape. Dupuy donne *complaisamment* à ces divers pamphlets outrageants, diffamatoires, le nom de *remontrances adressées à Clément V, au nom du Roi.* On va pouvoir en juger.

Le premier pamphlet est dirigé contre Clément, pour le forcer à supprimer l'Ordre du Temple.

Le second consiste en une prétendue requête du peuple de France au Roi, pour demander l'abolition de l'Ordre.

Le troisième prend la forme d'un mémoire remis au Pape par le Roi, dans le but de l'engager à supprimer l'Ordre [1].

Nous donnons quelques passages de ces pamphlets :

« Le peuple de France, si dévot, si obéissant à sainte Église, « requiert le roi de France de faire savoir au Pape qu'il est « courroucé, en voyant qu'il fait semblant par paroles de « vouloir punir les Templiers de leur reniement de Jésus-« Christ, ce qui résulte des aveux par eux passés devant « l'inquisiteur de France. Pourquoi, le peuple ne sait que « penser des lenteurs apportées par le Pape, et de ce déni de « justice, à moins que ce ne soit, comme le bruit en court, « parce qu'ils ont répandu l'or à profusion. *« Cito enim violatur* « *auro justicia, nullamque reus pertimescit culpam, quoniam* « *se posse redimere nummis existimat. »* Or, le peuple voit bien « que, par affection pour sa famille, le Pape a donné des béné-« fices à ses parents, à son neveu qu'il a créé cardinal [2], plus « que ne l'ont fait quarante papes à tous leurs lignages, et « plus que Boniface n'en donna jamais à ses proches. Il n'est « pas un maître en décrets, un seul chevalier ès lois qui ne soit « meilleur clerc que son neveu, auquel il a fait la part la plus « large aux bénéfices. Il a donné la *grande cure* de la province « de Rouen à ce neveu, parce qu'il y a *grande prise.* » Ce neveu était Bernard de Farges, dont nous avons déjà parlé, et qui sera forcé de quitter son siège en 1311, à cause de l'oppo-

---

[1] *Notices* et *Extraits* des manuscrits, vol. XX, n° XVII, p. 175, 180, 182.
[2] Il s'appelait Raimond de Got. *Chron. Bernardi Guidonis, Historiens de France,* t. XXI, p. 716.

sition qu'il rencontrera de la part de la noblesse normande (*propter suæ insolentiam juventutis*) [1]. « A un autre neveu il a
« donné la grande cure de Toulouse [2]; à un troisième, celle de
« Poitiers; il ne leur eût pas attribué ces bénéfices s'ils n'avaient
« été de son lignage; car ils eussent été fort bien *rentés* d'une
« paroisse de *cent livres;* il en est de beaucoup plus lettrés
« qu'eux, qui ne peuvent pas en obtenir une qui en rapporte
« *soixante*. Le peuple sait que Notre Seigneur commande que
« l'on fasse justice aux petits comme aux grands, sans accep-
« tation de faveurs.

. . . .

« Soit posé que vous, noble roi de France, soyez atteint d'une
« grave maladie (ce dont Dieu vous garde), que vous trouvant
« dans la nécessité de choisir deux chevaliers pour conduire

---

[1] Au nombre des grandes *prises* auxquelles Dubois faisait allusion, il fallait compter la *prise suivante*. En prenant possession de son siège, Bernard de Farges exposa au chapitre des chanoines de Rouen que sa promotion l'avait grevé de dettes s'élevant à plus de *quarante mille florins :* « Debitorum ad « summam quadraginta millium florenorum se extendentium, et amplius, gra- « vatus, qua suis humeris in recenti ejus incubuerunt novæ creationis exordio. » Le nouvel archevêque demanda au chapitre l'autorisation de pratiquer une coupe dans les forêts de l'Église de Rouen, pour se procurer l'argent néces- saire au payement de ses dettes. Les chanoines l'autorisèrent à faire cette coupe, sans *porter préjudice au sol et aux souches,* « solo et stipite salvis », jusqu'à concurrence de la somme dont il avait besoin, s'en rapportant sur ce point à sa conscience : « super quæ suam conscientiam oneramus. » Donné le mercredi après la fête de saint Michel, septembre 1308.

Actes capitulaires Rotomag. quo consentiunt ut Bernardus archiepiscopus nemora succidat ob causas ibi contentas, et eorum consensus acceptatio... V. DOM POMMERAYE, p. 287.

[2] Il se nommait Gaillard de Pressac, fils de la sœur de Clément V. DOM VAISSETTE, t. IV, p. 132.

En 1310, Clément éleva encore à la dignité du cardinalat deux autres de ses neveux, Raymond de Farges et Bernard de Garvo de Sancta Liberata. Ptolémée DE LUCQUES, et Bernard GUIDONIS, dans BALUZE, t. I, p. 39 et 58.

Gaillard de Pressac *régna* dans son diocèse de Toulouse comme *un pape*. Jean XXII, successeur de Clément V, nous fait connaître les *écarts* de l'évêque de Toulouse, son faste, son *luxe*, son *orgueil*, luxus circa carnis desideria. Jean XXII le *destitua* purement et simplement en 1317, en érigeant Toulouse en archevêché. Ce siège fut donné à Jean, évêque de Maguelonne. *Gallia christiana*, t. XIII, anno 1317, LXV, ch. xxxv, et lettre du Pape à Philippe le Long, ch. LVI, p. 55, 56, 57, 58 (Instrum. Eccl. Tolosæ), et *Lettres inédites de Philippe le Bel*. Introduction par BAUDOUIN. Édit. de Champion. Paris, 1887.

« l'*armée*, et un médecin pour vous guérir, que vous chargiez
« du soin de les désigner l'homme auquel vous avez fait le
« plus de bien, et qui vous doive d'autant plus que vous avez
« confiance en lui. Si cet ami réfléchit que ces deux chevaliers
« et ce médecin, après avoir bien rempli leur devoir, obtien-
« dront de votre munificence autant de rentes que dix évêques
« et archevêques, si alors il choisit, dans le but de les enrichir,
« deux de ses neveux chevaliers, et un médecin aussi son
« neveu, sachant bien qu'il peut trouver des hommes plus
« savants, plus capables, plus éprouvés que ses neveux (mais
« il veut que ses neveux aient le profit que vous destiniez aux
« chevaliers les plus aptes, et au médecin le plus habile pour
« vous guérir). Or, s'il mésavenait à ces trois neveux, choisis
« pour remplir ces offices, ne puniriez-vous pas l'*oncle* aussi
« sévèrement que les neveux? Vous savez que Jésus-Christ,
« notre sire, est le père de toutes les âmes, que les évêques et
« tous curés sont appelés par droit *médecins des âmes,* cham-
« pions destinés à combattre pour leur Sauveur contre *tous les*
« *diables*. Vous savez qu'une seule âme vaut plus que tout
« l'or et l'argent du monde, que Jésus-Christ a donné plus de
« bien au Pape, pour faire loyalement son devoir, qu'il n'en
« donna à Moïse, aux trois patriarches, et à tous les prophètes
« qu'il aima tant. Ces choses regardées et bien considérées,
« dites au Pape qu'il tâche de s'excuser du péché d'offense
« contre Dieu, contre les évêques, contre les archevêques; qu'il
« devra rendre compte au peuple, après sa mort, des bénéfices
« qu'il a si mal distribués, et si vous n'y mettez ordre, son suc-
« cesseur fera venir par-devant lui ses neveux, si peu lettrés
« pour leur *grand état* et la prédication de la parole divine
« à un si grand peuple, puis il les déposera, et mettra en leur
« place de plus capables et de plus dignes, les meilleurs doc-
« teurs de la chrétienté, tel qu'il n'y en a pas *un seul* aujour-
« d'hui *à la cour de Rome :* celui qui se laisse influencer par
« l'affection, par don ou promesse, par peur, par amour ou
« par haine, *est fils du diable,* et renie Dieu qui est la vraie jus-
« tice. Or, qu'il vous plaise de bien dire au Pape qu'il marche
« droit, et qu'il ne fasse rien de mal à la requête des siens,

« qu'il fasse comme ce bon Clément IV, son prédécesseur,
« qui fut si cher au peuple [1]. Il en est qui font bien pour la
« gloire du monde ou pour une cause temporelle, et qui ont
« en eux un *vice caché*...

« Quand on voit un homme *surpris en péché mortel*, et qui
« ne s'amende pas, on doit penser qu'il restera toujours en
« péché [2]. »

Dubois faisait-il méchamment allusion aux propos *calomnieux* tenus alors contre Clément V [3] ?

Un deuxième pamphlet contient en substance ce qui suit :
« Le Roi se proclame le champion de la foi... L'hérésie est un
« crime *qu'il appartient aux princes de punir*... »

Dubois cite Moïse, qui avait fait mettre à mort vingt-deux
mille Israélites coupables d'avoir adoré le veau d'or, « et
« cependant Moïse n'était pas *prêtre*, le sacerdoce appartenait
« à son frère Aaron; en frappant les Templiers, le Roi Très-
« Chrétien se rendra digne de cette béatitude que Dieu a pro-

---

[1] Voici ce que le chroniqueur Jean Desnouettes nous apprend du bon Clément IV :
« Cil Papes Clémens comme il eust deux filles à marier, et on les requeist
« pour grand seigneurs contes et dux. Il repondi que li estait fils de un vas-
« sault chevalier, et que a tel linage dont elles estaient venues, seraient
« mariées, et les fit bailler chascune a un bachelier. » *Chronique* de Jean
Desnouettes, *Historiens de France*, t. XXI, p. 182.
Le chroniqueur n'est d'accord ni avec les annotateurs des conciles, ni avec
Clément IV lui-même.
Clément IV (Guido Falcodius) fit entrer ses deux filles dans un monastère;
à l'une, il donna une dot de 30 livres; à l'autre, une dot de 300 livres.
(Labbe, *Conciles*, vol. XI, 1ʳᵉ partie, p. 830, anno 1264.)
Par lettre en date, à Pérouse, du jour des fêtes des saintes Perpétue et
Félicité 1264, ce pape ordonna à son neveu Pierre Grossus de rester dans
son pays, à Saint-Gille, province de Narbonne; il l'invita à marier sa sœur
au fils d'un simple chevalier, lui promit de lui venir en aide jusqu'à concurrence de 300 livres tournois; il lui signifia que s'il lui arrivait de lui demander
autre chose, il ne lui donnerait pas *un denier*. Il voulut que ses deux parentes
Mobilia et Cecilia épousassent des maris qu'elles auraient recherchés, *s'il
était resté simple clerc*.
Lettre de Clément IV à ses parents. Labbe, *Conciles*, p. 832. *Agnatos suos
in Italiam venire vetat*.
[2] *Notices* et *Extraits* des manuscrits, vol. XX, p. 175, n° XVII, 1308.
[3] « La grande amour que Clément V avait (disait-on) en madame la com-
« tesse de Périgord, la fille au comte de Foix. » Maillard de Chambure, p. 69.

« mise par la bouche de son prophète, par ces mots : *Beati*
« *qui faciunt judicium et justitiam in omni tempore*. Est-ce que
« les Templiers ne sont pas homicides, fauteurs d'homicides et
« d'apostasie? Les canons des saints Pères et de l'Apôtre ne
« crient-ils pas qu'ils doivent être punis de la même peine[1]? »

Troisième pamphlet :

« Saint Père, le moment est venu de s'occuper des Tem-
« pliers. Un cri s'élève vers Dieu, et vers vous qui le repré-
« sentez. La mauvaise semence doit être séparée du bon grain,
« et *jetée au feu*. Le Roi Catholique, le roi de France n'est ni
« un *accusateur*, ni un *dénonciateur*, ni un *promoteur* de pour-
« suites ; mais, comme ministre de Dieu, comme champion de
« la foi catholique, défenseur de la loi divine et de l'Église,
« selon la tradition des saints Pères, il doit rendre un compte
« à Dieu qui lui a suggéré d'extirper la perfidie des Templiers.

« Votre fils, la rougeur au front (*pudoratus*), fait observer à
« Votre Révérence que trois choses sont nécessaires pour
« arriver à extirper l'hérésie des Templiers : 1° il faut que
« vous chargiez les prélats de son royaume, ceux des autres
« royaumes, de procéder, suivant leur office, contre les *per-
« sonnes* des Templiers qui se trouvent dans leurs diocèses;
« 2° il faut que vous rendiez aux inquisiteurs les pouvoirs que
« vous leur avez enlevés; 3° il faut que l'*Ordre du Temple*,
« *cette secte du diable*, soit détruit par le Saint-Siége, comme
« un vase *inutile* et de scandale. Or, on soupçonne que vous
« êtes favorable aux Templiers ; c'est aussi ce qu'on dit de
« quelques-uns de vos frères. Les Templiers s'en sont flattés,
« dans plusieurs lieux et par lettres. D'autres prétendent que
« le crime des Templiers (qui est clair et certain) est *douteux*,
« que vous avez vous-même déclaré que *vous en doutiez*...

« Réfléchissez, le *diable* vient pour s'emparer de votre mai-
« son, veillez..., chassez les perfides, rassurez les catholiques
« par votre exemple... Si vous ne le faites promptement,
« pensez à ce qui pourra arriver; car les princes et les peuples,
« voyant que vous ne faites rien, agiront en conséquence de

[1] *Notices* et *Extraits* des manuscrits. De facto Templariorum, p. 180, n° XVIII.

« votre défection (*quæ principes et populi videntes, quod non*
« *vos facitis, ipsi facient in vestri defectum*). Dieu n'aime pas
« les tièdes (*sed quia non es calidus neque frigidus, sed te-*
« *pidus, incipiam te amovere ore meo*). Si le bras de l'Église,
« le bras droit, fait défaut pour la défense de Jésus-Christ,
« est-ce que le bras gauche, c'est-à-dire la justice temporelle,
« ne doit pas se lever pour sa défense? L'Église de France est
« en feu, comme les Églises des autres royaumes. L'Église de
« France crie : *Au feu! au feu! au secours! au secours! (Ad*
« *ignem! ad ignem! succurrite! succurrite!*) [1] »

Dupuy nous donne le texte d'un autre pamphlet, qui est la paraphrase des trois que nous venons d'analyser : « C'est sou-
« tenir les Templiers, leur donner de l'arrogance et de l'au-
« dace; le Pape doit encourager les prélats et les ordinaires à
« remplir leur devoir, afin de parvenir à l'extirpation de
« l'Ordre du Temple; ils sont sur les lieux. Ce serait leur faire
« injure en agissant autrement. Ce serait sans motif leur
« enlever l'exercice d'un ministère qu'ils tiennent de Dieu
« pour la défense de la foi. Les prélats ne pourraient souffrir
« cet outrage, et il serait impossible au Roi de le tolérer. C'est
« un grave péché que de mépriser ceux qui ont reçu de Dieu
« mission : *Qui vous méprise, dit le Seigneur, me méprise. (Qui*
« *vos enim spernit, ait Dominus, me spernit.*) Quel est donc le
« sacrilége qui oserait dire que vous les méprisez, bien plus,
« que vous méprisez Jésus-Christ lui-même, dont ils sont les
« mandataires? Au reste, le Pape n'est pas *infaillible* en
« matière de foi. Il est soumis aux lois ecclésiastiques. (*In cano-*
« *nem lata sententia potest incidere, maxime in causa fidei ipso*
« *facto.*) Depuis que les pouvoirs des inquisiteurs ont été sus-
« pendus, les Templiers, se sentant appuyés par le Pape, se
« réjouissent de voir que leur affaire sera renvoyée devant sa
« juridiction, ils rétractent des aveux qui ne leur ont point été
« arrachés par la *torture!!!* Vous péchez gravement, Saint
« Père, par ignorance. (*Grande igitur peccatis, Pater Sancte,*
« *tum ex facti ignorantia.*) Les Templiers se sont prévalus de

[1] *Notices* et *Extraits* des manuscrits, année 1308, p. 182, n° XXIX.

« ce que le Pape avait envoyé *les deux* cardinaux (Bérenger et
« Étienne); beaucoup se sont rétractés depuis, et notamment
« *Hugo de Payraudo,* visiteur de France, qui avait librement
« tout confessé [1] et qui s'est dédit, ayant eu l'honneur de dîner
« à la table des cardinaux [2]. »

Voilà comment, à l'aide de quelles perfidies, on exaltait, au quatorzième siècle, les passions des ardents catholiques contre les Templiers, en même temps qu'on soulevait les défiances contre l'Église de Rome, qui seule avait capacité pour juger l'Ordre et les Frères.

---

[1] *Proc.*, vol. I, p. 361. Nous avons dit notre opinion sur les déclarations du grand visiteur. Il n'y a à tenir aucun compte de ses aveux et de ses rétractations. La conduite de Payrando dans cette affaire est louche. Il était l'ennemi de Molay et de son Ordre.

[2] Dupuy, vol. I, p. 99, 100.

CHAPITRE XXIII

Clément V, inquiété par l'affaire des Templiers et par les menaces de Philippe le Bel, demande conseil au cardinal de Prato. — Influence de ce cardinal. — Mort de l'empereur Albert, le 1er mai 1308. — Conseil donné au Pape par le cardinal de Prato. — Lettre du doyen du Sacré Collége à l'électeur, archevêque de Cologne. — Mémoire de Dubois qui conseille à Philippe le Bel de faire investir Charles de Valois de l'Empire par Clément V, de supprimer les électeurs, de prendre au Pape tout le patrimoine de l'Église. — Agissements de Philippe le Bel et de Charles de Valois. — Lettre du Roi aux chevaliers Gérard de Landry, Pierre Barrière et Hugues de la Celle. — Emploi d'une somme de 10,500 livres tournois pour préparer l'élection de Charles de Valois. — Texte de la reconnaissance de cette dette souscrite par Charles de Valois, en date du 16 juin 1308. — Clément V et le cardinal de Prato traversent secrètement les projets de Philippe le Bel et de Charles de Valois. Pourquoi? — Élection de Henri de Luxembourg. — Portrait et caractère de ce prince par Dino Compagni. — Philippe le Bel perd l'occasion de gagner l'Empire. — Le Pape ne veut pas donner au monde un maître dans la personne de Philippe le Bel.

Clément, affolé, lié par son serment, mis en demeure de réaliser la promesse qu'il avait faite de poursuivre la mémoire de Boniface [1], compromis, ne sachant que faire, trouva un conseiller qui le rassura. Ce fut le cardinal de Prato, auquel Bertrand de Got était en partie redevable de la tiare [2]. Ce prélat, initié à tous les secrets, esprit souple, délié, plein de ressources et modéré [3], engagea le Pape à dissimuler, à flatter, encourager même les espérances de Philippe, ce prince ambitieux et cupide [4], qui convoitait l'Empire, et à lui faire comprendre que l'affaire du pape Boniface ne pouvait

---

[1] Sacramenti interventu, firmata promissio. LABBE, *Conciles*, t. XI, p. 1569.

[2] Cardinale Nicolao de Prato che molto havea favoreggiato la sua elezione, era molto in sua grazia. MURATORI, *Chronique de Dino*, vol. IX, p. 517.

[3] Arbitrer omnium arcanorum, ingenium ad subita etiam quoque moderanda dexterrimus. LABBE, *Conciles*, t. XI, p. 1569.

[4] Princeps cupidus... Regias spes ali dissimulanter augerique placere. LABBE, *Conciles*, t. XI, p. 1569.

trouver de solution qu'au sein du prochain concile général.

Il s'agissait alors de quelque chose de bien plus important, pour Philippe, que le procès à la mémoire de Boniface VIII, que l'affaire même des Templiers qu'il tenait sous sa main; il s'agissait de la couronne du roi des Romains et de l'Empire.

L'empereur d'Allemagne Albert était mort le 1er mai 1308, assassiné par son neveu Jean d'Autriche, prince de Souabe. Philippe reprit le projet qu'il n'avait jamais abandonné de faire élire empereur d'Allemagne, son frère, Charles de Valois. Ces mots de *Conradus, vicerius,* cités par Labbe, *regias spes ali dissimulanter augerique,* sont pour nous la preuve qu'au nombre des négociations intervenues en 1304 et en 1305 à Bordeaux, entre Bertrand de Got et les ambassadeurs de Philippe, fut traitée la question de l'Empire, qui intéressait si vivement le roi de France. Les deux souverains, au cours de cette seconde entrevue de Poitiers, durent nécessairement s'entretenir dans le courant de juin 1308 de la vacance de l'Empire. Philippe sonda les dispositions du Saint-Siége. Le Pape, s'inspirant des conseils du cardinal de Prato, encouragea, *pour la forme seulement,* les espérances du Roi. Une lettre du doyen du Sacré Collége, adressée de Poitiers au cours du mois de juillet 1308 à l'électeur archevêque de Cologne, nous porte à croire que Clément V se montra disposé *en apparence (dissimulanter)* à appuyer la candidature de Charles de Valois. Nous donnons quelques passages de cette lettre du doyen du Sacré Collége :

« L'Église romaine, le Saint-Père, aspirent à reconquérir
« la Terre Sainte. Personne ne serait plus apte que l'illustre
« comte de Valois et d'Anjou à conduire à bien cette entre-
« prise. Si ce prince *discret,* de grand conseil et courageux,
« et appuyé de son puissant et illustre frère, le roi de France,
« était élu roi des Romains..... Nous livrons cette appré-
« ciation à vos méditations, et nous vous prions de porter vos
« suffrages (*vota vestra*) sur ce comte [1]. »

[1] Lettre du cardinal Raymond à l'archevêque de Cologne, au sujet de la vacance de l'Empire, écrite à Poitiers au mois de juillet 1308. BALUZE, vol. II, p. 119.

Le député Dubois avait remis à cette occasion à Philippe le Bel un mémoire *confidentiel* pour l'engager à se faire créer empereur d'Allemagne par Clément V. Bien que ce mémoire n'ait pas été communiqué au Pape, les projets cachés du Roi transpirèrent, Clément en fut averti. C'est le sort de toutes les *notes confidentielles* qui sont destinées fatalement à être connues, parce qu'elles sont confidentielles, parce qu'elles stimulent tout à la fois l'indiscrétion et la curiosité.

En lisant ce nouveau document de Dubois, on pourra se rendre compte de l'ambition, des convoitises du Roi que le cardinal de Prato connaissait si bien et que Vicerius qualifiait (*princeps cupidus*). Dubois ne doutait de rien, et s'imaginait que l'on pouvait supprimer les électeurs de l'Empire aussi facilement que l'Ordre inoffensif du Temple.

Nous transcrivons quelques extraits de ce nouveau *factum* de Dubois :

« Dans l'état actuel des choses, il est vraisemblable que si « le Roi avait pour lui la bonne volonté du Pape et des « cardinaux, il pourrait acquérir l'Empire romain pour lui « et ses hoirs...

« Si le Pape *suspendait* tout de suite les pouvoirs des élec-« teurs, et les invitait par lettres closes (pour ne pas les « blesser) à se réunir dans un concile où il serait traité de « l'affaire de la Terre Sainte, le Pape pourrait leur dire : Si « nous voulions, nous pourrions vous enlever votre droit « d'élection, et vous punir de ce que vous en avez en « plusieurs manières abusé. Cela est certain! Lorsque l'em-« pereur de Constantinople, qui en fut plusieurs fois requis, « refusa de défendre l'Église, les Grecs transférèrent l'empire « d'Allemagne à Charlemagne ; alors, on vous donna le droit « d'élection pour choisir le défenseur de l'Église. Vous avez « fait successivement des choix déplorables d'empereurs qui « ont refusé de défendre, et qui même ont combattu l'Église, « le Saint-Siége ; vous avez donné votre concours à ces fautes, « vous les avez tolérées. Le conflit des ambitions, des com-« pétitions, a causé un grand préjudice à l'Église, à l'Empire, « à la Terre Sainte, à la république chrétienne. Nous pour-

« rions vous retirer vos pouvoirs, même *malgré vous;* mais
« nous préférons faire appel à votre bonne volonté. Nous
« désirons que l'on choisisse *un empereur perpétuel,* avec l'*hé-*
« *rédité,* qui vous conduira en Terre Sainte. Nous donnerons à
« chacun de vous un *comté,* et *même deux,* si un seul comté
« ne suffit pas ; cela sera plus avantageux à vous et à vos
« hoirs, que le *droit d'élection.* Nous donnerons à chacun de
« vous cent ou deux cent mille livres (plus ou moins) pour
« faire face aux besoins et à la solde de vos troupes qui iront
« en Terre Sainte; cet argent sera prélevé sur les deniers des
« Églises d'Allemagne. Il est probable que les électeurs
« accepteront cette proposition : alors l'Empereur trouverait
« en Lombardie, à Gênes, en Vénétie, plus que les rois d'Alle-
« magne y ont jamais eu. Ainsi le *Roi* recevant l'hommage de
« l'Allemagne passerait en Terre Sainte avec une multitude
« énorme de combattants, et à pied sec *(sicco pede),* comme
« Charlemagne et Frédéric. Ainsi la noblesse avec sa puis-
« sante cavalerie pourrait arriver en Orient sans éprouver
« les fatigues de la navigation. Les habitants du bord de la
« mer entre la Grèce et l'Espagne qui préféreraient le passage
« par mer iraient débarquer en l'île de Chypre. On dira peut-
« être que le Roi ne pourra tout à la fois gouverner l'Empire
« et son royaume, à cause des guerres qui s'élèvent souvent
« en Allemagne; mais on peut cimenter la paix entre les
« princes chrétiens, de telle manière qu'on éviterait la guerre,
« en leur promettant de faire rendre justice à chacun selon
« son droit.

« Le Roi prendrait au Pape tout le *patrimoine* de l'*Église,* à
« l'exception des palais et des habitations; on lui payerait une
« rente considérable égale aux sommes qu'il retire annuelle-
« ment. De cette façon le Roi aurait tous les *hommages* et
« toutes les obéissances des rois et princes relevant du Pape à
« raison du temporel. Ainsi cesseraient les guerres et l'orgueil
« des Génois, Vénitiens, Lombards, Toscans et autres qui vivent
« du commerce; ainsi l'Empereur aurait sous son obéissance
« tous les Latins, tous les chrétiens fidèles de l'Église romaine ;
« ainsi l'Allemagne, très-grand pays, rempli de populations, en

« verserait le trop-plein sur la Terre Sainte et sur la Grèce.
« On dira encore que si la Terre Sainte était conquise, il serait
« impossible de la conserver, de la coloniser, de l'habiter sans
« une population considérable qui ne pourrait user de la voie
« de mer; aussi passerait-on par l'Allemagne, par la Hongrie,
« par la Grèce, voies sûres, ouvertes, faciles à approvisionner.
« Alors parcourant cette voie sans se presser, les croisés arri-
« veraient à la terre de promission forts et robustes, ce qu'ils
« ne pourraient être, s'ils se trouvaient dans la nécessité de
« subir les fatigues de la navigation[1]. »

Dubois connaissait bien les pensées intimes de son maître; nous avons aujourd'hui la conviction que Philippe le Bel poursuivait en même temps l'idée de faire donner le royaume de Jérusalem à un de ses fils, avec tous les biens que l'Ordre du Temple *avait possédés outre-mer;* un nouveau mémoire de Dubois va nous l'apprendre.

En l'année 1308, Philippe avait donc l'Empire pour objectif. Il ne perdait pas de temps; car, dès le 11 juin 1308, un mois à peine après la nouvelle de la mort de l'empereur Albert, le Roi donnait pleins pouvoirs à Gérard de Landry, à Pierre Barrière et à Hugues de la Celle pour travailler à l'élection de Charles de Valois en qualité d'empereur d'Allemagne. Une somme de 10,500 livres tournois fut employée pour faciliter cette élection, ainsi qu'il résulte de la reconnaissance suivante :

« Charles fuiz de roi de France, cuens de Valois, d'Alençon,
« de Chartres et d'Anjou, à tous ceux qui verront ces présentes
« lettres, salut.

« Savoir faisons à touz que comme notre très-chier sei-
« gneur Philippe pour la grâce de Dieu roys de France ait
« ordené à présent d'envoyer au royaume d'Alemaigne cer-
« tainz messages sollempnes, pour l'accroissement de l'Estat et
« de lounour d'aucune personne de qui nous avons la promo-
« cion si à cuer comme nous poons plus, ou point espéciale-
« ment d'atendre et d'avenir à la hautesce d'estre elus au roy

---

[1] *Notices* et *Extraits* des manuscrits, vol. XX, p. 186, n° XXX.

« d'Alemaigne, dont élection se doit faire bien prochainement,
« à ce pour suivre cette chose, ait fait ballier de ses propres
« deniers as mesages dessus, dix mille et cinc cenz livres
« d'argent, de bons petiz tournois à notre requeste, et donné
« encore en mandement à ses trésoriers de Paris, que la
« somme d'argent que M. Hugues de la Celle son chevalier
« len requerira par ses lettres estre délivrée à lui ou son man-
« dement delivrent au sien ou facent délivrer à celui chevalier
« ès parties d'Alemaigne, par lettres d'aucun *marchéant* pour
« le fait de la dite élection, et pour l'assentiment de l'ounour
« de la dite personne en c'est cas, et pour le profit de la dite
« besoigne, nous à nostre dit seigneur promettons en bonne
« foi sur l'obligation de nous, de nos hoirs, muebles non
« muebles presents et à venir en quelque lieu qu'ils soient veus
« ou trouvez, que nous à lui ou à ses successeurs ou à leurs
« genz que nous en serons requis de euz ou à leurs genz ces
« dites dix mille cinq cenz livres, et tout ce que il aperrera
« que li diz mesagier ou les deux d'iceux auront eu, receu ou
« pris par emprunt pour le fait dessus, et pour la poursuite
« dessus dites, et avec tout ce, tous les dépens qui pour deffaut
« de paiement de la dite somme d'argent et des empreunz
« dessus diz soient faits par le dit nostre seigneur le Roy et
« par ses genz, en témoin de ce nous avons fait mettre notre
« scel en ces lettres faites à Poitiers le XVIe jour de juing
« l'an MCCC et Wit [1]. »

Clément V résolut de traverser au plus tôt les desseins du Roi; il s'en ouvrit cette fois encore au cardinal de Prato, qui conseilla au Pape de hâter la nomination d'un empereur, et de proposer aux électeurs le choix de Henri de Luxembourg. Le Pape et le cardinal conduisirent cette affaire avec le plus grand secret [2]. Les archevéques de Mayence et de Trèves gagnèrent quelques électeurs; les projets de Philippe le Bel et de Charles de Valois furent déjoués [3]. « L'Église, qui n'avait

---

[1] *Notices* et *Extraits* des manuscrits, vol. XX, n° XXXII.
[2] Cardinale de Prato quale molto havea favoreggiato la elezione sua. MURATORI, t. IX, *Dino Compagni*, p. 624.
[3] VILLANI, t. VIII, ch. CL. — SAINT-ANTONIN, t. III, titre 21, ch. I.

« alors aucun bras pour la défendre, voulut choisir pour
« empereur un homme qui fût juste, puissant, fils de sainte
« Église, plein de foi et digne d'un tel honneur. Elle en trouva
« un de sang noble, juste, sage, puissant, de grande réputa-
« tion, de grande loyauté, brave et de noble race, un homme
« d'un grand esprit et de mœurs pures; c'était Henri de
« Luxembourg, âgé d'environ quarante ans, éloquent, dis-
« tingué de sa personne, de taille moyenne, un peu louche [1].
« Henri, comte de Luxembourg, brave chevalier, prudent et
« fidèle (*miles strenuus, prudens et fidelis*), fut élu roi des
« Romains, à la date du 27 novembre 1308, à Francfort,
« *Frenkenword* [2]. » A la date du 18 juillet 1309, le Pape
s'empressera de recevoir à Avignon les ambassadeurs du roi
des Romains et donnera rendez-vous au nouvel élu dans la
basilique des Apôtres à Rome, pour le couronnement [3]. Clément n'avait pas voulu se prêter à donner un *maître* au monde,
dans la *personne de Philippe le Bel*. Les violences, les menaces,
les procédés d'intimidation de Philippe, ses sourdes menées
contre le Saint-Siége, lui firent perdre l'occasion, une fois
encore, de gagner l'Empire.

[1] Huomo savio, potente, di nobile sangue, giusto e famoso, di gran lealta prodarme e di nobile schiatta, huomo di grande ingegno, di grande temperanza, ...d'eta d'anni quaranta, mezzano di persona, bel paratore e benfazzionato, un poco guercio. MURATORI, vol. IX, *Chronique de Dino Compagni*, p. 524.

[2] BALUZE, *Decretum electionis regis Romanorum*, vol. II, p. 265, 266.

[3] FRACHETTO, 1309, continuateur de NANGIS.

CHAPITRE XXIV

Philippe avait quitté Poitiers à la fin de juin 1308. — Textes du compromis intervenu entre Clément et le Roi au sujet des Templiers et de leurs biens. — Choix de Guillaume de Plasian pour terminer les négociations. — Condescendances de Pierre de la Chapelle, évêque de Préneste, nonce du Pape. — Le Pape et l'Église ne pouvant garder les Templiers, ceux-ci resteront sous la garde de Philippe le Bel, ainsi que les biens de l'Ordre. — Personnel, composition des commissions d'enquête. — Clément V prescrit aux souverains d'arrêter tous les Templiers. — Détail et résumé des négociations intervenues entre le Roi et Clément à Poitiers, au cours des mois de juin et juillet 1308, au sujet de l'affaire du Temple.

Philippe le Bel s'était rendu à la proposition que Clément lui avait faite, de renvoyer la solution de l'affaire de Boniface VIII au prochain concile général. Le Roi indiqua Vienne comme lieu de réunion; ce qui fut accepté par le Pape. Les Templiers sont, à partir de ce moment, destinés au sacrifice pour sauver la mémoire du pape Boniface, eux qui avaient adhéré à l'appel au futur concile porté contre lui par Philippe le Bel en 1303! Pour faire lâcher prise aux adversaires du pouvoir des papes, le Saint-Siège leur abandonne les Templiers, l'Ordre et les biens meubles du Temple.

Le Roi quitta Poitiers à la fin du mois de juin 1308, et confia à Guillaume de Plasian, chevalier rusé et discret (*astutus miles ac discretus*), le soin de surveiller la réalisation des conventions arrêtées entre le Pape et le Roi, au cours de l'entrevue de Poitiers.

Voici en quoi ces accords avaient consisté : 1° Les Templiers seront remis entre les mains de l'Église. 2° On rendra aux inquisiteurs et aux prélats leurs pouvoirs. 3° Les biens du Temple seront placés sous la main de l'Église, employés uniquement pour la conservation de la Terre Sainte, et non autrement[1].

---

[1] Bulle en date, à Poitiers, du 22 juillet 1308, et lettre du Roi, du 15 janvier de la même année. BALUZE, t. II, p. 100 et 170.

La condescendance du Pape alla plus loin. Le cardinal de Préneste, Pierre de la Chapelle, son nonce auprès de Philippe le Bel, muni, investi de *ses pleins pouvoirs*, fit des concessions qui rendirent Philippe maître absolu de la situation. Le cardinal de Préneste recevra de Philippe le Bel en 1311 la récompense de *ces services*, des rentes affectées aux besoins d'une église et d'un cloître fondés dans le diocèse de Limoges par ledit Pierre de la Chapelle, originaire du Limousin : « Con- « sidérant les grands services rendus par le *cardinal de Pré- « neste à nous et à notre royaume*, voulant le récompenser de « notre faveur et de notre grâce spéciale [1]... » Il fut également arrêté que, le Pape et l'Église *ne pouvant garder les Templiers*, ces derniers resteraient *sous la garde du Roi*, que les *biens du Temple* demeureraient aussi confiés à sa foi [2], que ces biens seraient administrés par des curateurs assermentés en nombre égal, choisis par le Pape, et *secrètement par le Roi* [3]. Ainsi *la comédie est complète*, les Templiers, les biens restent *pour tout le monde* sous la main du Pape, sous sa sauvegarde; mais *secrètement* les biens restent (avec les personnes) sous la *main du Roi*.

Il fut convenu qu'il serait tenu un relevé des revenus de l'argent et valeurs mobilières; que les curateurs rendraient un compte annuel; que ces biens, sous aucun prétexte, ne pourraient servir qu'aux besoins de la Terre Sainte. La bulle du Pape, en date, à Poitiers, du 1er juillet 1309, commençant par ces mots : *Justum et laudabile largitorium*, prouve qu'à ces diverses conditions, le compromis passé entre Clément et Philippe le Bel fut ainsi réalisé : mais *pas une maille, pas un denier* ne furent employés aux besoins de la Terre Sainte!

---

[1] Considerantes grandia et accepta servitia quæ cardinalis... nobis et regno continuo non desistit... volentes propter ea ipsum *retributione* prosequi favoris et graciæ specialis... Lettre de Philippe le Bel, en date, à *Saint-Ouen, près Saint-Denys*, du mois d'août 1311. Baluze, t. II, p. 279.

[2] Sub tua protectione ponuntur. Bulle du 22 juillet 1308.

Jean de Saint-Victor nous assure qu'il fut convenu expressément que Philippe le Bel n'infligerait aucune peine aux Templiers avant d'en avoir référé au Pape.

Sed punitionem corporum Rex non faceret sine Papa. Saint-Victor. — Baluze, t. I, p. 13.

[3] Dupuy, vol. II, p. 96.

Les Templiers restèrent donc, en fait, dans les prisons du Roi [1]. Clément réserva les droits de l'Église ; Philippe réserva ceux des tiers, les *siens* d'abord, puis ceux des prélats, ducs, comtes, barons et autres, à raison des *hommages, fiefs* et autres droits féodaux qui pouvaient être dus [2]. Clément rendit aux ordinaires, dans leurs diocèses, leur juridiction. Il restitua aux inquisiteurs de la foi *tous leurs pouvoirs,* le droit de procéder avec les ordinaires : cette concession coûta beaucoup au Pape ; il la *considéra* comme contraire à *son honneur (contra honorem suum), cette concession étant difficilement acceptable.*)

Dupuy a traduit ces mots, *contra honorem suum*, par ceux-ci, *contre son autorité;* cela nous parait exact au fond [3]. Clément V sentait son honneur engagé lorsqu'il abdiquait de cette façon son autorité, en associant des inquisiteurs Frères Prêcheurs et Mineurs aux prélats (*associandi*). Le Pape abdiquait son autorité, car lui seul avait *juridiction* sur les Frères du Temple ; ces derniers se plaignirent amèrement, mais en vain, *de cette abdication.*

Les commissions d'inquisiteurs furent organisées ; Clément leur transmit un formulaire de questions qui devaient être posées aux Templiers soumis à l'examen. Le Pape se réserva d'une manière absolue le droit d'examiner et de juger les chefs, les grands de l'Ordre. Ces commissions furent composées de l'évêque, de deux chanoines, de deux Dominicains et de deux Frères Mineurs [4]. On trouve un exemple de cette composition dans la commission du diocèse d'Elne, qui fonctionna le jeudi 13 janvier 1309 [5]. Clément V prescrivit à tous les souverains d'arrêter les Templiers. En résumé, la situation resta la même qu'au 13 novembre 1307 ; Philippe le Bel était maître de la position sur toute la ligne.

On trouve dans le volume XX° des *Notices et Extraits* des

---

[1] Personæ ex certis causis tenentur generaliter carceribus nuncupata custodia personarum. Bulles des 9, 11, 12 juin 1308. BALUZE, t. II, p. 97, 98, 99.
[2] Bulle du 11 juillet 1308. BALUZE, p. 97.
[3] DUPUY, vol. I, p. 96.
[4] Bulle *Licet ad indignationem nostram. Bullaire*, liv. 290, n° 13.
[5] *Proc.*, vol. II, p. 424, 425.

manuscrits, n° XXXIII, le détail des négociations suivies avec Clément V à Poitiers, au courant des mois de juin et juillet 1308.

« Ce sont les bulles et autres écrits que moi, Guillaume de « Plasian, j'ai apportés de Poitiers au mois d'août 1308, et « que j'ai remis au Roi notre maître à Neufmarché-sur-Epte, « le 5 septembre de la même année. »

La première bulle du Pape est adressée à tous les prélats du royaume de France, aux inquisiteurs.

La deuxième bulle est adressée au Frère Guillaume, inquisiteur de France. *A la prière du Roi*, le Pape pardonne particulièrement audit inquisiteur l'indignation qu'il avait conçue contre lui, à l'occasion de la procédure qu'il avait engagée de sa propre initiative contre les Templiers.

La troisième bulle est adressée à tous les prélats de France ; le Pape désigne les personnes qu'ils *doivent* s'adjoindre dans les procès à diriger contre les Templiers.

La quatrième bulle est adressée au Roi ; le Pape lui notifie que dans le cas où l'Ordre serait supprimé, dissous, aboli, il entend que tous les biens présents et futurs soient employés aux besoins de la Terre Sainte, et non autrement ; qu'il s'interdit à lui et à ses successeurs, toute autre destination.

La cinquième bulle est adressée au Roi ; le Pape lui rappelle les prescriptions contenues en la bulle précédente, et il ajoute que les biens seront administrés par des curateurs généraux et spéciaux qui seront établis dans chaque diocèse, que les revenus et produits en argent seront mis en sûreté, *hors du royaume*, en certains lieux, et placés sous la sauvegarde du Roi.

La sixième bulle est adressée au Roi ; le Pape lui concède le droit de nommer, de son côté, des curateurs et administrateurs qui se concerteront avec ceux qui seront choisis par le Pape et les prélats. Le Pape veut que les curateurs et administrateurs prêtent serment de rendre un compte fidèle chaque année.

La septième bulle est adressée aux prélats du royaume ; le Pape leur permet de nommer des administrateurs choisis dans chaque ville et dans leurs diocèses.

La huitième bulle est adressée au Roi ; le Pape entend que ce qui a été fait par lui et le Roi, touchant les personnes et les biens des Templiers, ne puisse porter aucun préjudice au Roi, aux prélats, aux ducs, comtes, barons et autres, pour les hommages, fiefs et autres droits qui leur étaient dus lors de l'arrestation des Templiers.

La neuvième bulle est adressée à Pierre de la Chapelle, évêque de Préneste. Le Pape lui donne pouvoir de recevoir les Templiers des *mains du Roi*, et d'aviser à ce qu'ils soient gardés *en dehors du royaume*, au nom du Pape et des prélats.

La dixième bulle est adressée au Roi; le Pape lui signifie la commission dont il a investi l'évêque de Préneste.

La onzième lettre émane de l'évêque de Préneste, qui fait savoir à tous que le Pape lui a donné pouvoir de faire garder les Templiers hors du royaume.

La douzième lettre émane du Roi; elle est adressée au Pape. Il lui rend compte de la remise qu'il a faite des personnes des Templiers. (Le Pape a une lettre semblable émanée du Roi.)

La treizième lettre émane du Roi, qui fait savoir au Pape qu'il a fait la remise des biens du Temple.

La quatorzième lettre émane du Roi. Il déclare au Pape qu'il veut que les biens de l'Ordre soient employés aux besoins de la Terre Sainte, et non autrement.

La quinzième lettre est écrite par le Roi au Pape; le Roi veut et consent que les décrets du Pape sur le fait des Templiers ne puissent tourner au préjudice du Pape et des libertés de l'Église romaine.

La seizième pièce est un rouleau en papier, sur lequel sont transcrits tous les noms des commissaires choisis par le Pape pour enquêter contre les personnes et l'Ordre du Temple, dans tous les pays de la chrétienté.

La dix-septième pièce est un rouleau en papier, sur lequel sont transcrits les noms de tous les prélats du monde que le Pape cite au concile général de Vienne.

La dix-huitième pièce est un rouleau en papier qui contient les divers chefs articulés en preuve contre l'Ordre du Temple.

La dix-neuvième pièce consiste en un rouleau en parchemin

qui renferme les chefs d'inculpation dirigés contre les personnes de l'Ordre.

La vingtième pièce est un rouleau en parchemin qui renferme les instructions données contre les particuliers qui auraient caché les Templiers, leurs adhérents, fauteurs, et contre ceux qui ne les auraient pas arrêtés [1].

La chronique de Nangis est donc d'une exactitude parfaite, lorsqu'elle dit : « Les biens furent confiés à la fidélité du Roi; « il dut les conserver *jusqu'au prochain concile général,* à la « charge par lui de pourvoir aux frais de *nourriture et d'entre-* « *tien* des Templiers [2]. »

Philippe le Bel s'acquitta de ce devoir avec une *parcimonie révoltante,* indigne d'un roi. Nous entendrons les plaintes de Molay et celles des Frères ; *c'est navrant* [3] *!*

[1] *Notices* et *Extraits* des manuscrits, t. XX, n° XXXIII.
[2] Pro modo competenti vitæ necessaria ministrare iisdem. Nangis, 1308.
[3] *Proc.*, vol. I, p. 33, 151.

CHAPITRE XXV

Clément V s'était réservé d'examiner les grands de l'Ordre. — Mission confiée aux cardinaux Bérenger, Étienne et Landulphe de Saint-Angeli. — Molay transféré de Corbeil à Poitiers, et de Poitiers à Chinon. — Les cardinaux reçoivent à Chinon les confessions du grand maître et des grands de l'Ordre, auxquels ils font entrevoir leur grâce. — Ils donnent à Molay et à ses frères l'absolution, leur rendent la communion, les admettent aux sacrements. — Lettre des cardinaux à Philippe le Bel. — Création des commissions d'enquête, leur composition. — Curieuse bulle de Clément V du 12 août 1308. — Le Pape exalte la *vertu* de Philippe, son *désintéressement*, son *orthodoxie*. — Exercices de piété de Philippe le Bel.

Le Pape s'étant réservé d'examiner en personne le grand maître de l'Ordre et les précepteurs de France, de Chypre, de Normandie, d'Aquitaine et de Poitou, ordonna qu'ils fussent conduits par-devant lui à Poitiers, dans les premiers jours d'août 1308; mais soit que les uns ou les autres fussent malades, ou dans l'impossibilité de supporter la fatigue du cheval, on ne put les transférer tous. Dans cet état de choses, Clément chargea les cardinaux Bérenger, Étienne et Landulphe de Saint-Angeli de se rendre à Chinon, pour les entendre, les examiner sur le vu des procès-verbaux émanés de l'inquisiteur Guillaume de Paris. Molay avait été transféré d'abord de Paris à Corbeil[1]; nous croyons qu'il fut mené à Poitiers en 1308, qu'il fut mis au mois de juin en présence du Pape et du Roi, après la session des états généraux. Ce qui paraît certain, c'est qu'on le transféra ensuite à Chinon, où il fut mis à la disposition des cardinaux Bérenger, Étienne et Landulphe, avec les principaux de l'Ordre.

Les cardinaux avaient mission de donner l'*absolution, s'il y avait lieu*, dans le cas où le grand maître et les Frères la

---

[1] Rex itaque magistrum apud Corbulium mancipare fecit. NANGIS, année 1307.

demanderaient. Arrivés à Chinon, et le samedi après l'Assomption, les cardinaux exposèrent aux prisonniers qu'ils pouvaient parler en *toute liberté et sans crainte, parce qu'ils étaient entre les mains du Pape*. Non! Molay et les Frères n'étaient plus, en fait, entre les mains du Pape! sous la sauvegarde du Pape! Ils avaient été remis entre les mains de Philippe le Bel; le Pape et l'Église avaient *déclaré qu'ils ne pouvaient les garder;* tous se trouvaient dans les prisons du Roi et devaient y rester [1]. Le grand maître Molay et ses Frères, confiants dans les *paroles si positives* des cardinaux, se laissèrent aller à confirmer leurs premiers aveux. Nous trouvons la preuve que les cardinaux déclarèrent à Molay et aux autres Frères qu'ils pouvaient parler *librement* et *sans crainte*, dans la bulle de Clément V du mois d'août 1308 [2]. On comprendra le mouvement d'indignation exprimé par Molay contre les trois cardinaux, lors de sa comparution du 26 novembre 1309 devant la grande commission d'enquête : « Plût à Dieu, s'écria Molay, que, dans
« le cas présent, les usages employés par les Sarrasins et les
« Tartares fussent observés contre de *tels pervers!* Les Sarrasins
« et les Tartares tranchent la tête aux *pervers* et les coupent
« en deux [3]. » Une lettre adressée au Roi par les cardinaux Bérenger, Étienne et Landulphe, en date, à Chinon, du mardi après l'Assomption 1308, nous explique ce qui se passa, lors et à la suite de leur enquête :

« Au Roi.

« Nous nous sommes rendus à Chinon, d'après l'ordre du
« Souverain Pontife, à l'effet d'examiner le grand maître du
« Temple, le maître de Chypre, le visiteur de France, le pré-

---

[1] Bulle des 9, 11 et 12 juin 1308.
Corpora tamen eorum servari faceret Rex, sicut fecerat. Saint-Victor. — Baluze, t. I, p. 13.

[2] Exposuerunt quod in manibus nostris erant, quod *libere* absque metu cujusquam plene ac pure... dicerent veritatem. *Proc.*, vol. I, p. 5, bulle de Clément V.

[3] Sed placeret Deo quod illud quod observatur a Saracenis et Tartaris, observaretur contra *tales* perversos in hoc *casu*, nam dicti Saraceni et Tartari abscindunt caput *pervertis inventis*, vel scindunt eos per medium. *Proc.*, vol. I, p. 35.

« cepteur de Poitou et d'Aquitaine et le précepteur de Nor-
« mandie, au sujet du *crime d'hérésie* dont eux et l'Ordre du
« Temple sont inculpés. Le samedi après l'Assomption, nous
« avons appelé devant nous le précepteur de Chypre, nous lui
« avons fait connaître les divers chefs d'inculpation. Après lui
« avoir fait prêter serment, en fils obéissant, il reconnut son
« crime, avoua la coutume de renier Jésus-Christ et de cra-
« cher vers la croix (*juxta crucem*). Le même jour, le précep-
« teur de Normandie [1] se présenta devant nous, et après ser-
« ment prêté, il avoua avoir renié Jésus-Christ. Le même jour,
« après vêpres, fut conduit devant nous le précepteur de
« Poitou et d'Aquitaine (Geoffroy de Gonavilla); il demanda à
« réfléchir jusqu'au lendemain dimanche. Ce jour-là, ce pré-
« cepteur avoua avoir promis à celui qui l'avait reçu dans
« l'Ordre, que si jamais les Frères lui demandaient s'il avait
« renié Notre-Seigneur, *il eût à répondre* qu'il l'avait renié.
« Le dimanche au matin, nous avons fait comparaître le Frère
« Hugo de Payrando; puis, le même jour, après vêpres, le
« grand maître de l'Ordre. Ils demandèrent à réfléchir jus-
« qu'au lendemain lundi, ce que nous leur avons accordé. Et
« le lundi, le Frère Hugo de Payrando, après serment prêté,
« persista dans les aveux par lui passés à Paris. Il déclara spé-
« cialement avoir renié Jésus-Christ, *vu la tête de l'idole;* il
« avoua *en outre d'autres choses illicites* (*alia illicita*), ainsi
« qu'il est consigné dans sa confession passée devant l'inquisi-
« teur de Paris [2]. Le mardi suivant, comparut devant nous le
« grand maître, qui, après avoir prêté serment et pris con-
« naissance des chefs d'inculpation, *avoua la coutume de renier*
« *Jésus-Christ* [3] et nous supplia d'entendre un Frère servant,

---

[1] Son nom était Gaufridus de Charneio : *Preceptor totius Normaniœ. Proc.*,
t. II, p. 295.

[2] Payrando s'était *dédit* tout d'abord, suivant l'expression de Dupuy; c'est-
à-dire que Payrando avait *menti*. On voit *ici* qu'il revint à ses *premiers aveux*.
Quelle confiance une semblable attitude peut-elle inspirer?

[3] Confessus est (magister) *abnegationem* prædictam. Lettre des cardinaux.
BALUZE, t. II, p. 121, 122.
Un grand nombre d'*auteurs* ont *affirmé* que Molay avait avoué aux trois
cardinaux toutes les erreurs imputées à l'Ordre. On le voit, c'est inexact.

« son familier, qui l'avait accompagné à Chinon, et qui
« voulait passer des aveux. Voyant le grand maître si repen-
« tant, si suppliant pour ce Frère servant, bien que le Saint-
« Père ne nous eût pas donné mandat d'examiner d'autres
« personnes que les cinq Frères ci-dessus nommés, nous
« avons cependant consenti à entendre ce Frère servant. Ce
« Frère comparut devant nous, et après avoir prêté serment,
« avoua avoir renié Jésus-Christ. Le tout a été consigné aux
« actes publics qui ont été revêtus de nos cachets. Après les
« avoir ainsi examinés, tous, abjurant toute hérésie, deman-
« dèrent l'absolution de leurs fautes; nous la leur avons
« accordée, nous leur avons rendu la communion et nous
« les avons admis aux sacrements [1]. Or, illustre prince,
« comme on ne doit pas refuser miséricorde à celui qui l'im-
« plore, que lesdits Frères demandent grâce, surtout le grand
« maître, Hugo de Payrando et le précepteur de Chypre,
« qui, en raison de leurs aveux spontanés et de leur humble
« attitude, méritent sincèrement pardon devant Dieu et de-
« vant les hommes, nous supplions affectueusement Votre
« Royale Majesté de recevoir favorablement leur prière, parce
« qu'ils se sont ainsi rendus dignes de votre miséricorde.
« Écrit au château de Chinon, le mardi après l'Assomption,
« année 1308 [2]. »

Les cardinaux remirent aux mains du Pape leur procès-
verbal. A la date du 12 août 1308, Clément avait adressé une
bulle générale à tous les chefs des diocèses, en les invitant à
réunir des conciles provinciaux pour juger les personnes seulement des Templiers, sur le vu des procès-verbaux d'enquête. Dans cette bulle, Clément V donne à comprendre que
l'affaire des Templiers *ne peut en rester là,* parce que les
aveux passés en général par les Frères, les aveux du grand

---

[1] Absolvimus eosdem sigillatim et singulariter, et eos *instituimus et incor-
poramus sacramentis* et Ecclesiæ *unitati.* Lettre des cardinaux. BALUZE, t. II,
p. 121, 122.

[2] BALUZE, vol. II, p. 121, 122.
Il importe de constater que les trois cardinaux n'ont point *abandonné* au
bras séculier le grand maître et le précepteur de Normandie; que le Roi avait
promis de leur accorder leur grâce, s'ils persistaient dans leurs aveux.

maître prouvaient que tous avaient gravement péché et contrevenu[1].

On trouve deux documents qui fournissent des renseignements précis sur la manière dont furent composées les commissions d'enquête, sous la présidence des prélats, et sur la manière de procéder.

PREMIER DOCUMENT.

« Clément... Nous vous mandons de procéder à une enquête
« dans toutes les villes, dans tous les lieux de votre diocèse,
« contre les *personnes des Templiers*. Cette enquête portera
« sur les questions que nous vous transmettons en notre bulle,
« et sur tous autres points que nous abandonnons à vos
« lumières... Nous voulons qu'après avoir fait votre enquête,
« vous réunissiez un concile provincial pour juger les per-
« sonnes que vous aurez examinées, et que vous rendiez
« contre elles une sentence d'absolution ou de condamnation,
« suivant les exigences du droit. Vous admettrez à ce concile
« les inquisiteurs de la foi, envoyés dans votre province par le
« Saint-Siége, avec voix délibérative, s'ils le demandent. Vous
« vous abstiendrez d'informer et de prononcer jugement
« contre les maîtres et précepteurs de l'*Ordre, en Angleterre*,
« qui seront examinés par certaines personnes, auxquelles
« nous avons donné mandat spécial à cet effet[2]. »

Le second document consiste dans une lettre adressée par Clément à l'archevêque de Cologne; il est conçu dans les mêmes termes.

On trouve le spécimen de la composition d'une commission d'enquête dans celle qui se réunit à Elne (Roussillon), le 14 janvier 1309, pour instruire contre les personnes (*singulares personas Ordinis militiæ Templi*)[3]. Ce dernier document nous

---

[1] Ex quibus confessionibus et depositionibus... sæpe fatos magistrum et Fratres in præmissis, et circa proœmium licet quosdam ex *eis in pluribus, et aliis in paucioribus graviter deliquisse.* LABBE, *Conciles*, vol. XI, p. 1510.

[2] LABBE, *Conciles*, vol. XI, p. 1511.

[3] *Proc.*, vol. II, p. 423.

apprend que les commissions d'inquisiteurs se composaient de l'évêque, de deux chanoines, de deux Dominicains et de deux Frères Mineurs. Furent membres de cette commission : l'évêque Raymond, l'archidiacre Bénédict Hugo, le sacristain Raymond Guillaume, les Frères Prêcheurs Bernard Marchi, prieur, et Bernard de Ardena, lecteur des Frères Prêcheurs; enfin deux Frères Mineurs, Guillaume Amaldi, gardien, et Guillaume Bernardini, du couvent de la ville de Perpignan [1]. Le formulaire des questions à poser par les inquisiteurs d'Elne est le même que celui qui servit à la grande commission réunie à Paris [2]. Nous savons donc que les conciles provinciaux, sous la présidence de l'évêque, devaient juger, condamner ou absoudre les *personnes,* suivant les cas, mais qu'il s'agissait uniquement des *personnes,* et non de l'Ordre ; que les grands de l'Ordre avaient été réservés à Clément V; nous savons donc que les commissions reçurent un formulaire de questions à poser aux Frères qui comparaissaient devant elles. Voyons maintenant comment on procéda contre l'Ordre entier. La procédure fut confiée à une grande commission spéciale; ces magistrats ecclésiastiques entendirent les témoins pour et contre l'Ordre qui devait être jugé par le concile de Vienne. Les témoins entendus furent, en général, des Templiers qui refusèrent de *défendre* ou qui, après s'être *offerts à la défense,* se *rétractèrent.* Cette grande commission entendit aussi quelques témoins, mais en fort petit nombre, étrangers à l'Ordre. Le texte du formulaire des questions à poser par les membres de la grande commission sera rapporté dans le chapitre XXIX.

La bulle de Clément V, du 12 août 1308, fut adressée à l'archevêque de Narbonne, aux évêques de Bayeux, Mende, Limoges, aux vénérables Mathieu de Neapoli, notaire apostolique de la grande cathédrale de Rouen, Jean de Mantoue, archidiacre de Trente, Jean de Montlaur, archidiacre de l'église de Maguelonne, et Guillaume Aragon, prévôt de l'église d'Aix, qui furent choisis par le Pape pour composer

---

[1] *Proc.,* vol. II, p. 425, 426.
[2] Note de Michelet, page 423. *Proc.,* vol. II. Interrogatoire des Templiers du diocèse d'Elne.

cette grande commission, chargée d'instruire à Paris contre *l'Ordre entier*, et non plus contre les personnes seulement.

« Vous vous réunirez à Paris (écrit ClémentV); par un édit,
« vous appellerez devant vous les personnes qu'il y aura lieu
« de citer (*vocatis qui fuerunt evocandi*). Vous procéderez à
« une enquête sur les chefs d'articulations que nous joignons
« à notre bulle, et sur tous autres points réservés à votre
« sagesse. Cette enquête devra être dirigée en *notre nom* contre
« l'Ordre, et vous nous enverrez votre procès-verbal, dressé
« par officiers publics, revêtu de vos sceaux. Si les témoins
« par vous requis et cités refusaient de donner leurs témoi-
« gnages, de déposer, soit par crainte, haine, affection, amitié
« ou pour toute autre cause; s'ils refusaient de comparaître,
« s'ils apportaient des entraves à l'exécution de votre mandat,
« vous les puniriez de la censure ecclésiastique, et s'il était
« nécessaire, vous déféreriez ces personnes au bras sécu-
« lier[1]. »

Clément V, dans cette bulle, exalte la générosité de Philippe le Bel, sa délicatesse : « *Ce n'est ni par avarice, ni par
« cupidité*, que le Roi nous a dénoncé le crime des Templiers
« (*non tipo avaritiæ*); non-seulement il ne prétend rien sur
« leurs biens; mieux encore, il les a remis entre nos mains et
« aux mains de l'Église, pour qu'ils soient administrés par
« nous, gouvernés, conservés *fidèlement* dans son royaume.
« Le Roi s'est dessaisi entièrement, avec un *désintéressement*,
« une piété qui le rendent digne de ses aïeux[2]. » Le Pape, en
glorifiant Philippe, cherchait une excuse à sa faiblesse! Nous
avons vu ce qu'il faut penser de la générosité, du désintéressement, de la délicatesse de Philippe le Bel, dans cette affaire
du Temple et des biens de l'Ordre; les mémoires de son conseiller Dubois nous ont aussi permis d'apprécier la charité
chrétienne du Roi, son dévouement au Saint-Père et à l'Église

---

[1] *Proc.*, vol. I, p. 6.
[2] Nihil sibi vindicare vel appropriare intendat...
Manum suam exinde totaliter amovendo, sed fidei orthodoxæ fervore suorum progenitorum vestigia clara sequens... Même bulle du 12 août 1308. *Proc.*, t. I, p. 2, 3.

romaine. Ceci n'empêchait pas Philippe d'être un catholique très-fervent. On lit dans la chronique de Guillaume Scott que le Roi était d'une grande dévotion ; il jeûnait rigoureusement, il humiliait sa chair sous le cilice, et, pour la vaincre, se laissait administrer plusieurs fois la discipline au moyen d'une petite chaîne par les mains de son confesseur [1]. « Il était, je crois », ajoute Guillaume Scott, « *l'ami du roi Jésus-Christ* [2]. »

[1] Cilicio carnem frangens eamque pluribus disciplinis per manum confessoris, cum quadam cathelana devote susceptis, edomans. *Chronique de Guillaume Scott : Historiens de France*, t. XXI, p. 205.

[2] Ipsum habuisse amicum credimus Christum regem. *Ibid.*

CHAPITRE XXVI

Le Pape prend le parti de transférer le Saint-Siége à Avignon. — Retour du Pape à Bordeaux, au mois d'octobre 1308. — Clément prescrit à Charles II, comte de Provence, d'arrêter tous les Templiers. — Lettres de Charles II à ses juges, viguiers et officiers. — Arrestation des Templiers, condamnations, bûchers. — Confiscation des biens. — Charles II fait part à Sa Sainteté, son suzerain, des meubles confisqués. — Irritation en Provence contre Charles II. — Clément s'installe à Avignon, fin avril 1309. — Philippe de Marigni, archevêque de Sens. — Grand intérêt porté par le Roi à cette nomination. — Question des biens du Temple. — Elle est agitée même avant la condamnation de l'Ordre. — Clément veut donner les immeubles aux chevaliers de l'Hôpital. — Cette proposition n'est pas du goût du Roi. — Nouveau mémoire de Dubois proposant à Philippe le Bel de faire nommer en secret par le Pape son second fils comme roi d'Accon, de Babylone, d'Égypte et d'Assyrie, et de lui faire adjuger les biens du Temple. — Projet de croisade. — Les ambassadeurs du roi des Romains reçus en grande pompe à Avignon. — Mécontentement de Philippe le Bel. — Le Roi remet en question le procès à la mémoire de Boniface. — Comment se termina cette affaire. — Hésitations des commissions d'inquisition. — Réponse de Clément V.

Le Pape, fatigué des obsessions de Philippe le Bel, voulut s'en affranchir. Ne pouvant rentrer à Rome[1], il résolut d'entamer des négociations avec le comte de Provence, son vassal, pour obtenir la cession de la ville d'Avignon, dans laquelle il avait l'intention de transférer le Saint-Siége. Là peut-être serait-il à l'abri de toute violence. Nous voyons que le 20 août 1308 Clément V se trouvait à trois lieues de Poitiers, à Lusignan. C'est de Lusignan qu'il écrit au Roi, pour lui apprendre que les Templiers de l'île de Chypre sont arrêtés[2]. Le 5 octobre 1308, Clément était *dans son pays*, à la grande forêt, « *silvam majorem Burgadelensis diocesis*[3] ».

---

[1] Saint-Victor, *Historiens de France*, t. XXI, p. 647.
[2] Baluze, t. II, p. 203.
[3] *Ibid.*, p. 110.

Les chaleurs de l'été étant passées, le Pape et les cardinaux avaient quitté Poitiers. Clément en retint près de lui quelques-uns et se retira dans son pays natal, « *terram suæ nativitatis* [1] ».

Nous avons vu que Clément, après avoir rendu en juillet 1308 leurs pouvoirs aux ordinaires et aux inquisiteurs, avait ordonné aux souverains d'arrêter tous les Templiers. Il en écrivit donc « de *bonne* et *noire encre* » à Charles II son vassal, roi de Naples, de Sicile, et comte de Provence, qui se trouvait alors à Marseille, lequel en adressa lettres closes et scellées à tous les juges, viguiers et officiers de Provence [2]. Ces lettres portent la date du mois de *janvier* 1307. Nous éprouvons ici un embarras, car il nous est impossible de faire concorder cette date avec les faits. En janvier 1307, le Pape avait suspendu les pouvoirs des ordinaires et des inquisiteurs, arrêté les poursuites contre les Templiers ; ces pouvoirs furent rétablis au mois de juillet 1308, à la suite du compromis passé avec Philippe le Bel. Il nous paraît donc que ce fut en janvier 1308 que Clément V adressa à Charles II les ordres cités plus haut. La teneur des lettres du comte de Provence confirme cette opinion :

« Nous vous envoyons nos autres lettres closes, sous notre
« petit scel, à ces présentes, d'une importante affaire et secret
« négoce. Par leur teneur, nous vous commandons et enjoi-
« gnons sous le serment que vous nous devez, et sur la peine
« de la confiscation de vos corps et de vos biens, que les ayant
« reçues en vos propres mains, sans les mentionner, et en
« tenir propos à personne vivante, vous les gardiez et teniez
« très-secrètement sans les ouvrir. Les gardant et les tenant
« closes en la même façon qu'elles vous seront rendues jus-
« qu'au 24 du présent mois de janvier, à ce jour qui vous
« marque avant qu'il *soit clair*, voire plus tôt en *pleine nuit*,
« vous les ouvrirez pour, après la lecture faite, mettre exacte-
« ment leur contenu en exécution à même jour, sans aucune
« faute. Et gardez-vous bien surtout qu'il n'y ait aucune négli-

---

[1] Nangis, 1308.
[2] Nostradam, *Histoire de Provence*, p. 325.

« gence faite ou connivence de votre part, surtout que vous
« craignez de perdre vos corps et vos biens. Nous certifiant
« par écrit, de la main de l'un de vous, de ce que fait en aurez.

« Donné à Marseille le 13e jour de janvier.

« *Signé :* CHARLES. »

« Les missions particulières confiées aux divers officiers de
« Provence contenaient sous pli ce *bref discours* et cet *étroit
« commandement;* mais les patentes closes et secrètes parlaient
« ainsi :

« Charles, par la grâce de Dieu roi de Naples et de Sicile,
« comte de Provence, Forcalquier et terres adjacentes, à tous
« nos officiers, salut.

« Suivant l'*exprès mandement* de Notre Saint Père le Pape
« à *nous secrètement envoyé,* nous vous mandons et comman-
« dons par ces présentes, si comme chacun de vous appar-
« tiendra, que, incontinent icelles reçues, sur peine et confisca-
« tion de corps et de biens, tout sagement, cautement et
« secrètement, vous ordonniez et faites que, le 24 du présent
« mois de janvier, vous preniez ou fassiez prendre et saisir au
« corps tous les Templiers de notre comté de Provence, For-
« calquier et terres adjacentes, et les mettiez et fassiez mettre
« et traduire, avec bonnes et sûres gardes à leurs dépens, en
« prisons les plus fortes et sûres que vous aviserez, et néan-
« moins leurs biens meubles et immeubles, dettes, noms,
« actions et droits quelconques, vous mettiez par description
« et inventaire, députant bons et louables commissaires pour
« iceux régir et gouverner, jusqu'à ce qu'autrement par *Sa
« Sainteté* ou par nous en ait été ordonné, tellement que de
« tout le contenu en notre présente commission vous procé-
« diez à l'exécution d'icelles sans dissimulation aucune.

« Donné à Marseille, le 13 janvier, l'an de grâce 1307. »

« Les juges, viguiers et autres officiers procédèrent à la
« saisie des personnes, biens meubles et immeubles des Frères
« du Temple dans toute la Provence, *lesquels puis après* et
« *sans délai* furent condamnés à *mort* par *diverses sortes de*

« *supplices,* et brûlés. Tous les biens meubles furent con-
« fisqués par Charles II, qui en fit *part à Sa Sainteté*[1]. » L'indignation fut grande en Provence, à la suite de ces exécutions.
Charles II craignit « une rébellion, un *gros tumulte ;* ce comte,
« l'un des auteurs et poursuivants de cet *échafaud* et de ce
« *sanglant et funeste jeu,* tomba malade peu après dans son
« château neuf de Naples, et mourut après Pâques 1309 [2] ».
Son fils Robert lui succéda, et c'est avec lui que Clément V
négocia pour obtenir la cession de la ville d'Avignon.

Clément s'installa à Avignon en 1309. Il bataillait depuis
plusieurs semaines avec Philippe, qui lui demandait avec persistance l'archevêché de Sens pour son conseiller Philippe de
Marigny, évêque de Cambrai, frère d'Enguerrand, son bras
droit en matière de finances. Le Pape, après avoir essayé de
résister, parce qu'il s'était expressément réservé ce siége,
finit par céder. La cause de la persistance du Roi était fort
grave ; en effet, il voulait faire présider par un *homme sûr* le
concile de Sens qui devait se réunir dans un délai assez prochain. Le nouvel archevêque de Sens s'acquitta de sa
besogne au gré des désirs du Roi, ce que nous verrons quand
nous arriverons à la journée terrible du 12 mai 1310. Philippe
ne se cachait pas de l'importance qu'il attachait aux résultats
qu'il attendait des décisions du concile de Sens. Il écrivait au
Pape : « Le concile de Sens dont j'attends l'heureux dénoû-
« ment, et tant d'autres bons résultats [3]... » En effet, les décisions
de ce concile dépassèrent toutes les espérances ; le Roi dut en
éprouver une grande satisfaction.

La principale préoccupation de Clément, en 1309, était
la question des *biens du Temple,* qui intéressait vivement
l'Église et tout le monde. On voit dès ce moment se dessiner
enfin l'idée du Pape, tendant à concilier tous les intérêts. Dans

---

[1] Nostradam, *Histoire de Provence,* p. 326.
[2] *Ibid.*
[3] Retardatur provinciale concilium in quo multa possent disponi honorem
Dei tangentia, stabilitatem fidei et Ecclesiæ sanctæ suæ, et *alia multa bona.*
Baluze, t. II, p. 145, 146.

La mort de l'archevêque de Sens, Étienne Béquart, retardait la réunion du
concile.

le but d'éviter une confiscation, conséquence forcée d'un jugement de condamnation contre l'Ordre pour cause de crime d'hérésie, Clément proposa d'attribuer les biens aux chevaliers de l'Hôpital. Cette combinaison pouvait tirer tout le monde d'embarras; elle aurait eu pour conséquence de conserver à l'*Église* un patrimoine considérable, par suite de sa remise entre les mains de réguliers *exempts*, dévoués au Saint-Siége. Le 6 juin, le Pape écrivait d'Avignon à Philippe le Bel[1] en faveur des Hospitaliers. Le 27 octobre de la même année 1309, le Pape adressait une seconde lettre au Roi en faveur de l'Ordre de l'Hôpital, « auquel il avait pour les besoins de la « Terre Sainte donné *cinq cent mille florins d'or, malgré la* « *détresse de sa cassette*[2] ». Ces deux lettres dans leur ensemble nous donnent à croire que Clément V avait alors l'intention d'adjuger les biens du Temple aux Hospitaliers. Cette proposition ne devait pas être du goût du Roi, qui voulait les biens pour l'agrandissement de sa maison; ce qui nous porte à cette croyance, c'est que Philippe eut recours, dans ces circonstances, aux talents de son conseiller Dubois, qui rédigea un nouveau mémoire, dans lequel il proposait de faire nommer un des fils du Roi, roi d'Accon, de Babylone, d'Égypte et d'Assyrie, de donner à ce prince tous les *biens du Temple* pour l'aider à soutenir son royaume et à *reconquérir* la Terre Sainte. Par ce moyen les biens de l'Ordre du Temple, ces *biens d'Église*, entraient dans la Maison de France. Le mémoire de Dubois fut écrit en 1309. Walsingham nous apprend, en termes positifs, quelle était alors l'ambition de Philippe le Bel : « Le roi de France eut l'idée de faire proclamer un de « ses fils roi de Jérusalem, et de lui faire attribuer tous les « revenus des biens des Templiers[3]. » Nous donnons quelques extraits de ce mémoire de Dubois, mémoire remarquable, comme tous ceux que cet avocat du Roi écrivit :

---

[1] BALUZE, t. II, p. 246.
[2] Licet camera nostra foret exhausta non modicum. BALUZE, t. II, p. 150.
[3] Philippus rex Franciæ cogitavit unum de filiis suis, regem Hierosolymitanum facere, et impetrare omnes redditus et proventus Templariorum. WALSINGHAM, *in Edwardo*, vol. II, p. 73. Édition de Londres, 1574.

« Il serait possible au Roi de faire couronner en secret son
« second fils par le Pape, comme roi d'Accon, de Babylone,
« d'Égypte et d'Assyrie, à moins que le Soudan ne consentît
« à rendre, de bonne volonté, la Terre Sainte à l'Église...

« Le Roi pourrait provoquer, demander la réunion d'une
« assemblée générale de tous les princes du monde catholique,
« afin d'aviser à la récupération de la Terre Sainte... On em-
« ploierait dès à présent les revenus des biens qui *firent partie*
« *de ceux de l'Ordre* (qu'on appelle l'*Ordre du Temple, quæ*
« *Templariorum fuisse dicuntur*) aux dépenses de cette expé-
« dition. Cette assemblée déciderait de tous les moyens à
« mettre en œuvre pour arriver à la *démolition* de cet Ordre,
« qu'il est de toute justice de supprimer (*modis omnibus expe-
« dit demoliri, totaliter adnullari*). On a fait aux Templiers des
« donations dont les conditions n'ont pas été par eux *remplies;*
« ces donations *devront être révoquées*. Pour le *bien général*, il
« faut réunir en un seul tous les Ordres militaires de la chré-
« tienté, à l'exception de celui des Templiers, dont les pos-
« sessions seront données à ceux qui rempliront mieux ces
« conditions [1]; et comme le Pape se propose de faire traîner
« l'affaire en longueur [2], il faut que le Roi ait au plus tôt avec
« lui une entrevue, dans laquelle cette question devra être
« traitée publiquement. »

Un pareil projet était inexécutable ; la fusion de tous les
Ordres était chose devenue impossible ; les princes et les
peuples d'Occident ne voulaient plus entendre parler de
croisades. Les Ordres militaires d'Espagne et de Portugal
trouvaient à utiliser leur dévouement contre les Maures. En
Allemagne, l'Ordre Teutonique portait ses regards vers
d'autres horizons [3]. Au concile de Vienne on fera de vaines

---

[1] C'est-à-dire à Philippe le Bel pour les biens de France, et pour les biens d'outre-mer à son fils, futur roi de Jérusalem.

[2] Quia Papa se proposuit a domino Rege elongare (ou de ne pas être de l'avis du Roi). BALUZE, t. II, p. 186, n° XXXIII.

[3] Le Roi écrivit à Clément V, en 1311, pour lui faire savoir qu'il consentait à ce que les biens de l'Ordre fussent adjugés à un nouvel Ordre militaire ou aux Hospitaliers. Philippe fut forcé d'en passer par là. DUPUY, t. I, p. 78. Lettre du Roi à Clément V.

manifestations en faveur d'une croisade. Philippe, ses fils, ses frères, le roi d'Angleterre, les ducs, barons et autres seigneurs, s'engageront à prendre la croix ; mais cet enthousiasme s'évanouira en présence des difficultés, en face des *faits accomplis*. Toute cette agitation se borna à la levée sur les populations de *lourds décimes* qui trouvèrent un autre emploi, *dans les coffres des deux souverains*.

Nous savons par un chroniqueur anonyme ce que cet enthousiasme fictif pour la croisade coûta aux populations trompées. Clément V avait sollicité partout la générosité, la crédulité des catholiques. Partout on fit des quêtes, des collectes, des *souscriptions;* le Pape alla jusqu'à promettre d'accorder *un an de pardon* à quiconque donnerait un denier [1]. Cette presse sur les fidèles avait duré cinq ans. « Quand les « bonnes gens furent prêts par aller outre-mer... la chose fut « délaissée ; mais le Pape, *ot l'argent* et le marquis, son neveu « (Bertrand de Got, marquis d'Ancône), en *ot partie*... Le Roy... « resta par de çà, et les Sarrasins sont encore par de là en leur « bonne paix, et croy que encores pèvent-ils bien dormir « asseur [2]. » Plusieurs disaient que le concile de Vienne n'avait été *organisé que pour extorquer de l'argent* [3].

Au mois de juillet 1309, le Pape reçut solennellement, à Avignon, les ambassadeurs du nouveau roi des Romains. L'ambassade se composait de trois comtes et de deux évêques qui demandèrent la confirmation de l'élection de Henri de Luxembourg. Clément leur déclara qu'il agréait l'élection, et qu'il voulait remettre lui-même la couronne impériale au nouvel empereur. Il lui assigna rendez-vous à Rome, en la basilique du Prince des Apôtres, dans deux ans à partir de la Purification [4].

---

[1] Il fut ainsi ordené que à bien près dans toutes les églises il y arait un tronc, ou un certain lieu auquel chascune persone mettrait du sien selon sa devocion. *Chronique de Saint-Denis : Historiens de France*, t. XX, p. 684.

[2] *Chronique anonyme : Historiens de France*, t. XXI, p. 150.

[3] Dicitur a pluribus quod pro extorquenda pecunia concilium fuit factum. SAINT-VICTOR, *Historiens de France*, t. XXI, p. 656.

[4] Bernard Guidonis et Ptolémée de Lucques (Lucensis). *Vita Clementis papæ*, dans BALUZE, t. I, p. 34 et 55, et *Pronontiation de Clément V*, BALUZE, t. II, p. 272.

L'attitude qui fut prise par Clément V, au cours des cérémonies qui eurent lieu à Avignon, lors de la réception des ambassadeurs de Henri de Luxembourg, et à l'occasion de la confirmation de son élection, dut donner à réfléchir à Philippe le Bel [1]. Ce dernier remit alors en question le procès à la mémoire de Boniface, cette promesse qui pesait tant sur la conscience de Clément V. Le Pape voulut en finir, et cita à comparaître devant lui, en son palais, les parties intéressées, pour la première quinzaine du mois de mars 1309 : « *In prima* « *die juridica post dominicam in Quadragesima qua cantatur* « *Reminiscere* [2]. » Le Pape donna avis au Roi de cette convocation et fit appel *à son honneur*, afin que cette affaire se terminât d'une manière convenable et digne. A la date fixée pour la comparution, Nogaret renouvela ses accusations contre Boniface, et offrit de prouver tous ses crimes. Le Roi demandait que le cadavre du *pape hérétique, usurpateur, intrus*, fût exhumé, que ses ossements fussent livrés au bûcher, et sa cendre jetée au vent [3]. Nogaret imputa à Boniface les crimes les plus atroces et les plus infâmes débauches. On lira dans la chronique de Nauclerc les nombreux chefs d'accusation portés par Nogaret, entre autres la simonie, l'hérésie, le parjure, les mœurs contre nature [4].

Les défenseurs de Boniface protestèrent avec vigueur, *viriliter*, et attaquèrent la personne de l'accusateur en lui imputant des faits énormes et des plus graves. Il est probable que l'auteur de l'attentat d'Anagni, l'excommunié, eut de nouveau à subir les dures paroles que Boniface lui avait adressées pendant l'incendie d'Anagni, les épithètes de *patarin, sanglante allusion* au grand-père de Nogaret qui avait été brûlé

---

[1] Voir les lettres du Pape à Henri, roi des Romains, et aux sujets dudit roi. Baluze, t. II, p. 275, 276.

[2] Lettre du Pape à Philippe le Bel, au sujet de l'affaire de Boniface VIII, du 15 des calendes de novembre 1309. Baluze, t. II, p. 124, 125, 126.
Il y eut remise à une prochaine audience.

[3] Nogaret requist à grant instance que *les os dudit pape fuissent desterrés*, tout comme *hérite, et qu'ils fuissent ars. Chronique de Saint-Denis : Historiens de France*, t. XX, p. 685.

[4] Labbe, *Conciles*, t. XI, p. 1570.

comme hérétique à Saint-Félix de Caraman, diocèse de Toulouse [1]. Le procès dura plus d'un an et n'aboutit à rien ; d'après un chroniqueur anonyme de *Saint-Martial*, Nogaret comparut dans cette circonstance à Avignon, pour se purger de l'attentat d'Anagni [2]. « On ne sait pas ce qu'il advint », ajoute le chroniqueur. En définitive, l'affaire fut renvoyée au concile de Vienne, dont l'ouverture avait été fixée par le Pape au 1er octobre 1310 [3].

Dès le 13 mai 1310, avant la réunion du concile, Clément V écrivit à Charles de Valois et le pria d'intervenir auprès du Roi son frère, d'obtenir de lui qu'il consentît à ce que la solution de l'affaire de Boniface fût soumise à la médiation de l'Église de Rome et à la décision du concile de Vienne ; quelques hauts barons s'intéressèrent à ce différend ; Philippe donna son consentement par lettres patentes du mois de février 1311 [4]. On obtint le désistement des accusateurs. Le concile de Vienne décida en conséquence que Boniface VIII avait été un pape *de la plus pure orthodoxie*, pape *indubitablement, incontestablement*, « *indubitatum* » ; que les procédés et les prétentions de Boniface contre Philippe étaient *injustes*, que les offenses commises, de quelque *manière* que ce fût, par le Roi envers Boniface et l'Église, ne pourraient jamais préjudicier, soit au Roi lui-même, soit à ses enfants et à ses hoirs [5].

Dès le milieu de l'année 1308, les commissions d'inquisition s'étaient mises à l'œuvre ; les évêques ne se crurent pas suffisamment renseignés sur l'étendue de leurs pouvoirs. On lisait dans les bulles du Pape ces mots : « *vocatis qui fuerunt evocandi* ». Quelles personnes fallait-il citer ? Que fallait-il

---

[1] A la suite probablement de la violente persécution dirigée par l'inquisiteur Ferrier, en 1234. *Chanson de la Croisade contre les Albigeois*, de M. Meyer, t. II, p. 222, et note 1. — Voir aussi Saint-Antonin, *Histoire du différend*, p. 23, et Dom Vaissette, *Preuves*, t. IV, p. 551.

[2] *Purgari se super captione Bonifacii*. *Chronique anonyme Sancti Martialis : Historiens de France*, t. XXI, p. 813.

[3] Labbe, *Conciles*, t. XI, p. 1507.

[4] Dupuy, *Différend*, p. 299.

[5] Labbe, *Conciles*, t. XI, p. 1569.

faire au cas où ceux qui se présenteraient déclareraient vouloir défendre l'Ordre? Que faire contre ceux qui refuseraient de passer des aveux? Comment procéder contre ceux qui rétracteraient leurs aveux? A la date du 1ᵉʳ août 1309, Clément V écrivit d'Avignon aux évêques qu'ils eussent à agir comme ils l'entendraient, en se conformant aux règles du droit. Le Pape déclara qu'il n'avait plus rien à ordonner concernant les procédures et les poursuites à diriger contre les Templiers [1]. Pour couper court à toutes difficultés, le Pape, par une bulle en date, à Toulouse, du 30 octobre 1309, ordonna à tout le monde d'arrêter les Templiers à la réquisition des évêques, et de les amener devant eux [2].

[1] Nos ad præsens non intendimus nova jura facere super illis. BALUZE, t. II, p. 123.
L'embarras de Clément V est manifeste.
[2] BALUZE, t. II, p. 132, 133, 134, 135, 136.

CHAPITRE XXVII

Fonctionnement des commissions d'enquête contre les personnes. — Conciles de Sens, Senlis, Rouen, Nîmes, Provence, Languedoc, Bologne, Pise, Florence, Ravenne, Espagne, Aragon, Salamanque, Mayence, Londres. — Composition de la grande commission d'enquête contre l'Ordre. — Philippe de Voheto, prévôt de l'Église de Poitiers, et Jean de Jamvilla, huissier d'armes de Philippe le Bel, préposés à la garde des Templiers. — Documents inédits.

Les commissions d'inquisition organisées par Clément V contre les personnes fonctionnèrent dans toutes les provinces de France et à l'étranger. On pratiqua le mode de procéder dont les commissions organisées par Philippe le Bel et Guillaume de Paris, en 1307, avaient usé. Il n'y eut rien de changé que les termes du formulaire contenant les articulations des faits appointés. Les conciles provinciaux dont nous avons connaissance furent en France : 1° Le concile réuni à Paris par les chefs ecclésiastiques de la province de Sens, sous la présidence de l'archevêque Philippe de Marigny. Ce concile est connu sous le nom de concile de Sens, mais les annotateurs lui donnent celui de concile de Paris [1]. Il importe de savoir que l'Église de Paris n'était qu'un *évêché*, dépendant de la métropole de Sens, qui comprenait aussi les évêchés de Chartres, de Meaux et d'Orléans. 2° Le concile de *Senlis*; Senlis dépendait de la métropole de Reims; ce concile prit donc le nom de concile de *Reims*; il en est parlé à plusieurs reprises dans l'enquête. Il fut présidé par l'archevêque de Reims, Robert de Courtenai. 3° Le concile de Rouen, dont l'enquête ne nous fait connaître ni les détails, ni les résultats. Labbe ne nous dit rien du concile de Rouen. Ce concile fut tenu à *Pont de*

---

[1] Concilium Parisiense de causa Templariorum a Senonensis provinciæ præsulibus celebratum. LABBE, *Conciles*, vol. XI, p. 1536.

l'Arche, sous la présidence de l'archevêque de Rouen, Bernard de Farges, neveu de Clément V. Nous aurons aussi à parler d'un autre concile présidé en 1315, à Narbonne, par ce même Bernard de Farges qui avait été forcé, nous l'avons déjà dit, de quitter le siège de Rouen, où il était devenu impossible. Il y eut des conciles à Nîmes, en Languedoc. Nous connaissons encore ceux de Bologne, Pise, Florence, Ravenne, ceux de Sicile, Provence. En Espagne, Aragon et Portugal, on connaît le concile de Salamanque; en Allemagne, le concile de Mayence; en Angleterre, le concile de Londres, dont nous parle Walsingham. Nous ferons connaître les décisions de ces divers conciles en temps et lieu.

Clément avait désigné, nous l'avons vu, comme membres de la commission chargée d'instruire à Paris contre l'Ordre entier : 1° Gilles Aiscelin, archevêque de Narbonne; 2° Guillaume de Trie, évêque de Bayeux; 3° Guillaume Duranti, évêque de Mende; 4° Raynald de Laporte, évêque de Limoges; 5° Mathieu de Naples, archidiacre de Rouen; 6° Jean de Mantoue, notaire apostolique et archidiacre de Trente; 7° Jean de Montlaur, archidiacre de Maguelonne; 8° Guillaume Agarni, prévôt de l'Église d'Aix.

Ces choix tombèrent sur des créatures du Pape et du Roi. Par ordonnance en date, à Nîmes, du mois de février 1303, Philippe avait accordé à Gilles Aiscelin, archevêque de Narbonne, *qu'il n'y aurait pas de vacance en régale* dans la province de Narbonne, et, par lettres en date du 15 juin 1304, le Roi avait concédé la même faveur à Duranti, évêque de Mende[1]. L'archevêque de Narbonne, *Ægidius Aiscellinus de Bilione (Arvernus),* avait été l'un des ambassadeurs *solennels* envoyés par Philippe le Bel à Bertrand de Got, après son élection, avec lequel il *avait été traité de choses si secrètes,* en octobre 1305. L'archevêque de Narbonne fut le garde des sceaux de Philippe le Bel, jusqu'au 13 octobre 1307; il avait cédé la place à Nogaret, nous avons dit pourquoi. Gilles Aiscelin resta toujours le conseiller intime du Roi, sans cesse occupé

---

[1] LAURIÈRE, *Ordonnances,* t. I, p. 403, 412.

des *affaires d'État,* au point qu'il siégea peu au sein de la grande commission. L'évêque de Bayeux et l'évêque de Limoges étaient des créatures de Clément et du Roi. Guillaume de Trie avait été un des clercs favoris de Philippe; il était fort en faveur; au cours de l'année 1310, au mois de février, il fut député avec Enguerrand de Marigny vers le roi des Romains, Henri VII, pour conclure un traité d'alliance [1]. Les Églises de Limoges et de Mende étaient en *pariage* avec le Roi, sous sa protection. Le Roi était devenu leur *coseigneur.* Ces Églises étaient associées au Roi quant à leurs *revenus* et à la juridiction de leurs domaines, administrés par les *agents du Roi* et par les agents de ces mêmes Églises [2]. Guillaume Duranti avait été nommé à l'évêché de Mende, le 17 décembre 1296, par Boniface VIII, quoiqu'il n'eût pas encore atteint l'âge compétent, et avant d'avoir été *promu dans les Ordres sacrés.* Duranti avait su se faire pardonner par Philippe le Bel d'avoir été du nombre des évêques qui, malgré la défense royale, s'étaient rendus, à l'appel de Boniface, au concile de Rome du 1er novembre 1302 [3]; Mathieu de Naples, archidiacre de Rouen, était le collègue de Bernard de Farges. Jean de Montlaur, archidiacre de Maguelonne, était du nombre de ceux qui, en 1295, avaient facilité à Philippe l'acquisition du fief de Montpellier, qu'on appelait communément le fief *Montpeilleret* [4].

Cette commission, composée d'hommes choisis et *dévoués, éclairés* (autant qu'on pouvait l'être à cette époque), procéda avec une certaine douceur, avec assez d'impartialité; mais elle manqua d'indépendance dans une circonstance des plus graves; les événements furent au-dessus de sa fermeté. La commission cita l'Ordre du Temple à comparaître par-devant elle. Elle se réunit utilement le samedi 22 novembre 1309, dans la salle du palais de l'évêque de Paris (*in aulam*), assistée des notaires *Floriamonte,* Dondei de *Nantua,* Bernard

---

[1] Guillaume Bessin, *Episcopi Abrincenses,* p. 235.
[2] *Ordonnances,* t. XIII, p. 205, et Boutaric, p. 9
[3] Dom Vaissette, t. IV, p. 77.
[4] *Ibid.,* p. 74 et 112.

Filholi, Guillaume Radulphi, Bernard Humbeldi, Nicolaus Constanciensis, Hugo Nicolaï, Jean Louvet et Jean de Félines, et encore en présence de Philippe de Voheto, prévôt de l'Église de Poitiers, et de Jean de Jamvilla, huissier d'armes du Roi, *chargés* spécialement de la garde des Templiers.

Nous dépouillons l'enquête à laquelle procéda cette commission ; elle fut terminée le 26 mai 1311, clôturée en réalité le 5 juin : le texte latin de cette enquête se trouve dans la collection des *Documents inédits sur l'histoire de France, Procès des Templiers*, publié par Michelet en 1841 : c'est l'original (*in formam publicam redactum*) d'un des manuscrits qui furent écrits par les notaires rédacteurs. Des copies certifiées furent adressées à Clément V fin juin 1311 ; l'original fut déposé au trésor de Notre-Dame de Paris, avec condition qu'il ne serait *montré* à personne sans l'autorisation spéciale du Pape, et sur le vu de lettres *spéciales* émanées *de Sa Béatitude*[1]. Michelet, dans la préface qu'il consacre au premier volume du *Procès*, nous dit « que le manuscrit qui avait été déposé au « trésor de Notre-Dame en est sorti depuis longtemps ; qu'il « était connu par des *extraits* ». Selon Dupuy, ce document se trouvait au seizième siècle dans la bibliothèque du président Brisson ; de là il passa, ajoute Michelet, entre les mains de M. Servin, avocat général ; enfin dans celles des Harlay, *au milieu* du dix-huitième siècle : M. de Harlay le légua, avec ses manuscrits, aux Bénédictins de Saint-Germain des Prés. Il échappa à l'incendie de leur bibliothèque en 1793, et a été déposé à la Bibliothèque royale, fonds Harlay, n° 49[2]. Des *extraits* incomplets furent tirés de ce manuscrit, et ont entraîné Dupuy, le Père Hellyot, Maillard de Chambure et autres avant lui, dans quelques erreurs faciles à rectifier.

---

[1] Ipsum quoque processum per duos ex dictis tabellionibus et per unum in papiro Sanctitate Vestræ, sub nostris inclusum sigillis duximus... et dictum processum per unum... in formam publicam redactum, deponimus in thesauro Beatæ Mariæ Parisiensis, absque Beatitudinis Vestræ litteris specialibus nemini exhibendum. *Proc.*, t. II, p. 272.

[2] *Proc.*, vol. I, Préface de Michelet.

CHAPITRE XXVIII

La grande commission d'enquête contre l'Ordre se constitue en tribunal le samedi 22 novembre 1309, dans la chapelle de l'évêque de Paris, à Notre-Dame. — Du 22 novembre au 28 mars 1309, six cent trente-huit Templiers comparaissent devant les commissaires. — Cinq cent soixante environ déclarent qu'ils veulent défendre l'Ordre. — Ils deviennent parties au procès. — Le 22 novembre, comparution de l'ex-Templier Jean de Mélot. — On a confondu Jean de Mélot avec Jacques Molay, le grand maître. — Cause de cette erreur. — Molay comparut trois fois devant la commission : 1° le mercredi 26 novembre; 2° le vendredi 28 novembre; 3° le lundi 2 mars 1309. — 26 novembre, première comparution de Molay, ses hésitations; on lui offre le délai qui lui conviendra pour se décider à défendre ou à ne pas défendre. — Indignation de Molay à la lecture de certaines pièces du procès. — Il demande jusqu'au 28 novembre pour réfléchir. — Dénûment dans lequel Philippe le Bel laissa le grand maître. — 27 novembre, comparution du Templier Ponzardus de Gisiaco. — Il a été mis à la torture. — Son odieuse dénonciation contre les maîtres et les précepteurs de l'Ordre. — Concert organisé dans les prisons entre un certain nombre de Templiers et les gardiens. — Déclaration du Templier Aymo de Barbona; il a été torturé; supplice de l'eau. — Déclaration de Jean de Furno, dit Tortavilla; il a été torturé. — 29 novembre, seconde comparution de Molay; il refuse de défendre l'Ordre devant la commission, et demande à être conduit devant Clément V, son seul juge. — Sa profession de foi. — Intervention étrange du garde des sceaux Nogaret. — Interpellations de Nogaret adressées au grand maître. — Fières réponses de Molay. — On cherche par tous les moyens à déshonorer le grand maître. — Ajournement de la commission au 6 février 1309. — 13 février, comparution du Frère Jean de Barro; il a été torturé. — Jacques de Sanci, ses plaintes. — Vingt-cinq Templiers de son groupe sont morts à la suite de la question et de la torture. — Bernard de Saint-Paul ; termes curieux de sa protestation. — 14 février, rétractations énergiques des Templiers de Carcassonne, Guzerandus de Montepassato, Johannes Costa, Stephano Trobati, de Fore Agula, Dorde Jafet, Raymundus Finel; ils protestent qu'ils ont menti devant le Pape, à Poitiers. — Le Templier Cathiaco remet aux mains des commissaires une lettre que l'on faisait circuler dans les prisons. — Cachet de cette lettre. — Attitude déplorable des gardiens de Voheto et Jamvilla. — 17 février 1309, comparution du Frère Adhémar de Sparros; il se rétracte; il déclare qu'il a menti devant le Pape, à Poitiers. — Le Templier Bernard de Vado; il a été torturé; ses pieds ont été brûlés au feu. — Il montre aux commissaires les os tombés de ses talons sous l'action des flammes. — 20 février, énergiques protestations du chevalier de Caus. — 2 mars 1309, troisième comparution de Molay; il persiste à demander son renvoi devant Clément V; il refuse définitivement de défendre l'Ordre devant la commission.

La grande commission se constitua en tribunal le samedi 22 novembre 1309, dans la chapelle voûtée de l'évêque de Paris [1]. On demandait à chaque Templier comparant, amené, *s'il voulait défendre l'Ordre ;* sa réponse négative ou affirmative était consignée au procès-verbal. Ceux qui refusèrent de défendre devaient plus tard déposer comme témoins sous la foi du serment, même ceux qui, après avoir tout d'abord déclaré qu'ils entendaient défendre, se désistèrent par la suite de la défense : ceux qui persévérèrent dans la défense eurent le droit de proposer toutes exceptions, moyens, de produire toutes cédules et observations. Ils ne furent pas entendus dans l'enquête comme témoins; ils étaient devenus *parties au procès.* Avant d'entrer dans les détails de cette enquête, nous faisons observer que du 22 novembre 1309 au 28 mars de la même année [2], six cent trente-huit Templiers environ comparurent devant la commission. *Cinq cent soixante à peu près* déclarèrent qu'ils voulaient défendre l'Ordre. Beaucoup d'entre eux, revenant courageusement sur leurs premiers aveux, passés soit devant l'inquisiteur, Guillaume de Paris, soit devant les ordinaires, soit même devant le Pape à Poitiers, protestèrent qu'ils avaient menti, et que ces aveux leur avaient été *arrachés par la torture.*

La première personne qui se présenta le 22 novembre devant la commission fut un ex-Templier qui était resté pendant dix ans, disait-il, dans l'Ordre dont il était sorti. C'était un nommé Jean de Mélot, du diocèse de Besançon. Il déclara ne pas vouloir défendre. Les commissaires, après l'avoir examiné et entendu, estimèrent, aux paroles et aux gestes de cet individu, qu'il était un extravagant, un insensé, un fou, *valde simplex, valde fatuus non bene compos mentis suæ;* ils le

---

[1] In camera episcopali et pro *tribunali* sedens. *Proc.*, vol. I, p. 26.
[2] *Ibid.*, p. 99.
Nous faisons de nouveau observer que *Pâques*, premier jour de l'année, tombera le 19 avril (1310).

renvoyèrent à l'évêque de Paris, auquel il appartenait d'entendre les Frères trouvés en état de vagabondage dans son diocèse [1]. Il n'y aurait pas lieu de s'arrêter à cette partie de l'enquête, si nous n'avions à faire remarquer que Dupuy, le Père Hellyot, Maillard de Chambure et autres, se sont trompés singulièrement, en confondant Jean de Mélot avec Jacques Molay [2].

« Le 22 novembre 1309, nous dit Dupuy, les commissaires « firent venir devant eux le grand maître des Templiers, « nommé JEAN DE MOLAY, du diocèse de Besançon. Il dit qu'il « était dans l'Ordre depuis dix ans !... Et reconnaissant cet « homme en ses gestes et en sa parole, fort simple, et comme « fou, ne passèrent pas outre pour l'heure à son égard, et le « renvoyèrent à l'évêque de Paris qui seul pouvait recevoir « de tels fugitifs dans son diocèse; car ledit grand maître avait « dit qu'il s'était retiré de l'Ordre. Néanmoins, ajoute Dupuy, « trois jours après, il fut *ouï derechef* [3]. » Dupuy a dû copier ce passage de l'enquête sur un texte inexact. Le Père Hellyot écrit ce qui suit : « Le 22 novembre 1309, le grand maître « comparut avec Hugo de Payrando, *commandeur* de l'Ordre; « mais le grand maître ayant contrefait le fou, les commissaires « ne passèrent pas outre pour lors, à son égard [4]. » Maillard de Chambure s'en est rapporté à Dupuy. « Ce 22 novembre », dit Maillard, « Jacques Molay parut devant ses juges [5]; il « déclara s'appeler Jean de Molay, et être sorti de l'Ordre « depuis dix ans. »

Il n'est pas exact de dire que Molay ait simulé ou contrefait le fou. Le grand maître ne se nommait pas *Jean*, mais *Jacques*; il ne comparut pas le 22 novembre 1309 devant la commission. Il fut *amené* trois fois devant elle : 1° le mercredi 26 novembre,

---

[1] *Proc.*, vol. I, p. 70, 73.
[2] *Ibid.*, p. 37.
[3] DUPUY, et *Proc.*, vol. I, p. 40.
[4] Le Père HELLYOT, *Histoire des Ordres monastiques, religieux et militaires*, t. VI, ch. III, p. 29. Édit. Paris, 1721.
[5] Maillard se trompe; ces commissaires enquêteurs spéciaux n'étaient pas les *juges* de Molay, pas plus que ceux des autres Templiers; les juges de l'*Ordre* étaient les membres du futur concile général de Vienne.

2° le vendredi 28 novembre; 3° le lundi 2 mars 1309. La partie de copie que Dupuy eut sous les yeux contenait une transposition de voyelles et de consonnances dans les noms patronymiques *Mélot*, *Molay*. Voilà d'où provient l'erreur que nous signalons.

Jean de Mélot présente aux membres de la commission son cachet et leur dit « qu'il avait fait partie de l'Ordre, dont il avait « porté l'habit pendant dix ans, qu'il en était sorti. Il jura sur « son âme qu'il n'avait rien su ni entendu de mal contre le « Temple. *Il est venu* devant les commissaires prêt à faire et à « signer ce qu'ils voudront ».

On lui demande s'il se présente pour défendre l'Ordre, on l'invite à déclarer s'il veut le défendre; on est prêt à l'entendre avec bonté. Jean de Mélot répond « qu'il n'est pas venu pour « d'autre cause que celle qu'il a déjà déclarée; qu'il veut savoir « ce qu'il adviendra de l'Ordre; qu'il prie la commission de « faire de lui ce qu'elle voudra; mais qu'il la conjure de lui « donner les choses nécessaires à son existence, parce qu'il se « trouve sans ressource [1] ». Les commissaires agirent envers Jean de Mélot ainsi qu'il est dit ci-dessus. Les membres de la commission connaissaient bien le grand maître du Temple, *Jacques Molay*, qui était *prince souverain* outre-mer [2], un des principaux personnages du royaume; ils ne l'ont pas confondu avec le vagabond Jean de Mélot. Le grand maître était dans l'Ordre depuis quarante ans et ne l'avait jamais quitté. Jean de Mélot comparaissait volontairement, il n'était pas arrêté; quant à Molay, il était prisonnier depuis le 13 octobre 1307.

Du 22 au 26 novembre, on conduisit devant les commissaires quatorze Templiers qui déclarèrent ne vouloir défendre l'Ordre, et parmi eux PAYRAUDO. Il déclara qu'il était prêt à parler devant le Pape, mais qu'il n'avait rien à dire aux commissaires. Le mercredi 26 novembre, les préposés à la garde des Templiers de Vohet et de Joinville amenèrent le grand maître MOLAY. Requis de déclarer s'il voulait défendre l'Ordre,

---

[1] *Proc.*, t. I, p. 27.
[2] *Chronique de Saint-Denis : Historiens de France*, t. XX, p. 632.

et s'il avait quelque chose à dire pour cette défense, Molay répondit : « L'Ordre du Temple a été confirmé par le Saint-
« Siége, il tient de lui ses priviléges. Je vois avec étonnement
« que l'Église de Rome veuille procéder aussi vite à la des-
« truction du Temple, alors que la sentence de déposition
« contre l'empereur Frédéric a été différée pendant trente-
« deux ans. Je ne suis pas assez savant et assez de bon conseil
« pour défendre par moi-même ; mais je suis prêt à le faire
« suivant mes moyens. Je serais un misérable, et l'on pourrait
« me considérer comme tel, si je ne défendais pas un Ordre
« qui me comble de faveurs et d'honneurs, bien qu'il me
« paraisse difficile de remplir convenablement ce devoir,
« parce que je suis prisonnier du Pape et du Roi. Je possède à
« peine *quatre deniers* dont je puisse disposer pour la défense,
« à moins qu'on ne me fournisse ce qu'il me faut pour cela. »
Molay, le grand maître d'un Ordre si opulent, n'avait à sa disposition, au moment où il parlait, que la somme de *un franc cinquante centimes*. Douze deniers tournois faisaient un *sou tournois*. Le sou tournois valait quatre francs quarante-neuf centimes à peu près de notre monnaie; d'où il suit que quatre deniers représentent *un franc cinquante centimes* [1]. « Je
« demande donc, continue Molay, avis et conseil; mon inten-
« tion est que la vérité des faits imputés à l'Ordre soit connue
« non-seulement de tous les Frères, mais dans toutes les par-
« ties du monde, par les rois, les princes, les prélats, les ducs,
« les comtes, les barons. Je suis prêt à assister aux dépositions
« et témoignages des rois, des princes, prélats, comtes et
« barons, et de toutes les honnêtes gens. »

Or, comme l'affaire était grave, comme le grand maître n'avait avec lui qu'un Frère servant pour prendre conseil, les commissaires lui firent « observer qu'il eût à bien réfléchir sur
« la défense à laquelle il s'offrait, et qu'il prît bien garde aux
« aveux qu'il avait déjà passés contre lui-même et contre
« l'Ordre. Cependant, on était prêt à recevoir sa défense, s'il
« persistait; on lui accorderait même un délai plus long pour

---

[1] Voir les calculs de M. Boutaric, p. 307.

« délibérer, s'il le désirait; mais il fallait qu'il sût bien qu'en
« matière d'*hérésie* et de foi, on procédait simplement, *de*
« *plano*, sans babil d'avocats, sans s'astreindre aux formalités
« usitées dans les jugements [1] ». Afin de permettre au grand
maître de bien réfléchir, la commission lui fit donner lecture
des diverses lettres du Pape, et notamment de la lettre du
Saint-Père en date du 12 août 1308, qui faisait savoir que le
grand maître avait passé des aveux devant les cardinaux Bérenger, Étienne et Landulphe de Saint-Angely. Nous ne pouvons nous empêcher de faire observer qu'il eût mieux valu
donner lecture à Molay des *aveux généraux* qu'on lui imputait
d'avoir passés, le 15 octobre 1307, au *Temple*, devant les
grands maîtres de l'Université. Pourquoi ne lui a-t-on pas mis
sous les yeux les copies des prétendues lettres qu'il aurait
écrites à ses Frères, en les invitant à avouer ce qu'il avait lui-
même confessé? Nous sommes autorisés à croire, en présence
de *cette abstention*, que les commissaires n'avaient pas ces
pièces *dans leur dossier*, qu'ils ne les eurent jamais! Nous persistons à penser que Molay avoua seulement les deux premiers
et très-graves chefs d'inculpation, le *reniement de Jésus-Christ*
et le *crachement vers la croix*, et pas autre chose.

En entendant la lecture des lettres du Pape, relatives aux
aveux consignés dans le procès-verbal des cardinaux *Bérenger,
Étienne* et *Landulphe,* Molay fit précipitamment *deux fois* le
signe de la croix, témoigna par d'autres gestes sa stupéfaction
de ce qui était inséré dans leur enquête et dans les lettres du
Pape; puis il s'écria : « Si vous étiez personnes auxquelles je
« pourrais m'adresser, je dirais autre chose. » Les commissaires lui répondirent « qu'ils n'étaient pas venus pour recevoir
« un gage de *bataille* [2] ».

« Je ne prétends pas cela, répliqua Molay, mais contre de
« *tels pervers* plût à Dieu qu'on usât de la coutume des Sar-
« rasins et des Tartares qui tranchent la tête aux pervers
« reconnus tels, « *perversis inventis* », ou les coupent par le

---

[1] In causa hæresis et fidei, pocedendum erat simpliciter, de plano, et absque advocatorum et judiciorum strepitu et figura. *Proc.*, t. I, p. 32.

[2] Quod ipsi non erant ad recipiendum *vadium duelli. Proc.*, t. I, p. 34.

« milieu du corps ! » Les commissaires répondirent à Molay
« que l'Église jugeait hérétiques ceux qui étaient reconnus
« hérétiques, « *qui inveniebantur hæretici* » ; qu'elle abandon-
« nait les obstinés au bras séculier ». Molay demanda à parler
à Guillaume de Plasian, présent à la séance, et qui y était
venu sans avoir été mandé (ce que firent observer les membres
de la commission). Le grand maître et Guillaume de Plasian
s'entretinrent *a parte*, ce dernier « affirmant qu'il aimait et
« chérissait Molay, parce que tous deux ils étaient chevaliers,
« parce qu'il avait à cœur que le grand maître ne se perdit pas
« inutilement ». Alors Molay déclara : « Je vois bien que si je
« ne délibère pas avec soin, je puis me mettre dans un mau-
« vais cas [1] ; je veux réfléchir, je supplie les membres de la
« commission de m'accorder délai jusqu'à vendredi (28 no-
« vembre) pour ce faire. » Ce délai lui fut accordé. On lui
offrit de lui en donner un plus long, si cela lui convenait.

Le grand maître n'avait-il pas eu le droit de s'indigner?
Ne s'était-il pas confié aux cardinaux, avec la promesse qu'il
pouvait *parler librement,* qu'il *n'avait rien à craindre,* qu'il se
trouvait sous la protection du Pape, dans les *mains* du Pape?
N'avait-il pas été absous, réconcilié avec l'Église? Ne lui
avait-on pas fait *entrevoir sa grâce, la liberté?* Molay avait avoué
à Guillaume de Paris et aux trois cardinaux *avoir renié Jésus-
Christ, avoir craché vers la croix;* mais il n'avait pas confessé
des faits obscènes, l'immixtion dans les fonctions ecclésiastiques [2]; son indignation dut arriver au comble en entendant
la lecture de la bulle de Clément V, qui laissait planer sur lui
les plus odieux soupçons [3]. Le jeudi 27 novembre 1309, on
conduisit devant la commission le Frère Ponzardus de Gisiaco,
précepteur de Paians; on lui demanda s'il voulait défendre
l'Ordre, il répondit : « Les faits imputés à l'Ordre, savoir le

[1] Cito posset cadere in capitum suum. *Proc.*, t. I, p. 32, 33, 34, 35.
[2] L'immixtion du grand maître laïque dans les fonctions sacerdotales est
contredite par tous les témoignages. Pas un seul témoin n'a déclaré qu'il se
soit rendu coupable de cette ingérence.
[3] Sunt etiam quidam ex eis, quedam alia horribilia et inhonesta confessi-
que, ut eorum ad præsens *parcamus verecundiæ subticemus.* Bulle du 12 août
1308. *Proc.*, t. I, p. 5, lignes 20, 21, 22.

« reniement de Jésus-Christ, le crachement sur la croix, les
« mœurs dépravées ou autres faits énormes, sont faux. Les
« aveux de ces actes, passés par moi et les Frères, ont été
« obtenus à l'aide *de la violence,* de l'intimidation et de la
« peur. Nous avons été *appliqués à la torture* par *Floyrano de*
« *Biteris,* prieur de Montfaucon (c'est bien ce même *Florian*
« *de Biterris,* ce citoyen de Béziers dont parle Amalricus
« Augerius de Béziers, prieur de Sainte-Marie [1]), et Guillaume
« Robert, nos ennemis. Les déclarations ont été passées à la
« suite d'une *certaine entente* entre les prisonniers et ceux qui
« les avaient arrêtés et qui les retenaient en prison [2], et à cause
« de la crainte de la mort, parce que trente-six Frères étaient
« morts à Paris, à la suite de la *question, de la torture,* et
« beaucoup d'autres en d'autres lieux. Je suis prêt à défendre
« l'Ordre, pour moi et mes adhérents, si l'on m'en fournit les
« moyens à même les biens du Temple. Je demande pour
« conseils les Frères Raynald de Pruino, commandeur de la
« maison d'Orléans, et Pierre de Bononia, prêtre [3]. »

Ponzardus de Gisiaco présenta à la commission une cédule
sur laquelle étaient transcrits les noms de ces ennemis de
l'Ordre dont il venait de parler. En voici la teneur : « Ce sont
« le *treytour,* liquel ont proposé fauseté et délauté contre este
« de la religion du Temple : Guillalmes Roberts, moynes, qui
« les mitoyet à geine, Esquius de *Floyrac* de Biteris, comprior
« de Montfaucon, Bernardus Peleti, prieur de *Maso* de Génois,
« et Géraues de Boysol, cebalier, venus à Gisors. » On lui
demanda s'il avait été appliqué à la torture ; *il répondit :* « Oui,
« pendant trois mois, avant les aveux que j'ai faits à l'évêque
« de Paris, les mains attachées derrière le dos, et tellement
« serrées que le sang a jailli aux ongles ; on m'avait placé dans
« une fosse d'une largeur d'une leuge (?). Je proteste que si
« l'on m'applique encore à la question, je nierai tout ce que

---

[1] *Amalricius Augerius de Biterris* (Béziers), dans BALUZE, t. I, p. 99. —
Nomine Squinsis de Floriano civis Biterrensis.

[2] Propter quamdam conventionem et informationem quam fecerant ante,
illi qui in carceribus tenebant. *Proc.,* vol. I, p. 36.

[3] *Ibid.*

« j'ai déclaré. Je dirai tout ce qu'on voudra, « *diceret quæcum-*
« *que homo vellet* » ; cependant je suis prêt à subir la décollation,
« le feu, l'eau chaude, pour l'honneur de l'Ordre. Je ne pour-
« rais supporter de plus longs tourments que ceux que j'ai
« déjà endurés pendant deux ans en prison. » On lui demanda
s'il avait autre chose à dire. « *Non* », répondit-il.

A ce moment, le préposé de Vohet remit aux commissaires,
en présence du Frère de Gysiaco, une cédule qui fut lue à
haute voix devant lui.

« La vérité ne cherche pas d'ambages; c'est moi, reprit
« de Gysiaco, qui ai écrit cette cédule ; je l'ai remise au pré-
« posé de Vohet afin d'être conduit devant le Pape et devant
« vous, pour être entendu. J'ai écrit cette cédule dans un
« moment d'égarement, parce qu'un trésorier du Temple
« m'avait fait un affront. »

Nous transcrivons ce document :

« Ce sont les articles que vous ferés demander aux Frères
« deu Temple, desquelles articles li dit Frères deu Temple
« n'ont point été examiné.

« Premiers articles defendus des maistres que li Frères
« n'allassent à main de preste à offerende.

« Item que le dit Frere ne tenissent enfanz à *fons, pour*
« *batème avoir*.

« Item, Frère ne couchâst sous toit où fame jeust, et des
« articles dessus dites li maistres vousissent mettre un poure
« Frère en prison, et i l'en omettaient.

« Item, li maistres qui fesaient frères et suers (sœurs) du
« Temple, aux dites suers fesaient promettre obedience,
« chastée, vivre sans propre, et li dit maître leur promettaient
« foi et loiauté come à leurs suers.

« Item, quand les dites suers estoient entrées, le dit maître
« les d... et autres suers qui estaient de bon âge, qui pensaient
« être venues en la religion, pour leur âmes sauver, il conve-
« nait par force, que li maistre en feissent leur volontez, et en
« avaient enfans les dites suers, et li dit maistres de leurs
« enfanz fesaient frères de la religion.

« Item, communément estaient larron gent, qui autres gent

« avaient mis à mort, se il avaient un peu d'argent, s'il estaient
« frères.

« Item, que li dit maistres des baillies qui demandaient
« congié aux commandeurs provinciaux de faire Frères, tout
« ainsi estait marchié fais de celui qui i volait venir en reli-
« gion, et vous savés que tout cil et celes qui entrent en reli-
« gion pour symonie, cis qui le recoit et cis qui i entre est
« excommeniez et cist qui est excommeniez en tel cas ne puest
« estre absol, que de par notre père le Pape.

« Item que ledit maistre fesaient jurer sur *sains*, le Frère
« que il ne venait par don, ne par promesse, et ledit maistre
« savait vrai que il le fesait parjurer et estant ledit Frère par-
« jure et excommeniez en ne pouvait Frère sauver sa vie.

« Item, ledit commandeur de Baillies se nus petit Frère lidit
« aucunes choses qui lui annuient, pourchassât par dons au
« commandeur provincial, que li pouvres Frères alast outre
« mer pour morir ou en estrange terre cil ne se conoissait et
« par duel et par paureté le convenait morir et sil lessait la
« religion et il povait estre pris, il était mis en prison.

« Item au *derrerain chapitre* qui fi tenus par le visiteur, et
« fu a lan chandelor faiste Notre-Dame, pourpousa Frère
« Renaus de la *Folie*, contre Frère Girot de Villers, et par un
« autre Frère, estoit perdue l'ille de Tourtose et par lui, forent
« morts li Frères et prins, et encor sont, et le volait prover par
« bone gent et fo parceque lidit Frère Gérant se parti un jor
« devant, et amena avec lui ses amis, et pour le deffaut des
« bons chevaliers qu'il enmena, furent perdu. » Le Frère
Ponzardus de Gysiaco faisait allusion à la tentative infruc-
tueuse que les Templiers firent en 1302 sur l'ile de Tortose.
Cette ile était située au nord de Tripoli. Les chevaliers l'occupaient en 1169; ils en furent chassés par les Sarrasins en 1291;
tous les Frères périrent dans le combat. En 1300, l'Ordre
opéra sans succès une descente à Tortose; en 1302, les Templiers parvinrent à s'y établir; mais, au bout de peu de temps,
ils furent forcés de se rendre.

Ponzardus de Gysiaco craignait qu'on aggravât ses souffrances en prison, parce qu'il s'était offert à la défense de

l'Ordre ; les commissaires prescrivirent aux préposés Vohet et de Jamville d'agir envers lui avec modération [1]. Le jeudi suivant 19 février 1309, Ponzardus de Gysiaco déclara qu'il persistait à vouloir défendre. Il ne fut donc point entendu comme témoin dans l'enquête.

Cette odieuse et niaise dénonciation nous donne la mesure des moyens qui furent pratiqués dans les prisons pour obtenir tout ce que l'on voulait *des faibles et des désespérés* appliqués à la torture. Nous avons déjà cité un texte positif : en voici un autre. Le Frère JEAN DE POLLECOURT, entendu le 13 janvier 1310, nous apprendra qu'il avait été convenu entre les prisonniers d'*aider à la destruction* de l'Ordre au moyen d'aveux mensongers [2].

Ce même jour, 27 novembre 1309, on conduisit devant la Commission le Frère AYMO DE BARBONA, du diocèse de Troyes. Interpellé s'il veut défendre l'Ordre, il répond :

« J'ai été appliqué trois fois à la torture ; on m'a fait subir
« le supplice de l'*eau,* que l'on introduisait dans ma bouche
« au moyen d'une cruche (cocquemard, *cucufa*) [3]. On m'a mis
« au pain et à l'eau pendant sept semaines ; je suis pauvre, je

---

[1] *Proc.*, t. I, p. 37, 38, 39.

[2] Quod perderent corpora sua, nisi *juvarent* ad destructionem Ordinis, confitendo quod *abnegassent Deum,* et quod sputassent *super crucem*. *Proc.*, vol. I, p. 369.

[3] La question de l'eau ordinaire, avec extension, se pratiquait de la manière suivante : « Dans la chambre de la question, il y avait une sellette sur laquelle
« était mis le patient. Il était interrogé. Il y avait un bureau pour le greffier,
« et un petit tableau de l'Évangile sur lequel l'accusé devait prêter serment
« de dire vérité. Il était dépouillé, et sa chemise attachée par le bas entre ses
« jambes. Cette question se donnait avec un petit tréteau de deux pieds de
« hauteur et quatre cocquemards d'eau de deux pintes et chopine (plus tard
« mesure de Paris). Un homme qui assistait le questionnaire tenait la tête du
« malheureux un peu basse, et une corne dans la bouche, *afin qu'elle demeure*
« *ouverte.*

« Le questionnaire prenait le nez de la victime et le lui serrait, le lâchant
« de tems en tems pour laisser la liberté de la respiration ; le premier coc-
« quemard, étant tenu haut, était versé lentement dans la bouche ; il en était
« de même pour les trois autres. A chacun des cocquemards, on interpellait
« le patient de dire la vérité. De tout ce qui était fait et dit, il était dressé
« procès-verbal, dont il était donné lecture. » Voir, pour plus amples détails,
le *Mémoire instructif* (qualifié ainsi) par DENISART, v° *Question.*

« ne pourrais défendre l'Ordre par moi-même, je le défendrais
« bien volontiers; mais je suis prisonnier. Pendant trois ans,
« j'ai été préposé à la garde de la chambre du grand maître
« outre-mer, je ne sais rien de mal contre lui et contre l'Ordre;
« je ne sais que faire, mon corps souffre et mon âme pleure,
« *corpus sibi dolebat, et anima flebat;* j'ai beaucoup souffert
« pour l'Ordre, je ne dirai rien, ni pour ni contre, tant que je
« serai en prison. »

On lui demanda s'il persistait dans sa déclaration.

« Je ne dirai rien de plus que ce que je viens de déclarer,
« répliqua-t-il, tant que je serai prisonnier [1]. »

Le mercredi 18 février 1309, Aymo de Barbona déclara qu'il voulait défendre l'Ordre [2]; on le voit encore au nombre des Frères qui persistèrent dans la défense, le samedi 28 mars 1309 et le mardi 31 mars [3]. Il se désista de la défense le mardi 19 mai 1310, après l'exécution des cinquante-quatre malheureux Templiers qui avait eu lieu le 12 mai précédent, à la suite de la décision du concile de Sens.

Le même jour, jeudi 27 novembre 1309, le Frère JEAN DE FURNO, dit TORTAVILLA, fut conduit devant la commission; on lui demanda s'il voulait défendre. Il déclara :

« Je ne veux pas plaider avec *notre seigneur le Pape* et avec
« le roi de France [4]. » On lui dit qu'il ne s'agissait pas de cela, que le Pape et le Roi n'avaient rien à faire dans la cause, mais qu'ils voulaient seulement que la vérité fût connue, que les commissaires représentaient le *Pape, et non le Roi*. On lui posa à nouveau la question : Voulez-vous défendre? Il répond :
« Je suis prisonnier, je ne puis défendre. » Interpellé sur le point de savoir s'il persiste dans les déclarations par lui passées devant l'évêque de Paris, il répond : « Oui, à l'exception du
« péché contre les mœurs. Si j'ai passé cet aveu, je le rétracte,
« je l'avais au surplus rétracté précédemment. » On lui

[1] *Proc.*, t. I, p. 40.
[2] *Id.*, p. 80.
[3] *Id.*, p. 99, 114.
[4] Quod nolebat litigare cum domino Papa et rege Francorum. *Proc.*, t. I, p. 41.

demande pourquoi il a fait cet aveu. Il répond : « J'avais été
« appliqué à la question, trois mois avant ma comparution
« devant l'évêque. Je redoutais d'y être encore soumis ; j'étais
« resté *estropié* pendant une année [1]. » Le vendredi 20 février
1309, Jean de Furno déclara qu'il persistait à vouloir défendre,
et qu'il ferait valoir ses moyens en temps et lieu [2]. Le mardi
31 mars 1309, Jean de Furno persista encore dans la défense,
et fut du nombre des Templiers qui dictèrent à Pierre de
Bononia une cédule dont nous parlerons plus tard [3]. Jean de
Furno disparut à la suite du concile de Sens.

Le vendredi 28 novembre 1309, le grand maître Molay fut
ramené devant la commission. Il s'exprima ainsi : « Je vous
« remercie du délai que vous m'avez accordé pour délibérer sur
« le point de savoir si je dois défendre l'Ordre ; je vous remercie
« de m'avoir offert un délai plus long ; vous m'avez *mis un
« frein sur le col (posuerunt frenum super collum).* » On lui
demanda s'il voulait ou non défendre. « Je suis, répondit-il,
« un chevalier illettré et pauvre ; dans la lecture qui m'a été
« faite de la bulle du Pape, j'ai entendu qu'il s'était réservé le
« grand maître et les autres principaux de l'Ordre ; dans l'état
« où je suis, je ne veux rien faire de plus. » Requis de déclarer
s'il entend ou non défendre : « Non, répond Molay, j'irai en
« présence du Pape quand il lui plaira ; mais, comme tous les
« hommes je suis mortel, je vous supplie de demander au Pape
« de m'appeler devant lui le plus tôt possible, parce que je
« lui tiendrai un langage tout à l'honneur du Christ et de
« l'Église. » Averti par les commissaires qu'ils étaient assemblés, non pas pour instruire contre les personnes, mais contre
l'Ordre, Molay répliqua : « Je vous tiens pour personnes qui
« procéderez fidèlement dans cette affaire. Pour décharger
« ma conscience, je veux vous exposer trois points concer-
« nant l'Ordre : 1° Je ne crois pas qu'il y ait eu d'églises, à

---

[1] Quia fuerat *infirmus* racione illorum tormentorum per annum. *Proc.*, t. I, p. 42.
Nous verrons le mot *infirmus* employé à plusieurs reprises dans le cours de l'enquête ; nous savons dès à présent ce qu'il doit signifier.
[2] *Proc.*, t. I, p. 41, et t. II, p. 286.
[3] *Proc.*, t. I, p. 114, 115.

« l'exception des cathédrales, qui eussent de plus beaux orne-
« ments et de plus *riches reliques* que celles des Templiers, ni
« où les prêtres célébrassent mieux le service divin ; 2° qu'il y
« eût aucun lieu où l'on fît de plus larges aumônes; car,
« dans tout l'Ordre, par une décision du chapitre général, on
« donnait trois fois la semaine l'aumône à ceux qui la deman-
« daient. 3° Je ne connais aucune religion ni aucune nation
« qui ait plus exposé sa vie pour la défense de la foi chrétienne,
« et qui ait répandu plus de sang en combattant les ennemis
« du catholicisme. Lorsque le comte d'Artois perdit la vie
« dans un combat outre-mer, il voulut que les Templiers
« fussent à l'avant-garde ; si le prince avait écouté le grand
« maître d'alors, le comte et tant d'autres ne seraient pas morts. »
Molay faisait allusion à l'affaire du Mansoura, dans laquelle
périt le comte d'Artois, et dont parle Baudoin d'Avesnes, dans
sa chronique du 8 février 1250 : « Li maistres du Temple et
« pluisour autre loèrent qu'on en demourast ès hesberges des
« Sarrasins; mais Foukars de Merlo dist au comte, Robert
« d'Artois, que li Templier ne voldraient mie que la terre fut
« gaignée, et toloa qu'on cachast (poussât) avant, tout comme
« la victoire durait. Li queens ki estait devant tous, feri des
« esperons, et cacha jusques au Kasal de la Massore. Là furent
« tuit mort ou pris [1]. »

Les commissaires répondirent à Molay que tout cela était
inutile, *sans la foi*. « Cela est vrai, répondit Molay, je crois
« en Dieu, en la Trinité et en tous les points de la foi catho-
« lique : un seul Dieu, une seule foi, un seul baptême, une
« seule Église; et quand l'âme se séparera du corps, on verra
« alors quel est le bon, quel est le méchant; chacun saura
« la vérité. »

Molay parlait pour lui et pour l'Ordre; il était impossible de
faire une profession de foi plus orthodoxe; mais l'orthodoxie
de l'Ordre et de ses membres, en général, importait peu; ce
qu'on voulait, c'étaient les biens, la destruction d'une communauté qui réunissait tout à la fois deux forces, l'épée spiri-

[1] *Chronique de Baudoin d'Avesnes : Historiens de France*, t. XX, p. 168.
8 février 1250.

tuelle et l'épée temporelle; et pour arriver à ces fins on employait l'*Église elle-même;* les inférieurs n'y voyaient absolument rien, et obéissaient aveuglément. Le garde des sceaux, Guillaume de Nogaret, arriva à la séance après la réponse que Molay venait de faire. Nogaret prit la parole : « Il repro-
« cha au grand maître et aux principaux de l'Ordre un certain
« hommage que le Temple (au dire de la chronique de Saint-
« Denys) avait jadis rendu au soudan de Babylone, Saladin,
« ajoutant que ce soudan, ayant appris les revers des Tem-
« pliers, avait déclaré publiquement qu'ils s'étaient attiré
« leurs malheurs, parce qu'ils étaient infectés du vice contre
« nature, parce qu'ils étaient des prévaricateurs de leur loi,
« de leur foi. »

En entendant ces paroles, le grand maître manifesta un profond étonnement :

« Je n'ai jamais entendu dire chose pareille, s'écria Molay;
« mais je sais bien qu'à ce sujet, du temps du grand maître
« Bellojoco, moi et d'autres jeunes chevaliers, nous murmu-
« rions contre ce grand maître, parce que nous voulions com-
« battre, faire la guerre, accomplir des faits d'armes; parce
« que durant la trêve que le roi d'Angleterre avait conclue
« entre les chrétiens et les Sarrasins, ledit grand maître ren-
« dait hommage au Soudan dans le but d'obtenir de lui de
« meilleures conditions : finalement, nous avons approuvé la
« conduite de notre grand maître, parce que l'Ordre occupait
« alors et avait sous sa garde plusieurs villes et forteresses sur
« les frontières du Soudan, qui auraient été perdues si elles
« n'avaient reçu des ravitaillements envoyés par le roi d'An-
« gleterre. » Le témoignage du Frère Pierre de Nobiliaco, qui sera entendu, le 14 mai 1311, par la commission, viendra confirmer cette déclaration exacte de Molay. « Les Templiers
« eussent été dans la nécessité d'*évacuer la Terre Sainte,* si le
« grand maître de Bellojoco n'en avait pas agi ainsi qu'il le fit
« avec le Soudan [1]. » Il était odieux d'accuser l'Ordre, le

---

[1] Bellojoco habebat magnam amicitiam cum Soldano et Sarracenis quia aliter non potuissent ipse et Ordo tunc ultra mare remansisse. *Proc.*, t. II, p. 215.

grand maître, de trahison, alors qu'en 1299 il avait été contracté une alliance avec les Tartares contre les Sarrasins.

« Je vous prie humblement, continua Molay, vous et le « garde des sceaux, de me donner les moyens d'entendre la « messe et les autres offices divins, de me permettre d'avoir « ma chapelle et mes chapelains. » Les commissaires et Nogaret félicitèrent le grand maître de sa dévotion, et lui promirent de lui procurer ce qu'il venait de demander [1]. Il ne vint à personne la pensée que le chrétien qui s'exprimait ainsi n'était ni un hérétique ni un apostat; on disait dans les hautes sphères que, pour mieux dissimuler leur *hérésie* et leurs *crimes*, les Templiers distribuaient de larges aumônes aux pauvres de Jésus-Christ, pratiquaient avec ferveur la religion catholique et faisaient célébrer beaucoup d'offices (*sacrificia*); que, toutefois, à l'intérieur de l'Ordre, dans le couvent et au dehors, ils vivaient très-honnêtement [2].

Le même jour, 28 novembre 1309, comparaissait devant la commission le Frère PIERRE DE SAFET, servant, cuisinier de Molay; il fut mis en présence du garde des sceaux et du grand maître : Pierre de Safet n'osa pas renouveler les imputations odieuses qu'il avait dirigées contre Molay devant l'inquisiteur Guillaume de Paris. Pierre de Safet se borna à dire qu'il ne voulait pas défendre, parce que l'Ordre avait deux bons défenseurs, le Pape et le Roi, qu'il s'en rapportait à eux; on ne confronta même pas Molay avec Guillaume de Giaco ou de Gii, Frère servant, faisant partie de sa maison, préposé à la garde de ses chevaux et à l'entretien des harnais. Ce Templier avait porté contre le grand maître une accusation terrible devant Guillaume de Paris. Ce même Guillaume de Giaco ou de Gii sera entendu le 9 février 1310, il déclarera implicitement qu'il a menti : Il ne sait rien! il n'a rien vu!

---

[1] *Proc.*, t. I, p. 42.
[2] Pro dissimulando nephandam et detestabilem vitam atque conversationem ipsorum, magnas elemosynas Christi pauperibus erogabant, et in eorum Ecclesiis valde devote persistebant, et multa sacrificia ibi celebrari faciebant, et infra et extra valde *honeste* incedebant. *Amalricus Augerius de Biterris*, dans BALUZE, t. I, p. 102.

rien fait! il ignore si les Templiers pratiquaient des mœurs odieuses[1]!

La commission chercha par tous les moyens à flétrir Molay et l'Ordre. Le 8 mai 1311, on fera comparaître devant les commissaires un certain HUGUES DE NARSAC, Frère servant, qui déclarera avoir entendu dire par des Frères venus d'outre-mer, ne sait lesquels (*sed non recolit a quibus*), « que Molay « avait des habitudes dépravées avec un de ses valets nommé « Georges[2] ». Tout ceci est révoltant et donne la mesure des agissements pratiqués auprès de témoins complaisants qui ne pouvaient même pas indiquer les sources où avaient été puisées toutes ces infamies. Le Templier de Narsac déclara, en outre, que des relations de grande amitié avaient existé entre le Soudan et Bellojoco : *on en jasait*, dit-il (*alii de hoc obloquebantur*). Ce Narsac, qui *n'était jamais allé outre-mer* (*non fuerat ultra mare*), ne connut pas les causes qui forcèrent Bellojoco à agir comme il le fit et à négocier[3].

On colportait contre l'Ordre d'autres indignes accusations, dont certains écrivains de la vie de Clément V se sont faits les échos[4]; on disait que l'Ordre avait fait alliance avec les Sarrasins contre les chrétiens, et qu'il avait trahi à Accon; ainsi les Templiers cachaient leur hérésie sous les dehors d'un catholicisme outré. Ils cachaient leurs trahisons et leurs perfidies sous les apparences trompeuses du dévouement, en se faisant tuer *jusqu'au dernier* pour la foi, pour la défense de Jésus-Christ, pour l'honneur de la chrétienté!!!

Après avoir entendu Molay, la commission s'ajourna au vendredi 6 février 1309. Ce jour-là et les jours suivants, un grand nombre de Templiers arrivés depuis peu à Paris, et emprisonnés dans divers quartiers de la ville, furent conduits

---

[1] Nec fecit, nec scit, nec credit... quod committerent crimen. Voir son interrogatoire ou sa déposition du 9 février 1310. *Proc.*, t. I, p. 564, 565.

[2] *Proc.*, t. II, p. 207, 208.

[3] Déposition de Narsac. *Proc.*, t. II, p. 207, 208, 209.

[4] Contra ipsos extitit repertum... cum perfidis ultra mare, contra christianos confederationem, et quod ipsi, *ut fertur*, fuerunt causa perditionis civitatis Accon, et totius terræ sibi conjunctæ. *Amalricus Augerius de Biterris*, dans BALUZE, t. I, p. 102.

devant la commission. Ils déclarèrent vouloir défendre, demandèrent les sacrements de l'Église et la liberté.

Au nombre des Frères qui comparurent à l'audience du 13 février, se trouva le Templier Jean de Barro, qui se plaignit d'avoir été appliqué *trois* fois à la question à Saint-Denys près Paris, et mis au pain et à l'eau pendant douze semaines[1]. Le 14 février, les préposés avisèrent la commission que le Templier Jean Mauberchin ne pouvait comparaître, parce qu'il était malade, sur le point de mourir (*remansit infirmus ad mortem*). On sait ce qu'il faut entendre par ce mot *infirmus*[2].

Le Frère Jacques de Sanci, de Troyes (Sanciaco Trecensis), qui fut amené le même jour, 14 février 1309, déclara aux commissaires « que vingt-cinq Frères, faisant partie de son groupe, « étaient morts à la suite de la question et des tortures qu'on « leur avait fait subir[3] ». Le même jour, le Frère Bertrand de Saint-Paul protesta contre les erreurs imputées à l'Ordre, et eut le courage de déclarer « que Dieu opérerait un miracle, « si les Frères qui avaient passé des aveux et ceux qui avaient « nié se rencontraient ensemble à la même Table Sainte, pour « recevoir le corps de Jésus-Christ[4] ».

Ledit jour, 14 février 1309, des faits graves se passèrent devant la commission. Nous avons vu qu'un certain nombre de Templiers avaient été arrêtés en 1307, à Carcassonne et à Beaucaire; vingt-quatre d'entre eux furent conduits à Paris, et comparurent, le 14 février 1309, devant les commissaires; ils déclarèrent qu'ils voulaient défendre l'Ordre. Les Frères arrêtés dans la sénéchaussée de Carcassonne avaient été conduits à Poitiers et avaient passé des aveux devant le Pape; six d'entre eux furent amenés devant la commission de Paris, le 14 février; l'enquête nous a conservé leurs noms. Ils s'appelaient Gazerandus de Montepassato, Johannes Costa, Stephanus Trobati, de Fore Agula, Dorde Jafet et Raymundus Finel.

[1] *Proc.*, vol. I, p. 67.
[2] On connait la signification du mot *infirmus*. Comparer la déposition du Templier de Barbona. *Proc.*, vol. I, p. 43.
[3] *Proc.*, vol. I, p. 69.
[4] Si corpus Christi administraretur eis, et si acciperent simul, confitentes et diffitentes. *Proc.*, vol. I, p. 69

234 PROCÈS DES FRÈRES ET DE L'ORDRE DU TEMPLE.

Ces Frères protestèrent *qu'ils avaient menti* devant le Pape, à
Poitiers, en faisant des aveux contre l'Ordre ; ils déclarèrent
qu'ils se rétractaient[1]. Puis, le Frère JEAN DE CATHIÈRES (DE
CATHIACO), amené après eux, exhiba une lettre qui paraissait
avoir été close avec deux cachets dont les empreintes n'étaient
plus visibles. Cette lettre avait été remise aux Frères détenus
dans la prison de Sens par un nommé Jean *Supini* ou *Chupini,* clerc, alors que l'évêque d'Orléans était venu pour les
examiner, ce qui fut affirmé par un Templier présent à l'audience, nommé Laurentius de Belna[2]. Cette lettre était ainsi
conçue : « Philippe de Voët, prévost de l'Églize de Poytes, et
« Jehan de Jamville, huissier d'armes, nostre Segnor le Roy,
« deputez sus lordenance de la garde des Templiers, ès pro-
« vinces de Sens, de Mâcon et de Rems, à nostre amez frère
« Lorent de Biarne, jadis commandeur de Apulie, et aus autres
« Frères qui sont en prison de Sans, salut et amor : savoir
« vous faisons que nous avons procuré que li Roys notre sierre
« vous envoie à l'Evesche d'Orléans pour vous reconcilier. Si
« vous requirons et prions que vous en la bonne confession que
« nous vos lassâmes, vous tenez si devotament, et si gransement
« envers ledit Evesche d'Orléans, que il n'ait cause de dire que
« par vous nous l'aiens fait travalier ne fait entendre mençonge,
« nous vous semons Jean Chupini, nostre amé clerc, auquel vous
« voilhet creire de part nous de ce que il vous dira, lequel en
« leu de nous vos envoiens. Et sachez que nostre père le Pape
« a mandé que tuit cil qui auront fayt confession devant loz
« quizitor, ses avouez, qui en confession ne voudoent perse-
« veres, que ils seront mis à damnazion et destruit au feu. Nous
« avons commandé audit Jehan que il vous mit à vous les con-
« venables camères tant que nous serons à vous ou nos serons
« brévement, si Diu plet, et fessons alé se ne fust pour avere
« grant besogne, ou li Rois envoie, sus soit garde de nous[3]. »

[1] Dicentes se mentitos esse coram eo (Papa) et predictam confessionem revocantes. Ils déclarèrent qu'ils voulaient défendre l'Ordre...
Ces hommes venaient de prononcer leur arrêt de mort. *Proc.*, vol. I, p. 70.
[2] Ce témoignage coûtera la vie à Laurentius de Belna ; il fut condamné au
concile de Sens et brûlé le 12 mai 1310.
[3] *Proc.*, vol. I, p. 70, 71.

A l'instant, les commissaires firent venir le prévôt DE VOHET, on lui présenta cette lettre ; après l'avoir examinée, il déclara qu'il ne croyait pas l'avoir envoyée [1], qu'il ne pouvait dire si elle était revêtue de son cachet, que son clerc avait quelquefois ce cachet à sa disposition. Jamais il ne l'a autorisé à l'apposer sur cette lettre... il proteste qu'il n'a jamais dit autre chose aux Templiers que de *déclarer la vérité.* De Vohët pria les commissaires d'interpeller les Frères à ce sujet. Ceux-ci attestèrent que de Vohët ne leur avait recommandé autre chose *que de dire la vérité.* Cette lettre constituait manifestement une manœuvre de prison. De Vohët n'a pas eu le courage d'avouer que ce procédé avait été concerté entre lui, son collègue de Jamville et le clerc Chupini.

Le mardi 17 février 1309, on amena à la commission quatre Templiers, du diocèse d'Autun. L'un d'eux, ADHÉMAR DE SPARROS, chevalier, déclara « qu'il voulait défendre, bien qu'il ait fait « des aveux devant le Pape à Poitiers ; il affirma qu'il avait « menti devant lui [2] ». Un second Frère nommé JEAN VALLEGELOSA, prêtre, déclara « qu'il voulait défendre ; qu'ayant été con- « duit devant le Pape, il n'avait rien avoué contre l'Ordre [3] ». Ce même jour comparurent sept Templiers, amenés de Toulouse, au nombre desquels se trouvait un nommé BERNARD DE VADO, prêtre ; il déclara qu'il voulait défendre ; « qu'il avait été « tellement *torturé,* tourmenté, exposé au feu si longtemps, que « les chairs de ses talons avaient été consumées, que les os en « étaient tombés quelques jours après ». Et en même temps, ce Templier montra ces os à la commission [4].

A la séance du vendredi 20 février, le chevalier DE CAUS s'exprima ainsi : « Ce que je vais dire ou proposer n'est ni « pour soutenir le mensonge, l'erreur, ni pour attaquer l'Église, « le Pape, le Roi ou ses conseils ; mais je le fais pour la défense « de mon droit. Je soutiens que la citation, la mise en demeure « de répondre, que tout cela est nul et sans valeur. Je ne puis

---

[1] Dixit quod ipse non credebat misisse dictam litteram. *Proc.,* vol. I, p. 72.
[2] *Proc.,* vol. I, p. 73.
[3] *Id., ibid.*
[4] *Id.,* vol. I, p. 75.

« dire autre chose, je n'ai pas mon libre arbitre; je suis prison-
« nier, et absolument dépouillé, privé des biens du Temple.
« Je n'ai donc pas la liberté de la défense, je ne suis plus mon
« maître (*non est dominus sui ipsius*); mais si j'étais en liberté,
« si l'on me rendait les biens de l'Ordre, je procéderais et
« défendrais comme de droit, s'il plaisait au Pape et au Roi,
« sans les offenser et sans préjudicier en rien à la religion du
« Temple. Je ferai valoir mes moyens, défenses et exceptions
« en temps et lieu, et suivant mon droit [1]. »

Le lundi 2 mars 1309, le grand maître Molay comparut pour la troisième et dernière fois devant la commission. On lui demanda encore s'il voulait défendre l'Ordre. Il répondit : « J'ai été réservé par le Pape, *mettez-moi en liberté* jusqu'au
« jour où j'irai en sa présence, et je verrai ce que j'ai à dire.
« Écrivez au Pape de vouloir bien faire venir devant lui ceux
« qu'il s'est réservés. » Les commissaires promirent à Molay de satisfaire le plus tôt possible à ses désirs [2].

Le vendredi 13 mars 1309, la commission entendit GEOFFROY DE GONAVILLE, commandeur de Poitou et d'Aquitaine. Il déclara qu'il était illettré, insuffisant pour défendre, qu'il ne parlerait qu'en présence du Pape et du Roi [3].

---

[1] *Proc.*, vol. I, p. 81.
[2] *Id.*, p. 87.
[3] *Id.*, p. 88.

CHAPITRE XXIX.

Le 28 mars 1309, les commissaires font donner lecture, dans le jardin de l'évêque de Paris, des chefs d'inculpation. — Présence des Templiers qui ont déclaré vouloir défendre. — Leurs protestations contre les faits articulés. — Texte des chefs d'inculpation au nombre de 117. — Définition, but, résumé de l'articulation. — On a voulu envelopper l'Ordre et ses membres dans un vaste procès d'hérésie entraînant la condamnation de l'Ordre et la confiscation des biens.

Le samedi 14 mars 1309, les commissaires avaient fait conduire devant eux une certaine partie des Frères qui avaient déjà comparu les jours précédents, et déclaré vouloir défendre. On leur donna lecture des chefs articulés. Les actes constatent que quatre-vingt-neuf Templiers seulement étaient présents à cette lecture [1]. La commission comprit qu'il fallait réunir en bloc tous ceux qui s'étaient offerts à la défense. On les amena tous le 28 mars dans le jardin de l'évêque de Paris. (*In viridario retro aulam domini episcopi Parisiensis.*) On leur donna lecture en latin des chefs articulés. Tous protestèrent avec énergie contre la fausseté de cette articulation. On leur offrit de la faire traduire en langue vulgaire; ils répondirent qu'ils ne voulaient pas qu'on leur traduisît de pareilles turpitudes. Les noms des Templiers qui assistèrent à cette réunion ont été conservés dans les actes [2]. Les exécutions qui suivirent la décision du concile de Sens, le 12 mai 1310, créèrent des vides dans les rangs des défenseurs de l'Ordre, et mirent le trouble dans l'enquête. De nombreuses défections se produiront, ce qui n'a pas lieu de surprendre; les articulations sur lesquelles l'enquête devait porter étaient conçues ainsi qu'il suit [3] :

[1] *Proc.*, vol. I, p. 96.
[2] *Proc.*, vol. I, p. 100 et 116.
[3] Nous engageons le lecteur à lire l'articulation en latin. *Proc.*, vol. I, p. 89 à 96.

1° Bien qu'ils déclarassent que l'Ordre avait été institué et approuvé par le Saint-Siége, cependant lors de la réception des Frères, quelquefois après, ils faisaient ce qui suit :

2° Chaque Frère, soit avant, soit après réception, soit lorsqu'il le pouvait, sous l'impulsion ou sous le commandement de celui qui le recevait dans l'Ordre, reniait le Christ, soit le crucifié, soit Jésus, tantôt la Vierge Marie, tantôt les saints et les saintes de Dieu.

3° Ils faisaient cela en général.

4° Le plus grand nombre d'entre eux.

5° Quelquefois après réception.

6° Ceux qui recevaient disaient à ceux qui étaient reçus que le Christ n'était pas vrai Dieu, soit *Jésus, soit le crucifié*.

7° Qu'il avait été un faux prophète.

8° Qu'il n'avait ni souffert, ni été crucifié pour la rédemption du genre humain, mais à cause de ses crimes.

9° Ceux qui recevaient, et ceux qui étaient reçus, n'avaient pas l'espérance d'être sauvés par Jésus; ceux qui recevaient disaient quelque chose d'équivalent ou de semblable.

10° On leur prescrivait de cracher sur la croix.

11° On leur faisait fouler aux pieds la croix.

12° Ce qui arrivait quelquefois.

13° Ils répandaient ou faisaient répandre de l'urine sur la croix, et cela avait lieu quelquefois le vendredi saint.

14° Quelques-uns, ce jour-là et pendant la semaine sainte, avaient l'habitude de se réunir pour répandre leur urine sur la croix et pour la fouler aux pieds.

15° Ils adoraient un certain *chat* qui apparaissait quelquefois dans le chapitre [1].

16° Ils faisaient ces choses en mépris du Christ et de la foi catholique.

17° Ils ne croyaient pas au sacrement de l'autel.

18° Quelques-uns.

19° La plus grande partie d'entre eux.

20° Ni aux autres sacrements de l'Église.

---

[1] Ce chef absurde, dérisoire, tue absolument l'inculpation; la preuve de cette affligeante absurdité sera faite.

21° Les prêtres de l'Ordre ne prononçaient pas, dans le canon de la Messe, les paroles par lesquelles se fait le corps de Jésus-Christ.

22° Quelques-uns.

23° La plus grande partie d'entre eux.

24° Ceux qui recevaient agissaient ainsi.

25° Ils croyaient, on leur disait, que le grand maître pouvait donner l'absolution des péchés.

26° De même le visiteur.

27° Les précepteurs, qui étaient laïques pour le plus grand nombre.

28° Ils la donnaient de fait, ou quelques-uns d'entre eux.

29° Le grand maître en a fait l'aveu en présence des plus hauts personnages, même avant son arrestation [1].

30° Lors de la réception des Frères, ou peu après, le recevant et le reçu s'embrassaient, quelquefois sur la bouche, sur le nombril, soit sur le ventre nu, sur l'anus, sur l'épine dorsale.

31° Quelquefois sur le nombril.

32° Sur la partie du corps où finit l'épine dorsale.

33° Quelquefois sur les parties sexuelles.

34° Lors de la réception, ils faisaient jurer à ceux qu'ils recevaient qu'ils ne sortiraient jamais de l'Ordre.

35° Les reçus étaient aussitôt *reconnus profès* [2].

36° Les réceptions étaient faites clandestinement.

37° Hors la présence de qui que ce fût, hormis les Frères de l'Ordre.

38° A cause de cela, il s'éleva, depuis les temps anciens, un grand soupçon contre l'Ordre.

---

[1] Molay n'a jamais passé d'aveux *avant son arrestation*. *En justice,* Molay a avoué, *après son arrestation,* avoir renié Jésus-Christ en entrant dans l'Ordre.

Tous les témoins de l'enquête affirment que le grand maître ne recevait pas la *confession sacramentelle*; qu'il ne donnait pas l'absolution des péchés.

L'article 29 de l'articulation contient une erreur évidente. Le Pape a été trompé.

[2] Comment est-il possible d'admettre que l'Église ignorât que le grand maître *reçût profès* sans l'autorisation du Saint-Siége, alors que la *Règle,* art. 677, proclame que le maître tenait ce pouvoir de l'apostoïle? Les chevaliers *excommuniés seuls* n'étaient reçus profès qu'après *absolution épiscopale*.

39° C'est ce qui se passait habituellement.

40° On disait aux Frères qui étaient reçus qu'ils pouvaient avoir des rapports impurs les uns avec les autres.

41° Que cela était licite entre eux.

42° Qu'ils devaient le faire et le souffrir.

43° Que ce n'était pas un péché.

44° Ils le faisaient, ou plusieurs d'entre eux, ou quelques-uns.

45° Dans diverses provinces, ils avaient des idoles, c'est-à-dire des têtes dont quelques-unes avaient trois faces, d'autres une seule, d'autres la forme d'un crâne humain.

46° Ils adoraient ces idoles, ou cette idole, spécialement dans leurs grands chapitres, et lors de leurs grandes réunions.

47° Ils les vénéraient.

48° Comme Dieu.

49° Comme leur Sauveur.

50° Quelques-uns d'entre eux.

51° La plupart de ceux qui assistaient aux chapitres.

52° Ils disaient que cette tête pouvait les sauver.

53° Les rendre riches.

54° Qu'elle donnait à l'Ordre toutes ses richesses.

55° Qu'elle faisait fleurir les arbres.

56° Qu'elle faisait germer.

57° Ils entouraient cette tête de cordelettes, les lui faisaient toucher; puis ils ceignaient leurs corps de ces cordelettes.

58° Lors de sa réception, on remettait au Frère des cordelettes de toute longueur.

59° Ils agissaient ainsi par vénération pour l'idole.

60° On leur prescrivait l'usage des cordelettes, qu'ils portaient toujours, même la nuit.

61° Ce mode de réception était en usage.

62° Partout.

63° Presque partout.

64° Ceux qui se refusaient à accomplir ces actes, lors de leur réception ou après, étaient mis à mort ou jetés en prison.

65° Quelques-uns.

66° Le plus grand nombre.

67° On leur enjoignait sous la foi du serment de ne pas révéler ces actes.

68° Sous peine de mort ou de prison.

69° De ne pas révéler la manière dont ils avaient été reçus.

70° De ne pas avoir l'audace de parler entre eux de ces actes.

71° S'il leur arrivait d'en parler, ils étaient mis à mort ou en prison.

72° On leur enjoignait de ne se confesser qu'aux Frères de l'Ordre.

73° Les Frères qui avaient connaissance de ces erreurs ont négligé de les corriger.

74° Ils négligèrent de les faire connaître à notre sainte Mère l'Église.

75° Ils continuèrent à les pratiquer, bien qu'il leur fût facile d'y renoncer.

76° Ils observaient ces pratiques outre-mer, dans les lieux où le grand maître et le couvent se trouvaient.

77° Quelquefois le reniement de Jésus-Christ avait lieu en présence du grand maître et du chapelain.

78° Ceci se passait aussi et avait lieu en Chypre.

79° De même en Occident, dans tous les royaumes, dans tous les lieux où se faisaient les réceptions.

80° Ceci était observé dans tout l'Ordre généralement, depuis longtemps, d'usage ancien, comme articles des statuts.

81° Ces coutumes, habitudes, prescriptions, réceptions, étaient observées dans tout l'Ordre, en tous lieux.

82° Ils avaient introduit ces erreurs dans les statuts de l'Ordre, après l'approbation que le Saint-Siége avait donnée à la règle.

83° Les Frères étaient habituellement reçus de cette manière.

84° Le grand maître prescrivait l'observation de ces pratiques. Les visiteurs, les précepteurs et les autres grands de l'Ordre.

85° Ils les observaient eux-mêmes, enseignaient qu'il fallait les observer.

86° Il n'y avait pas d'autre mode de réception dans l'Ordre[1].

87° Il n'est pas à la connaissance d'un seul membre de l'Ordre que de son temps cet usage ne fût pas observé.

88° Le grand maître, les visiteurs, les précepteurs et les autres grands ayant pouvoir dans l'Ordre, punissaient sévèrement ceux des Frères qui ne suivaient pas ce mode de réception, ou refusaient de l'observer.

89° On ne faisait pas les aumônes, on ne donnait pas l'hospitalité comme on devait le faire.

90° Ce n'était pas un péché pour les Frères de s'emparer du bien d'autrui, envers et contre tous (*per fas et nefas*), par des moyens bons ou mauvais.

91° Ce n'était pas pécher que d'en agir ainsi.

92° Ils avaient l'habitude de tenir secrètement leurs chapitres.

93° A la première veille de la nuit.

94° Ils chassaient les familles en dehors de leurs maisons, et forçaient les personnes à passer la nuit dehors, dans les lieux où ils tenaient leurs chapitres.

95° Ils se renfermaient pour tenir leurs chapitres, fermaient les portes de la maison ou de l'église où ils les célébraient, au point que personne ne pouvait ni approcher, ni pénétrer, que nul ne pouvait voir ou entendre ce qui s'y passait ou ce qui s'y disait.

96° Ils avaient l'habitude de placer une sentinelle sur le toit de la maison qui servait à leurs réunions en chapitre, pour veiller à ce que personne n'approchât du lieu où ils s'assemblaient.

97° Ils observaient, avaient coutume d'observer la même clandestinité, lors de la réception des Frères.

98° Depuis les temps les plus reculés, ils croient que le grand maître a le pouvoir de donner aux Frères l'absolution de leurs péchés.

99° Qu'il pouvait même donner aux Frères l'absolution des péchés non confessés, qu'ils auraient négligé de confesser,

---

[1] L'erreur du rédacteur des chefs 86 et 87 d'inculpation sera révélée par l'information.

par crainte d'encourir les peines disciplinaires ou la pénitence.

100° Le grand maître a confessé ces erreurs avant *son arrestation*, en présence d'ecclésiastiques et de laïques dignes de foi[1].

101° En présence des principaux de l'Ordre.

102° Ils tiennent ces erreurs, non-seulement du grand maître, mais des précepteurs et des plus hauts dignitaires de l'Ordre.

103° L'Ordre entier devait observer, et observait ce que le grand maître décidait, ou faisait avec le couvent,

104° Parce que d'ancienneté ce pouvoir résidait en sa personne et lui appartenait.

105° Ces erreurs, ces détestables habitudes durent depuis longtemps; le personnel du Temple s'est renouvelé plusieurs fois depuis leur mise en pratique.

106° Tous, ou les deux tiers de l'Ordre, au moins, connaissant ces erreurs, ont négligé de les corriger.

107° Ils ont négligé de les faire connaître à la sainte Église.

108° Ils n'ont pas cessé d'observer ces erreurs, d'avoir communion avec ceux qui les pratiquaient, quoiqu'ils eussent la possibilité, la faculté de s'en séparer.

109° Beaucoup de Frères sont sortis de l'Ordre, à cause de

---

[1] Le Pape faisait allusion à deux procès-verbaux des docteurs en théologie et de l'université de Paris, dressés le samedi 14 et le dimanche 15 octobre 1307, sous le *regard de Nogaret*, et dont parle la *Chronique de Saint-Victor*. Ces procès-verbaux sont extrajudiciaires et sans valeur. Ces prétendus aveux de Molay auraient été passés non *avant*, mais *après* son arrestation, qui avait été opérée le 13 octobre au matin *par Nogaret et de Roye*.

Si Molay avait rétracté des *aveux généraux* devant les cardinaux Bérenger, Étienne et Landulphe, ces cardinaux ne lui auraient pas donné l'*absolution;* ils n'auraient pas reçu à *communion*, admis aux *sacrements* un *impénitent* et un *obstiné*.

Molay a avoué le reniement, pas autre chose.

Les prétendus procès-verbaux des 14 et 15 octobre 1307 n'ont jamais été remis à la commission.

L'enquête n'en parle pas; Clément V a été encore trompé sur ce point.

Lorsque Nogaret interpella Molay devant la commission d'enquête, il ne lui dit pas un *seul mot* touchant des *aveux généraux* qu'il aurait passés, soit avant, soit après son arrestation.

ces infamies et de ces erreurs; les uns entraient dans une autre religion, les autres revenaient au siècle.

110° A cause de ce qui précède, il s'est élevé de grands scandales parmi les plus hauts personnages, les rois, les princes; parmi les populations.

111° Tout ceci est notoire, manifestement connu de tous les Frères de l'Ordre.

112° C'est la voix publique, l'opinion commune, c'est la rumeur générale, non-seulement parmi les Frères, mais partout.

113° En ce qui concerne la plus grande partie des articulations ci-dessus.

114° Ou quelques-unes.

115° Le grand maître, le visiteur, les grands commandeurs de Chypre, de Normandie, de Poitou, plusieurs autres précepteurs et Frères de l'Ordre ont passé des aveux, tant en justice qu'ailleurs, en présence de personnages officiels en plusieurs lieux, devant des officiers publics.

116° Plusieurs Frères de l'Ordre, tant chevaliers que prêtres et autres, en présence de notre seigneur le Pape et des cardinaux, ont avoué les erreurs ci-dessus en totalité ou en partie, sous la foi du serment.

117° Ils ont même renouvelé leurs aveux, et reconnu l'existence des mœurs ci-dessus, en plein consistoire.

On se trouvait en face d'un réquisitoire d'information et d'inculpation *à toutes fins* (système trop commode), dressé par des juristes versés dans la science des hérésies qui avaient affligé l'Église. Les prélats instructeurs étaient chargés de rechercher si les Templiers étaient des gnostiques et des docètes, pis encore, des manichéens divisant le Christ en Christ *supérieur* et en Christ *inférieur, terrestre, passible, inféodé, vivant, captif, dans la matière dont il était pour eux l'organisation*. Ne faisaient-ils pas partie de ces anciennes sectes *dites libertines*, des gnostiques, carpocratiens, nicolaïtes et manichéens?

N'avaient-ils pas embrassé la religion de Mahomet (comme le prétendait la *Chronique de Saint-Denys*)? Il y avait encore un point à examiner, mais difficile à concilier avec les autres. Les Frères considéraient-ils Jésus comme un faux prophète, comme un criminel de droit commun qui aurait été condamné et mis à mort pour ses crimes? Dans cette dernière hypothèse, les Templiers se seraient donc rangés au nombre des assassins de Jésus, qu'ils *crucifiaient une seconde fois,* comme l'*avait écrit Philippe le Bel?* Alors ils n'étaient ni gnostiques, ni docètes, ni manichéens, mais purs déistes, déistes formels. Le but était d'envelopper le Temple et ses membres dans un vaste procès d'hérésie, entraînant la confiscation des *corps et des biens*[1].

En somme, l'Ordre et les Frères étaient inculpés de monophysisme, autant que l'on peut en conclure des chefs d'inculpation, de renier la nature humaine de Jésus-Christ, le mystère de l'Incarnation, et d'avoir ainsi mutilé le Fils de Dieu, de couvrir d'opprobres le signe de la Rédemption, de renier la foi catholique, le dogme de la Sainte Trinité, Marie, Mère de Dieu, les saints et les saintes de Dieu (*sanctos et sanctas Dei*); de renier les sacrements de l'autel et de l'Église.

Le grand maître était inculpé d'un grand sacrilège : il aurait reçu, bien que laïque, la confession sacramentelle, et donné l'absolution des péchés non confessés.

L'Ordre et les Frères auraient trempé dans les hérésies de Manès, des cathares, albigeois et patarins.

Ils étaient inculpés d'idolâtrie, d'avoir adoré, fait adorer, dans leurs chapitres ou réunions secrètes, les idoles des manichéens, l'*ogdoode*[2].

---

[1] L'hérésie était condamnée absolument par la *Règle*.

Perdait la maison... « tout Frère trouvé en *mescreandise,* ce est s'il ne creit
« bien as articles de la foi *ensi* comme l'Église de Rome y *creit et le comande*
« *à creire* ». (*Règle,* art. 422 et 571.)

Toutes les fois que les chevaliers allaient en terre d'*hérésie,* le maître emmenait un chapelain et sa chapelle.

« Et quant le commandeur de la terre d'Antyoche vait en la terre d'Erménie,
« il puet mener chapelain et porter chapèle. » (*Règle,* art. 129.)

L'Arménie était pays hérétique.

[2] Le Mété Androgyne, l'intelligence bisexuelle de la Gnose, le Jésus passible des manichéens.

On pourra voir le spécimen du Mété en la lithographie qui fait suite à la

De porter des cordelettes qu'on avait fait toucher à la tête de l'idole.

De s'être livrés aux promiscuités honteuses reprochées à certaines sectes gnostiques, notamment aux manichéens, cathares, albigeois et patarins[1].

D'avoir, dans leurs chapitres, entretenu commerce avec le *diable*, sous la figure d'un *chat !*

D'avoir, *en définitive*, renié entièrement Jésus-Christ, embrassé la religion de Mahomet, le *monothéisme* (erreur dans laquelle ils auraient été entraînés par celle de Manès).

Les juristes de la cour de Rome avaient fait grâce à l'inculpation des autres pratiques monstrueuses, attribuées aux manichéens, décrites par saint Cyrille, saint Augustin, saint Épiphane, Pierre de Sicile[2], et dont la *Chronique de Saint-Denys* nous a fourni les détails en partie.

Tels étaient les points saillants de l'inculpation, que l'on peut résumer ainsi :

Reniement du Christ,

Apostasie,

Idolâtrie,

---

brochure n° 2 de la *Monographie du coffret de M. le duc de Blacas* (ou *coffret d'Essarois*). Paris, édition 1853, Dumoulin (Champion successeur).

[1] *Saint Cyrille*, WOLF, traduction de PHOTIUS, p. 42. — SAINT AUGUSTIN, *De hæres.*, 26. Édit. Valois. Cologne, 1782, p. 26. — SAINT ÉPIPHANE, *Hæres.*, 22, 24, 26, p. 85. — PIERRE DE SICILE, *Histoire des manichéens*, p. 754.

Si saint Augustin n'eût été lui-même un *ardent manichéen* dans sa jeunesse, si saint Épiphane n'avait pas été l'objet, nous dit-il, de séductions de la part de deux *femmes manichéennes*, on ne pourrait croire aux infamies qu'ils décrivent, et dont il n'y a *pas à douter, puisqu'ils en ont été les témoins.* SAINT ÉPIPHANE, *Hæres.*, 26, c. XVII, p. 99, 100. — SAINT AUGUSTIN, *De hæres.*, 46. — *Confessions*, liv. II, ch. II.

« Illac autem purgari nos ab istis sordibus expetentes cum eis qui appel-
« lantur *electi et sancti*, asseremus *escas*. De quibus nobis in officina *aqua-*
« *licali* sui fabricarent *angelos et deos* per quos liberarentur.
« Et *sectabor ista atque faciebam cum amicis meis, per me, ac mecum*
« *deceptis !* » SAINT AUGUSTIN, *Confessions*, liv. IV, ch. I.

[2] Ainsi les Templiers qui avaient massacré, fait massacrer les albigeois en 1219, seraient devenus, d'après les légistes de la cour de Rome, les adeptes fervents de leurs hérésies ! Ceci nous donne une idée de la valeur de l'accusation.

Mauvaises mœurs.

Il faut laisser la parole à l'enquête. Des auteurs modernes qui ont écrit contre les Templiers et l'Ordre du Temple nous semblent avoir trop négligé les résultats de cette longue information. Ils ont groupé certaines dépositions qu'ils ont savamment rapprochées des théories gnostiques, et à l'aide d'ingénieuses déductions, après avoir fait passer leurs lecteurs *à travers un vrai dédale d'éclectisme syrien, grec et oriental,* ces érudits en sont arrivés à condamner l'Ordre comme hérétique, comme entaché soit de *gnosticisme musulman*, soit de *manichéisme mahométan*[1]. Ces écrivains ont fait preuve d'une grande érudition, mais le concile général de Vienne ne partagea pas leurs convictions. Les Pères du concile, dont on ne saurait nier les lumières et la *perspicacité*, n'ont pas voulu juger, *condamner* l'Ordre du Temple en présence d'une enquête qui n'avait pas suffisamment prouvé contre lui.

Robert Gaguin, écrivain ecclésiastique du quinzième siècle, ministre général de l'Ordre des Matburins, dans son *Compendium super Francorum gestis,* et Guillaume Paradin, écrivain du seizième siècle, dans son *Histoire de Savoie*, ont recueilli, amplifié toutes les calomnies inventées contre les Templiers : en lisant ces énormités on se rend tout de suite compte des sources où elles ont été puisées. Ce sont toujours les mêmes pratiques exécrables reprochées aux manichéens et cathares albigeois ; le culte de latrie rendu à des idoles à *barbes noires et crépues,* représentant le prince de la matière et le Dieu de la concupiscence, l'incinération *des morts, l'absorption* de leurs cendres au milieu d'*agapes monstrueuses;* c'est la réédition de l'histoire de *ce chat* adoré dans les chapitres, l'*apparition* du *diable* au milieu de conciliabules *secrets* sous la figure de femmes, le viol des filles *qui assistaient* à ces prétendues cérémonies, les stupres, les adultères, la *paillardise,* les abominables ordures, les mœurs infâmes ; le jet de mains en mains, en manière de jeu au ballon ou à la raquette, d'un

---

[1] Voir la *Monographie du coffret d'Essarois,* brochure, 1852, p. 90, 94. Édit. Dumoulin, Paris, quai des Augustins, 13.

enfant né des débauches des chevaliers, jusqu'à ce qu'il *soit mort;* le fait de rôtir son cadavre, d'en faire sortir une graisse sordide dont ils oignaient leur grande statue. C'est ainsi que ces écrivains prirent à tâche de propager l'horreur, la calomnie contre les chevaliers du Temple. C'est de cette manière qu'on entretenait la *terreur* de l'*hérésie,* la *crainte* des *exemples* chez les *réguliers* qui *encombraient* alors les *couvents* et les *cloîtres :* l'enquête n'avait rien révélé de semblable [1].

[1] Tous ces passages sont littéralement tirés de Gaguin et de Paradin. *Compendium super Francorum gestis,* liv. IX, p. 12, et Guillaume Paradin, *Histoire de Savoie,* c. 106, liv. II, v.

CHAPITRE XXX

Les Templiers sont sommés de choisir des mandataires pour défendre devant la commission d'enquête. — Cédule présentée par Raynald de Pruino et Pierre de Bononia, au nom de leurs adhérents. — Mises en demeure, paroles de l'archevêque de Narbonne et de l'évêque de Bayeux. — 1er avril 1309, les notaires de la commission se rendent dans les lieux où sont détenus les Templiers, pour recevoir leurs déclarations. — Les divers quartiers et rues de Paris au quatorzième siècle. — Emplacement des rues, portes, ponts, places, établissements, édifices accédés par les notaires. — Les Templiers refusent de constituer mandataires avant de s'être concertés avec leur grand maitre. — Cédule dictée aux notaires par Pierre de Bononia. — Cédule du Frère Hélias Aymeric, modèle d'orthodoxie et de douce piété. — Cédule de Raynald de Pruino, du 1er avril 1309. — Exceptions soulevées. — Cédule d'un groupe de Templiers détenus à Saint-Martin des Champs. — Les Frères entendent défendre en personne, chacun pour soi, devant la commission et au concile général. — Ils défendront la religion du Temple contre quiconque jusqu'à la mort. — Ils demandent à se concerter avec Godefroy de Gonaville, Guillaume de Chambonnet de Blandesio, Guillaume de Bléri de Chantalonne, Pierre Maliane, Hélias Aymeric et Pierre de Longni. — Réponse ironique de treize Templiers détenus à la maison Ocréa.

Après avoir fait donner lecture du formulaire des chefs articulés, les commissaires invitèrent les Frères à choisir parmi eux des fondés de pouvoirs à l'effet de défendre. Après quelques instants de délibération, le Frère Raynald de Pruino, précepteur de la maison d'Orléans, et Pierre de Bononia, procureur de l'Ordre en cour de Rome, tous deux prêtres et lettrés, produisirent la protestation qui suit :

« Il est dur pour les Frères d'être privés des sacrements de
« l'Eglise, d'avoir été dépouillés, depuis leur arrestation, des
« biens du Temple et de l'habit de la religion ; d'avoir été
« incarcérés, enchaînés de la manière la plus vile : on les laisse
« manquer de tout. Presque tous ceux qui sont morts en prison
« loin de Paris ont été enterrés hors des lieux saints et des
« cimetières : à l'article de la mort, on leur a refusé les der-

« niers sacrements. Il nous semble que nous ne pouvons
« choisir de fondés de pouvoirs sans le consentement du grand
« maître auquel nous devons obéissance. Presque tous les
« Frères sont illettrés et simples; ils demandent à prendre
« conseil de personnes prudentes et sages. Deux de nos Frères
« n'ont pu venir s'offrir à la défense, ce sont les Frères
« Raynauld de Vassinhiaco et Mathieu de Clichiaco. Nous
« demandons qu'on nous réunisse avec le grand maître et les
« précepteurs des provinces pour délibérer. Nous déclarons
« que si le grand maître et les précepteurs refusent leur con-
« cours, nous ferons ce que nous devons faire [1]. »

Les commissaires répondirent que le grand maître, le visiteur de France et quelques autres grands de l'Ordre avaient déclaré ne vouloir défendre, dans l'état où ils se trouvaient, et engagèrent de nouveau les Frères à choisir des fondés de pouvoirs; ils donnèrent des ordres pour que les Templiers Raynauld de Vassinhiaco et Mathieu de Clichiaco fussent amenés devant la commission.

L'archevêque de Narbonne prit à ce moment la parole, en présence de ses collègues et des Templiers assemblés dans le jardin de l'évêque de Paris.

« Frères, leur dit-il, vous avez entendu ce que nous avions
« à vous faire savoir. Organisez-vous, décidez; l'affaire requiert
« célérité, le jour fixé pour l'ouverture du concile général
« approche. Envoyez vos fondés de pouvoirs, nous ferons
« ensuite le nécessaire; sachez bien que nous n'avons pas
« l'intention de vous réunir tous ensemble, et que nous procé-
« derons comme de droit. »

L'évêque de Bayeux ajouta :

« Frères, mettez-vous d'accord sur ce que nous vous avons
« dit. C'est demain dimanche, nous ne procéderons pas, ni
« lundi; mais mardi, nous commencerons à entendre les
« témoins. Nous vous enverrons nos notaires, qui consigne-
« ront par écrit vos dires et vos résolutions. » Puis la commission se retira.

[1] *Proc.*, vol. I, p. 101.

Le mardi 31 mars 1309, on amena devant la commission le Frère Raynauld de Vassinhiaco, qui déclara qu'il était détenu honnêtement, qu'il était bien traité, et qu'il ne voulait pas défendre; le mercredi 1er avril 1309, le Frère de Clichiaco fut amené, il déclara qu'il entendait soutenir la défense.

Le choix de Pierre de Bononia comme défenseur était dangereux; car si l'on se reporte au procès-verbal de Guillaume de Paris, du 7 novembre 1307, il avait passé des aveux [1]. Le choix de Reginald de Pruino n'était pas moins malheureux; car il avait avoué devant l'inquisiteur le même jour, 7 novembre 1307, qu'en entrant dans l'Ordre on faisait renier Jésus-Christ au profès [2]. Le 31 mars, dernier jour du mois (*ultima die mensis martis*), les notaires délégués par la commission se transportèrent successivement dans les divers quartiers où étaient détenus les Templiers qui avaient comparu, quatre jours avant, dans le jardin de l'évêque.

Il n'est pas sans intérêt de parcourir avec les notaires ces rues de Paris telles qu'elles existaient au treizième et au quatorzième siècle. Nos contemporains en ont vu quelques vestiges.

Il faut nous placer à l'église Notre-Dame, après avoir consulté l'ouvrage de Géraud (*Paris sous Philippe le Bel*) et les plans de M. Albert Lenoir, qui se trouvent à la fin du travail de l'érudit Géraud.

Les quartiers situés sur la rive droite de la Seine (la ville) étaient appelés quartiers d'*outre Grand-Pont* (pont au Change). Les quartiers qui s'étendaient sur la rive gauche jusqu'à la place de la Vieille-Estrapade, et depuis la rue Mazarine jusqu'à la rue des Fossés-Saint-Bernard, s'appelaient quartiers d'*outre Petit-Pont*. On connaît l'emplacement de l'île de la Cité : la rive droite était reliée à la Cité par le Grand-Pont, la Planche-Mibray; et la Cité se reliait avec la rive gauche par le *Petit-Pont*. En partant de Notre-Dame, les notaires pouvaient suivre trois itinéraires pour se transporter sur la rive

---

[1] *Proc.*, t. II, p. 348.
[2] *Id.*, p. 355.

droite, dans les quartiers dits outre Grand-Pont. 1° Ils pouvaient prendre les *passeurs* à Saint-Denys du Pas, derrière Notre-Dame, traverser la rivière, et débarquer sur la *berge* à la *foulerie* (rue de la Mortellerie). 2° Ils pouvaient se rendre sur la rive droite en passant par la Planche-Mibray (planche demi-bras, moitié du bras de la Seine, pont Notre-Dame). On accédait à la Planche-Mibray en suivant le marché Palu joignant l'Hôtel-Dieu, la Juiverie (rue de la Cité), la rue de la Lanterne (rue de la Cité), la ruelle de la place Saint-Denys de la Chartre (à l'extrémité méridionale de la Planche-Mibray), le pont conduisant aux rues de Mibray, des Arcis, Saint-Martin; puis on arrivait à la porte Saint-Martin et de là au cimetière Saint-Nicolas; enfin, à Saint-Nicolas des *Chans* (rue Saint-Martin, n° 202) et à Saint-Martin des *Chans* (Conservatoire des arts et métiers), en dehors des murs de la nouvelle enceinte. Le troisième itinéraire consistait à passer par la place Saint-Denys de la Chartre, la rue de la Peleterie (Pelleterie), l'église Saint-Barthélemy (ancien passage de Flore, rue de la Barillerie), le Grand-Pont, la place du Grand Châtelet (ou porte de Paris), la rue de la Selerie (en partie rue Saint-Denys), la Grande-Rue (rue Saint-Denys), la porte Saint-Denys qui conduisait à l'hôpital de la Trinité (rue Saint-Denys), la rue Guérin Boucel (Guérin Boisseau), se dirigeant vers la droite et aboutissant à Saint-Martin des *Chans* (Conservatoire des arts et métiers).

Pour se transporter de l'église Notre-Dame dans les quartiers outre Petit-Pont (rive gauche), les notaires passaient par le marché Palu, le Petit-Pont qui débouchait sur la rue Saint-Jacques, la grande rue Benoiet (rue Saint-Jacques en partie), conduisant à la porte Saint-Jacques. La rue Saint-Jacques se nommait autrefois la *Grande-Rue*, et rue Saint-Benoît. Le nom de Saint-Jacques fut donné à cette *Grande-Rue*, lorsque l'Ordre des Frères Prêcheurs (Dominicains) vint s'installer à Paris, selon Félibien, en 1217, le 12 septembre [1]. En 1228, d'après Sauval, sous le règne de Louis IX, les Frères Prêcheurs allèrent se loger au *Parloir aux Bourjois* (rue des

---

[1] Félibien, t. I, p. 260.

Grès) ; Louis IX leur donna une chapelle sous l'invocation de saint Jacques ; ils construisirent leur couvent près du *Parloir aux Bourjois* dans le haut de la *Grande-Rue*, d'où cette rue prit le nom de rue Saint-Jacques, et l'on donna aux Frères Prêcheurs le titre de *Jacobins* [1].

Pour accéder du Petit-Pont à la rue de la Harpe (de la Cithare), on prenait la rue Saint-Séverin, le carrefour Pane-Vère (carrefour formé par la jonction des rues de la Harpe, Mâcon, Saint-Séverin et de la Boucherie). On entrait alors dans la rue de la Harpe (ancienne rue Saint-Cosme) qui conduisait à la porte *Gibet, Gibart* ou *Jubart* ou *d'Enfer* (place Saint-Michel), et à l'ancien *Parlouer aux Bourjois* qui se trouvait derrière le couvent des Jacobins (rue des Grès) ; on pouvait encore traverser la rivière au Port-l'Évêque (représenté en 1634 par les abords du Pont-aux-Doubles), derrière la maison de l'évêque, et gagner soit la place Maubert, soit la rue Sainte-Geneviève et les rues Saint-Victor et Saint-Ilaire (Saint-Hilaire) [2].

Le mardi 31 mars 1309, les notaires se rendirent à la maison de Guillaume La Huce, rue du Marché-Palu, joignant l'Hôtel-Dieu (dans la Cité), où étaient détenus dix-huit Templiers. « Les Frères déclarèrent qu'ils ne pouvaient délibérer « en l'absence du grand maître. » De là, les notaires vont à la maison du Temple de Paris, où étaient détenus soixante-quinze Templiers. L'établissement du Temple occupait tout le vaste espace borné par les rues du Temple (ancienne rue Sainte-Avoye), de Vendôme, Charlot et de la Corderie : sur l'emplacement de la maison du Temple, on a établi un grand marché où s'exerce aujourd'hui l'industrie des marchands à la toilette et d'objets de ménage. L'ancien domaine de Reuilly, que l'Ordre tenait de Mathieu de Beaumont, commençait à l'abbaye Saint-Antoine (hôpital Saint-Antoine) et s'étendait sur un espace d'environ *trois cents arpents* [3].

---

[1] Sauval, *Antiquités de Paris*, t. I, p. 410.
[2] Le nom de Pont-aux-Doubles vint de ce que, en vertu d'une ordonnance royale de 1634, on devait payer un double tournois pour passer sur ce pont.
[3] *Ordre de Malte : Commanderies;* Mannier, p. 16.

A la demande des soixante-quinze Frères détenus au Temple, les notaires écrivirent les observations suivantes, sous la dictée de Pierre de Bononia :

« Nous avons un chef, nous ne pouvons rien faire sans son
« autorisation, il nous est impossible de constituer manda-
« taires, nous offrons de défendre l'Ordre et de comparaître en
« personnes devant la Commission. Tous les articles compris
« dans la bulle du Pape sont indécents, honteux; ils choquent
« le bon sens. Ils sont détestables, horribles, mensongers,
« faux, des plus faux et iniques. Ils ont été fabriqués dans
« l'ombre, suggérés par des ennemis de l'Ordre. La religion
« du Temple est pure, immaculée; ceux qui prétendent le
« contraire sont des hérétiques et des infidèles, fauteurs d'hé-
« résie, cherchant à jeter la perturbation dans la religion.
« Nous voulons défendre l'Ordre, par tous les moyens. Pour
« cela nous demandons qu'on nous rende à la liberté. Nous
« demandons à nous présenter *en personne au concile général;*
« ceux qui ne pourront s'y rendre enverront des *adhérents.* Les
« Frères qui ont déclaré vrais les faits mensongers articulés
« dans la bulle en ont *menti;* mais il ne faudrait pas s'en pré-
« valoir contre l'Ordre, car ils ont parlé par crainte de la mort,
« cela ne saurait préjudicier en rien à la religion du Temple
« et aux personnes. Il est, en effet, notoire que ces aveux ont
« été obtenus au moyen de la torture et des menaces; ceux
« qui assistaient à la question ont avoué suivant la volonté des
« bourreaux (*dixerunt voluntatem torquencium*). Le supplice
« d'un seul a causé la terreur de tous; il n'y avait d'autre
« moyen d'échapper aux tourments que celui de passer des
« aveux mensongers. D'autres ont été séduits par les prières,
« l'argent, les caresses et par de grandes promesses. Tout cela
« est public, notoire; nous demandons justice, pour l'amour
« de Dieu. Nous sommes opprimés injustement depuis long-
« temps. En bons et fidèles chrétiens, nous demandons l'admi-
« nistration des sacrements de l'Église; j'entends, pour moi et
« mes adhérents, défendre l'Ordre le mieux que je pourrai[1]. »

---

[1] Un chroniqueur du temps nous fait savoir ce que tout le monde disait :

Les notaires se rendirent le même jour à Saint-Martin des Champs, où étaient détenus treize Templiers qui firent entendre de nouvelles protestations d'innocence, et déclarèrent ne pouvoir constituer de mandataires avant de s'être concertés avec leurs supérieurs. Nous avons vu que Saint-Martin des Champs était situé sur la rive droite de la Seine, *en dehors des murs d'enceinte*. Nous savons qu'on y accédait par la porte Saint-Denys; l'emplacement de cette abbaye est occupé aujourd'hui par les bâtiments des Arts et Métiers.

Les notaires accédèrent ensuite à la maison autrefois occupée par l'évêque d'Amiens, près la porte Saint-Marcel, où se trouvaient quatorze Templiers. Ils déclarèrent que le lendemain, 1er avril, le Frère de Bononia se présenterait pour eux devant la commission. La porte Saint-Marcel se trouvait sur la rive gauche, outre Petit-Pont. Après avoir traversé le *Petit-Pont,* les notaires durent prendre la rue Guellande (Galande), la place Maubert, la Croix-Hémon qui était située au carrefour formé par la rue de la Montagne-Sainte-Geneviève, les rues de Noyers, de Bièvre, de Saint-Victor, arrivèrent à la rue de la Porte-Saint-Marcel, enfin à la porte de ce nom, qui s'ouvrait à l'extrémité méridionale de la rue Descartes.

De là, les notaires se rendirent à la maison du comte de Savoie, sise au même lieu, où se trouvaient dix-sept Templiers. Interpellés, ils répondirent qu'ils n'avaient pu encore se concerter.

L'hôtel du comte de Savoie s'élevait près la porte Saint-Marcel; il ne faut pas le confondre avec l'hôtel de Pierre de Savoie, archevêque de Lyon, qui se trouvait devant le couvent des Frères Mineurs [1].

Les notaires se transportèrent à la maison de l'évêque de Beauvais, située entre Sainte-Geneviève et le couvent des Frères Prêcheurs, où se trouvaient vingt et un Templiers. Ces

---

« Les Templiers ont passé des aveux par peur des tourments ou par autre « manière, mais assez tôt après se rétractèrent. » *Historiens de France*, t. XXI, p. 150.

[1] *Proc.*, vol. II, p. 88.

Frères déclarèrent qu'ils ne voulaient pas constituer de mandataires, et que chacun défendrait comme il l'entendrait. L'église et l'abbaye de Sainte-Geneviève attenaient à l'église Saint-Étienne du Mont, les bâtiments de l'abbaye sont aujourd'hui occupés par le collége Henri IV, la bibliothèque Sainte-Geneviève et une partie du Panthéon; la rue Clovis passe sur l'emplacement de l'ancienne église. Les Frères Prêcheurs (Jacobins) avaient leur couvent près la porte Saint-Jacques. La maison de l'évêque de Beauvais était placée entre le couvent des Frères Prêcheurs.

Le mercredi 1ᵉʳ avril 1309, les notaires se transportèrent à l'abbaye de Sainte-Geneviève, où se trouvaient vingt Templiers. Ils déclarèrent constituer pour mandataires, à l'effet, non pas de *défendre au fond*, mais seulement de se concerter avec les autres Frères, Godefroy de Gonaville, Guillaume de Chambonnet, de Blandesio, chevaliers précepteurs, et les Frères G. de Bléri, de Chantallone, Pierre Maliane, de Bruxeria, Raspit, Hélias Aymeric et Pierre de Longni; ils firent entendre leurs protestations. A ce moment, le Frère Hélias Aymeric remit au notaire, en son nom et pour ses adhérents, la cédule suivante. Nous en donnons la traduction en partie; on pourra juger de l'orthodoxie, de la piété naïve et sincère des Templiers qui la dictèrent. Les termes de cette cédule sont de nature à donner à réfléchir aux consciences les plus prévenues contre les Frères : « Que la grâce du Saint-
« Esprit nous assiste. Marie, étoile de la mer, conduisez-nous
« au port du salut. Ainsi soit-il. Seigneur Jésus, Christ saint,
« Père éternel, Dieu tout-puissant, sage Créateur, bienfaisant
« et cher dispensateur, très-saint Seigneur Dieu, je vous sup-
« plie humblement de m'éclairer, de me rendre à la liberté,
« de me sauver, ainsi que tous les Frères du Temple, votre
« peuple chrétien qui est dans le trouble et l'angoisse. Secou-
« rez-nous, Seigneur, vous qui avez et d'où viennent toutes les
« vertus, la grâce et les dons du Saint-Esprit, afin que nous
« ayons les notions de la vérité et de la justice, afin que nous
« connaissions l'infirmité de notre chair, que nous acceptions
« l'humilité, afin que nous puissions mépriser la corruption du

« siècle, les vains plaisirs, l'orgueil et tous les maux qui en
« dérivent, ce qui nous donnera la force de remplir nos
« devoirs et d'exécuter vos ordres en toute humilité. Très-
« saint Seigneur, soyez notre soutien, protégez-nous contre le
« *diable* rugissant, contre tous nos ennemis, contre leurs
« embûches. Vous nous avez déjà *sauvés* par votre miséri-
« corde, en *mourant* pour nous *sur la croix*. Défendez-nous,
« afin que nous puissions échapper à leurs intrigues; protégez
« votre Église sainte, éclairez les prélats, les docteurs, les
« recteurs et votre peuple chrétien, de manière que tous
« fassent votre volonté, le cœur pur, humblement, dévote-
« ment, et que nous suivions vos exemples, ceux des saints
« Apôtres et de vos élus, dans le but de parvenir à la vie
« éternelle et aux jours du Paradis. Éclairez, ramenez ceux
« qui n'ont point été régénérés par l'Esprit-Saint. Donnez à
« votre peuple la volonté, le pouvoir de recouvrer la Terre
« Sainte où vous êtes né, où se sont accomplis votre mission
« rédemptrice et vos miracles. Assistez vos fidèles, délivrez-
« nous pour nous mettre à même de faire votre volonté et de
« vous rendre nos services. Très-miséricordieux Seigneur,
« votre religion (qui est toujours le Temple du Christ) qui a
« été fondée au concile général (de Troyes), en l'honneur de
« la bienheureuse et glorieuse Vierge Marie, votre Mère, par
« le bienheureux saint Bernard, votre confesseur; choisi pour
« cette affaire par la sainte Église romaine, qui organisa cette
« religion avec les autres membres du concile, avec le conseil
« de la Vierge Marie et en son honneur; votre religion est en
« ce moment prisonnière du roi de France, et sans aucun
« motif. A la prière de votre très-glorieuse Mère, délivrez les
« Frères, sauvegardez leurs biens, vous qui êtes la vérité, Sei-
« gneur, et qui savez que nous sommes innocents. On nous a
« arraché des paroles iniques et fausses, à force d'oppressions
« et de tribulations (ayez pitié de nos prières, *miserere*), par la
« crainte de la mort, par la menace de la prison perpétuelle
« qui nous a été faite et transmise au nom du Pape; à cause
« de la faiblesse de la chair, nous avons passé des déclarations
« mensongères, de bouche seulement, avec une grande dou-

« leur, contre nos consciences... Éclairez, Seigneur, éclairez
« Philippe, notre roi, petit-fils de saint Louis, votre confes-
« seur, auquel vous avez donné, à cause de ses mérites, un
« règne heureux. Éclairez tous les rois, princes, barons, che-
« valiers, tous ceux dont les fonctions consistent à rendre la
« justice; que, suivant vos préceptes, ils la rendent à tous,
« ainsi que la paix au peuple chrétien, et qu'ils nous aident à
« reconquérir la Terre Sainte. Accordez à nos parents, à nos
« bienfaiteurs, à nos Frères défunts ou vivants, le repos, la
« vie éternelle, Dieu qui vivez et régnez depuis les siècles des
« siècles. Ainsi soit-il [1]. »

Hélias Aymeric n'avait pas été entendu par Guillaume de Paris. Il ne fut pas entendu par la grande commission. Il est probable que, comme les principaux défenseurs de l'Ordre, il fut condamné par le concile de Sens. Son *crime impardonnable* consistait surtout « en ce qu'il portait avec rigueur les « cordelettes [2] ».

On verra que la cordelette était portée en signe de chasteté (*in signum castitatis*) [3].

Le même jour 1er avril 1309, les notaires se rendirent à la maison de Sainte-Geneviève, où étaient détenus à part sept Templiers. Ils déclarèrent qu'il leur était impossible de constituer mandataires sans la permission du grand maître, auquel ils devaient obéissance. Ledit jour, les notaires se transportent à la maison du prieur de Cornay, où étaient détenus vingt et un Templiers; ils déclarèrent qu'ils ne pouvaient constituer mandataires sans le consentement du grand maître et de leurs supérieurs. Ils protestèrent que si le grand maître ne voulait pas défendre l'Ordre, ils le défendraient de leurs personnes autant qu'ils le pourraient.

De là les notaires vont à la maison d'Étienne le Bergonho de Serène, sise rue de la Harpe (*vicus Cithare*), où étaient

---

[1] *Proc.*, vol. I, p. 120 et suiv.
[2] Hælias Aymericus cingebatur ita stricte dicta cordula quod caro sua est multum interlesa. Déposition du Frère Humbert de Podio, du lundi 11 mai 1310. *Proc.*, vol. I, p. 267.
[3] *Proc.*, vol. I, p. 267.

détenus douze Templiers qui leur font la même réponse.

Le même jour, on amena devant la commission les Frères de Pruino, de Bononia, de Chambonnet, de Sartiges et Robert Vigerii. Il leur fut demandé s'ils étaient parvenus à obtenir des Frères de constituer mandataires, et s'ils avaient à dire quelque chose.

Le Frère de Pruino présenta et lut aux commissaires la cédule suivante :

« En votre présence, mes Révérends Pères et Seigneurs,
« moi Frère Réginald de Pruino, précepteur de la maison du
« Temple d'Orléans, en mon nom, et au nom de mes adhé-
« rents, je déclare que nous voulons défendre l'Ordre, me
« réservant de faire valoir, en temps et lieu, tous moyens,
« toutes exceptions de fait et de droit, et d'agir, en consé-
« quence, dans l'intérêt de la défense. Je déclare que si je
« touche au procès, j'entends qu'il n'en soit rien tiré qui
« puisse préjudicier à moi et à mes adhérents. Je n'ai pas
« l'intention de plaider au fond, de contester, car je suis
« dépouillé et sans conseil. Je déclare que je n'ai pas l'inten-
« tion de dire ou de faire une proposition contre notre Saint
« Père le Souverain Pontife, contre le Saint-Siége, ni contre
« la personne de l'excellent roi de France et ses fils. Quant à
« constituer des mandataires, je vous réponds, Révérends Sei-
« gneurs, que sans nos supérieurs, que sans notre couvent,
« nous ne pouvons constituer mandataires. C'est pourquoi nous
« vous supplions que notre grand maître, les maîtres de France,
« d'Aquitaine, de Chypre, de Normandie, et tous les Frères
« qui sont sous la garde du Roi, *soient remis entre les mains*
« *de l'Église,* de manière que les gens du Roi et ses ministres
« ne puissent se mêler de cette garde, parce que nous savons
« que nos Frères n'osent pas consentir à défendre l'Ordre à
« cause de la terreur qu'ils leur inspirent, à cause des séduc-
« tions et fallacieuses promesses auxquelles nos Frères sont
« en butte; parce que tant que durera cette cause, toutes les
« déclarations seront fausses, et cessant la cause (*cessante*
« *causa*), nos Frères adhéreront à moi et à la défense, con-
« sentiront à choisir des fondés de pouvoirs, et s'ils n'adhèrent

« pas, je demanderai le consentement du grand maître, pour
« suppléer à leur refus et à leur négligence. Je demande
« qu'on nous donne les sommes nécessaires pour payer les
« dépenses des mandataires et les honoraires des avocats ;
« qu'on nous fournisse ce qui est indispensable pour procéder
« et soutenir le procès. Je demande *sécurité, sauvegarde, pour*
« *les mandataires, les avocats, pour moi, mes adhérents.* Je
« demande que les Frères qui ont jeté l'habit de l'Ordre et qui
« tiennent chaque jour des propos scandaleux, soient placés
« *sous la main de l'Église* et sous bonne garde, jusqu'à ce
« que l'on sache si leur témoignage a été vrai ou faux, parce
« que je sais qu'ils ont été corrompus par prières et à prix
« d'argent. Je demande qu'on interroge ceux qui ont assisté
« aux derniers moments de nos Frères, et surtout les prêtres
« qui ont entendu leur dernière confession, afin de savoir s'ils
« sont décédés après avoir déclaré quelque chose pour ou
« contre l'Ordre. Je dis, Révérends Pères, que vous ne pouvez
« procéder juridiquement contre l'Ordre que dans trois cas
« seulement, savoir : 1° Par voie d'accusation. Alors je
« demande que vous fassiez venir devant vous l'accusateur,
« et qu'il soit obligé par la loi du talion (*et se obliget ad*
« *pœnam talionis*), qu'il prenne garde aux suites de ce pro-
« cès et aux conséquences des dépens. 2° Je dis que si vous
« entendez procéder par la voie de la dénonciation, le *dénon-*
« *ciateur* ne doit pas être entendu, parce qu'avant de dé-
« noncer ses frères, il devait les avertir de se corriger, ce
« qu'il n'a pas fait [1]. 3° Si vous voulez procéder d'office, je
« ferai valoir, pour moi et mes adhérents, tous moyens et
« toutes défenses, et j'entends faire toutes réserves sur ce
« point [2]. »

On remit ensuite aux commissaires une autre cédule adressée

---

[1] Telle était en effet la règle de l'Ordre.
« Quand li frère conoistra clèrement que son frère aura failli par féblement,
« et a pitié fraternel, doit chastie entre eux deux et privéément, et se il nec
« velt oir, si ajouste un autre frère, et se il mesprise l'un et l'autre, devant
« trétout le chapitre manifestement le reprongne. » MAILLARD, § XXXII de
la *Règle*, p. 229; CURZON, art. 48 et 384, *Règle française*.
[2] *Proc.*, vol. I, p. 126, 127, 128.

par les Templiers détenus à Saint-Martin des Champs. En voici la teneur :

« Véchi les noms des Frères deu Temple qui sunt à Saite
« Martin des chans, en la garde de Guillaume Latengni : c'est
« à savoir Frère tenant *Delanères* chevalier, Mesier Guillaume
« de Routengni prêtre, Mesier Robert de Comber prestre,
« Mesier Robert de Glorenflore, Philippe de Mauri, Frère
« Guillaume de la Plache, Frère Henrici de Compigne, Frère
« Johan de Bolencourt, Légris, Frère Jahan de Saint-Just,
« Frère Michel Monbet d'Amiens, liquels ont respondu à
« clercs qui nous furent envoié de pars nous segnors les pré-
« lats, que il ne feront procureur fors que chascun pour li en
« sa personne, et accomfortant nos requestes et nos défenses
« que le dit clerec ont *vers eu (eux)*; nos requerins à avoir le
« conseil de messire *Renaut de Pruvins* (Pruino), de messire
« Pierre de Bonogna, prestres, de Frère Guilleme Cham-
« bonnet chevalier, et de plusieurs autres, si comme il fut
« accorté de nos ségnurs les prélas à veïir par les prisons;
« (quar nous sommes gens laïecs) (simples *illettrés* [1]), si vous
« prions pour Dieu que se il ia temps, ou pourveu que il ne
« nous puie torner en nul préjudice, et par Deu que nous aiens
« l'Église comme bonne gent, et pour Dieu, que nos gages
« nos soient *creu* quar il sont *trop petit* [2]. » On laissait ces hommes manquer du nécessaire; nous entendrons d'autres plaintes. La faim, la misère venaient en aide à la torture.

Après cette lecture, les commissaires s'ajournèrent au vendredi 3 avril, et invitèrent les notaires à continuer leur transport auprès des divers Templiers qui s'étaient offerts à la défense, détenus, et ce afin de leur demander s'ils avaient fait choix de fondés de pouvoirs.

En conséquence, le même jour mercredi 1ᵉʳ avril 1309, après dîner, les notaires se rendirent à la maison de l'abbé de Latignac, près la porte du Temple, où étaient détenus onze Templiers. Ils déclarèrent qu'ils ne pouvaient constituer

---

[1] Gens *laïecs* (illettrés), par opposition à *clercs* (lettrés).
[2] *Proc.*, vol. I, p. 128, 129.

mandataires, sans consulter leurs supérieurs, qu'ils étaient prêts, que chacun était prêt en particulier à défendre pour soi. Ils ajoutèrent que ni la *torture*, ni les *promesses*, n'ont *fait avouer* à *aucun d'eux* les erreurs reprochées à l'Ordre. Ils choisirent quatre d'entre eux pour parler et répondre devant la commission, sans vouloir toutefois leur donner qualité ou mandat de défendre l'Ordre au fond, avant de s'être concertés avec les autres Frères. Ils demandèrent de l'encre et du parchemin pour écrire leurs moyens de défense[1]. (La porte du Temple était située près de l'hôpital Sainte-Avoye, entre la rue Geoffroy-Langevin et la rue de Braque [2].)

Le même jour 1er avril, les notaires se transportent à la maison de *Leurage* dite *Rabiosse ou de la Ragera, maison* de Jean de Calino de Paris; ils y trouvent onze Templiers[3]. Les Frères renouvelèrent leurs protestations d'innocence et de dévouement à l'Ordre; ils déclarèrent qu'ils ne voulaient pas constituer mandataires avant de s'être concertés avec les autres Frères.

De là les notaires accèdent à la maison de Richard de Spoliis, rue du Temple, où se trouvaient quarante-sept Templiers[4]. Ils déclarent qu'ils ne peuvent constituer de fondés de pouvoirs sans la permission du grand maître, et sans avoir au préalable consulté. Ils demandent que ceux d'entre eux qui décéderont soient enterrés en *terre sainte,* comme de fidèles chrétiens.

Le jeudi 2 avril 1309, les notaires se rendent à l'abbaye de Sainte-Magloire de Paris, où se trouvaient douze Templiers; ils déclarèrent ne pas vouloir constituer mandataires. Chacun

[1] Pecierunt incaustrum et pergameum. *Proc.*, vol. I, p. 150.

[2] Du temps de Sauval, la rue de Bracq se trouvait vis-à-vis de l'ancien hôtel Soubise, tenait d'un bout à la rue Sainte-Avoye, de l'autre à la rue du Chaume. Sauval, *Antiquités de Paris*, t. I, p. 120.

[3] Cette maison de la Rabiosse ou de la Ragera (de la rage, *leurage*) devait être destinée à recevoir les fous, les aliénés, ou les *personnes atteintes de la rage*. Nous n'avons pas découvert son emplacement.

[4] Spoliis, spolio, en français *espoulet*, fuseau de tisserand. *Spola*, instrumentum textoris, nous dit Ducange. Cette maison était probablement affectée à une fabrique de *fuseaux de tisserand*, ou à un atelier de *tissage*. Voir Ducange, au mot *Spola*, et le *Dictionnaire* de Jean de Garlande, dans Géraud, au mot *Textrices*, p. 607, n° LXV.

pour soi, corps et âme, défendra l'*Ordre,* tel qu'il a été *fondé et confirmé* par l'*autorité apostolique*[1].

De là les notaires vont à la maison de Nicolas *Hondrée,* sise rue des Frères Prêcheurs de Paris, où étaient détenus dix Templiers. Ils refusèrent de constituer mandataires sans l'autorisation du grand maître, sous l'*obéissance duquel ils étaient placés*. Ils entendent pratiquer la religion de l'Ordre jusqu'à la mort. « Celui-là n'est pas *vrai chrétien, vrai Templier,* qui dit « que l'Ordre est mauvais. » Ils déclarent être prêts à *s'espurgier*. Nous expliquerons plus loin ce que l'on entendait alors par ce moyen de procédure, s'expurgier[2].

Les notaires se présentent ensuite à la maison de Jean le Grant, sise près la pointe Saint-Eustache; là ils trouvent trente Templiers. Les Frères déclarent qu'ils ne peuvent rien faire sans la permission du grand maître. Chacun défendra pour son compte[3].

De là les notaires accèdent à la maison de Ocréa, près la croix du Tirol, rue Saint-Christophe, où étaient détenus treize Templiers[4]. Ils déclarent qu'ils n'ont point à constituer man-

---

[1] L'abbaye de Sainte-Magloire se trouvait *outre Grand Pont,* entre la rue Sale-au-Comte de Danmartin (rue Salleaucomte), la Grande-Rue (rue Saint-Denys) et la rue *Quiquempoist* (rue Quinquampoix).

[2] La rue aux Prêcheurs se trouvait entre Sainte-Magloire, la rue Saint-Denis et le pilori des Halles. Ce pilori occupait l'emplacement du marché à la marée, entre les rues de la Tonnellerie, de la Fromagerie et des Potiers d'étain.

[3] La maison de Jehan le Grant s'élevait entre l'espace comprenant la rue Coquillière, la rue Comtesse d'Artois et la rue Tiquetonne. Le nom de Jehan le *grant poissonnier* se lit au nombre des contribuables de la taille de 1292. Il fut imposé pour 30 sous. A notre compte, 30 sols tournois faisaient 135 francs. Géraud, *Première quête de la paroisse Saint-Hustache, rôle de la taille,* p. 35.

[4] La maison de Ocréa était celle où habitait *Robert de Ocréa,* sénéchal de Beaucaire (voir Dom Vaissette, t. IV, p. 152), lorsqu'il se rendait à Paris pour les affaires du Roi. Cet hôtel était situé rue Saint-Christophe, *in vico Sancti Christophori*. L'église Saint-Christofle s'élevait près la place du Parvis-Notre-Dame, entre la rue Neuve-Notre-Dame et la rue Saint-Christophle. Les *Documents inédits* portent, page 153, que la maison Ocréa était placée près la croix du *Tirouer*. La rue Saint-Christophle ne donnait pas à la croix du *Tirouer,* mais sur le parvis Notre-Dame, entre la rue des Oubloiers et la rue Neuve-Notre-Dame.

L'emplacement de l'hôtel de Ocréa est indiqué aux *Documents,* vol. I, p. 158, comme se trouvant *in vico Christofori,* rue Saint-Christophle.

dataires, parce qu'ils n'ont pu communiquer avec leurs supérieurs. « Chacun défendra personnellement chacun pour soi. « *Quand on nous appliquait à la torture, à la gêne, on ne nous* « *demandait pas si nous voulions constituer des représentants* [1]. »

Ensuite, les notaires se rendent à la maison de Robert Anudei, sise rue de la place aux Porcs [2]. Sept Templiers étaient détenus dans cette maison. Ils déclarèrent ne pouvoir constituer mandataires sans s'être concertés avec les autres Frères. Ils veulent s'entretenir et délibérer avec R. de Pruino.

Les notaires vont à la maison de Blavot, près la porte Saint-Antoine, où se trouvaient treize Templiers qui font la même réponse, ajoutant qu'ils ne voyaient comme parties adverses que *le Pape* et *le Roi* avec lesquels ils ne *voulaient pas plaider*. Ils demandèrent les sacrements de l'Église.

A la maison de Guillaume de Marcillhiac, près la porte Saint-Antoine, les notaires interpellent neuf Templiers détenus. Ils font la même réponse, et ils ajoutent : « Nous com- « battrons contre *quiconque jusqu'à la fin* pour la défense de « l'Ordre, *manu tenebunt usque ad finem* [3]. »

Puis les notaires se rendent à la maison de Jean de Chaminis, rue de la Porte Baudoyer (Bauderii), où se trouvaient sept Templiers. Ils refusent de constituer mandataires sans l'autorisation du grand maître. Ils déclarent qu'ils n'ont rien à écrire à la commission, ils n'ont rien vu ni su que de bien dans l'Ordre [4].

Le même jour, les notaires vont à la maison de l'abbé de Tiron,

---

[1] *Proc.*, vol. I, p. 134.
La croix du Tiroir ou du Tirouer était située à l'extrémité septentrionale de la rue de l'Arbre-Sec; on l'appelait aussi croix du *Tiroi*; le notaire rédacteur a écrit Tirol au lieu de Tiroi. Sauval, *Antiquités de Paris*, vol. II, p. 606.
On appelait encore cette croix, croix du Tirant.

[2] Le vieux marché aux Pourceaux (outre Grand-Pont) était situé près des Halles et du cimetière Saint-Innocent, des rues de la Ferronerie, de la Charonnerie et de la rue aux Chats, par deçà la rue des Bourdonnais, emplacement de la rue des Déchargeurs, aboutissant à la rue Saint-Honoré.

[3] La porte Saint-Antoine était une des portes de l'enceinte de Philippe-Auguste (place de Birague), vis-à-vis l'angle oriental de l'église actuelle Saint-Paul-Saint-Louis. Elle remplaça la porte Baudoyer, ou Baudeer, ou Baudets.

[4] La porte Baudoyer, Baudeer ou Baudets, était une des anciennes portes de Paris avant que Philippe-Auguste eût agrandi l'enceinte. Elle se trouvait sur la place actuelle de Baudoyer, en face du point de jonction de la rue du

rue de la Porte Baudoyer, où étaient détenus huit Templiers. Ils déclarent qu'ils sont laïques et simples; ils ne peuvent constituer mandataires, ils feront comme les autres Frères de l'Ordre[1].

Les notaires vont à la maison de l'abbé de Prulhaco, rue de la *Montelarie*[2] (Mortellerie), où se trouvaient vingt-sept Templiers. Ils déclarent que d'après ce qui avait été entendu et dit le 28 mars dernier dans le jardin de l'évêque, les Frères R. de Pruino et de Bononia devaient venir vers eux aux fins de délibérer. Ils ne les ont pas vus. Ils demandent les conseils desdits Frères. Ils demandent un chapelain qui sera payé sur les biens du Temple, quoique jusqu'à ce jour ils l'aient *payé sur leurs gages*. « Quelques-uns d'entre nous, disent-ils, ont « été dépouillés de leurs vêtements; nous demandons qu'on « les leur restitue. »

Ledit même jour 2 avril 1309, les notaires se transportent à la maison de Jean Rosselli, *l'hostel Jehan Rossiau*, près de l'église Saint-Jean en Grève, où se trouvaient détenus vingt-huit Templiers. Ils déclarent qu'ils n'ont pas reçu la visite de R. de Pruino et de P. Bononia. Ils veulent se concerter avec eux et avec leurs supérieurs. « Ils feront après cela ce qu'ils juge- « ront bon. Il sont, ici, séparés en deux catégories », ils demandent la faculté de se réunir afin de délibérer et de se concerter pour la défense. Le Frère Aymo de Pratini, l'un d'entre eux, demanda à sortir de l'Ordre et à entrer dans une autre religion, parce qu'il ne se *plaisait* plus dans celle du Temple. Il veut être conduit devant la commission, au moins devant l'évêque de Limoges[3].

Pourtour et de la rue de la Tixeranderie. La *grant rue* de la porte Baudeer conduisait à la porte Saint-Antoine; cette rue fut appelée plus tard rue Saint-Antoine.

[1] La maison de l'abbé de Tiron était située (outre Grand-Pont) dans la rue du même nom, qui descendait de la rue du Roi-de-Cézile (Sicile) à la grande rue de la porte Baudeer (rue Saint-Antoine).

[2] C'est évidemment la rue de la *Mortellerie*; déjà à l'époque qui nous occupe, on donnait ce nom à la rue de la Foulerie, près la Grève. (Il y a une faute au manuscrit des *Documents inédits*.) V. Géraud, p. 286.

[3] L'église Saint-Jean en Grève était située outre Grand-Pont; on y accédait par la Grève et la rue de la Vieille-Tixeranderie. Son emplacement est occupé par les bâtiments de l'Hôtel de ville.

CHAPITRE XXXI

3 avril 1309, comparution et cédule de Jean de Montréal. — Le Temple possédait une relique de sainte Euphémie et d'autres reliques sacrées. — Les Frères déclarent qu'ils combattront à mort tout homme qui osera attaquer la religion du Temple, à l'exception du Roi et du Pape. — Cédule remise à la commission par le gardien Colard d'Évreux, au nom d'un groupe de Templiers. — Cédule présentée le 4 avril par un autre groupe de détenus. — Leurs plaintes. — On les laisse toutes les nuits dans une fosse obscure, accouplés deux à deux. — Leur état de pénurie. — Ce qu'ils sont forcés de payer pour se faire fergier et desfergier. — Leurs gages. — Proposition faite par l'évêque de Bayeux, au sujet du choix des mandataires. — Nouvelles difficultés. — Les Frères finissent par consentir à ce que de Pruino, de Bononia, Chambonnet et de Sartiges présentent toutes observations devant la commission, mais sous toutes réserves. — Cédule de Bononia. — Moyens et exceptions. — Revendication des privilèges de l'Ordre. — Extraits d'une deuxième cédule produite le 7 avril par le Frère de Montréal. — Réponses des commissaires.

Le vendredi 3 avril 1309 se présentèrent devant la commission : 1° Guillaume de Sornayo, chevalier, pour lui et douze de ses Frères détenus en la maison de Blavot près la porte Saint-Antoine ; 2° Radulphe de Compendiis et Jean de Fontanville, pour eux et les onze Frères détenus dans la maison de Ocréa près la croix de Tirant[1] ; 3° Radulphe de Tavernioca, pour lui et les six Frères détenus à la maison de Robert Annuerdi, quartier de la Vieille Place aux Porcs ; 4° Nicolas de Romanis et Dominique de Verduno, pour eux et les sept Frères détenus à la maison Marcillhiac, près la porte Saint-Antoine ; 5° Adam de Inferno, pour lui et les neuf Frères détenus en la maison Ordée, quartier des Frères Prêcheurs ; 6° Jean de Valbelant, pour lui et les six Frères détenus en la

---

[1] Croix du Tirouer ou du Tiroir, rue de l'Arbre-Sec. Nous avons déjà fait remarquer que la maison Ocréa n'était pas à la croix du Tiroir, mais rue Saint-Christophle, *in vico Sancti Christofori*. Proc., t. I, p. 158.

maison de Jean de Chaminis, rue de la Porte-Baudoyer ; 7° Guillelme de Fuxo, Jean de Montréal, Bertrand Charverii et Jean de Bella Fuya, pour eux et six Frères détenus dans la maison Ricard de Spoliis, rue du Temple ; 8° Egidius de Perbona et Nicolas Versequin, pour eux et les dix Frères détenus à l'abbaye de Sainte-Magloire.

Le Templier Jean de Montréal, pour lui et les comparants, et pour les Frères de leurs groupes, exhiba et lut à la commission la cédule qui suit[1] :

« En nom de Nostre Sire, ainsi soit-il. Propaussant li Tem-
« pliers, primarement que lor Ordre fu senz et aprovez anti-
« quammant, ben et honestement par la sancta Egleize de
« Roma.

« *Item*, propousent, que touït li Frère qui furent fez, de
« cel ora jusque ici, furent fez bien et honestament senz tout
« péchïé, segun la foy catholica de Roma, ensi quo se puet
« trover, por les livres de la masson, ois qui eus se contient ; li
« qui eu livres sunt de *una* (seule) manière par les diverses
« partidas dou sïècle. Apparensi pour li Frère qui ont esté
« deu dit Ordre tresportés en autre, c'est à savoir en l'ospital
« et en l'ordre de sans Lorens et en ceau deus escoliers qui
« furent en l'Ordre deu Temple, et pour les confessions des
« Frères qui sont mors en la prisson et par les apostates.

« Proposant li Frères deu dit Ordre, que il vivorent bien et
« honestament, segun la foy catholica di Roma, en oïr leur
« orres, en fare le jejuni que saint Egleize commanda, et plus
« que il jéjunavant 11 carentenas, chascun an, confessavant
« et coménégavant *très fois, c'est à savoir à Noël, à Paschas
« et Pentecosta*, en présence deu peuple pour la personne deu
« Frère chapellan de leur Ordre se il i fut, et si *no i fust per
« una autre religious a capella deu siècle*, ensi queut il estoient
« malades, confesser comengier et sevolir quant etoient mors en
« terra benedeta. Ensi comme loiau crestien de Nostre Segnur,
« en présensa du peuple, et pour chascun Frère qui morent,

[1] Nous la transcrivons telle qu'elle se trouve aux *Documents inédits*. Il est nécessaire de lui conserver son cachet. Avec un peu d'attention, elle est facile à lire et à comprendre.

« il tenaient un *poure* repari par l'*arme* deli, quarante jors de
« *cele viande* comoli autres Frères mangent, encoras éront
« touit li Frère de cela meson teneus de dire C. *Pater noster*,
« pour l'*arme* de li de dans huit jours après sa mort, *é ceit é*
« (et c'était) manifesta pour toute maniera de gens de siègle.

« *Item*, proposant li Frère deu dit Ordre que pour toutes
« leur Egleises, estait le greignor antier de Nostre Dame à la
« Siene encor édifiés, encoras que toutas les oras aux orent
« premièramant li Frère en priés, salva la complée que se
« *cantet dereno*, parce que Nostre Dame fût chef de la religion
« et sera, si li plaît.

« *Item*, propousant li Frère deu dit Ordre que, au jourz des
« veners sans, adoravant la crus humilemment et devota, en
« présence deu pueple, et que il portant la crus *vermeille* sus
« mantiaux en la onour et en la reverencia de la crus en que
« Nostre Sire, sustinez mort et passion pour nos.

« *Item*, les Frères deu dit Ordre proponent que lors capitols
« estaient célébrés bien et honestament, sens nulle tachées
« de péché, segun la foy de Roma. Encoras en chascun cha-
« pitilles général preschaient à la foys avesque, à la fois pré-
« dichaour au Frère Menours, et *zose* ceci se *trovera* per eux,
« et par li Frère qui sont issu de l'Ordre, et par li apostata.

« *Item*, propousent, le dit Frère, que en lor Ordre se tenait
« corre ajun et justice segnon Dieu, et ce se trovara par li
« Frère qui eut esté Templer é sont tresportés aus autres reli-
« gions et par li apostata.

« *Item*, prouposant que nostre paire lo Papa lor dona Frères
« Chapellan deu dit Ordre, por aver la communia de lors,
« comma (ceci) en zo se trovara per le privélegi de la mason.

« *Item*, proposent que lors chapellans estaient servidors bien
« et honestament, segun la foy catholica de Roma.

« *Item*, proposent que en lors masons se tenoyt espitalité
« de aumosine aux viandans (venants) *cotidianamant*, et espé-
« cialement tres foys la semana à chascun que venir i volait.

« *Item*, proposent que au Juoudi absolu avoient li poure en
« lors mesons, pour ferre le mondit ensi cant est établi pour
« la gleza de Rome.

« *Item,* proposent que chacun Dimenche, en lors masons
« ou en altre parte ou sunt por oïr missa prendrent pan beneit
« de le man de cean qui cantait la missa.

« *Item,* proposent que chascune feste, grand fesaient pro-
« cessions en lors eglises, pour la onour de cella festa, davant
« le pople.

« *Item,* proposent que chant aucun Frère issoit de lordre é
« se mettoie en autre, que nos avions privilèges de eaus
« reconcilier en pena d'escominion, et le recour eaus autres
« sa volunté por que si el sanse for, que ben entre nous il ne
« tornera point.

« *Item,* proposant li Frère du dit Ordre que à la vegenda
« ainans *s'en aloent,* et après *un tems retornoient à la merci,*
« de la massons et fesaient lor pénéanche ; porquoi dient li
« Frère du Temple que sel seussent nulle mauvesté en *l'Ordre,*
« *que* ils ne retournassent point estre eux Frère. »

Il s'agit ici des articles 261 et suivants de la règle française des Frères qui dans un moment *d'égarement* abandonnaient la maison, et qui après un tems (un an et un jour) reviendraient en criant *merci* [1].

« *Item,* propossent quan canoines, préiiours, Frères
« Meneurs, Carmelis, de la Trinité, sont sortis issus de lor
« religion e venus en l'Ordre deu Temple, li quieus ni fus-
« sent mie venus, se il seussent en nos nule mauvesté de
« péchié.

« *Item,* proposent se aucun Frère ducdit Ordre sont eu fait
« archevesques et avesques d'aucuns lieus par la santa glise de
« Roma.

« *Item,* proposent que antiquamant li Frère deu dit Ordre
« sont eus en cubicullaves de nostre sire le Papa et vivaient en
« conversamant religion sancta et honesta en tiel guisse que
« se il fussent cil on lor mist de sus, ils ne les eurent pas
« receu en cel offici.

« *Item,* proposent li Frère deu dit Ordre que nostre sire le
« roy de France et aucuns autres Rois ont tenus trésauriers et

---

[1] *Règle,* art. 261 et suiv.

« aumoniers et autres officials deu dit Ordre sens touta mauvesa
« sopita de error.

« *Item,* proposent que arcevesques, avesques, comtes et
« barons, si ont tenus Frères deu dit Ordre en leurs officis sens
« touta sospita (soupçon) de mauvesa error.

« *Item,* proposant que aucuns prélats de sancta glisa, e
« nobles et non nobles les cals avient devocion eus biens
« espérituals de la masson, requirent esser reçeus eus biens
« de la méson et il donnaient leur *enmesgnes* [1] en poura devo-
« cion que il avaient en la méson le quel chose il ne fussent
« mie se il trovassent le contraire.

« *Item,* proposent que aucuns nobles et aucuns autres
« requeraient estre Frères deu Temple à la mort, pour la devo-
« cion de l'ordre que il li avait. »

Il faut citer ici trois exemples. En 1224, Éloi Berbette donna
aux Templiers sa dîme de Magnicourt [2] qu'il tenait du Roi, et
les institua ensuite ses légataires universels, à la condition
d'être enterré dans leur maison d'Arras, et qu'ils lui *feraient
funérailles* comme à un Frère de l'Ordre [3]. Robert, seigneur
d'Attiches, et dame Gillotte, sa femme, fondent une chapelle
dans l'église du Temple de Douai au mois de novembre 1206 ;
« ils demandent leur *chimetière* à Notre-Dame-du-Temple de
« Douay, requèrent les oraisons et les *biens faits des maisons
« deçà mer et delà mer ;* et puis ces oraisons requises, ils
« deviennent *Confrères deu Temple* et jurent à *Warder* et à
« tenir le droit du dit Temple [4] ». Un acte notarié en date, à
Avignon, du 13 septembre 1270, confirme le dire du Frère de
Montréal : un chevalier nommé *Petrus de militia,* à l'article
de la mort, *laisse, offre,* donne son *corps* au Temple, afin
qu'il soit enterré dans le cimetière de la maison [5].

La cédule du Frère de Montréal continue comme il suit :

« *Item,* proposent que l'Ordre deu Temple en tems passé, si

---

[1] Aumônes, hommages.
[2] Magnicourt en Comté, arrondissement de Saint-Pol, canton d'Aubigny.
[3] *Ordre de Malte : Commanderies;* Mannier, p. 676.
[4] *Ordre de Malte : Commanderies,* Acte du mois de novembre 1206. Mannier, p. 682.
[5] *Documents.* Delaville-Leroux, p. 39, 40, 41.

« ce ès parties de la *mer*, et de scia *mier* eus lieus que estoient
« en frontiera de Sarazin, bien et loiaument contre li anemi
« de la foy de Jeshu-Crist, en temps du roi Loïs, deu Roy de
« Ingleterra en *jiu teps* (en ce temps), se perdi des foys tout
« le couvent; et après, en temps de Frère G. de Berninet,
« nostre maistre, que mori en Acre à mers, *trois cents Frères*
« *qui morirent aveque li en Acre* [1].

« *Item*, proposent que en Spanha et en la frontera d'Arago,
« si se ise portes liaument contre li, en aunor de la crouza à
« lor forsa et à leur poir, et ce se puet trovier por lo roy de
« Castella et d'Aragon le ausors poir il ont esté.

« *Item*, proposent que le Frère del dit Ordre qui furent pris
« XXV ans apassés, en fayt d'armes, qui sont poir deu Souda,
« ne par pour de mort, ne pour dons, no vuit eu volgut,
« reneier de leur créator; per que dient li Templer, que se ils
« fussent tieus cant on dit, cil sont fet, ils fussent délivrés
« maintenant de l'avant dita prisson.

« *Item*, proposent li dit Frère que la sancta cros du Temple
« la que la grecia (grâce) visiblement e manifesta *levo* miet del
« cros de la *persona en qui est*, la quel *sancta cros* est et sol
« esser en poder deus Templiers, seïls fussent tieus gens que
« om dit, ne demorera ni se leysera garder à tiels gens.

« *Item*, proposent que *la spina de la corona que fu de*
« *Nostre Senior* in eele meisme guisse, ne *florrira* au *jor*
« *del venres sant* (vendredi saint), entre *les mans des Frères*
« *Capellans deu Temple*, si il *fossent tiels que om lor met*
« *dessus.*

« *Item*, proponent deu cors de *Sancta Eufemia que venit à*
« *Castel Pelegri* por grâce de Dé en quel luc il a faiez plusors
« miracles, deu por li, que ile ne i so fure mie herbergée
« entre li Templiers, se il fùssent cil que om dist, ne *aucunas*
« *auteras reliquies* qui *sont* et *solunt ester empoder deu*
« *Temple* [2].

« *Item*, proppossent li Frère deu dit Ordre que las almoinas

[1] *Proc.*, t. I, p. 143.
[2] Reliques de sainte Euphémie, vierge de Calcédoine, qui souffrit le martyre vers l'année 307. On la fête le 16 septembre.

« qui se fasaient *de sa mier* en las mésos, ni celas qui se
« fasaient *outrà mer* por li maistre ce por l'armoianer, ne se
« porraient émendier per nulle rédelmont ne le ben que en
« set estre fés, si senta fausenda n'euse estre mise sur l'Ordre,
« tant *en passages, quant, autres choses* [1].

« *Item*, proponent que il sont mort plus de XX mille Frères
« por lo foi de Die outra mer.

« *En perro*, si nul *home volait dire* que ea l'Ordre del Temple,
« fusse fète nulla mavesté, dizent que il sont *aparélié* de com-
« battre am tot homme, exceptat l'ostal de *nostre seignor le*
« *Roy*, et de *nostre segnor le Papa* [2]. »

Derrière cette cédule, on lisait ces mots :

« Si la partie adverse veut proposer quelque chose, nous
« demandons à en prendre lecture, et à délibérer. » Ces Templiers demandèrent qu'on leur rendit les sacrements de l'autel
et de l'Église. Ils protestèrent de leur innocence.

Jean de Montréal (*Monte regale*) ne fut pas entendu en témoignage. Nous lirons de lui une seconde cédule très-énergique, à la date du 7 avril 1309. Il persista à vouloir défendre. Il disparut à la suite du concile de Sens en sa qualité de défenseur de l'Ordre.

Le même jour, vendredi 3 avril 1309, le nommé COLARD D'ÉVREUX, gardien des onze Templiers détenus à la maison de *Leurage*, remit de leur part la cédule suivante à la commission :

« Vehi les reisons et les défenses que li Frère qui sont en
« garde *Colart de Evreis*, proposent de défendre la religion du
« Temple et *leurs cors*, de cas qui sont proposés contre éaux,
« *vos ques cas* ne sont mie véritable. Jehan Pennet Frère Cha-
« pellan, Frère Mayeux de Crenon Essart, Frère Andréas le
« Mortiers, et loir compagnons dusque à onze d'une compa-
« gnie. »

Il faut laisser de côté les arguments déjà produits dans les autres cédules. Nous nous bornons à faire connaître les passages suivants, à cause de leur intérêt :

---

[1] Le Temple recevait à bord de ses navires partant pour la Terre sainte les pèlerins nécessiteux, et pourvoyait à leurs besoins.
[2] *Proc.*, vol. I, p. 140 à 146.

« *Item,* nous avons souffert *moire de tourments de fers, pri-
« sons,* et *de geines,* et longs *tanz au pan et a liue,* porcoi
« aucuns de nos Frères sont mort, et ne eussons mie tant souf-
« fert, se notre religion ne fut bone, et se nos ne mentenissons
« vérité, et si ni fust pour le monde oster hors de mal erreur
« qui est sans raison.

« *Item,* nous requirons (aux membres de la commission) *nos*
« *déritures* de Sainte Église com à no père et à nostre mère,
« quar nos savons et créons que vous estes envoiés de par
« nostre père le Pape en cheste bésoigne, et si savons que
« vous estes membres de la Sainte Église, et nous tenons le
« Pape un père, et Sainte Église à mer; et volons obéir à no
« père et à nostre mère, com bon fils et bon crestien et bien
« créant en *Père* et en *Fil* et en *Saint-Eusprit,* et rechérons
« avec *dret* aver conseil de nos Frères, chert à savoir Frère
« G. Chambollent (Chambonnet) chevalier, Frère Renaut de
« Provins (Pruino), prêtre, Frère Petre Bonogna, Frère Gos-
« seim, commandeur de Flandres, Frère Jehan de Corbie,
« Frère Jean de la Plache, Jean Nicolas Versequin, et requé-
« rons toil ensemble à aleir par devant vous, et s'il ne vous
« plest, que nous soyons tous menés, si mandez Frère Mathieu
« de Cresson Essart, et Frère André le Mortoier, et nous accor-
« dons à ce qui ferait pour la religion défendre. »

Le samedi 4 avril 1309, les Templiers détenus dans la
maison de l'abbé de Tiron, rue de la Porte-Baudéer (Baudoyer), adressèrent à la commission une cédule aux termes de
laquelle ils déclaraient vouloir défendre, chacun pour soi, et
tous ensemble. On lisait dans cette cédule ce qui suit :

« (Sommes) en prison à nois frès, à cople 2, et sommes en
« *neire fosse, oscure* toutes les *nuit.*

« Nous vous fessons assavoir que les gages de XII deniers
« (4 fr. 50) que nous avons n'e nos souffisent mie. Car nos con-
« vient paier nos lits III deniers par jour, chacun liz, lange
« de cuisine, napes, touale, pour tuelles et autres choses,
« II sols six deniers la semange. *Item* pour nos *fergier* et *des-*
« *fergier,* puisque nos somes devant les *auditors* 11 sols : *item*
« pour laver draps et robes, linges, chascun 15 jours, XVIII de-

« niers; *item* passer et repasser les dits Frères, XVI deniers de
« asiles de Notre Damme de l'altre part de l'iau [1]. »

On le voit, les Frères n'étaient pas traités mieux que le grand maître.

Le samedi 4 avril 1309, les notaires retournent à la maison Roscelli (hôtel Jehan Rossiau), où étaient détenus vingt-sept Templiers : les Frères leur remirent une cédule contenant d'énergiques protestations. Ils demandaient à voir le grand maître et Hugues de Payrando, afin de pouvoir se concerter avec eux, « et si on nous refuse, *nos nos appellons déconsiliés* « et *devé de droit*, et en *appellons* à *Dieu nostre Segnr comme* « *cil qui somes pris à tort* [2] ».

Le même jour, après le dîner, les notaires se rendent à la maison *Penne Vayrie* (Panne Vère), habitée par Nicolas de Falaise, où étaient détenus vingt-trois Templiers. Ils déclarent qu'il était inutile de constituer des mandataires, parce qu'ils avaient confiance dans l'impartialité des membres de la commission. Ils protestent qu'ils veulent défendre l'Ordre, que chacun d'eux entendait se présenter en personne pour le défendre [3].

Le dimanche 5 avril, l'évêque de Bayeux proposa à ses collègues, ce qui fut accepté, de faire conduire devant chaque groupe de détenus les Frères de *Pruino*, de *Chambonnet*, de *Bononia* et de *Sartiges*, à l'effet de conférer et de s'entendre définitivement sur le choix des mandataires [4].

[1] *Proc.*, vol. I, p. 151.
De la maison de Tiron, *outre Grand-Pont*, les Frères arrivaient par Saint-Gervais jusqu'à la berge de la Foulerie, près la *grève;* là on prenait le bateau des *passéeurs*, on traversait la rivière, on abordait à Saint-Denys du Pas, *Ecclesia Sancti Dyonisii de passu*, située derrière le chevet de l'église Notre-Dame. L'église Saint-Denys avait reçu le nom de *passu*, du pas, à cause du passage de ce côté de l'iau.
[2] *Proc.*, vol. I, p. 152.
[3] La maison dite *Pannevère* avait une enseigne où était peinte une *Panne vère (lambeaux d'étoffe* de plusieurs couleurs). Elle se trouvait *outre petit-pont*, au carrefour Saint-Séverin, où aboutissaient les rues de la Bouclerie, Saint-Séverin et Sac-à-lie; c'était, il y a quelques années, le carrefour formé par la jonction des rues de la Harpe, Mâcon, Saint-Séverin et de la Bouclerie. Au quatorzième siècle, il existait un *cimetière* attenant à cet emplacement, appelé *vicus de Lacumdella*.
[4] *Proc.*, vol. I, p. 154.

On se heurta tout d'abord à des difficultés, puis la majorité des détenus consentit que les quatres Frères susnommés fissent valoir toutes observations devant la commission, mais *sous toutes réserves*. En conséquence, le dimanche 5 avril 1309, les notaires, accompagnés des Frères de Pruino, de Chambonnet, de Bononia et de Sartiges, se rendirent à la maison de Domont, dans la rue Neuve de la Bienheureuse Marie (chapelle de sainte Marie-l'Égyptienne), où étaient détenus quatre Templiers; ils dirent qu'ils feraient comme les autres, qu'ils choisissaient de Pruino et de Bononia pour défendre, si leurs Frères y consentaient; mais quant à *spécifier le mandat,* ils demandèrent le conseil, la présence du grand maître et de leurs supérieurs. Ils protestèrent de la pureté et de l'innocence de l'Ordre [1].

Le lundi 6 avril, les notaires vont à la maison Cossoyne de Brabant dans la grande rue Saint-Jacques, où étaient détenus six Frères; ils déclarèrent qu'ils ne voulaient ni ne pouvaient constituer mandataires sans l'autorisation du grand maître et du couvent; chacun s'offrit personnellement à la défense. Ils demandent à *aller devant le concile général.* « Ceux qui « seront mis en liberté et qui ne pourront s'y rendre consti-« tueront mandataires. » Ils consentent toutefois que de Pruino, de Chambonnet et de Sartiges se présentent devant la commission pour faire toutes observations utiles, *mais sous toutes réserves.*

Le même jour, lundi 6 avril, les notaires, accompagnés comme ci-dessus, se transportent à la maison de Clairvaux (*de Clara Valle*), dans la rue Saint-Martin, où étaient détenus onze Templiers. Après s'être concertés avec les quatre défenseurs, les Frères firent la même réponse que ci-dessus. Ils demandèrent à comparaître devant la commission, avec lesdits quatre défenseurs; ils demandèrent, en outre, que le

---

[1] La chapelle de Sainte-Marie-l'Égyptienne s'élevait à l'angle méridional formé par la rue de la Jussienne et la rue Montmartre. La dénomination de *l'Égyptienne* se corrompit peu à peu, et l'on finit par désigner sous le nom de la Jussienne la rue dans laquelle était construite la chapelle de Sainte-Marie-l'Égyptienne.

Frère Guillaume de Grivesoy, qui faisait partie de leur groupe, fût admis à présenter des observations en faveur du Temple.

Ledit jour, lundi 6 avril, les notaires accèdent à une maison sise rue de la *Harengerie*, où étaient détenus onze Templiers. Même réponse que la précédente [1].

Le mardi 7 avril, les notaires, accompagnés desdits quatre Frères défenseurs, se rendent à la maison de Guillaume de Latengi, sise carrefour *Guilhore* (de la Guillorille). Les Templiers détenus dans cette maison consentent à ce que de Bononia, de Pruino, de Chambonnet et de Sartiges se présentent devant la commission pour y faire toutes observations [2].

Le même jour, mardi 7 avril 1309, les quatre délégués se présentèrent devant la commission : Pierre de Bononia exhiba et lut la cédule suivante :

« Révérends Pères, nous n'avons pas l'intention de plaider,
« nous venons tout simplement répondre que nos Frères ne
« peuvent, ne doivent, ne veulent pas constituer de fondés de
« pouvoir, hors la présence, le conseil, l'assentiment du grand
« maître et du chapitre, dans une affaire aussi grave. Ils
« s'offrent tous *personnellement* et chacun *en particulier* à la
« défense de la religion du Temple ; ils demandent, ils sup-
« plient qu'on leur permette de se rendre *librement en per-*
« *sonne au concile général*. Quand ils seront en liberté, ils s'y
« rendront s'il leur est possible, et ceux qui ne le pourront
« choisiront des mandataires. Ils consentent à ce que les Frères
« de Pruino, P. de Bononia, G. de Chambonnet et B. de Sar-
« tiges vous présentent par écrit toutes observations, tous
« arguments pour la défense, pour l'honneur de l'*Ordre, sous*
« *toutes réserves.*

---

[1] La rue de la Harengerie portait anciennement le nom de rue de la Hanterie ; c'est la rue moderne de la Tablètterie : elle se trouvait *outre Grand-Pont*, entre les rues de la Sellerie, des Lavandières, de la Cordonnerie et Perrin Gascelin.

[2] Le carrefour Guilhore (Guillorille) (de la *vieille oreille*) était situé *outre Grand-Pont*. C'était à cet endroit que se dressait le pilori où l'on coupait les oreilles. On l'appelait carrefour de *Guignoreille*. Déjà, au quatorzième siècle, on lui donnait le nom de *Guilore*, puis vint le nom de *Guilleri*. Les rues Jehan Pain-Mollet, de la Poterie, de la Viex-Tixeranderie, la rue aux Coif-

« *Item,* ils protestent que ce que les Frères ont pu dire, ou
« pourraient dire en prison, contre eux-mêmes et contre
« l'Ordre, ne saurait en rien leur préjudicier, parce qu'il est
« de notoriété que la violence, la corruption, la prière, la
« peur, l'argent les ont amenés et les amèneront encore à
« passer de pareils aveux. Ils diront, à ce sujet, en temps et
« lieu, ce qu'ils ont à dire, lorsqu'ils seront en liberté.

« *Item,* ils demandent à nouveau que tous ceux des Frères
« qui ont jeté l'habit de l'Ordre soient mis entre *les mains de*
« *l'Église,* et sous bonne garde, jusqu'au jour où le vrai et le
« faux auront été découverts.

« *Item,* ils supplient et demandent qu'aucune personne,
« laïque ou autre, ne soit présente, lorsque les Frères seront
« l'objet de votre examen, afin que, sous aucun prétexte de
« crainte ou de terreur, le faux puisse se produire et la vérité
« se cacher, parce que les Frères sont tellement terrifiés qu'il
« faut s'étonner moins du nombre de ceux qui mentent que
« du nombre de ceux qui disent la vérité, en présence des tri-
« bulations, des embûches auxquelles ces derniers sont en
« butte à chaque instant, des menaces, des voies de fait et
« autres maux qu'on leur fait endurer chaque jour, tandis que
« les menteurs sont l'objet de prévenances, d'avantages et de
« grandes promesses. . . . .
. . . .
. . . .

« Ils soutiennent qu'en dehors du royaume de France, il ne
« se trouvera pas un Templier qui dira de pareils mensonges.
« Or, il est évident que ce que l'on dit en France a pour ori-
« gine les paroles de gens qui ont été corrompus et trompés.
« *Les gardiens des Frères leur ont fait la leçon (a satellitibus*
« *edocti confitebantur contra conscienciam).*

« Les faits relevés contre l'Ordre sont détestables, horribles,
« impossibles, honteux; ces articulations sont mensongères,
« fausses; ceux qui les ont suggérées au Pape et au Roi sont
« de faux chrétiens, des hérétiques, des ennemis de l'Église,

fières, la rue aux Commanderesses débouchaient sur le carrefour *Guillorille.*

« poussés par la cupidité et l'envie, par des apostats, des
« Frères fugitifs, chassés de l'Ordre à cause de leurs crimes,
« comme des brebis atteintes de contagion. Nous prétendons
« que vous ne pouvez procéder d'office; car, avant l'arresta-
« tion des Templiers, l'Ordre n'était pas poursuivi par la *cla-
« meur publique* [1]. . . . .
. . . .

« Les Frères qui ont passé des aveux, sous l'empire de la
« peur et de la torture, reviendraient sur leurs déclarations,
« s'ils osaient; mais on leur a fait dire et écrire qu'ils eussent
« à ne pas se *rétracter, sous peine du bûcher*. Voilà pourquoi
« ils vous supplient de leur donner entière confiance, en
« sorte que, rassurés complétement, ils puissent revenir à la
« vérité [2]. »

Le Frère de Montréal donna lecture d'une nouvelle cédule,
dans laquelle nous relevons les arguments qui suivent :

« Les Templiers ont été appliqués à la question, lors de
« leur *arrestation*, par les juges temporels. Ils ont été ensuite
« remis par eux aux mains des inquisiteurs et des ordinaires,
« ce qui est contraire aux priviléges de l'Ordre, aucun Tem-
« plier ne pouvant être appelé devant aucun juge laïque ou
« ecclésiastique : c'est *devant le Pape* qu'il doit comparaître.
« En conséquence, les Frères requièrent que les procès-ver-
« baux où sont consignées les fausses déclarations soient
« annulés par le Pape, comme reçus et faits au préjudice des
« priviléges de l'Ordre. Les Frères requièrent qu'il leur soit
« permis de se présenter en personne *devant la commission*
« pour faire valoir leur droit, toutes les fois qu'ils le jugeront
« nécessaire. Si le grand maître ou d'autres Frères ont fait des
« mensonges devant qui que ce soit, ils n'ont pu engager la
« personne de l'Ordre. Le premier jour de carême, les Frères,
« en présence du peuple, recevaient les cendres en bons fils
« chrétiens, des mains du chapelain [3]. Lorque le Sasfet fut

---

[1] Cela était de toute évidence.
[2] *Proc.*, vol. I, p. 165 et suiv.
[3] *En remembrance que nos somes cendres, et en cendres retornerons.* (*Règle française*, art. 343.)

« pris, le Soudan fit venir devant lui *quatre-vingts Frères*
« prisonniers, et leur intima l'ordre de renier Jésus-Christ,
« sous peine de mort. Aucun ne voulut renier, et tous furent
« *décapités* pour la foi. Aussi nous disons que si les Templiers
« avaient été tels que *om lor met desus*, ils eussent recouvré
« la liberté [1]. »

Les commissaires n'eurent pas de peine à réfuter ces exceptions : « Leurs pouvoirs spéciaux émanaient du Pape, on pro-
« cédait en matière d'hérésie. Le grand maitre avait, à plu-
« sieurs reprises, déclaré qu'il ne voulait pas défendre devant
« la commission, qu'il entendait défendre seulement devant
« le Pape. Les commissaires promirent de donner des instruc-
« tions pour que les Frères soient traités avec humanité, *parce
« que c'était l'intention de l'évesque de Préneste qui les avait
« sous sa garde, en vertu de la délégation qu'il avait reçue du
« Pape* [2]. Quant aux poursuites, elles avaient été *ratifiées par
« Clément V.* »

[1] *Proc.*, vol. I, p. 170, 171.
Si les Templiers, en entrant dans l'Ordre, *avaient abjuré Jésus-Christ*, que leur en aurait-il coûté de plus de renouveler cette abjuration devant le Soudan? L'histoire consigne un nombre *infime* de Templiers tombés au pouvoir de l'ennemi, qui aient apostasié. Le reniement de Jésus-Christ, qui était imposé au profès dans quelques maisons en petit nombre, ne constituait qu'une épreuve n'ayant aucune suite pour la foi et pour la règle. Ce qui se passa lors de la prise de Saphet nous confirme dans cette opinion : la forteresse de Saphet était située près et au nord du lac de Tibériade, à la hauteur d'Accon ; elle fut détruite en 1219 par les Sarrasins, reconstruite en 1240 par le grand maitre Hermant de Périgord ; mais, en 1266, les musulmans s'en emparèrent définitivement ; *Bendokdar*, qui enleva la place, fit massacrer les Templiers jusqu'au dernier, à l'exception de dix ou douze qui consentirent à abjurer.

[2] *Proc.*, vol. I, p. 172. ...En fait l'évêque de Préneste avait *abdiqué cette garde*... Le 12 mai 1310, nous verrons la mise à exécution de ce fait accompli. L'évêque de Préneste ne fit rien, et laissa brûler les Templiers confiés à sa garde. Aussi Philippe le Bel, comme nous l'avons vu au chapitre XXIV, récompensa largement cet ecclésiastique de ses services, en 1311.

CHAPITRE XXXII

Première phase de l'enquête, du 11 avril 1309 au 30 mai 1310. — Les Frères de Pruino, de Bononia, de Chambonnet et de Sartiges sont agréés par la commission comme défenseurs *officieux*, et non pas comme parties au procès. — Prestation de serment des témoins. — Procédure. — Dépositions interrogatoires. — L'évêque de Bayeux se rend à Rouen pour siéger au concile de Pont-de-l'Arche, présidé par l'archevêque de Rouen, Bernard de Farges. — 23 avril 1310, cédule des quatre défenseurs; ils offrent de prouver à l'instant même les manœuvres, les violences physiques et morales employées contre les Frères dans le but de leur arracher des aveux mensongers. — Ils demandent qu'on leur délivre copie des chefs d'inculpation. — De même pour les noms des témoins. — Argument tiré du défaut de libre arbitre. — Supplice infligé au Frère Gérard de Pasagio par le bailli de Mâcon. — Le Frère Consolin de Sancto-Jorio a été appliqué à la question pendant un an, mis au pain et à l'eau, exposé sans vêtements au froid pendant six mois. — Le Frère Raymond de Vassiniacho torturé. — Le Frère Baudoin de Sancto-Justo appliqué à la question à Amiens. — Le Frère Gilet de Encreyo torturé à Paris. — Déposition du Frère Jacques de Trécis. — La figue, *marisca*, l'ἰσχάς, *Eucharistie* des manichéens. — Échecs subis par l'instruction.

Dans l'état des choses, il n'y avait plus qu'à poursuivre l'enquête. Le 11 avril 1309, samedi d'avant les Rameaux, la commission décida que les Frères de Pruino, de Bononia, de Chambonnet et de Sartiges assisteraient, comme étant les plus capables, aux dépositions des témoins, mais *à titre officieux;* que leur assistance ne pourrait *créer contre eux un danger*. En conséquence, ils furent agréés, les commissaires « n'entendant point les recevoir *comme parties* au *procès*, « comme *instructeurs* et *contre-enquêteurs* [1] ». On accorda à ces quatre Frères le droit de présenter toutes observations.

L'audition des témoins commença donc le samedi 11 avril

---

[1] Quod periculum non immineret iisdem... non intendentes, propter hoc, commissarii recipere quatuor dictos fratres, vel ut partem facientes in negotio isto, vel ut instructores. *Proc.*, vol. I, p. 173.
Ici la loyauté de la commission s'impose au lecteur.

1309, en présence des susnommés. « Chaque témoin prêtait
« serment séparément, individuellement, la main sur les
« Évangiles, de dire toute la vérité, la pleine vérité, la pure
« vérité sur les chefs articulés, sans fausseté, tant contre
« l'Ordre qu'en sa faveur; de déposer sans haine, sans crainte,
« ne cédant ni à l'amitié, ni à la corruption, ni à la prière [1]. »
Lesdits quatre Frères demandèrent qu'il leur fût permis de
dire ce qu'ils voudraient contre les personnes et les dépositions des témoins. Cette faculté leur fut octroyée, en tant que
de droit.

Nous allons voir comment on procéda à cette enquête. Les
témoins, Frères du Temple, arrêtés, détenus, comparurent
libres, desfergiés, pour venir devant les *auditors* [2]. Le témoin
était interrogé séparément (*separatim, sigillatim*). Il n'était pas
entendu tout d'un trait sans être interrompu dans sa déposition. On l'interrogeait sur chacun des faits appointés en
preuve dont on lui donnait lecture, en suivant l'ordre des
articulations. Les enquêteurs avaient le droit d'interrompre le
témoin, de lui adresser toutes observations et questions au
cours de sa déposition, de l'interpeller sur les conséquences à
tirer de ses aveux et déclarations. C'était un véritable débat
entre le témoin et les magistrats enquêteurs. Ce débat revêtait
le double caractère d'un interrogatoire et d'une déposition. On
renvoyait quelquefois au lendemain pour entendre la fin d'une
déposition; ce mode de procéder permettait au témoin de se
concerter et de subir toutes les influences; *ce qui arriva très-
souvent;* la déposition *n'était pas lue au témoin,* on se bornait
à lui en donner acte. Les signatures des notaires suppléaient
à sa signature sur le procès-verbal.

Il n'est pas dans notre intention de donner *in extenso* la
traduction des déclarations de chaque témoin entendu, sur
chacun des chefs articulés. Il importe tout de suite de remarquer deux phases distinctes qui caractériseront l'enquête. La
première phase se poursuit du 11 avril 1309 au 30 mai 1310.

---

[1] *Proc.*, vol. I, p. 174.
[2] *Id.*, p. 151.

Ce jour-là, la commission s'ajourna au 3 novembre 1310, date à laquelle commencera la seconde phase de l'enquête [1]. Les témoins qui furent entendus, à partir du 3 novembre 1310, avaient tous été réconciliés avec l'Église par les conciles provinciaux de Sens, Senlis, et par les évêques des diverses provinces. Nous ne savons si le *concile de Rouen* (Pont-de-l'Arche) épargna quelques victimes, nous n'avons que des renseignements incomplets. Il n'était plus possible à ces témoins, plus ou moins utilement réconciliés avec l'Église, de revenir sur des aveux antérieurs, arrachés le plus souvent au moyen de la ruse et de la violence, sans s'exposer à de nouvelles poursuites, à une mort certaine, comme *obstinés*, comme *s'étant dédits*. Il y en eut cependant qui eurent le courage de protester et de déclarer à la commission qu'ils *avaient menti*, vaincus par la violence, la question et les souffrances. Les témoins entendus dans l'enquête furent au nombre de deux cent trente et un ; c'étaient, pour la plupart, des Templiers qui avaient refusé de défendre, ou qui, après s'être offerts à la défense, s'étaient désistés. Au nombre de ces deux cent trente et un témoins, figurent six témoins *non Templiers*, qui sont Radulphe de Praëllis, jurisconsulte, avocat en la cour du Roi[2]; Nicolaus Symonis, damoiseau (*domicellus*)[3]; Guisardus de Masiaco, chevalier[4]; Stephanus de Nereaco, de l'Ordre des Frères Prêcheurs[5]; Anthemius Sycus de Vercellis, notaire apostolique[6], et Petrus de Palude, Frère Prêcheur, bachelier en théologie[7]. L'enquête sera longue et laborieuse, en raison des nombreux chefs d'articulation; elle se ressentira parfois de la lassitude que les commissaires et les notaires durent éprouver; mais ce que nous devons dès à présent constater, c'est que les Templiers ne savaient pas un seul mot de l'hérésie qu'on leur

---

[1] *Proc.*, vol. I, p. 284.
Le premier jour de l'année 1310 tomba le 19 avril, *jour de Pâques*.
[2] *Proc.*, vol. I, p. 175.
[3] *Id.*, p. 176.
[4] *Id.*, p. 182.
[5] *Id.*, p. 454.
[6] *Id.*, p. 641.
[7] *Id.*

reprochait, et que les commissaires devaient ignorer en quoi consistait l'hérésie de Manès; car aucune question *pertinente* ne fut posée par eux *sur le dogme des manichéens*. Nous nous bornerons, quant à présent, à reproduire quelques-unes des dépositions, comme spécimen des travaux de la commission.

Le premier témoin fut maître Radulphe de Praellis (non Templier), jurisconsulte, avocat à la cour du Roi (déposition du samedi 11 avril 1309). Nous ne tirerons des dépositions que ce qui sera essentiel pour ou contre l'Ordre.

La déposition de cet avocat en la cour du Roi ne nous apprend rien. Un Templier, du nom de Gervais, de la maison du Temple de Laon, lui a dit qu'il y avait un point tellement grave dans l'Ordre, *qu'il aimerait mieux perdre la tête que de le révéler; tellement secret, que si le roi de France lui-même le voyait* (*videret*), il serait mis à mort par les Templiers tenant le chapitre. Le témoin de Praëllis ne sait rien, ajoute-t-il, touchant les faits appointés [1].

Le second témoin entendu le même jour, 11 avril, Nicolaus Symonis (non Templier), damoiseau (*domicellus*) [2], ne sait rien des faits appointés. Cependant il soupçonne que la religion du Temple est *mauvaise*. Les commissaires demandèrent à ce témoin sur quoi il fondait ses soupçons. Il répond : « Parce que *mon oncle* n'a jamais voulu entrer dans l'Ordre [3] ! » Le témoin a vu entre les mains du Templier Gervais, de Laon, un livre renfermant les statuts de l'Ordre, qui lui ont paru assez bons; mais ledit Gervais lui a déclaré, en pleurant, qu'il y avait des points dans l'Ordre qu'il n'oserait révéler. Après la mort de sa femme, le témoin eut le désir d'entrer dans l'Ordre; il pria le Frère Gervais de l'y faire admettre, parce que lui témoin avait une certaine fortune qui irait au Temple. Le Frère Gervais lui aurait répondu : « Ha ! ha ! Il i *auriaye* trop à « faire ! » Le témoin Nicolas Symonis ne sait rien de plus [4].

---

[1] *Proc.*, p. 175.

[2] On appelait damoiseau (*domicellus*) le noble qui n'avait pas encore reçu la ceinture de chevalier.

[3] Janotus dictus de Templo, avunculus suus... noluit intrare (in dictum Ordinem). *Proc.*, vol. I, p. 176, 177.

[4] *Proc.*, vol. I, p. 177.

On s'est emparé des dépositions des témoins de Praëllis et Symonis, on en a tiré cette conséquence erronée qu'il existait au Temple des *points* (*puncta*), des statuts écrits, secrets, ouvrant la porte à d'affreux désordres. Les recherches les plus minutieuses des inquisiteurs ont échoué, par la raison qu'il n'y avait rien de pareil dans les règlements de la communauté. A côté de la règle primitive, à côté de la règle latine, étaient venus se juxtaposer des statuts, des retraits, des règlements nécessités par les besoins de la pratique, par l'expérience (nous l'avons déjà fait remarquer) ; des établissements hiérarchiques, des règlements conventuels qui renvoyaient le plus souvent à la règle ; c'était le côté pratique, administratif, de l'Ordre. On a exploité contre le Temple ces deux dépositions dont on n'a voulu comprendre ni le sens, ni la portée : tout cela était bien connu du Saint-Siége, cependant.

Des inquisiteurs aveuglés par la passion, seuls, ont pu concevoir cette pensée que les Templiers s'étaient fabriqué des statuts *secrets, écrits,* qui les obligeaient, en entrant dans l'Ordre, à renier Dieu, Jésus-Christ, la Sainte Trinité, les sacrements de l'autel et de l'Église, et qui leur permettaient de s'abandonner à toutes les turpitudes.

Nous arrivons à une déposition importante. C'est celle d'un Templier étendu sur son lit de mort, un vieillard de soixante ans, reçu dans l'Ordre depuis quarante ans, qui va rendre son âme à Dieu. *Cette déposition est pour nous l'expression de la vérité.*

Le lundi 13 avril 1309, les évêques de Bayeux et de Limoges et l'archidiacre de Maguelonne se transportèrent à Saint-Cloud (*apud Sanctum Clodoaldum ?*) dans la maison épiscopale, où ils trouvèrent le moribond ; ils lui firent toucher les Évangiles et prêter serment. Ce Templier était le Frère JEAN DE SAINT-BENOIT, commandeur.

On l'interroge. Il dépose : « J'ai été reçu dans l'Ordre, il y
« a quarante ans, à la Rochelle, par le Frère de Légione,
« aujourd'hui décédé. Il m'a dit qu'il fallait renier Notre-Sei-
« gneur. Je ne me souviens pas s'il s'est servi du mot *Jésus-*
« *Christ* ou *crucifié; c'est tout un,* me dit-il (*sed dixit ipsi*

« *testi quod totum est unum*). Je répondis que si je reniais,
« c'était de bouche et non de cœur; ce que je fis. J'ai reçu moi-
« même beaucoup de Frères, je n'ai jamais agi ainsi. Je ne
« sais pas si d'autres le faisaient, je ne le crois pas. Le Frère
« Légione m'a prescrit de cracher sur une petite croix, et
« j'ai craché une fois vers elle et non dessus. Je ne crois pas
« que ce mode de réception se *pratiquât partout dans l'Ordre,*
« *je ne l'ai jamais vu*. Je ne sais rien de l'adoration d'un chat.
« Je crois aux sacrements de l'Église, l'Ordre y croit aussi. Je
« crois que les chapelains disaient à la messe les paroles
« sacramentelles. Je n'ai jamais vu ou entendu dire, et je ne
« crois pas, que le grand maître et les précepteurs de l'Ordre
« aient pu donner, ou aient jamais donné l'absolution des
« péchés, à moins qu'ils ne fussent prêtres. On donnait le bai-
« ser sur la bouche, lors de la réception. Quant aux baisers
« indécents, jamais je n'ai vu chose pareille, et je ne crois pas
« que cela fût en usage dans l'Ordre. On faisait jurer à celui
« qui était reçu qu'il n'en sortirait jamais pour entrer dans une
« autre communauté, sans la permission du grand maître; à
« partir de la réception, on était profès. Lors des réceptions,
« on fermait les portes, personne n'y assistait, s'il n'était
« Frère de l'Ordre. Je n'ai jamais vu, ni su, je ne crois pas
« que de *mauvaises mœurs fussent commises* dans l'Ordre.
« Je n'ai jamais vu de ma vie une tête d'idole dans les
« chapitres. Je n'ai jamais vu, ni su, qu'on adorât une
« *idole*, j'ai entendu parler de cela pour la première fois
« après l'arrestation des Templiers. On remettait à chaque
« Frère, après sa réception, une cordelette qu'il devait porter
« nuit et jour sur sa chemise. Il était prescrit aux Frères de ne
« se confesser qu'aux chapelains de l'Ordre, tant qu'il était
« possible de les *aller trouver* et de les avoir. Les prêtres de
« l'Ordre avaient le privilége d'absoudre les Frères de leurs
« péchés, comme les archevêques et les évêques qui ont ce
« pouvoir sur ceux qui leur sont soumis. Les aumônes se
« distribuaient bien. J'ai quant à moi observé cette règle
« avec le plus grand soin. J'ai assisté à plusieurs chapitres, on
« faisait fermer les portes après le sermon. Les Frères traitaient

« alors des affaires de la communauté ; il n'y avait, il ne s'y
« faisait rien que de bon. Le grand maître ne donnait pas
« l'absolution des péchés, mais il pouvait modérer les peines
« disciplinaires. Ce que le maître ordonnait, d'accord avec le
« couvent, s'exécutait partout. Je n'ai jamais vu commettre
« aucune erreur. Je sais que plusieurs Frères ont quitté l'Ordre
« à cause de leurs indignités personnelles, et non point à
« cause des indignités de l'Ordre. Je n'ai pas été témoin des
« aveux qui auraient été passés en présence du Pape et des
« cardinaux, en plein consistoire, soit par le grand maître, soit
« par tous autres ; je ne puis donc rien dire, je ne sais rien [1]. »

Le même jour, lundi 13 avril 1309, la commission reçut le témoignage de maître GUICHARD DE MARNIACHO, chevalier (non Templier). « Il ne sait rien, mais il a entendu dire que le Frère
« qui était reçu donnait des baisers indécents au Frère qui le
« recevait ; il parle de la rumeur publique. Il ne sait pas d'où
« *provient l'origine de cette rumeur.* Il a connu un nommé
« *Hugo de Marchant,* son parent, qui a voulu entrer dans
« l'Ordre du Temple. A partir du jour de sa réception, *de*
« *Marchant* fut en proie à une profonde tristesse. Il fit graver
« un cachet avec ces mots : *Sigillum Hugonis perditi,* cachet
« de *Hugues le Perdu ;* le témoin ignore pour quelle raison.
« *Hugo de Marchant* est décédé à Lyon, après s'être con-
« fessé aux Frères Mineurs, et après avoir reçu les sacrements
« de l'Église. Le témoin pensa que *de Marchant* était mort à la
« suite de l'observation des austérités de la règle ; mais il croit
« aujourd'hui qu'il est mort parce qu'il avait *perdu son âme.*
« Le témoin ne croit pas que le grand maître Bellojoco ait
« attiré sur les chrétiens les plus grands malheurs à cause de
« *ses rapports avec le Soudan ; il est convaincu du contraire ;*
« car Bellojoco combattit bravement les Sarrasins à Accon, où
« il a été tué [2]. » Cette déposition réduit à néant toutes les calomnies. Si l'Ordre avait jamais traité avec le Soudan pour

---

[1] *Proc.*, vol. I, p. 179, 180, 181.
[2] Ceci répondait aux accusations de trahison dirigées contre l'Ordre. Molay avait déjà expliqué comment le grand maître de Bellojoco, dans les circonstances les plus critiques pour la chrétienté, avait été forcé de négocier une

conserver ses places du littoral de Syrie et de Tripoli, et une partie de ses possessions d'outre-mer, en se rangeant au mahométisme, les Templiers n'eussent pas été jetés à la mer en 1291. A-t-on jamais réfléchi à ceci? c'est qu'une pareille trahison entraînait non-seulement la perte de l'honneur, mais aussi la perte de toutes les possessions que l'Ordre tenait en Europe! Il y eut des trèves, des armistices, et si quelquefois ils furent rompus avant leur expiration, ce ne fut pas aux musulmans qu'on dut attribuer cette rupture.

Ledit jour 13 avril, la commission entendit le Templier Taylafer de Gêne, Frère servant; il ne portait plus le manteau de l'Ordre, et s'était fait raser : « Il fut reçu trois « ans avant l'arrestation des Frères, dans la maison nouvelle-« ment acquise de Mormant, du diocèse de Langres[1]. Il a « renié une fois le Christ, de bouche et non de cœur; il a cra-« ché une fois près de la croix, non dessus; il ne lui a été fait « aucune violence; mais on le menaça, s'il refusait, de le « mettre dans un lieu où il ne verrait ni ses pieds ni ses mains. « Il a entendu dire que les Frères foulaient aux pieds la croix; « ne l'a jamais vu faire. Il croit aux sacrements de l'Église. « Des Frères lui ont dit que le grand maître et les Frères « chapelains pouvaient donner l'absolution des péchés. Il « avoue les baisers indécents. Il ne sait rien, n'a jamais rien « entendu dire avant l'arrestation des Frères, au sujet des « mœurs impures qu'on leur reproche. » Répondant à diverses questions qui lui sont posées par les commissaires, le témoin répond : « Le jour de sa réception, il a vu une tête (*capud*) « que l'on plaça sur l'autel de la chapelle; on lui a dit de « l'adorer; elle était d'une *couleur quasi rouge*, elle avait figure « humaine, elle était de la grosseur d'une tête d'homme[2]. Il

---

trève avec les Sarrasins. Les déclarations de Molay furent confirmées par celles des témoins de Nobiliac (*Proc.*, vol. II, p. 215) et Guichard de Marniacho.

Nous avons vu déjà qu'en 1299, l'Ordre avait *fait alliance* avec les Tartares contre les Sarrasins.

[1] Cette maison était membre de la commanderie de Voulaine (arrondissement de Châtillon, Côte-d'Or).

[2] Quod quasi coloris rubei effigies imaginis, quasi grossitudinis capitis humani. *Proc.*, vol. I, p. 190.

« n'a point vu qu'on adorât cette tête. » Les commissaires posèrent au témoin la question suivante : « *Cette tête était-elle peinte ou non peinte ?* » (Nous avons déjà fait remarquer que les *idoles* des carpocratiens et manichéens étaient peintes de diverses couleurs.)

Le témoin répond qu'il n'a pas regardé, « *dixit se non « avertisse* ». Taillafer de Gêne ajoute « qu'on lui remit une « cordelette qui, lui dit-on, avait été touchée par le *capud;* on « lui prescrivit de porter cette cordelette nuit et jour sur sa « chemise; il ne s'en est pas servi, et l'a jetée. On remettait à « chaque Frère une cordelette en lui prescrivant d'adorer le « *capud*. Il ne sait quel est ce *capud;* il ne l'a pas *bien vu*, il « était placé trop loin de lui. Il ne peut dire s'il était en *or*, en « *argent, ou en cuivre, ou en bois, ou en os*. On recommandait « le secret sous peine de prison perpétuelle. Les aumônes se « faisaient bien, et avec exactitude. Le témoin déclare que « l'Ordre ne lui convient plus, à cause des énormités dont il a « parlé; que pour cela, et parce qu'il lui *déplaît* d'être depuis « si longtemps en *prison* [1], il a jeté le manteau. Il prétend ne « savoir rien de plus. »

Le mercredi saint 15 avril 1309, au matin, fut entendu le Frère JEAN ANGLICI, DE HINQUEMETA, du diocèse de Londres, sans manteau, la barbe rasée. « Il fut reçu par Pierre de « Madit. Il a renié trois fois Jésus, et craché trois fois vers la « croix, de bouche seulement, et non de cœur. On lui remit « une cordelette qu'il devait porter sur sa chemise nuit et « jour; elle avait touché une tête (*capud*), mais il ne sait « quelle est cette tête. Il avoue les baisers sur la poitrine et « sur les épaules nues. Il ne croit pas que ce soit l'usage. Il « croit à tous les sacrements, il ignore si les prêtres pronon- « çaient les paroles sacramentelles; il a entendu dire le con- « traire, depuis l'arrestation des Frères. Il a entendu dire que « le grand maître pouvait autoriser les Frères chapelains à « donner l'absolution des péchés après confession; mais on ne

---

[1] Non placebat sibi, quia tanto tempore in carcere stetit. *Proc.*, vol. I, p. 187, 190.

« lui a pas dit que les Frères chapelains pouvaient donner
« l'absolution des *péchés non confessés*. Jamais il n'a entendu
« parler de *mœurs impures*, il croit que ce serait là un grand,
« un très-grand péché ; mais on lui a dit que quelques Frères
« avaient eu cette habitude. Il n'a vu ni *idole* ni *caput ;* il
« en a entendu parler seulement, depuis l'arrestation des
« Templiers. Il ignore si les Frères se livraient à des baisers
« indécents, lors des réceptions. Les chapelains défendaient
« de se confesser à d'autres prêtres que ceux de l'Ordre ; mais
« on ne lui a jamais dit que le grand maître ou les précep-
« teurs fissent une semblable défense. »

La commission renvoya au jeudi 23 avril 1310 l'audition
de ce témoin, après la fête de Pâques, parce que l'évêque de
Bayeux dut *se rendre à Rouen*, afin d'assister au concile provincial [1]. La fête de Pâques tomba le 19 avril ; c'était le premier jour de l'année. Il résulte du texte qu'il se tint un concile
provincial, dit de Rouen, de fin avril 1309 à fin mai de l'année
1310, pour juger les Templiers de ce diocèse. L'évêque de
Bayeux y assista. Ce concile fut réuni à *Pont-de-l'Arche*, sous
la présidence de l'archevêque de Rouen, Bernard de Farges ;
nous allons en parler bientôt. L'évêque de Bayeux fut absent
de Paris à partir du 15 avril 1309, et ne revint prendre sa
place au sein de la grande commission que le 30 mai 1310 [2].
L'évêque de Bayeux, nous l'avons déjà dit, s'appelait Guillaume de Trie ; il avait remplacé Guillaume Bonnet, décédé [3].

Le 23 avril 1310 (le jeudi après Pâques), Jean Anglici continua sa déposition : « Les aumônes se faisaient, mais pas
« aussi bien qu'on aurait dû. Il a vu donner du bon bled aux
« porcs, et du pain de son, « *de furfure* », aux pauvres. Il croit
« que, au moyen de certaines lettres du *Saint-Siége*, on com-
« mettait des extorsions. L'évêque Godefroy de Saintes se
« plaignit un jour à Godefroy de Vicheyo, visiteur de l'Ordre,

---

[1] Propter concilium provinciale *Rothomagense*, quod interim celebrari debebat, et cui *interesse* oportebat. *Proc.*, vol. I, p. 197.

[2] *Proc.*, vol. I, p. 205-283.

[3] Guillaume BESSIN, *Concilia Rothomagensis provinciæ Abrincenses epi-scopi*, p. 236.

« que le Frère Martin, précepteur de Epans, avait extorqué
« dix-sept livres à quelques hommes de son diocèse; mais le
« visiteur fit la *sourde oreille* (*surda aure pertransivit*). Les
« chapitres étaient tenus portes closes, personne n'osait
« approcher. Il ignore si le grand maître donnait ou pouvait
« donner l'absolution. Le témoin déclare qu'il est sorti de
« l'Ordre, il y a sept ans, à cause des erreurs dont il vient de
« parler, et que beaucoup de Frères en eussent fait autant,
« s'ils n'avaient été retenus par la crainte. Il ignore si la cla-
« meur publique poursuivait les Templiers avant leur arresta-
« tion[1]. »

Ce même jour, jeudi 23 avril 1310, après la déposition du témoin Anglici, les Frères de Bononia, de Pruino, de Chambonnet et de Sartiges se présentèrent devant la commission. Le Frère de Bononia lut la cédule suivante : « En votre pré-
« sence, Révérends Pères, nous proposons en notre nom, et
« pour nos adhérents, que le procès poursuivi contre nous a
« été précipité, violent, inique, injuste; il est le résultat d'une
« erreur intolérable. On n'a point observé les formes, on a
« mis en pratique toutes les rigueurs du droit, on a voulu
« exterminer les Frères du Temple dès le jour de leur arres-
« tation en France, comme des moutons conduits à la mort;
« on les a dépouillés de leurs biens; on les a mis en prison;
« on les a torturés de toutes les manières. *Beaucoup, beau-
« coup* sont morts, beaucoup *sont estropiés* pour toujours.
« Ils ont été contraints de mentir contre eux-mêmes et contre
« l'Ordre. On leur a enlevé leur *libre arbitre,* le plus grand
« bien qu'il soit donné à l'homme de posséder. Celui qui
« manque de son libre arbitre ne sait plus discerner le bien
« d'avec le mal, n'a plus de liberté pour le bien, ni science,
« ni mémoire, ni intelligence[2]. Pour mieux amener les Frères

---

[1] *Proc.*, vol. I, p. 198, 199, 200, 201.

[2] Caret omni bono, scientia, memoria et intellectu, qui caret libero arbitrio.
De Pruino était un lettré; peut-être espérait-il faire impression sur les membres de la commission, en *plaidant le libre arbitre,* en revendiquant la *liberté de la volonté humaine,* dont l'hérésie de *Manès* déniait absolument l'existence.

« à mentir et à témoigner contre eux-mêmes et contre l'Ordre,
« on leur a fait parvenir des *lettres*, avec la *boule* (le cachet) *du*
« *Roi*, leur promettant la conservation des membres, la vie, la
« liberté, des rentes viagères. On leur annonçait que l'Ordre
« était absolument condamné[1]. Ceci est notoire, public, in-
« contestable ; *nous protestons*, et nous offrons de faire la
« *preuve, à l'instant même*. Nul ne peut être assez fou, assez
« insensé pour entrer dans un Ordre, à la perdition de son
« âme. Un grand nombre de nobles, de puissants de toutes les
« parties du monde, des hommes de haute valeur, sont entrés
« dans l'Ordre du Temple, et y sont restés jusqu'à la mort. Si
« des personnages aussi considérables avaient trouvé dans
« l'Ordre ces pratiques blasphématoires contre Notre-Seigneur
« Jésus-Christ, ils l'auraient quitté tout de suite, ils auraient
« dévoilé au siècle ces infamies. Nous demandons qu'on nous
« délivre des copies des chefs articulés, et les noms de tous les
« témoins, nous réservant de présenter nos observations
« contre les personnes et les dépositions. Nous vous supplions
« d'ordonner que les témoins, après avoir déposé, soient
« séparés de ceux qui viendront déposer après eux, de ma-
« nière qu'ils ne parlent pas entre eux ; et nous vous de-
« mandons de leur enjoindre le secret le plus absolu, jus-
« qu'au jour où l'enquête sera envoyée au Pape. Nous vous
« prions de vous enquérir auprès des gardiens des Templiers,
« de leurs aides qui ont vu mourir beaucoup de Frères, de
« l'état dans lequel ils sont morts, et surtout ceux que l'on
« disait réconciliés. Nous demandons que les Frères qui ont
« refusé de défendre ou de se présenter, sous prétexte qu'ils
« n'avaient rien à déclarer pour ou contre l'Ordre (bien qu'en
« fait ils se soient prononcés contre lui), soient tenus de prêter
« serment, parce qu'ils connaissent la vérité, comme les autres
« Frères qui ont déclaré vouloir défendre. »

Les commissaires enjoignirent aux notaires de délivrer copie des chefs articulés à chacun des quatre Frères susnommés.

Le 24 avril 1310, comparut le Frère Huguet de Buris, sans

[1] Predicendo semper eis quod Ordo Templi erat condempnatus omnino; L'Ordre était condamné, même avant l'élection de Bertrand de Got.

manteau, la barbe rasée. Ce Templier entre dans les détails des baisers indécents. « Il déclare avoir renié trois fois
« Jésus, de bouche et non de cœur ; il a craché une fois sur la
« croix ; mais il n'a pas voulu la fouler aux pieds. Il a vu qu'on
« tirait d'une armoire (*armario*) une tête (*capud*), qui fut
« placée sur l'autel. Le précepteur de la maison de Fontenay
« (*Fontenetos*)[1], Pierre de Buris, qui procédait à la réception,
« lui donna une cordelette qui avait touché le *capud*. Il ne s'en
« est point servi ; jamais il ne s'en est servi. Il lui fut défendu
« d'entrer dans une église lorsqu'on y célébrait un mariage.
« Il lui fut prescrit de se confesser seulement aux Frères cha-
« pelains. Le Frère qui le recevait lui dit qu'il lui ferait
« savoir *quelque chose plus tard*[2]. On lui défendit d'entrer
« dans une chambre où serait couchée une femme avec son
« nouveau-né. Il prononça ces paroles de reniement : «*Je reney
« Dieu... Je reney Dieu... Je reney Dieu...* » La tête dont il
« parle n'était pas en bois, elle lui parut être en argent, en
« cuivre ou en or ; c'était une tête humaine, avec un visage,
« et une longue barbe quasi blanche[3]. Le témoin n'a jamais
« revu cette tête. Après la cérémonie, le commandeur Pierre
« de Buris remit cette tête dans l'armoire. Le témoin croit que
« ce *n'était rien de bon* (*quod caput non credebat significare
« bonum*). Déjà le témoin a été examiné par l'évêque de
« Tours. On n'a pas dit au témoin que *Jésus n'était pas vrai
« Dieu;* il ne croit pas *que l'on tînt ce langage aux profès;*
« *qu'on discutât au Temple sur le dogme;* qu'on le contestât.
« Rien de pareil ne s'est passé lors de sa réception dans l'Or-

[1] Cette maison dépendait de la grande commanderie de Voulaine (arrondissement de Châtillon, Côte-d'Or).

[2] Cette promesse ne cachait aucune mauvaise arrière-pensée, car chaque Frère, selon son grade, était instruit des articles de la Règle qui le concernaient. Au moment de leur réception, les profès n'apprenaient qu'une partie des statuts. « Ce qu'ils ne savaient, ils devaient le demander à lor besoing. » « Or vos avons dites les choses que vous devez faire, et de quoi vos vos devez « garder, et celes de la maison perdre, et celes de l'habit perdre, et des autres « justises, et si no ne vos avons pas tout dit, quan que dire vos devrions, mais « vos le demanderez. » (Art. 685 de la *Règle française*.)

[3] Erat ad instar capitis humani, cum facie, et cum longa barba, quasi cana. *Proc.*, vol. I, p. 207.

« dre¹. Il n'en a jamais entendu parler. Il était défendu de dire
« à qui que ce fût ce qui s'était passé lors d'une réception.
« Il était interdit de se confesser à d'autres prêtres qu'à ceux
« de l'Ordre. Le témoin ne s'est pas conformé à cette défense;
« il s'est confessé à un prêtre séculier qui lui a infligé une
« pénitence. L'hospitalité et l'aumône s'observaient bien; trois
« fois la semaine, on distribuait à chaque pauvre la moitié
« d'une *miche* de bon pain (*medietas unius miche de bono*
« *pane*). Il a entendu dire, par un Frère dont il ignore le nom,
« que le maître pouvait donner l'absolution des péchés, ce
« qu'il n'a jamais cru. Il ignore si le visiteur et les précepteurs
« avaient le pouvoir de donner l'absolution. Il croit que la
« clameur publique poursuivait les Templiers avant leur
« arrestation². »

Le lundi 27 avril 1310, on amena le Frère GÉRARD DE PASA-
GIO, sans manteau, la barbe rasée. « Il a été reçu, en Chypre,
« par le chevalier Baudoin de Ardan; déjà il a été examiné
« par les Frères Prêcheurs, puis par l'évêque de Châlon-sur-
« Saône et par le vicaire de l'évêque de Tulle; il n'est pas allé
« à Poitiers devant le Pape. Celui qui l'a reçu dans l'Ordre lui
« montra une croix en bois, et lui demanda s'il croyait que
« ceci fût *Dieu* (*quod hoc esset Deus*). Il répondit que c'était
« l'image du *Crucifié*. Le Frère Baudoin lui dit : « Ne le crois
« pas, c'est un *morceau de bois*, Notre-Seigneur est *dans les*
« *cieux*³. » Le témoin cracha sur la croix, mais refusa de la
« fouler aux pieds. Il avoue les baisers indécents. Il fut mis en
« demeure d'accomplir ces actes, en vertu du serment d'obéis-
« sance qu'il venait de prêter. Il n'a pas cru aller *contre Dieu*,
« en faisant ces choses (*non credebat ire contra Deum, illa*
« *faciendo*). »

Les commissaires lui demandèrent s'il ne croyait pas que ce

---

¹ Nec credere quod predicta dogmatizarentur, vel dicerentur illis qui rece-
piebantur in Ordine; quia non fuerat sibi dicta in receptione sua, nec alias
audiverat loqui. *Proc.*, vol. I, p. 207.
² *Proc.*, vol. I, p. 208 et suiv.
³ Fuit ei dictum, quod non crederet hoc, inimo erat quoddam frustum
ligni, et Dominus noster erat in cœlis. *Proc.*, vol. I, p. 213.

fût un *péché* de cracher sur la croix : « *Oui*, répondit-il, *mais
« j'étais requis, j'étais lié en vertu du serment que je venais de
« prêter*[1]. » Le témoin a vu recevoir quatre ou cinq Frères de
« la même manière; mais il affirme que tous les vendredis,
« on adorait la croix, les pieds nus, avec le plus grand
« respect, dans toutes les maisons du Temple. »

A cause de l'heure avancée, la continuation de la déposition
fut renvoyée au mardi 28 avril.

Ledit jour, le témoin est ramené. « Il déclare que jamais il
« n'a entendu parler de l'apparition, ou de l'adoration d'un
« chat introduit dans les chapitres, ni de l'oubli volontaire
« des paroles sacramentelles au Saint Sacrifice de la Messe,
« ni de l'absolution des péchés donnée par le grand maitre.
« Il ne croit pas que cela soit vrai. Il n'a jamais entendu
« parler des mœurs impures, cela est faux. Il ne sait rien
« concernant les idoles, cela n'est pas vrai. C'est parce qu'il ne
« voulait pas avouer les faits au sujet des idoles que le bailli
« du Roi, à Mâcon, le fit appliquer à la torture, avec des poids
« suspendus aux parties génitales et aux autres membres,
« jusqu'à ce qu'il eût perdu connaissance[2]. »

Le mercredi 29 avril 1310, on amena devant les commissaires le Frère GODEFROY DE THATAN, en habit séculier, la barbe
et les cheveux rasés. « Il déclara vrai le fait du reniement de
« Jésus-Christ. C'est le Frère Saint-Benoît, décédé depuis à
« Saint-Cloud, qui l'a fait renier, en ces termes : *Je reney
« Jhesu...* Le Frère Saint-Benoît lui prescrivit de cracher sur
« la croix[3]. Il cracha seulement vers la croix. Il ne lui com-
« manda pas de baisers indécents; il se borna à lui donner le
« baiser sur la bouche et sur l'épaule nue... Ce Frère lui a fait
« des menaces... » A ce moment de sa déposition, le témoin

---

[1] Sed faciebat quia requirebatur sub debito juramento per eum prestito. *Proc.*, vol. I, p. 214.

[2] Quia non confitebatur eos (articulos) coram bayliio regio Matisionensi, fuit questionatus ponderibus apensis in genitalibus suis et in aliis membris, quasi usque ad exanimacionem. *Proc.*, vol. I, p. 218.

[3] Nous avons vu que le Frère Saint-Benoît, interrogé à son lit de mort, le lundi 13 avril 1309, avait juré que jamais il n'avait fait renier Jésus-Christ aux profès qu'il reçut dans l'Ordre.

se trouble, son hésitation frappe les membres de la commission, on le pousse, on le presse de questions, et il finit par avouer « qu'*aucune menace ne lui a été faite*. Il ajoute qu'il a
« passé des aveux devant le bailli de Touraine (Toroyne), il
« n'a pas été appliqué à la question par ce bailli. Il s'est
« réjoui de l'arrestation des Templiers, quand leurs indignités
« furent révélées. Au Temple, on croyait *en Jésus-Christ, au*
« *salut en Jésus-Christ;* on ne lui a pas dit le contraire, lors de
« sa réception. Il n'a jamais entendu dire que les Frères répan-
« dissent des ordures sur la croix. Des Frères revenant d'un
« chapitre lui ont dit qu'un chat avait apparu au milieu du-
« dit chapitre [1]. Il ne sait rien des mœurs impures, cela n'est
« pas vrai; l'archevêque de Tours lui en a parlé, c'était pour
« la première fois qu'il l'apprenait. Les Frères n'adoraient
« pas d'idole; si cela était vrai, il l'eût su. S'il avait osé,
« il serait sorti de l'Ordre. Les Frères chapelains n'omet-
« taient pas de prononcer les paroles sacramentelles du ca-
« non. Le grand maître ne remettait que les peines discipli-
« naires. »

Le jeudi 30 avril, on amena le Frère JEAN DE JUVIGNIACO, précepteur. Il portait l'habit des Frères servants. « Il déclara
« qu'il avait été examiné par le Pape; il pria la commission
« de ne pas l'entendre sur les points qui avaient fait l'objet de
« cet examen. » Les commissaires se retirèrent pour en délibérer.

Le 2 mai 1310, comparut le Frère CONSOLIN DE SANCTO-JORIO, chevalier. « Il déclare qu'il veut défendre l'Ordre, parce qu'il
« est bon et loyal. Il a avoué quelques erreurs à l'évêque de
« Périgueux, vaincu par les tortures, les violences qu'on lui a
« fait subir pendant un an; il a été mis au pain et à l'eau pen-
« dant l'espace de six mois, on l'a dépouillé de ses vêtements
« et laissé exposé au froid. » Dix-huit nouveaux Templiers furent amenés, le même jour, 2 mai, devant la commission : tous déclarèrent qu'ils voulaient défendre l'Ordre, bien qu'ils

---

[1] Quod quidam catus apparuerat fratribus in dicto capitulo. *Proc.*, vol. I, p. 222.

eussent avoué quelques erreurs à l'évêque de Périgueux, sous la pression des tortures et de la faim¹. Six autres Templiers furent ensuite amenés; ils déclarèrent qu'ils voulaient défendre, qu'ils n'avaient passé aucun aveu, bien qu'ils eussent été examinés par l'évêque du Mans. Enfin, deux autres Templiers furent ensuite amenés; ils se déclarèrent prêts à défendre l'Ordre, comme *bon et loyal,* contre *tout homme,* excepté le Pape et le Roi².

Le mardi 5 mai, la commission résolut de surseoir à l'audition des Frères qui auraient été examinés par le Pape et par les cardinaux, jusqu'à nouvelle délibération; mais elle reçut les serments de huit Templiers qui avaient déclaré ne vouloir défendre. On ajouta à la formule du serment « *qu'ils juraient et promettaient de ne révéler à personne leurs dépositions, jusqu'au jour des débats publics* ». Cette formule fut adoptée, consacrée à partir du 5 mai 1310³.

Les quatre défenseurs délégués demandèrent qu'on leur donnât les noms des témoins; il en était parmi ces derniers, disaient-ils, qu'ils ne reconnaissaient pas pour être Frères de l'Ordre. La commission fit droit à cette demande, l'audience fut renvoyée au lendemain.

Le mercredi 6 mai 1310, comparut le Frère RAYMOND DE VASSINIACHO, chevalier, portant l'habit séculier, la barbe rasée. « Il dépose qu'il a été examiné par l'évêque de Bourges; avant, « il avait été appliqué à la torture et mis, pendant plusieurs « semaines, au pain et à l'eau. Il n'a pas tout confessé à cet « évêque, il va tout avouer aux membres de la commission. « C'est le chevalier Francone de Bore qui l'a reçu; il lui pres- « crivit de jeter à terre son manteau, de renier la croix qui « était sur ce manteau, de cracher dessus et de la fouler aux « pieds, en mépris du Crucifié. Il renia une fois, de bouche et « non de cœur; marcha sur son manteau, mais non sur la

---

¹ *Proc.*, vol. I, p. 239.
² Defenderent... contra omnem hominem, exceptis dominis Papa et Rege. *Proc.*, vol. I, p. 231.
³ Quod depositiones suas non pandent, nec revelabunt alicui, quousque fuerint publicate. *Proc.*, vol. I.

« croix. Un Frère, du nom de Renaut, lui déclara que c'était
« la règle. Il avoue avoir donné le baiser sur la bouche et sur
« les vêtements jusqu'au nombril, et non sur la chair nue. On
« lui dit qu'il pouvait se livrer à des relations impures avec
« ses Frères; on ne lui a pas dit que ce fût un péché et une
« violation du vœu de chasteté. Il ne connaît aucun Frère qui
« ait commis des actes d'immoralité. *Tous nous croyons en
« Jésus-Christ, et qu'il est mort sur la croix pour les hommes.*
« Il n'a point entendu dire que dans les chapitres on adorât
« un chat; que, dans l'Ordre, on ne crût pas aux sacrements
« de l'autel. La messe était bien célébrée. Pendant un certain
« laps de temps, il n'y eut pas de prêtres au Temple; quand
« un Frère commettait *une faute*, il était puni par ses supé-
« rieurs, suivant la gravité; plus tard, on donna des chapelains
« aux Templiers; on mettait entre leurs mains les Frères qui
« avaient péché, à moins que le fait n'emportât la perte de la
« maison ou de l'habit de l'Ordre. Il n'a jamais vu ou entendu
« dire que le grand maître et les commandeurs pussent donner
« l'absolution des péchés. Il ne sait rien concernant les idoles;
« ce n'est pas vrai[1]. »

Le jeudi 7 mai, comparut le Frère BAUDOIN DE SANCTO-JUSTO,
précepteur de Pontivi, du diocèse d'Amiens[2]. Le témoin ne
portait plus le manteau, et avait fait raser sa barbe. « Il a,
« dit-il, été examiné à Amiens par les Frères Prêcheurs, et à
« Paris par l'évêque de cette ville; on l'a appliqué à la ques-
« tion à Amiens, peu de jours après l'arrestation des Templiers.
« Vaincu par les tourments, il a fait aux Frères Prêcheurs plu-
« sieurs aveux qu'il a renouvelés devant l'évêque de Paris vers
« le milieu de la Quadragésime de l'année 1307; il n'en dira
« pas plus à la commission. Il a été reçu par Robert de Sancto
« Justo, son parent, dans la maison du Temple de Somorens

[1] *Proc.*, vol. I, p. 233-241.
[2] Nous ne voyons que Thony, près Pontavert-sur-Aisne, arrondissement de Laon, canton de Neufchâtel-sur-Aisne, *Tonni propè pontem Arvernie* (déclaration du Frère Lambert Flamingus, devant l'inquisiteur Guillaume de Paris, du 14 novembre 1307. *Proc.*, vol. II, p. 392). Nous voyons encore le péage de *Pont-à-Bucy*, commanderie de Câtillon, arrondissement de Laon, canton de Crécy-sur-Serre.

« d'Amiens ¹. Le Frère Braëlla de Somorens lui dit qu'il était
« l'esclave du Temple (*servus esclavus Templi*) aux fins de
« *recouvrer la Terre sainte*. Il lui enjoignit de renier Dieu, et
« lui déclara qu'en cas de refus il lui arriverait malheur. Les
« cheveux lui dressaient sur la tête; effrayé, il renia Dieu une
« seule fois, de bouche et non de cœur. Le Frère Braëlla lui
« dit : « *C'est bien, tu seras un bon champion outre-mer. Tu eris
« bonus pugil ultra mare.* » Il ajouta que si quelque Frère
« voulait partager mon lit, je ne devais pas le refuser. Le
« témoin n'a pas cru que ce fût un péché de recevoir dans son
« lit un Frère qui n'en avait pas. On lui fit dépouiller les vête-
« ments du siècle, et revêtir l'habit de l'Ordre. Il n'y avait pas
« de croix, il n'est pas vrai que les Frères *ne crussent pas en
« Jésus-Christ*. Il n'a jamais entendu dire que l'on crachât sur
« la croix, qu'on la foulât aux pieds, que les Frères la cou-
« vrissent de leurs ordures. Ce sont là de *mauvaises plaisan-
« teries*. Ce n'est pas vrai ², on n'avait jamais entendu parler de
« cela avant l'arrestation des Templiers. Il est faux que les
« chapelains aient omis de prononcer les paroles sacramen-
« telles du canon. Lorsqu'un Frère commettait une faute, le
« grand maître, le visiteur et les commandeurs lui infligeaient
« une peine disciplinaire, ou lui faisaient grâce; mais jamais
« ils ne donnaient l'absolution des péchés. Les chapelains
« seuls donnaient l'absolution à ceux qui se confessaient. Le
« baiser était donné sur la bouche; c'est une erreur de croire
« que l'on donnait des baisers obscènes. Le témoin ne sait rien
« au sujet des mœurs illicites, jamais il n'a entendu parler de
« cela. Quant aux *idoles, c'est faux*. C'est encore une mauvaise
« plaisanterie. « *Reputabat trufam, et falsum esse.* » L'adora-
« tion d'un chat constitue une articulation *dérisoire* et fausse
« (*derisorium et falsum*). Il a assisté à divers chapitres, soit à
« Paris, soit en Chypre; il n'a jamais vu chose semblable. On
« portait une cordelette en signe de chasteté (*propter hones-
« tatem*), pour éviter le toucher volontaire de la chair. Il

---

¹ Sommereux (Oise), arrondissement de Beauvais, canton de Grandvilliers.
² Contenta in dictis articulis esse trufatoria, et non vera. *Proc.*, vol. I, p. 244.

« n'était pas permis de se confesser à d'autres prêtres sans
« l'autorisation des chapelains. Le Frère chapelain, curé de
« Somorens, auquel le témoin demanda cette autorisation, la
« lui accorda ; huit jours environ après avoir été reçu dans
« l'Ordre, il se confessa d'avoir renié Jésus-Christ à un prêtre
« séculier nommé Jean, curé de Verrières [1], du diocèse
« d'Amiens, qui lui donna l'absolution, et lui enjoignit pour
« pénitence de jeûner tous les vendredis pendant un an, dont
« douze vendredis au pain et à l'eau [2]. Les aumônes et l'hos-
« pitalité étaient, en général, bien données et pratiquées. Il
« ne sait pas que des Frères soient sortis de l'Ordre à cause
« des erreurs qui lui sont imputées [3]. »

Le vendredi 8 mai 1310, comparut le Frère servant GILLET
DE ENCREYO, en habit *séculier*, la barbe rasée. « Il dépose qu'il
« a été examiné à Paris, dans la maison du Temple, par les
« Frères Prêcheurs, et ensuite par l'évêque de Paris, dans son
« palais. Il a été appliqué à la question peu de jours après
« l'arrestation des Templiers. Il a été reçu dans la maison de
« Sérénicourt, diocèse de Reims [4], par le Frère Jean de Cella.
« Il a prêté serment de chasteté, de pauvreté et d'obéissance.
« On lui présenta un livre, sur une page duquel on voyait
« l'image du Crucifié en couleur rouge. Le Frère de Cella lui
« enjoignit de cracher sur cette image. Il cracha près du livre,
« et non dessus. Il lui dit qu'il pouvait partager son lit avec
« un Frère, et lui, témoin, a compris que cette autorisation
« était donnée pour le cas où l'on manquerait de lits (*propter
« penuriam lectorum*) ; mais le Frère de Cella lui déclara que
« les relations impures étaient permises entre Frères. Le

[1] La Verrière, arrondissement de Beauvais, canton de Grandvilliers.

[2] L'article 354 de la *Règle française* admettait une exception lorsque les Frères ne trouvaient pas les chapelains pour les confesser : « Mais bien sachiés « que Frère du Temple se doit confesser fors que à son Frère chapelain, si « ne le feist par grand nécessité, et que il ne peust *avoir* nul Frère chapelain ; « mais par *congié* le porrait faire. » Toutes les maisons du Temple n'avaient pas de Frères chapelains.

[3] *Proc.*, vol. I, p. 241.

[4] Probablement Seraincourt, près Vallan (Yonne), arrondissement et canton d'Auxerre ; c'était une terre et une seigneurie que les Templiers avaient acquise en 1272.

« témoin fut *extrêmement* troublé. Jamais il n'a commis d'actes
« pareils. On lui enjoignit de renier Dieu, il déclara qu'il ne
« le ferait pas, qu'on lui couperait plutôt la tête. Des Frères
« détenus à Gisors, dont il ne se souvient pas des noms, lui
« ont dit qu'ils avaient reçu des baisers indécents. Il n'est pas
« vrai, dit le témoin, que les Templiers ne crussent pas en
« Jésus-Christ. Il ne croit pas à l'adoration d'un chat. Cepen-
« dant, on lui a rapporté qu'un chat apparaissait outre-mer au
« milieu d'eux. Il ne croit pas que cela soit vrai. On pratiquait
« les sacrements de l'autel; le grand maître ne donnait pas
« l'absolution des péchés. Il est content d'apprendre que des
« révélations aient été faites au Pape et au Roi, qui veulent
« savoir la vérité et punir les coupables; quoiqu'il perde lui-
« même tous les biens qu'il a apportés à l'Ordre, il ne croit
« pas que les Frères se livrassent aux mauvaises mœurs. Les
« aumônes se distribuaient largement et avec joie [1]. »

Le samedi 9 mai 1310, fut amené JACQUES DE TRÉCIS, Frère
servant, sénéchal de la maison de Villiers, près Troyes. « Le
« témoin déclare qu'il comprend le latin (*intelligebat latinum,*
« *ut dixit*). Il ne porte pas le manteau de l'Ordre, il a la barbe
« et les cheveux rasés. Il a été examiné par l'ancien arche-
« vêque de Sens [2], puis par l'évêque d'Orléans. Jamais il n'a
« été appliqué à la question. Le Frère Radulphe de Gisiaco, qui
« l'a reçu dans l'Ordre, lui prescrivit de renier *Nostre Sire* qui
« était sur la Croix. Il eut peur; car les Frères présents à la
« réception avaient tiré l'épée. Vous le voulez, répondit le
« témoin, et il renia trois fois de bouche et non de cœur. Il
« prononça trois fois ces paroles : *Je reni Nostre Sire*. Le Frère
« Radulphe lui enjoignit de fouler aux pieds une croix d'argent
« qui était à terre; il toucha le pied du crucifix seulement.
« On lui dit d'observer le vœu de chasteté, de pauvreté et
« d'obéissance; mais il a violé son serment, en sortant de
« l'Ordre un an avant l'arrestation des Templiers, par *amour*
« *pour une femme*. Il a tenu des enfants sur les fonts du bap-

---
[1] *Proc.*, vol. I, p. 251.
[2] L'archevêque Étienne, prédécesseur de Philippe de Marigny.

« téme. Il a donné à l'offerte, bien que le récepteur lui ait
« enjoint de n'en rien faire. Il avoue les baisers indécents;
« cependant il ne donna le baiser que sur l'épaule nue. Le
« témoin entre dans de nombreux détails étrangers à la cause. »

Les commissaires, voyant que ce témoin était très-loquace
(*facilis et procax ad loquendum*), qu'il hésitait et variait dans
ses déclarations (*varians et vacilans*), lui demandèrent s'il
ne lui fut pas prescrit de faire avec les doigts de la main la
figue au Crucifié, toutes les fois qu'il le verrait[1]. Ne lui a-t-on
pas dit que c'était un des points de la règle? « *Jamais*, répond
« le témoin, on ne m'a parlé de cela[2]! » On croyait en Jésus-
« Christ, et aux sacrements de l'Église. Il ne sait rien de
« l'adoration d'un chat. Le grand maître ne pouvait donner
« l'absolution des péchés, parce qu'il n'était pas prêtre. Il
« n'est pas vrai que l'on permit aux Frères d'avoir entre eux
« d'impurs contacts. Il ne sait rien quant aux idoles; cepen-
« dant on lui a dit que dans les chapitres tenus *à Paris*, on
« voyait apparaître pendant la nuit une tête qu'on vénérait;
« mais il n'en croit rien. On lui a dit que le Frère de Gysiaco
« possédait un démon privé qui lui donnait conseil, sagesse et
« richesse[3]. Le témoin ajoute qu'il eût mieux aimé mourir à
« l'instant, le jour où il fut admis dans l'Ordre, plutôt que de

---

[1] Quod cum digitis manus suæ faceret *ficum* crucifixo, quando ipsum videret.

[2] Les commissaires croyaient avoir enfin trouvé l'occasion de poser à un témoin discoureur, beau parleur, léger et débauché, une question fort grave. Une réponse affirmative eût apporté la preuve que l'on avait conservé dans l'Ordre l'usage d'un geste se rapportant, *de tradition*, aux pratiques des manichéens. Les Pères de l'Église au cinquième siècle appelaient la *figue* (*marisca*, ἰσχάς) l'*Eucharistie des manichéens*. Il se passait dans leurs églises ou réunions, à l'occasion de la communion, d'ignobles mystères, dans le moindre détail desquels on nous permettra de ne pas entrer. Les curieux trouveront des renseignements complets dans saint Augustin, saint Cyrille, saint Épiphane, Pierre de Sicile, et aux notes et textes de la 2ᵉ brochure (*Monographie du coffret d'Essarois*). En l'une des lithographies du bas-relief de ce coffret, on aperçoit un initié tenant dans sa main droite repliée une figue enduite de farine qu'il va présenter à un *élu, à un communiant*. (*Monographie du coffret de M. de Blacas*, 2ᵉ brochure, et les lithographies à la fin de l'ouvrage. Voir aussi p. 40, 41, 42, 43 de la 2ᵉ brochure.)

[3] Habebat demonem privatum cujus consilio erat sapiens et dives. *Proc.*, vol. I, p. 257.

« passer de pareilles déclarations. L'hospitalité et l'aumône
« ne se faisaient pas convenablement. Il ne croit pas que le
« grand maître, les précepteurs et autres laïques aient donné
« l'absolution des péchés, et qu'ils aient avoué l'avoir donnée.
« Il a entendu dire par une personne du siècle, ne sait laquelle,
« plus de dix ans avant son entrée dans l'Ordre, qu'un Tem-
« plier venu des parties d'outre-mer avait apporté ces erreurs.
« Le témoin a quitté l'Ordre plutôt à cause des indignités qui
« s'y commettaient que par *amour pour la femme* dont il a
« parlé, parce qu'il possédait et pouvait posséder cette femme
« quand il la voulait, tout en restant dans l'Ordre [1]. »

Ce témoignage est révoltant. Il n'est pas le seul dans l'enquête. Les protestations consignées en la cédule de Pierre de Bononia, en date du 7 avril 1309, transcrite au chapitre XXXI, sont justifiées. Ce Jacob de Trécis était du nombre de ces mauvais Frères signalés par la règle, « qui laissaient la maison,
« emportaient l'habit parmi les tavernes et *par les bourdiaux*
« et par les mauvais *leus,* et les mettaient en gaige et les ven-
« daient as mauvaises personnes, dont la maison avait grant
« honte et grant vergoigne et grant escandre » (art. 558 de la *Règle française*).

Dès avant la grande enquête, il était prouvé qu'en entrant dans l'Ordre, il y eut des profès dans quelques maisons, en petit nombre, qui furent soumis à l'épreuve du reniement de Jésus-Christ.

Quant aux hérésies gnostiques, aux idoles, aux pratiques manichéennes, rien de tout cela n'est encore prouvé. Aucune question n'est posée sur ces chefs par la commission. Il résulte, au contraire, des témoignages, qu'au Temple on croyait à la divinité de Jésus-Christ, à sa mort sur la croix, à la rédemption; on croyait aux sacrements de l'autel et de l'Église. La vérité du dogme n'était ni discutée, ni contestée; c'est ce qui résulte jusqu'à l'évidence, *quant à présent,* de l'instruction.

[1] *Proc.*, vol. 1, p. 259.

CHAPITRE XXXIII

10 mai 1310, allure émouvante de l'enquête. — Les quatre défenseurs de l'Ordre sont conduits d'urgence devant la commission. — Ils signalent que l'archevêque de Sens doit réunir le 11 mai un concile provincial pour juger les Templiers qui se sont offerts à la défense. — Ils en appellent au Pape! — Réponse de l'archevêque de Narbonne. — Cédule présentée par les quatre défenseurs. — Le but de l'archevêque de Sens est d'entraver l'enquête, de la rendre impossible. — Les Templiers en appellent à l'Apostole et au Sacré Collége; ils demandent à être conduits devant le Pape. — Dépôt de l'acte d'appel sur la table de la commission. — L'archevêque de Narbonne, après la lecture de cet acte, s'esquive, sous le prétexte d'aller dire ou entendre la messe. — Raisons de l'embarras de ce prélat. — Compassion témoignée aux Templiers par les membres de la commission. — Elle n'y peut rien. — L'archevêque de Narbonne s'abstient de siéger, du 10 au 18 mai. — Lundi 11 mai, interrogatoire du Frère Humbert de Podio. — Il a été appliqué à trois reprises différentes à la question par Jean de Jamville, et un nommé Peyto, parce qu'il refusait d'avouer ce qu'ils voulaient. — Mardi 12 mai, les commissaires sont avertis que cinquante-quatre Templiers vont être conduits au bûcher. — La commission députe Philippe de Vohet et l'archidiacre d'Orléans à l'archevêque de Sens pour l'inviter à surseoir à l'exécution. — Signification de l'acte d'appel. — Mercredi 13 mai, comparution du Templier Villars-le-Duc, scène terrible devant la commission. — Les commissaires décident qu'il y a lieu de surseoir à l'enquête jusqu'au 18 mai. — 18 mai, la commission députe une deuxième fois Philippe de Vohet et l'archidiacre d'Orléans à l'archevêque de Sens, qui a fait arrêter l'un des quatre défenseurs, de Pruino, pour le juger. — 18 mai, nouvelle absence de l'archevêque de Narbonne. — Députation des chanoines Pierre de Massa, Michel Mauconduit, Jean Coccard, envoyée à la commission par l'archevêque de Sens. — Échange de paroles amères. — La commission proteste que l'acte d'appel au Pape daté du 10 mai (dimanche) a été signifié le mardi 12 mai, à la première heure. — Affirmations de Philippe de Vohet et de l'archidiacre d'Orléans. — Conduite inqualifiable des archevêques de Narbonne, de Sens, et de l'évêque de Preneste, chargé de la garde des Templiers. — Ces évêques ne devaient pas laisser exécuter les Templiers sans en avoir référé au Pape.

Le dimanche 10 mai 1310, l'enquête prit une allure de gravité émouvante, terrible. On va voir que la commission d'enquête fut débordée par les politiciens qui étaient à la dévotion de Philippe le Bel. Les Frères de Bononia, de Pruino, de Chambonnet et de Sartiges demandèrent à être conduits d'urgence devant les commissaires. Arrivés devant eux, Pierre de Bononia prit la parole en ces termes : « Nous avons entendu « dire, nous craignons qu'il ne soit vrai que l'archevêque de « Sens et ses collègues doivent se réunir demain en concile « provincial, pour faire le procès à beaucoup de nos Frères « qui se sont offerts à la défense, pour les forcer à s'en « désister, pourquoi nous avons formé un appel que nous vou- « lons lire en présence de la commission. » A quoi l'archevêque de Narbonne répondit « qu'il n'appartenait pas aux « commissaires de connaître de cet appel qui n'était pas dirigé « contre une décision de la commission, mais qu'on était prêt « à entendre ce qu'il plairait aux comparants de dire, pour la « défense de l'Ordre ». A ce moment, P. de Bononia présenta la cédule qui suit :

« Au nom du Seigneur. Ainsi soit-il.

« Nous, P. de Bononia, R. de Pruino, Chambonnet et de « Sartiges, en notre nom et au nom de nos adhérents, pré- « sents et à venir. Nous avons de graves raisons de craindre « que l'archevêque de Sens et ses collègues, archevêques, « prélats de France, ne se réunissent pour juger les Frères qui « se sont offerts à la défense; et ce, contrairement aux règles « du droit, pendant que vous-mêmes procédez à votre enquête « contre l'Ordre. Nous avons recours à l'appel, car votre « enquête se trouverait entravée si aucune exécution était « pratiquée contre lesdits défenseurs. Nous en appelons au « Pape et au Saint-Siége, tant de vive voix que par écrit. Nous « mettons notre droit sous la protection du Saint-Siége, nous « en appelons aux Apostoles, nous les demandons avec la plus « grande instance (*petimus apostolos, et iterum petimus, et cum* « *maxima instantia petimus*). Nous demandons conseil de « savants pour corriger la forme de notre présent appel, s'il « est besoin. Nous demandons à être conduits en toute sûreté « devant le Pape, dans le délai nécessaire. Nous protestons « que nous voulons procéder comme de droit. Pourquoi nous « vous supplions, Révérends Pères, de vouloir bien informer

« l'archevêque de Sens et ses collègues qu'ils aient à s'abstenir
« de procéder. Nous vous supplions d'intervenir, afin que
« nous puissions nous présenter devant ledit archevêque dans
« le but de lui faire connaître notre appel. Nous vous sup-
« plions de nous faire assister de deux notaires qui signifieront
« notre acte d'appel. Nous demandons que tous les notaires,
« ici présents, en dressent l'acte public. Nous vous supplions
« de le faire signifier. »

L'acte fut remis aux mains des membres de la commission;
puis les quatre Frères susnommés se retirèrent.

Après avoir entendu lecture de la cédule ci-dessus, l'archevêque de Narbonne quitta l'assemblée, « *en disant qu'il allait
célébrer ou entendre la messe!!* (*dicens se vel celebrare vel missam audire, recessit*[1]) ».

L'embarras de l'archevêque de Narbonne, le conseiller intime de Philippe le Bel, était grand; on ne doit pas être surpris de le voir *se dérober*. En effet, au mois de septembre 1298, l'archevêque de Narbonne avait concouru à une ordonnance du Roi qui décidait que les hérétiques ou leurs fauteurs, condamnés par les évêques ou les inquisiteurs de la foi, seraient punis *sans retard* (*indilate puniendos*) par le *bras séculier*, et ce *nonobstant appel*[2]. Les commissaires décidèrent qu'il en serait délibéré, dans le courant de la journée, avec ledit archevêque.

Après vêpres, lesdits quatre défenseurs furent ramenés devant tous les commissaires. On leur dit qu'ils excitaient la *compassion* (*dicti Domini multum compaciebantur, ut dixerunt*); mais il fut, en définitive, répondu que les opérations auxquelles se livraient l'archevêque de Sens et les commissaires étaient distinctes, que les uns et les autres tenaient leurs

---

[1] *Proc.*, vol. I, p. 262.

[2] Non obstantibus appellationibus, omne apellationis beneficium expresse sit hæreticis... eorum fautoribus et defensoribus interdictum.

Cette ordonnance royale avait été rendue, l'archevêque de Narbonne présent à cette occasion.

« *Præsentibus adhuc archiepiscopo Narbonense, etc.* » LAURIÈRE, *Ordonnances*, vol. I, p. 330, 331.

pouvoirs de l'autorité apostolique, que la commission n'avait aucune action sur l'archevêque de Sens, qu'elle n'avait pas qualité pour retarder un procès suivi par le concile provincial contre les personnes des Templiers, que cependant la commission délibérerait encore sur ce qu'il y aurait lieu de faire. La cédule et l'appel furent consignés aux actes, afin que les apostoles en eussent connaissance.

A partir de ce jour, 10 mai 1310, l'archevêque de Narbonne ne siégea plus (il fut *empêché!!!*). Il ne reparut au sein de la commission que le lundi 18 mai, c'est-à-dire après la mise à exécution des condamnations prononcées par le concile de Sens. Il est facile de comprendre que ce concile voulut étouffer la voix de la défense, répandre la terreur, arracher à tout prix des aveux[1], en imposer à l'opinion publique.

Le lundi 11 mai, fut conduit devant la commission HUMBERT DE PODIO, Frère servant. « Il déclara qu'il avait été exa-
« miné par Jean de Jamville et par un nommé de Peyto. Ils
« l'ont fait appliquer par trois fois à la question, parce qu'il
« n'avouait pas *ce qu'ils voulaient* (*quia non confitebatur quæ*
« *volebant*). On l'enferma ensuite dans une tour à Niort
« (Nivort); on l'a mis au pain et à l'eau pendant trente-six
« semaines. De là, on le conduisit à Poitiers, où il fut examiné
« par l'official de cette ville. Le témoin déclara qu'il ne
« rétracterait rien des déclarations par lui passées devant l'of-
« ficial. Humbert de Podio soutint que les faits reprochés à
« l'Ordre étaient faux[2], qu'il n'en avait pas connaissance.
« Causant un jour avec un Frère nommé Bartholomée, et par-
« lant des erreurs qu'on reprochait à l'Ordre, ce Frère lui
« dit qu'il n'y croyait pas. » Le Frère Humbert de Podio ne reparut plus.

Le mardi 12 mai 1310, fut amené JEAN BERTHALDI, Frère servant, précepteur de la Boissière-la-Gatine, du diocèse de Poitiers. « Il déclare qu'il a été examiné par Jean de Jamville
« et le sénéchal de Poitiers, et un peu *soumis* à la question

---

[1] *Proc.*, vol. I, p. 262, 263.
[2] *Proc.*, vol. I, p. 264.

« (*aliquantulum questionatus*). Un an plus tard, il fut examiné
« par l'official de Poitiers, en présence des Frères Prêcheurs
« et Mineurs; il fut réconcilié avec l'Église par le doyen de
« Poitiers. Le Frère Mainardi, qui le reçut dans l'Ordre, lui
« ordonna de renier Dieu et de cracher sur la croix; il résista.
« Il lui fut répliqué que s'il refusait, on le mettrait dans une
« fosse. Il renia de bouche et non de cœur; il cracha vers la
« croix et non dessus. Le Frère Mainardi lui fit jurer chasteté,
« pauvreté et obéissance, de veiller à la conservation des
« biens de l'Ordre, de ne jamais révéler les secrets. Le Frère
« lui donna un baiser sur la bouche et sur la poitrine, par
« dessus ses vêtements. Il ne lui fut rien dit de plus. Il ne sait
« rien au sujet de l'adoration d'un chat. Les chapelains
« croyaient bien aux sacrements. Un prêtre seul peut absoudre
« des péchés. Il serait volontiers sorti de l'Ordre, s'il l'avait
« pu. Quant aux relations impures entre Frères, cela est faux.
« Il n'a jamais entendu parler d'idoles, cela est faux, cela n'est
« pas vrai. »

Dans les documents inédits, on voit à cette place *un feuillet en blanc*, au procès-verbal. On lit ces mots sur cette page blanche : « *In ista pagina nihil scriptum est*[1]. » L'audition du témoin Berthaldi fut-elle suspendue à cause des angoisses dont devaient être agités à ce moment les membres de la commission? C'est probable.

A la reprise de l'interrogatoire, ce témoin continue ainsi :
« On ne lui a pas défendu de se confesser à d'autres prêtres
« que ceux de l'Ordre, il s'est confessé à l'évêque de Poitiers.
« Il ne croit pas que le grand maître et les autres laïques don-
« nassent l'absolution des péchés. La clameur publique n'a
« accusé les Templiers qu'après leur arrestation. »

Le même jour 12 mai, à la première heure, la commission se disposait à interroger le Frère Bochandi, avant l'heure de prime (*inter moras examinationis Fratris Johannis Bochandi ante horam primæ*), lorsqu'elle apprit que cinquante-quatre Templiers qui s'étaient offerts à la défense de l'Ordre allaient

---

[1] *Proc.*, vol. I, p. 273. (Il ne fut rien écrit sur cette page.)

être conduits au bûcher. Les commissaires ordonnèrent à Philippe de Vohet et à l'archidiacre d'Orléans, Anisius, de se transporter auprès de l'archevêque de Sens et de ses collègues, pour les prier de vouloir bien réfléchir, pour leur faire observer qu'il était utile de différer, de surseoir à l'exécution ; que beaucoup de Frères, même à l'article de la mort, avaient juré sur leurs âmes que l'Ordre était innocent ; que si l'exécution avait lieu, la commission se trouverait dans l'impossibilité de poursuivre son enquête ; que tous les autres Frères étaient tellement effrayés qu'ils en avaient perdu la raison ; qu'il était impossible, dans un pareil état de choses, de continuer l'instruction. Les commissaires prescrivent en même temps au préposé de Vohet et à l'archidiacre de signifier (*quod significarent*) au concile présidé par l'archevêque de Sens que, le dimanche 10 mai, au matin, les Frères de Bononia, de Pruino, Chambonnet et de Sartiges avaient remis à la commission *un appel au Pape* contre les actes dudit concile [1].

Le mercredi 13 mai, fut amené devant la commission le Frère servant de Villars le Duc, la barbe rasée et ne portant pas l'habit de l'Ordre. Ce témoin, pâle, en proie à la terreur, « jure sur son âme, appelant sur lui la mort, les supplices « de l'enfer, s'il ment, que les imputations dirigées contre « l'Ordre sont fausses en tout point. En même temps le témoin « se frappait la poitrine à coups de poing, levait les mains « vers l'autel, et se précipitait à genoux. Tout est faux, disait- « il, bien qu'il ait fait lui-même quelques aveux, à cause de la « torture à laquelle l'avaient appliqué les chevaliers du Roi « G. de Marcilhiac et Hugues de la Celle qui l'avaient exa- « miné. Villars le Duc déclare que hier il a vu cinquante- « quatre Frères conduits au bûcher dans des charrettes (*qua-* « *drigiis*) [2] ; qu'il a entendu dire qu'ils avaient été brûlés, parce « qu'ils n'avaient pas voulu passer d'aveux ; et comme il crai- « gnait de ne pas avoir le même courage, s'il était jeté au feu,

---

[1] *Proc.*, vol. I, p. 270, 275.
[2] Voir DE FRACHETTO, qui assure que cinquante-neuf Templiers, et non cinquante-quatre, furent brûlés le 12 mai 1310. *Historiens de France*, t. XXI, p. 34.

« il était prêt à avouer par crainte de la mort, même sous la
« foi du serment, que tous les faits imputés à l'Ordre étaient
« vrais, qu'il avouerait même avoir *tué Notre-Seigneur, si on le*
« *voulait* [1]. Le témoin prie la commission et les notaires de
« ne rien révéler aux gens du Roi de ce qu'il vient de déclarer,
« parce qu'il aurait le même sort que les cinquante-quatre
« Frères dont il vient de parler ».

La commission *décida* qu'il y avait lieu de surseoir à l'audition des témoins.

Le lundi 18 mai, la commission, qui s'était réunie le matin à l'hôtel de l'archevêque de Narbonne [2], députa Philippe de Vohet et l'archidiacre d'Orléans à l'archevêque de Sens et à ses collègues, avec mission de leur faire observer ce qui suit :
« Les Frères de Pruino, de Bononia, Chambonnet et de Sar-
« tiges se sont présentés pour défendre l'Ordre du Temple ; le
« Frère Pruino a formulé certains moyens de défense. On dit
« que le concile provincial a appelé devant lui ce même Frère
« pour le juger. Les commissaires n'entendent pas faire de
« défenses à l'archevêque de Sens, apporter des entraves à
« son office ; mais pour décharger leurs consciences, ils font
« savoir ces précédents aux membres du concile afin qu'ils
« n'en ignorent, et pour qu'ils aient à décider en hommes
« *compétents et instruits (qui periti erant)* s'ils entendent per-
« sévérer dans l'intention où ils seraient de procéder contre le
« Frère de Pruino, par le motif qu'il serait justiciable de leur
« juridiction [3]. »

Le même jour 18 mai 1310, après vêpres (l'archevêque de Narbonne s'était de nouveau éclipsé), se présentèrent devant la commission, au nom de l'archevêque de Sens et de ses collègues, les chanoines Pierre de Mossa, Michel Mauconduit et Jean Coccard [4].

---

[1] Quod etiam interfecisset Dominum si peteretur ab eo. *Proc.*, vol. I, p. 276.
[2] Cet ecclésiastique *se dérobant* à toutes les séances, ses collègues durent le relancer à son hôtel.
[3] *Proc.*, vol. I, p. 278.
[4] La commission s'était réunie le 18 mai, à Sainte-Geneviève, dans la chapelle de Saint-Éloi.

« Il y a deux ans, dirent-ils, que la commission d'inquisi-
« tion a commencé ses travaux contre R. de Pruino, et contre
« les personnes des Templiers, en vertu d'un mandat aposto-
« lique. L'archevêque de Sens n'a pu réunir le concile aussitôt
« qu'il l'eût voulu : nous sommes chargés de vous demander
« ce que veut dire la signification que vous nous faites parve-
« nir aujourd'hui (*die hodierna*). Le concile n'entend entraver
« en rien les travaux de votre commission; nous requérons
« qu'il soit dressé acte de notre démarche par le notaire qui
« nous accompagne. »

Les commissaires répondirent : « Nous avons agi d'après
« les ordres de l'archevêque de Narbonne. Cette signification
« était claire et n'admettait aucune ambiguïté. En l'absence
« de l'archevêque de Narbonne en ce moment éloigné de
« Paris, aucune autre explication ne peut être fournie quant
« à présent; l'archevêque de Sens et ses collègues sont, grâce
« à Dieu, assez éclairés pour comprendre l'objet et la portée
« de *notre signification*. On voudrait prétendre, on fait courir
« le bruit que la signification de l'*acte d'appel* n'a pas été faite
« le mardi 12 mai au *matin, à la première heure*, aux membres
« du concile de Sens assemblés, à cause de l'absence de
« l'archevêque de Sens. L'appel a été formulé le 10 mai par
« les Frères de Pruino, de Bononia, Chambonnet et de Sar-
« tiges; nous ajoutons que nous sommes certains, et nous
« affirmons, que l'acte d'appel a été régulièrement signifié au
« concile et à l'archevêque de Sens, le *mardi 12 mai*, à l'heure
« de prime (*circa horam primæ*), par Philippe de Vohet et
« l'archidiacre d'Orléans qui l'attestent (*ipsi idem tunc affir-
« mabantur* [1]). »

L'archevêque de Narbonne s'absentait toujours des au-
diences, lorsque sa présence était nécessaire au sein de la commission. Ce prélat était constamment sur la route de Paris à
Poissy pour les besoins des *affaires du Roi;* à cette date, les
sceaux lui avaient été remis par *interim* (par *commission*) [2].

---

[1] *Proc.*, vol. I, p. 277, 278, 279, 280, 281.

[2] Esset extra Parisiis, occupatus propter negotia regia, et propter sigillum quod tenebat. *Proc.*, vol. I, p. 285.

Nogaret, le garde des sceaux titulaire, était alors à Avignon, se débattant contre la mémoire de Boniface VIII, se défendant aussi lui-même, pour se justifier de l'attentat d'Agnani. Le procès dura plus d'un an et n'aboutit à rien ; nous l'avons déjà dit [1].

Cet archevêque de Narbonne mettait, jour par jour, Philippe le Bel au courant de tous les incidents. Il reçut, en 1311, la récompense de ses services ; il fut élevé à l'archevêché de Rouen en remplacement de Bernard de Farges, neveu du Pape. Il résulte clairement de cette partie de l'enquête que l'archevêque de Narbonne cessa de délibérer au sein de la commission, qu'il disparut quand il s'est agi de montrer de l'énergie, d'arrêter l'exécution des cinquante-quatre malheureux Templiers défenseurs de l'Ordre, d'affirmer son influence ; que ledit archevêque ne revint prendre sa place à la commission que lorsque l'exécution devint un fait accompli. Quant au cardinal de Préneste (*de la Chapelle*), il laissa faire. L'appel des Templiers devait être suspensif ; car le Pape avait formellement stipulé dans ses arrangements avec Philippe le Bel que le Roi *ne punirait pas les personnes* (*corpora*) sans avoir au préalable pris l'avis du Saint-Siége [2] ; tout le monde savait cela. De plus, l'exécution prématurée de ces malheureux rendait impossible l'information à laquelle se livrait la grande commission d'enquête, on lui enlevait tous ses éléments d'instruction ; et *cependant* cette commission *représentait le Pape* ; c'est du moins l'argument que les commissaires avaient *fait valoir* le 27 novembre 1309, lors de l'interrogatoire de de Furno dit Tortavilla, c'est-à-dire lorsqu'il s'agissait d'accuser ; mais ils ne représentèrent plus rien du tout lorsqu'ils avaient à faire énergiquement respecter les droits de la défense.

---

[1] Dom Vaissette, *Histoire du Languedoc*, vol. IV, p. 553, 554.

[2] Sed punitionem *corporum* Rex non faceret sine Papa... corpora eorum tamen *servari* faceret. Saint-Victor, *Vie de Clément V*, dans Baluze, vol. I, p. 13.

CHAPITRE XXXIV

Après la décision du concile de Sens, le bras séculier s'étend sans délai. — Cinquante-quatre Templiers sont brûlés, le 12 mai 1310, au moulin à vent de Paris. — Description de l'emplacement. — D'autres Frères sont condamnés au mur perpétuel, dégradés, excommuniés. — Le 16 mai, quatre autres Frères sont brûlés au même lieu. — Neuf autres Templiers brûlés à Senlis, condamnés par le concile de Senlis, sous la présidence de l'archevêque de Reims, Robert de Courtenay. — Parmi eux, les Frères Clément Grandi Villarii et Lucha de Sornoy. — Les chairs et les os de tous ces hommes sont ramenés en poudre. — Philippe le Bel fait exhumer les ossements du Frère Hubert, constructeur de la tour du Temple, et les fait brûler comme étant ceux d'un hérétique. — Noms de quelques Frères recueillis dans l'enquête, condamnés au mur perpétuel, dégradés, excommuniés. — Noms de quelques-uns qui furent brûlés à Paris. — Bulle du Pape du 12 avril 1309, qui renvoie l'ouverture du concile général de Vienne au 1er octobre 1311. — L'enquête fut prorogée du 30 mai 1310 au 3 novembre suivant.

Que s'était-il donc passé les 11 et 12 mai 1310 au concile de Paris, dit concile de Sens? On avait traîné devant le concile les Templiers qui s'étaient offerts à la défense, et après une information sommaire [1], le concile, sans tenir aucun compte de l'acte d'appel dont il nia la signification, avait rendu ses sentences par catégories d'accusés. Le bras séculier s'était étendu aussitôt. Le concile avait délié les uns de leurs vœux purement et simplement, d'autres avaient été renvoyés « libres et indemnes après pénitence ». D'autres avaient été condamnés à la prison « sous garde étroite, *sub* « *arcta carceris custodia detineri* ». Un grand nombre avaient été condamnés à la prison perpétuelle (*quam plures incisione muri perpetuo circumcingi*). Mais certains Templiers convaincus comme relaps et impénitents en matière d'hérésie

---

[1] « Singulis factis ea tangentibus diligenter suspectis. » LABBE, *Conciles*, vol. XI, p. 1535, 1536.

(*tanquam relapsos in hæresim*) avaient été livrés au bras séculier. On conduisit cinquante-quatre de ces malheureux dans des chariots à travers la ville, par la porte Saint-Antoine, en un lieu situé entre le bois de Vincennes et le moulin à vent de Paris. Là ils furent lancés sur des brasiers ardents qui avaient été préparés [1]. Le moulin à vent de Paris s'élevait dans les champs (*in campis*), en dehors de l'enceinte; il était tout près d'une abbaye destinée à servir d'asile aux filles de débauche repenties; cette abbaye occupait l'emplacement actuel de l'hôpital Saint-Antoine. « Ces Templiers *ne* « *voulurent rien reconnaître, et mirent le menu peuple en très-* « *grant erreur* », nous dit la *Chronique de Saint-Denis* [2]. « Ceux « qui avaient avoué, nous apprend la *Chronique de Saint-Victor,* « avaient été mis en liberté; ceux qui refusèrent d'avouer fu- « rent retenus en prison; ceux qui, après avoir avoué, étaient « revenus sur leurs aveux furent brûlés comme relaps [3]. »

Les condamnés déclarèrent en face du bûcher « qu'ils « rétractaient leurs *aveux;* qu'ils *avaient menti*, donnant pour « motif de leurs déclarations mensongères, la violence, la « torture et la crainte [4] ». Ils moururent en soutenant « qu'ils « *étaient vrais catholiques* [5] ». Peu de jours après cette exécution, quatre autres Templiers furent brûlés au même lieu, parmi lesquels était l'aumônier de Philippe le Bel [6]. Neuf autres Frères furent condamnés par le concile de Senlis de la province de Reims, et furent exécutés non à Paris, mais à Senlis, le 17 mai, d'après quelques historiens; la veille de l'Ascension, suivant d'autres chroniqueurs [7]. L'enquête nous

---

[1] *Historiens de France*, t. XXI, p. 140.
[2] *Chronique de Saint-Denis. Historiens de France*, t. XX, p. 685.
[3] Saint-Victor, dans Baluze, t. I, p. 17.
[4] Guidonis, dans Baluze, t. I, p. 72.
[5] Stantibus in proposito quod veri catholici essent. Ptolémée de Lucques (Lucensis), dans Baluze, t. I, p. 37.
[6] Il ne voulut rien avouer : « qui oncques de ses fourfès not aulcune reco- « gnoissance ». *Chronique de Saint-Denis. Historiens de France*, t. XX, p. 685.
[7] Le concile de Senlis fut présidé par l'archevêque de Reims, Robert de Courtenay.

donne les noms de deux malheureux Templiers qui furent brûlés à Senlis : Clemens Grandi Villarii et Lucha de Sornoy (*combustis apud Silvanectum*[1]). « *Les chairs et les os de* « *tous ces hommes furent ramenés en poudre*[2]. »

Après le concile de Sens, Philippe le Bel fit exhumer les ossements d'un Templier décédé depuis longtemps, trésorier du Temple, qui avait construit la tour de la maison de Paris (*qui turrim Templi construi fecit*). « Ses ossements furent « déterrés comme étant ceux d'un *hérétique, ce qui fut décou-* « *vert depuis.* Ses os furent brûlés[3]. » La Chronique donne à ce trésorier qui fit construire la tour le nom de Jean de Turo. Ce Jean de Turo ne fut pas celui des trésoriers qui éleva la tour du Temple ; nous avons eu l'occasion de faire remarquer que la tour fut construite sous Philippe-Auguste, par le *trésorier Hubert*, décédé en 1222. On voit, en 1288, un trésorier du nom de Jean de Tour, ou de Turo, acheter, au nom de l'Ordre, d'un chevalier nommé *Guillaume Bataille*, moyennant 1,400 livres parisis, la terre et seigneurie de Balisy qui fut incorporée à la grande commanderie de Paris. Cette terre relevait directement de la couronne. Philippe le Bel en avait approuvé et confirmé la vente, par une charte du mois de juin 1289[4].

Le but poursuivi fut atteint par le concile de Sens, grâce à *Philippe de Marigny ;* ce concile dont Philippe le Bel « *atten-* « *dait tant de bien* », selon son expression significative : en effet, le 19 mai, la plupart des Frères qui s'étaient offerts à la défense de l'Ordre devant la grande commission se *désistèrent*. L'enquête a conservé leurs noms ; dès le 19 mai ils furent au nombre de *quarante-quatre*[5]. Leur exemple fut suivi ; mais d'autres Frères se montrèrent inébranlables. Les Marigny, gens de petite noblesse de Normandie, descendaient de Hugues de Marigny, *de Marigneio*. Ils étaient originaires de Mari-

---

[1] *Proc.*, vol. II, p. 79, ligne 9.
[2] *Chronique de Saint-Denis. Historiens de France*, t. XX, p. 685 (*sic*).
[3] De Frachetto, *Histoire de France*, t. XXI, p. 35 ; Dupuy, t. I, p. 50.
[4] *Ordre de Malte : Commanderies.* Mannier, p. 23.
[5] *Proc.*, vol. I, p. 282, 283.

gny[1]; on peut affirmer que les deux frères de Marigny furent les artisans très-actifs de la ruine du Temple, dont un de leurs auteurs avait été le bienfaiteur! Hugues de Marigny, en 1163, avait concédé aux Templiers la terre d'une charrue qu'il possédait dans les environs de la *Ville-Dieu*[2].

Le 18 mai 1310, de Pruino, Chambonnet et de Sartiges s'étaient présentés devant les membres de la commission; ils se plaignirent que le Frère de Bononia eût été séparé de leur compagnie; ils ignoraient pour quelle cause il avait disparu : « Nous sommes simples, inexpérimentés, terrifiés; nous ne « savons plus que faire pour la défense de l'Ordre; nous vous « supplions de donner des instructions pour qu'on amène le « Frère de Bononia, de vous informer de la cause de sa dispari- « tion; nous avons besoin de savoir s'il persiste à défendre. »

On trouve *épars* dans la volumineuse enquête les noms de quelques-uns des Templiers qui furent excommuniés, dégradés, et condamnés au mur perpétuel par le concile de Sens. Ce sont de Pruino, de Bononia, Jean de Mortfontaine, Guillelme de Hoymont, prêtres; Guillelme de Arrebleyo, ex-aumônier du Roi; Renaud de Luneherüs, chevalier; Pierre de Clermont, Bernard de Sornoy, Frères servants[3]. Certaines dépositions nous font aussi connaître les noms de quatre malheureux Templiers qui furent brûlés le 12 mai, au moulin à vent de Paris : 1° Auricus de Anglesi, chevalier[4]; 2° de Bullens (ou de Bullex), chevalier, précepteur de Voismer[5]; 3° Jacques de Sanci[6]; 4° Laurentius de Belna[7].

A la date du 12 avril 1309 précédent, Clément V, par une bulle datée d'Avignon, avait renvoyé l'ouverture du concile de Vienne au 1er octobre 1311. « Les commissions d'enquête « de toutes les parties du monde, soit contre les personnes, soit

---

[1] Commune de Prudemanche, arrondissement de Dreux, canton de Brezolles (Eure-et-Loir).
[2] *Ordre de Malte : Commanderies.* MANNIER, p. 119.
[3] *Proc.*, vol. I, p. 503, et vol. II, p. 3, 4.
[4] *Id.*, vol. I, p. 509.
[5] *Id.*, p. 535.
[6] *Id.*, p. 575.
[7] *Id.*, p. 635.

« contre l'Ordre du Temple (écrivait le Pape), n'ont pas encore
« terminé leurs travaux. Nous n'avons pas lieu d'espérer que les
« instructions soient achevées dans un bref délai; d'autre part,
« certaines affaires qui doivent êtres traitées dans ce concile
« général sont loin d'être en état¹. Nous remettons donc
« l'ouverture du concile de Vienne au 1ᵉʳ octobre 1311². »
En conséquence de cette bulle de prorogation, la commission
décida, en présence de l'évêque de Bayeux, revenu du concile
provincial de Rouen, de renvoyer l'enquête au 3 novembre
1310³.

---

¹ Notamment l'affaire de Boniface VIII.
² *Conciles,* vol. XI, p. 1550, 1551.
³ Décision du 30 mai 1310. *Proc.,* vol. I, p. 24.

CHAPITRE XXXV

En 1310, les Templiers sont condamnés par les conciles de Sens (Paris), de Senlis (Reims), de Pont-de-l'Arche (Rouen). — Rien dans l'enquête concernant le concile de Pont-de-l'Arche. — Renseignements incomplets fournis par Guillaume Bessin. — Ce concile fut présidé par Bernard de Farges, archevêque de Rouen, neveu de Clément V. — Les Templiers de Pont-de-l'Arche (*milites*) furent condamnés au feu. — Les actes de ce concile ont disparu. — Les Frères sont absous au concile de Ravenne. — A Pise, à Florence, ils sont appliqués à la question et passent des aveux; ils sont condamnés. — En Sicile, en Provence, ils sont brûlés. — En Aragon, les Templiers prennent les armes, ils se défendent, ils sont vaincus; renvoyés devant le concile de Salamanque, ils sont reconnus et proclamés innocents. — A Mayence, ils se rendent en armes au milieu du concile; on n'ose pas les condamner. — Hugues de Waltgraff. — Au concile de Londres, ils sont condamnés à la pénitence perpétuelle. — Versés dans divers monastères, ils édifient par leur piété. — Ils déclarèrent au concile de Londres qu'ils ne pouvaient *s'espurgier*. — Qu'entendait-on par ces mots, *s'espurgier* après négative? — L'alibi, la preuve par accident. — Concile tenu à Nîmes au mois de juin 1310. — Le curé de Saint-Thomas de Durfort, Guillaume Dulaurens, inquisiteur. — Interrogatoire des trente-trois Templiers arrêtés en 1307, détenus au château royal d'Alais. — 29 août 1311, nouveaux interrogatoires. — Guillaume Dulaurens fait appliquer les détenus à la torture, et obtient certains aveux. — Question modérée et question immodérée. — Déclarations passées par Bernard de Salgues, commandeur de Saint-Gilles, et par le Frère Bernard de Silva. — Effets produits par la torture et les douleurs physiques. — Ces deux Templiers avouent qu'ils ont vu le *diable* sous la figure d'un chat qui *parlait*, qui *répondait* à toutes les questions en plein chapitre. — Ils ont vu des *démons* sous la *forme* de femmes. — Tous ces Templiers furent épargnés. — Le 9 novembre 1312, ils reçurent l'absolution, ils furent admis à la communion.

Les Templiers furent condamnés en France par les conciles de Sens (de Paris), de Senlis (Reims), de Pont-de-l'Arche (Rouen) et du Midi : on ne connaîtrait rien du concile *provincial de Rouen* sans les quelques lignes de renseignements que l'on trouve dans Guillaume Bessin. Ce concile fut tenu à Pont-de-l'Arche en 1310, sous la présidence de l'archevêque de Rouen, Bernard de Farges, dont nous avons déjà plus d'une fois parlé. Les Templiers y furent condamnés au feu[1]. Bessin nous dit que les *procès-verbaux de ce concile ont disparu*. « *Nihil superest.* » Ces pièces ne sont pas les seules qu'on ait supprimées; cela n'a rien qui doive surprendre. Toutefois, nous savons dès maintenant que ce sont des *chevaliers* (milites) qui ont été condamnés au bûcher, au concile de Pont-de-l'Arche (Rouen); que c'est le neveu du Pape et l'évêque de Bayeux, Guillaume de Trie, qui les condamnèrent. Guillaume de Trie, qui était en même temps membre de la grande commission d'enquête présidée par l'archevêque de Narbonne ! Nous savons que cet archevêque (*Gilles Aiscelin*) fut élevé à l'archevêché de Rouen, le 15 mai 1311, en remplacement dudit Bernard de Farges, devenu impossible à son siége « *à cause de sa jeunesse* ». Aiscelin se fit installer à Rouen le 4 des calendes de septembre. Le Père Mansuet nous donne aussi des renseignements fort incomplets sur le concile de Rouen. Ils disent moins encore que ceux fournis par Bessin[2].

Le 12 août 1311, un autre concile se réunit à Rouen à l'archevêché, «*in aula archiepiscopali* », pour députer au concile général de Vienne ; les *actes* de ce concile manquent aussi, « *acta desunt* », nous dit Guillaume Bessin[3]. Il eût été curieux de connaître les termes de la protestation dont parle Bessin; mais tout a été anéanti. Quelle fut la main intéressée à supprimer tout cela? La lacération de ces feuilles sinistres prouve l'emploi de la violence exercée sur les Templiers de Pont-de-l'Arche. On a voulu faire disparaître les noms des *juges ecclésiastiques* et *ceux des victimes*.

Les Templiers furent torturés à Nîmes, comme nous l'avons déjà vu, en 1309 : nous allons parler des conciles qui procédèrent hors du royaume. Raynald, évêque de Ravenne, fixa la réunion du concile de sa province à Bologne, pour le

---

[1] Concilium apud Pontem Arcus ad Sequanam ; in illo Templarii milites ad ignes damnati sunt. Anno 1310. G. BESSIN, *Concilia Rotomagensis provinciæ*, Table, p. 3.

[2] MANSUET, t. II, p. 237.

[3] *Ex protestatione abbatis Fiscanensis.* G. BESSIN, *Concilia Rotomagensis provinciæ*, p. 111.

1er juin 1310, puis à Ravenne, pour le 17 des calendes de juillet.

Ce jour-là s'ouvrit le concile ; on introduisit devant le tribunal les chevaliers du Temple, Raymondus Fontana, Jacobus Fontana, Maurus, Jacobus, Albertus, Guillelme, Pigazono, Pierre Casia. Ils jurèrent qu'ils n'avaient jamais commis aucun crime, qu'il serait impossible de produire contre eux un seul témoin. Chacun des Frères répondit aux articulations jointes à la bulle de Clément V. Ils nièrent énergiquement et avec constance les faits reprochés : le concile fit retirer les Frères hors de l'enceinte où siégeait le tribunal, « *in Ursinio Templo* ». L'évêque consulta ses collègues. On posa d'abord la question de savoir s'il fallait soumettre les Templiers à la torture, les appliquer à la géhine. Le concile déclara que ce moyen ne devait pas être employé. Cependant les Frères dominicains *Nicolas* et *Jean* furent d'un avis contraire, et insistèrent pour la *question*. Le concile en *entier* s'y opposa, parce que l'ouverture du concile général de Vienne était proche. L'évêque de Ravenne posa une seconde demande : *Fallait-il les absoudre? ou ordonner qu'ils eussent à se purger?* Le lendemain, les Pères, s'étant réunis à nouveau, décidèrent qu'il fallait absoudre les innocents et punir les coupables suivant la loi; qu'on devait comprendre au nombre des innocents ceux qui, sous l'emploi de la crainte et des tourments, ayant passé des aveux, les avaient ensuite rétractés, même ceux qui, redoutant d'être appliqués de nouveau à la question, n'avaient pas osé se rétracter, et si cela était prouvé. Quant aux biens, le concile décida à l'unanimité qu'il fallait les conserver à l'Ordre si les innocents se trouvaient en *majorité*. Les Templiers furent donc absous par le concile de Ravenne [1]. Ils ne furent pas tenus de s'espurger.

A Pise, à Florence, la torture arracha des aveux aux Templiers; ils furent condamnés [2]. En Sicile et en Provence, les Frères appliqués à la torture furent forcés de passer des aveux.

---

[1] Labbe, *Concile de Ravenne*, t. XI, p. 1533, 1534.
[2] Dupuy, t. I, p. 51.

Ils périrent dans les supplices [1]. Le comte de Provence, Charles II, *partagea les biens meubles de l'Ordre avec le Pape*.

En Aragon, les Templiers prirent les armes, et essayèrent de se défendre dans leurs places fortes de Miravète, Monçon, Cantaviega, et Castello. Ils furent vaincus et forcés de se rendre à Artaut de Luna, gouverneur d'Aragon. Ils furent enchaînés par les ordres du Roi. Le maître Roderic Ivan et tous les Frères furent cités par Gonzalve, archevêque de Tolède, devant le concile provincial qui fut réuni à Salamanque en 1310.

A l'unanimité, après examen (*causa cognita*), ils furent reconnus et proclamés innocents; le concile s'opposa à l'emploi de la question. L'affaire fut renvoyée au Pape : cette sentence, nous dit Mariana cité par Labbe, ne servit de rien à l'Ordre (*ea deliberatio contra Patrum decretum valuit*). L'Ordre fut détruit [2].

En 1310, un concile provincial fut réuni à Mayence, sous la présidence de l'archevêque Pierre, pour traiter de l'affaire des Templiers, conformément aux prescriptions de Clément V. Les Frères en furent informés. Au moment où le concile était en séance, *Hugues de Waltgraff*, comte de la forêt Noire et du Rhin (*comes Silvestris et Rheni*), dont la commanderie se trouvait dans le Grumbach, près Mysenheim, fit irruption dans la salle avec vingt chevaliers armés, revêtus de l'habit de l'Ordre. L'archevêque, en présence de ces Templiers en armes, craignant quelque acte de violence, invita avec calme le commandeur à s'asseoir et à parler.

D'une voix claire et énergique, le commandeur, Hugues de Waltgraff, s'exprima ainsi : « Nous avons entendu dire, « moi et mes Frères, que le concile était réuni d'après les « instructions du Pape, pour détruire notre Ordre, auquel on « impute des crimes énormes, aussi grands que ceux des « païens. Il serait très-grave, intolérable, de nous condamner

---

[1] Dupuy, t. I, p. 56. Bouche, *Histoire de Provence*, t. II, p. 328, 331. Nostradam, *Histoire de Provence*, p. 325, 326.

[2] Mariana, *Histoire d'Espagne*, liv. XV, ch. x. Voir Labbe, *Conciles*, t. XI, p. 1535.

« sans nous avoir entendus, sans nous avoir convaincus : en
« conséquence, en votre présence, nous en appelons au *Pape*
« *futur (ad futurum pontificem)*, et à tous les membres de
« l'Église : nous protestons que ceux de nos Frères qui ont été
« livrés aux flammes, à raison de ces énormités, ont toujours
« nié, même dans les tortures, alors qu'ils étaient interrogés.
« Leur innocence a été prouvée par le *Dieu tout-puissant et*
« *bon;* car les blanches chlamydes et les croix rouges n'ont pu
« être consumées par le feu [1]. »

Après ce discours, l'archevêque Pierre, dans le but d'éviter le tumulte, admit les protestations des Frères et promit d'intervenir auprès du Pape, afin d'assurer leur tranquillité. L'archevêque les renvoya à leurs affaires. Ce prélat reçut de nouvelles instructions du Saint-Siége, et se décida à absoudre Waltgraff et ses Frères. Tant il est vrai qu'il vaut mieux mourir les armes à la main que se laisser égorger.

Un concile provincial fut réuni à Londres en 1311, d'après ce que rapporte Walsingham, pour juger les Templiers d'Angleterre. Ce concile dura du mois de mai au mois de juin 1311 : les Frères reconnurent qu'ils étaient poursuivis par la clameur publique; mais ils nièrent les faits qui leur étaient reprochés, à l'exception de *un ou deux ribauds* qui se trouvaient dans tout l'Ordre (*nisi unus vel duo ribaldi in omni statu*). Les Templiers déclarèrent, en définitive, qu'il leur serait impossible de s'espurgier des accusations dirigées contre eux. Le concile les condamna à la *pénitence perpétuelle;* ils entrèrent les uns et les autres dans différents monastères pour y subir leur pénitence. Ils édifièrent tout le monde par leur bonne conduite [2].

Il n'est pas sans intérêt de savoir comment, et dans quels cas, un accusé pouvait *s'espurgier*. « *Cix qui loialement s'espurge*

---

[1] Imo Dei optimi maximi singulari judicio et miraculo eorum innocentiam comprobatur, quod albæ chlamydes et cruces igni non potuerunt absumi. LABBE, vol. XI, *Concile de Mayence*, p. 1536.

[2] Qui postea in hujusmodi monasteriis bene per omnia se gerebant. WALSINGHAM, *Hist. Angl. in Edwardo II*, p. 73. Édition de Londres, 1574.

« *doit être délivres de çon li met sus* », c'est ce que nous dit Beaumanoir [1].

Un accusé pouvait s'espurgier de deux manières *après négative* :

1° En prouvant son alibi;

2° En *déprovant ce qui était prové contre li* : c'est ce qu'on appelait *prover par accident* (*çon apèle prover par accident*).

Dans le premier cas, l'accusé était admis à prouver qu'il n'était pas l'auteur du *meffet* ou du *crime*, parce qu'il ne se trouvait pas sur les lieux du meffet ou du crime.

Dans le second cas, l'accusé pouvait prouver que l'accusateur, que ceux qu'il *amoinait* pour *prover*, n'avaient point été témoins des faits, parce qu'ils ne *furent pas présents* [2]. Il est manifeste que les Templiers, malgré leurs dénégations, ne pouvaient prétendre qu'ils fussent absents au moment de leur réception dans l'Ordre. Il leur était impossible de rien prouver contre le Pape et le Roi, avec lesquels ils ne voulaient pas plaider (*litigare*). Ils ne pouvaient rien prouver contre les témoins produits, qui étaient tous Frères de l'Ordre. Il leur était donc impossible de *s'espurgier;* ils durent renoncer à ce moyen de procédure.

Les membres du concile de Ravenne avaient fait preuve de haute raison, de haute justice, en décidant en seconde délibération qu'il ne fallait pas ordonner aux Templiers de se *purger*, qu'il valait mieux les absoudre purement et simplement.

Au mois de juin 1310, Guillaume du Laurens, curé de Saint-Thomas de Durfort, délégué par Richard, évêque de Nîmes, présida une commission composée de deux chanoines, de deux Frères Prêcheurs, de leur prieur et de deux Frères Mineurs. Il interrogea les trente-trois Templiers, dont nous avons parlé, détenus au château royal d'Alais. Les principaux étaient Pierre-Bernard de Salgues, chevalier, commandeur de Saint-Gilles, Raymond Ségeri, prêtre, Pons de Segnery, chevalier

---

[1] Beaumanoir, *Coutume du Beauvoisis*, p. 112.
[2] *Ibid.*, t. II, p. 110, 113, n°⁵ 52, 53.

de ladite Commanderie, BERTRAND DE SILVA, chevalier, de celle du Puy, et PONS SEGNERI DE CAUX, chevalier de la maison de Sainte-Eulalie; les autres étaient Frères servants. Ils nièrent d'abord unanimement tous les chefs d'accusation. Trois ou quatre Frères servants avouèrent dans un second interrogatoire le reniement de Jésus-Christ ; ils persistèrent à nier le reste, disant qu'ils ne savaient rien. Guillaume du Laurens fit remarquer à l'un d'eux qu'il avait passé des aveux dans deux interrogatoires précédents. Il répondit qu'il avait fait ces déclarations par crainte de la torture , *mais qu'il se rétractait.*

Le 29 août 1311, vingt-neuf de ces Templiers détenus à Alais furent interrogés à nouveau (quatre, sur les trente-trois, étaient morts en prison). On les appliqua à la question, ils avouèrent tout ce qu'on voulut ; il y eut seulement quelque *variété* dans leurs témoignages (selon l'expression de Dom Vaissette).

Le chevalier BERNARD DE SALGUES fut le premier appliqué à la torture. « Il avoua avoir vu dans un chapitre tenu à Mont-« pellier pendant la nuit une tête ou *chef;* qu'aussitôt, le « *diable* apparut sous la figure d'un *chat ;* que cette tête parlait « aux uns et aux autres; qu'elle avait promis aux Frères assem-« blés de leur donner une bonne moisson, avec la possession « des richesses et de tous les biens temporels; qu'il avait adoré « cette tête avec tous les autres Frères; que dans l'instant « divers démons parurent sous la figure de femmes dont cha-« cun *abusa* à son gré, mais qu'il ne fut pas du nombre; que « cette tête répondait à toutes les questions du maître de « l'Ordre qui était présent [1]. Le Frère Raymond Ségeri soutint « qu'il n'avait pas craché sur la croix, et qu'il n'avait jamais vu « ni idole ni diable. Bernard de Silva confessa avoir vu l'*idole* « et le *diable* en forme de *chat*, et les démons sous la figure de « femmes ; qu'il avait adoré le chat avec les autres Frères ; que « le chat, dans le temps qu'on l'adorait, répondait à toutes les « questions qu'on lui adressait. D'autres dirent que cette tête

---

[1] La preuve qu'on obtenait toutes les réponses qu'on voulait à l'aide de la question est faite, croyons-nous.

« qu'on adorait était une tête d'homme ou de femme. »

Le notaire qui écrivit cet interrogatoire a marqué en marge les paroles suivantes : « Quelques-uns de ces Frères ont été « appliqués à une question *modérée* il y a plus de trois semaines, « et ils n'ont plus été mis depuis à la question ; ils ont été déli- « vrés, et tenus en prison sans fers [1]. »

Ces malheureux avaient préféré dire tout ce que la commission *voulait,* plutôt que de s'exposer à subir cette fois la question *non modérée.* Ces Templiers, nous apprend Dom Vaissette, abjurèrent leur apostasie et leurs erreurs ; le 9 novembre 1312, ils reçurent l'absolution, et furent admis à la communion.

Nous verrons ci-après que le nouvel archevêque de Narbonne, Bernard de Farges, voulut en 1315 faire condamner par les tribunaux ecclésiastiques ce qui restait des Templiers du Languedoc, et notamment les Frères du diocèse d'Elne, qui jusque-là avaient échappé. Il y avait encore là quelques *bons petits fiefs* à disputer au roi de Majorque, à faire attribuer à l'Église de Narbonne et à son ardent chef en particulier ; dans tous les cas il y avait des valeurs mobilières considérables bonnes à partager ; c'est ce que nous verrons par la suite.

---

[1] On lira toutes ces aberrations dans Dom Vaissette, *Histoire du Languedoc,* t. IV, p. 140, 141.

CHAPITRE XXXVI

Seconde phase de l'enquête, du 3 novembre 1310 au 26 mai 1311. — La commission se réunit le 3 novembre à Sainte-Geneviève, dans la chapelle de Saint-Éloi. — Les Frères de Chambonnet et de Sartiges demandent ce que sont devenus leurs collègues de Pruino et de Bononia, qui ont disparu. — Réponse des commissaires. — De Pruino et de Bononia seraient revenus à leurs premiers aveux ; de Bononia aurait brisé sa prison et pris la fuite ; de Pruino a été condamné, dégradé ; il n'a plus capacité pour défendre. — Les Frères de Chambonnet et de Sartiges se retirent, en disant qu'ils n'assisteront plus aux dépositions des témoins — Suppression de la défense. — Le 17 novembre, la commission transporte le lieu de ses séances à l'hôtel de l'abbé de Fécamp, rue de la Serpent. — L'enquête est reprise le 18 décembre 1310. — Témoins entendus ayant passé des aveux après avoir subi la question, ou s'étant désistés de la défense après le concile de Sens, ou réconciliés avec l'Église. — Suite des dépositions, interrogatoires, suggestions. — Mensonges. — Aveux arrachés par la torture. — Rétractations.

Nous entrons dans la seconde phase de l'enquête. Le 3 novembre 1310, les commissaires se réunirent au monastère de Sainte-Geneviève, dans la chapelle de Saint-Éloi ; mais à cause de l'absence de plusieurs prélats et de tout témoin, elle s'ajourna au 17 novembre [1]. Ledit jour, 17 novembre 1310, la commission étant assemblée au même lieu, on donna lecture des lettres d'excuses de l'évêque de Bayeux et de l'archidiacre de Maguelonne, le premier empêché par les affaires du Roi et du royaume, le second pour cause de maladie. Guillaume de Trie et Enguerrand de Marigny devaient, en qualité de chargés d'affaires, se rendre auprès de l'empereur Henri VII, pour conclure un traité d'alliance. Après cette lecture, les Frères de Chambonnet et de Sartiges furent introduits devant la commission. « Ils déclarèrent persister dans l'appel qu'ils

---

[1] Il existe, selon nous, une erreur de mois aux textes (mensis octobris, p. 286), alors qu'au paragraphe précédent, p. 285, on lit : mensis novembris.

« avaient formulé; ils demandèrent qu'on amenât devant eux « les Frères de Bononia et de Pruino. » Il leur fut répondu que ces deux Frères avaient renoncé solennellement et volontairement à la défense de l'Ordre; qu'ils étaient revenus à leurs premiers aveux (passés devant l'inquisiteur Guillaume de Paris); que depuis cette renonciation, le Frère de Bononia avait *brisé* sa *prison* et *pris* la fuite [1]. Quant au Frère de Pruino, il avait été dégradé par le concile de Sens, et n'avait plus capacité pour défendre. Alors les Frères de Chambonnet et de Sartiges déclarèrent « qu'à partir de ce moment, ils n'as- « sisteraient plus à la prestation de serment des témoins, en « l'absence desdits Frères de Bononia et de Pruino, parce « qu'ils ne voulaient pas compromettre l'appel interjeté ». Puis ils se retirèrent. Ainsi finit la défense, on la *supprima* : les *juges* qui composaient le concile de Sens mirent la commission dans l'impossibilité d'accomplir régulièrement son mandat. Les commissaires avaient promis aux défenseurs, à leurs adhérents, aux *avocats*, toute *sécurité*, toute *liberté* [2]. « Ils avaient « promis d'intervenir auprès du cardinal de Préneste à la *garde* « duquel les Frères étaient confiés [3]. » Vaines promesses!

Aucun des Frères qui s'étaient offerts à la défense, et dont les noms ont été conservés par l'enquête, ne pourra se rendre au concile général de Vienne. Ils avaient tous été, ou déliés de leurs vœux, ou condamnés à des peines plus ou moins graves, dégradés ou brûlés. On sera donc fort surpris d'entendre certains Pères de la minorité du concile de Vienne faire un reproche à ces malheureux Templiers de ne pas *se présenter devant le concile, de n'avoir pas voulu constituer mandataire à l'effet de défendre devant lui*. Un pareil reproche était faux et dérisoire, et nous l'avons bien vu dans la première partie de cette enquête. Au concile de Vienne, le Pape s'empressera de faire arrêter et jeter en prison ceux des chevaliers échappés aux poursuites qui se présentèrent spontanément pour défendre. Ceci est exact, on est bien forcé d'y croire.

[1] Fratrem de Bononia fregisse carcerem et fugisse. *Proc.*, vol. I, p. 287.
[2] *Proc.*, vol. I, p. 127.
[3] *Id.*, p. 172.

Le même jour, 17 novembre 1310, la commission reçut les serments de plusieurs témoins, et décida que jusqu'à nouvel ordre elle fonctionnerait dans l'hôtel de l'abbé de Fécamp (*Fiscatensis*), maison dite de *la Serpent*, paroisse de Saint-André des Arcs [1]. La commission se trouva réduite à sa plus simple expression, par suite de l'absence de l'archevêque de Narbonne, toujours occupé des affaires du Roi, de l'évêque de Bayeux, de l'archidiacre de Maguelonne, de Guillaume Agarni, prévôt de l'église d'Aix, empêchés pour cause de maladie. Elle resta composée provisoirement des évêques de Mende, de Limoges, des archidiacres de Rouen et de Trente, et de l'archevêque de Narbonne quand il lui plut.

Le 18 décembre 1310, les commissaires se réunirent à l'hôtel de l'abbé de Fécamp; à partir de cette date, l'enquête se poursuivit sans désemparer jusqu'au 26 mai 1311, jour de sa clôture définitive. Nous relèverons encore des détails curieux sur les coutumes et usages de cette époque de naïve superstition. Les témoins qui vont être entendus étaient des Templiers *réconciliés* avec l'Église, ayant jeté le manteau, rasé leur barbe, passé des aveux, soit à la suite de la question, soit sous l'empire de la peur, de la suggestion, des menaces et de la violence.

Au chapitre suivant, nous ferons le relevé de toutes les dépositions, et nous en donnerons les résultats.

Le samedi 8 janvier 1310, le Frère servant Jean de Pollencourt est conduit devant la commission. « Il a, dit-il, été
« absous, réconcilié par l'évêque d'Amiens. Ce témoin est
« pâle, terrifié, et affirme qu'il a menti devant les inquisiteurs
« par crainte de la mort, et parce qu'on lui a dit, dans la prison,
« qu'il *fallait avouer le reniement de Jésus-Christ* et le *crache-*

---

[1] *Proc.*, vol. I, p. 183. La rue de la Serpent (outre Petit-Pont), rue Serpente, allait à l'ouest, depuis la rue Hautefeuille jusqu'à la cour de Rouen, et à l'est, depuis la rue Hautefeuille jusqu'à la rue de la Harpe. Cette rue donnait accès à la maison de l'archevêque de Rouen. *Cour de Rouen* est resté le nom d'un passage donnant par un bout dans la rue de l'Éperon et par l'autre dans le passage du Commerce. La maison de l'abbé de Fesquant (*Fiscatensis*) se trouvait à l'angle méridional de la rue Percée et de la rue Hautefeuille.

« *ment sur la croix*, dans le but de faire *détruire l'Ordre*. Il a
« menti, il ne sait rien [1]. » Mais, le mardi 12 janvier, ce même
témoin revient devant les commissaires. Il se précipite à
genoux. Il demande pardon. Il déclare que le samedi précédent il n'a pas dit la vérité. Les commissaires, pensant
que ce témoin avait été suborné, lui font toucher les Évangiles,
lui demandent si quelqu'un ne lui a pas suggéré la démarche
qu'il fait en ce moment. « *Non*, répond-il, *il a réfléchi*. Il a
« prié ses gardiens et Jean de Jamville de le ramener devant la
« commission pour dire la vérité. » De Pollencourt avoue
alors « le reniement de Jésus-Christ, le crachement sur la
« croix. Celui qui l'a reçu l'a dispensé du baiser sur l'épine
« dorsale. Il lui fut permis de se livrer aux mauvaises mœurs ;
« il déclare qu'on lui a dit qu'un chat apparaissait au milieu
« des chapitres [2] ».

Le mardi 12 janvier (même jour), on amena le chevalier
GÉRARD DE CAUX. Il dépose ce qui suit : « Il a jeté le manteau au
« concile de Sens ; il a été absous et réconcilié par l'évêque de
« Paris. Le témoin fait connaître *in extenso* le mode de réception dans l'Ordre, tel qu'on peut le lire dans la règle conforme en tout point à l'art. 657 et suivants de la règle française. Il avoue le reniement, on l'a dispensé de cracher sur
« la croix. Il avoue l'autorisation de pratiquer les mœurs
« impures ; mais il ajoute que personne dans l'Ordre ne com« mettait de *pareils crimes*, qui étaient sévèrement punis. Il a
« lu que du temps du grand maître Nicolas Béraut (de l'an« née 1256 à l'année 1273), trois Frères convaincus de ces
« turpitudes avaient été mis en prison perpétuelle à Château« Pèlerin [3]. Le témoin a mieux aimé, dit-il, subir la question
« que de passer des aveux. Il n'a rien voulu dire avant l'arres-

---

[1] Nisi juvarent ad destructionem ordinis, confitendo quod abnegassent Deum et quod spuissent super crucem. *Proc.*, vol. I, p. 369.

[2] *Proc.*, vol. I, p. 378.

La pression, la subornation sont évidentes. On voit ici clairement la pression exercée par Jean de Jamville.

[3] Le fait rapporté par le chevalier Gérard de Caux se lit dans l'article 573 de la *Règle française* avec tous les détails. L'un des coupables, le Frère Lucas, passa aux Sarrasins ; un autre coupable fut tué pendant qu'il fuyait ; le troi-

« tation des Frères. Il avait peur d'eux, puis on ne l'aurait pas
« cru; enfin, en sortant du Temple, il n'aurait su que devenir;
« car, de son consentement, ses biens paternels et maternels
« étaient devenus la propriété de son frère aîné. Le chevalier
« de Caux fait savoir qu'aussitôt après la réception on était
« *profès,* ce qui pour lui constitue une infraction à la règle :
« on violait un certain privilége apostolique qui commence
« par ces mots : *Omne datum optimum.* Le Pape avait con-
« cédé au Temple l'autorisation d'avoir des Frères chapelains
« et clercs, qui pour tout bien n'auraient que leur *cœur (qui*
« *animum pro bonis haberent).* Ceci ne s'observait pas, car les
« prêtres et les clercs étaient reçus de la *même manière que*
« *les autres Frères.* Il n'était point possible de se pourvoir
« devant le Pape, contre les abus d'autorité. Le grand maître
« n'était pas confirmé par le Pape; il puisait tous ses droits
« dans l'élection [1]. La correction des Frères, outre-mer, devait,
« d'après la règle, être appliquée après avoir pris conseil de
« l'évêque de Jérusalem, afin que la peine fût en rapport avec
« la faute, ce qui ne se faisait pas. Au surplus, tout se passait
« bien. Pas d'idoles; le grand maître laïque ne donnait pas l'ab-
« solution des péchés. Il pouvait faire grâce des peines disci-
« plinaires, ou les modérer [2]. Dans les chapitres on ne se con-
« fessait pas des péchés mortels. Une semblable confession ne
« pouvait être reçue que par les Frères chapelains, qui seuls
« avaient qualité pour donner l'absolution. On croyait aux
« sacrements de l'autel et de l'Église. Le témoin n'a jamais
« entendu dire que des laïques pussent donner l'absolution, dont
« ils n'ont pas les clefs *(quia non habent claves).* Le maître
« laïque à la fin du chapitre disait : « Mes Frères, avant de nous
« retirer, j'accorde cette indulgence du chapitre; quiconque
« aurait retenu en ses mains des biens de l'Ordre, soit en ne

sième fut mis en prison perpétuelle, *grant pisce* ou *grant piesse (grand in pace?). Règle,* art. 573.

[1] Nec magister major confirmabatur per Sedem apostolicam, sed ex eleccione plenum jus assequebatur administrandi. *Proc.,* vol. I, p. 388.

[2] Magister poterat remittere penas fratribus et absolvere eos a penis, sed non credit a peccatis. Bartholomée DE TRÉCIS, *Proc.,* vol. I, p. 455.

« faisant pas consciencieusement la répartition des aumônes,
« soit en les prodiguant, n'aurait aucun droit à cette indul-
« gence; cependant nous vous l'accordons, autant que nous le
« pouvons, pour le cas où vous auriez omis de nous le dire,
« par la crainte de la *chair* ou de la *justice de la maison*[1]. » Puis,
« fléchissant les genoux, le maître priait le Frère chapelain de
« donner l'absolution. Ce dernier s'exprimait ainsi : « Mes
« Frères, faites comme moi votre *Confiteor* comme le prescrit
« l'Église. » Après le *Confiteor*, le Frère chapelain prononçait
« les paroles suivantes : *Que Dieu vous fasse miséricorde...*
« *que le Tout-Puissant miséricordieux vous accorde la rémis-*
« *sion, l'absolution de tous vos péchés.* »

Un des membres de la commission requit le témoin de déclarer s'il pensait que les Frères, assistant au chapitre, croyaient avoir reçu l'absolution des péchés charnels (*carnalia*), dont ils ne s'étaient pas confessés. Le chevalier de Caux répondit « que quelques Frères, *les idiots et les simples (aliqui*
« *Fratres idiote et simplices)*, croyaient avoir reçu l'absolution
« de leurs péchés mortels; mais qu'il était certain du con-
« traire[2] ». Le chevalier de Caux avait protesté, le 21 février 1309, devant la commission; il s'était exprimé en termes énergiques contre les poursuites[3]. Il était de ceux qui avaient renoncé à la défense depuis les décisions du concile de Sens; on lui avait fait auparavant subir la question[4]. Et il avait passé des aveux.

Le mercredi 20 janvier, la commission entendit le Frère RAYNALDUS DE TREMPLAYO, curé de l'église du Temple de Paris, qui avait été absous et réconcilié par l'évêque de Paris. Le témoin « déclare qu'il dira la vérité quand bien même *son*
« *corps aurait une peine à subir (quanquam corpus suum habe-*
« *ret sustinere pœnam corporalem)* ». A ce moment il hésite à

---

[1] « Et de tot aysco que vos nos layssatz a dire per onta de la charno, per
« paor de la justiza de la meyso, aytal pardo vos en fam quom podem nide-
« vem. » *Proc.*, vol. I, p. 392.
[2] *Proc.*, vol. I, p. 379-391, 394.
[3] Voir ch. xxviii, et *Proc.*, vol. I, p. 81.
[4] Se torqueri permiserat priusquam revelaret. *Proc.*, vol. I, p. 387.

parler, les commissaires lui offrent de prendre tout le temps nécessaire pour réfléchir. Enfin il dépose : « Il n'a jamais vu « qu'au Temple on ne crût pas à la *divinité de Jésus-Christ*. « Jamais on ne lui a dit d'omettre les paroles du canon. Il ne « les a jamais omises en célébrant. Il avoue le reniement de « bouche et non de cœur; il a craché par terre et non sur la « croix. Il reconnaît que les Frères étaient immédiatement « reçus profès, ce qui était contraire au droit (*quod erat contra* «*jus, ut sibi videtur*), et contre le privilége (*omne datum opti-* « *mum*). » On lui demanda si les Frères qui avaient reçu l'indulgence à la fin d'un chapitre croyaient avoir été absous de leurs péchés. « Non, répond-il, car après je recevais leurs « confessions. » Le témoin nie tous les autres chefs d'inculpation [1].

Le jeudi 28 janvier, comparut le Frère GILLE DE ROTANGI, curé de l'église d'Oysemont, du diocèse d'Amiens (*domus Templi Dosimonte*) [2]. « Le témoin a été examiné au concile de « Reims (Senlis). Il a été absous de la sentence d'excommu- « nication ; mais le concile l'a condamné à la prison. Il n'a « pas été dégradé. Le concile lui a fait remise de la prison à « la volonté des préposés de Vohet et de Jamville, et pour « *certaines causes (propter aliquas causas)*. » (On le voit, de Jamville disposait des déclarations, de l'exécution ou de la remise des peines.) Le témoin « déclare souffrir d'une fièvre « quarte, et quand il se trouve dans un de ses accès, il pro- « nonce certaines paroles dont il ne se rend pas bien compte ; « il ne sait pas si, dans ce moment même, il n'est pas atteint « d'un de ces accès. Il déclare qu'on ne *reniait pas toujours* « *Jésus-Christ lors des réceptions dans l'Ordre. Il a vu qu'on e* « *reniait dans quelques réceptions, et que dans d'autres on ne* « *le reniait pas* [3]. » Nous croyons ce témoin dans le vrai, beaucoup de Templiers ne furent pas assujettis à cette *dure épreuve; c'est un point constant*, reconnu même par les auteurs qui ont

---

[1] *Proc.*, vol. 1, p. 421, 424.
[2] Oisemont (*commanderie principale*), arrondissement d'Amiens (Somme).
[3] In aliquorum *receptionibus* vidit quod abnegabant Jesum Christum, et in aliquibus, non. Proc., vol. I, p. 464.

écrit contre l'Ordre. Ceci est fort important, et nous explique le grand nombre de protestations qui furent soulevées. La torture arracha des aveux mensongers aux innocents. Il n'y avait plus à y revenir, sous peine de mort ou de prison perpétuelle. « Le témoin avoue qu'il a renié Jésus-Christ, mais il a
« refusé de donner des baisers indécents. Il avoue l'excitation
« aux *mauvaises mœurs;* il n'a jamais commis ce péché; il
« ignore si les Frères s'en rendaient coupables. Les prêtres
« n'omettaient pas les paroles sacramentelles du canon. Les
« Frères croyaient aux sacrements de l'autel. Le maître laïque
« présidait le chapitre, accordait le pardon, l'indulgence pour
« les fautes. Les ignorants et les idiots seuls [1] croyaient avoir
« reçu l'absolution des péchés ; les Frères intelligents ne le
« croyaient pas. Le témoin nie l'existence et l'adoration des
« idoles [2]. »

Le jeudi 4 février 1310, comparut le Frère servant RAYNIER DE LARCHENT. Il a jeté le manteau au concile de Sens, il a été absous et réconcilié par l'évêque de Paris. « Il ne se sou-
« vient pas s'il a fait quelques aveux à cet évêque. Il a été
« appliqué à la question avant d'avoir subi l'examen. » Le Frère de Larchent nie tout absolument. Cependant, le 19 octobre 1307, le Frère de Larchent avait fait des aveux complets à l'inquisiteur Guillaume de Paris; c'est du moins ce que porte le procès-verbal [3].

Le lundi 8 février 1310, comparut le Frère servant VIGIER DE CLERMONT. Il a jeté le manteau au concile de Sens. « Il a
« été absous et réconcilié par l'évêque de Paris. Il affirme
« qu'il ne sait rien. Les cordelettes étaient portées en signe
« de chasteté. Pas d'idoles. » Les commissaires lui demandent s'il n'a pas avoué quelque chose de contraire à la présente déposition : « *Oui,* répond le témoin, mais à cause des tortures
« que l'on m'a fait subir à Paris, lorsque l'évêque de Nevers
« fit enquérir contre moi en cette ville, et parce que trois de

---

[1] Quod forte aliqui ignorantes et ydiote (credebant esse absoluti a peccatis eorum) ipse testis et alii intelligentes hoc non credebant. *Proc.,* vol. I, p. 467.
[2] *Proc.,* vol. I, p. 463, 468.
[3] *Id.,* vol. I, p. 494, et vol. II, p. 278.

« mes Frères étaient morts à la suite de la question. »

On lui demande les noms de ces Frères, il les cite : 1° le Frère Gauthier de Bourges; 2° le Frère Chantalop; 3° le Frère Anricus. « S'il est vrai, ajoute le témoin, que le grand
« maître et d'autres aient avoué quelques erreurs reprochées
« à l'Ordre, *ils ont menti*, ou ils ont cédé à la torture, ou on
« leur a fait des promesses[1]. »

Le mardi 9 février, comparut le Frère servant JEAN DE CORMÈLE. « Il a jeté le manteau au concile de Sens, il a été
« absous et réconcilié à Chartres par l'évêque qui l'a examiné. »

Le témoin demande à parler en particulier à chacun des membres de la commission : « Il a peur, dit-il, à cause des
« tortures qu'on lui a fait subir à Paris depuis l'arrestation des
« Templiers. A la suite de la question, il a perdu quatre dents[2].
« Il ne se souvient pas bien, il demande à délibérer, à réflé-
« chir jusqu'à demain. » Le lendemain, 10 février, il est ramené. « Il avoue ce qui se passait lors de la réception. Pas
« d'idoles. Il avoue l'autorisation honteuse. Je n'ai pas voulu
« dire cela hier, à cause de la honte. »

Ce témoin reproduisait les déclarations qu'il avait passées le 3 novembre 1307, devant Guillaume de Paris[3].

Le mardi 16 février, comparut le Frère servant ÉTIENNE DE DOMONT. Il porte l'habit de l'Ordre et la barbe. « Il a été
« absous et réconcilié par l'évêque de Paris. Il avoue tous les
« faits qui se passaient lors de la réception, le reniement, le
« crachement sur la croix. » Mais il dit tout cela avec une ingénuité qui frappe les commissaires. « Il ne croit pas que
« ces choses soient illicites, car il les a faites de bouche et
« non de cœur. » (La déposition du témoin n'inspire aucune confiance à la commission.) Il est en proie à la terreur,
« ayant été appliqué à la question à Paris pendant plus de deux
« ans avant d'être examiné par l'évêque ». Le témoin nie tout le reste[4].

---

[1] *Proc.*, vol. I, p. 511, 514.
[2] In quibus quidem tormentis dicebat se quatuor dentes perdidisse.
[3] *Proc.*, vol. I, p. 510, 517, et vol. II, p. 345.
[4] *Id.*, p. 556, 558.

Le jeudi 25 février, comparut le Frère servant JEAN DE TURNO, trésorier du Temple de Paris. « Il a jeté le manteau au « concile de Sens; il a été absous et réconcilié par l'évêque de « Paris. Il déclare avoir fait au concile de Sens certains aveux, « suivant la *volonté des prélats (in concilio Senonensi, fuerunt* « *aliqua dicta per eum, de voluntate prelatorum).* » Le témoin nie les autorisations déshonnêtes, l'adoration d'un chat. Jean de Turno avait été entendu le 26 octobre 1307 par l'inquisiteur Guillaume de Paris; le procès-verbal constate qu'il aurait avoué les excitations aux mauvaises mœurs [1], et avoir vu une tête peinte.

Le 5 mars 1310, comparut le Frère LAMBERTUS. Il porte le manteau de l'Ordre et la barbe. « Il n'a été ni absous, ni « réconcilié; mais il a été examiné par le prieur des Frères « Prêcheurs de Troyes, commis par l'inquisiteur Guillaume de « Paris. Il avoue le reniement de Jésus-Christ, le crachement « sur la croix, de bouche et non de cœur. Le récepteur lui « a donné un baiser sur la poitrine, mais sur les vêtements. « Il rétracte une grande partie des aveux par lui passés anté- « rieurement [2]. »

Le mardi 9 mars, comparut le Frère servant THOMAS DE PAMPELUNE, précepteur. Il porte l'habit du Temple et la barbe. Il a été absous et réconcilié. Ce témoin déclare ne rien savoir, n'avoir rien vu; il proteste, sous la foi du serment qu'il vient de prêter, qu'il ne sait rien; mais il dépose ce qui suit : « Sous l'empire des tortures qu'on m'a fait subir à Saint- « Jean d'Angély, j'ai déclaré en présence des bourreaux que « je ne croyais pas que les aveux passés par le grand maître « fussent l'expression de la vérité, que toutefois j'y adhérais. « Après un long séjour en prison, privé de pain et d'eau, j'ai « avoué à l'évêque que lors de ma réception dans l'Ordre « j'avais craché sur la croix, de bouche et non de cœur; que

---

[1] *Proc.*, vol. I, p. 595, et vol. II, p. 315. Il faut comparer la déposition du témoin Jean de Turno avec celle du Frère Humbert de Podio. *Proc.*, vol. I, p. 264. Certains témoins disaient ce qu'on voulait. Cela est manifeste.
[2] Illicita tamen confirmata per eum vel alia non vidit fieri nec injungi. *Proc.*, vol. II, p. 5.

« j'avais donné un baiser à celui qui me recevait sur le ventre
« nu. *J'ai menti (quæ confessio fuit falsa). Je nie tout.* Jamais
« je n'ai entendu parler de pareilles erreurs ¹. »

Le même jour, 9 mars, comparut le Frère Pierre Théobald, commandeur. Il porte l'habit du Temple et la barbe. « Il a été
« absous et réconcilié. Il déclare ne rien savoir, n'avoir rien
« vu, bien qu'il ait passé quelques reconnaissances devant
« l'évêque de Saintes, sous l'empire de la terreur et des
« tourments qu'on lui avait fait subir pendant six mois, et à
« cause des menaces qui lui étaient adressées par d'*autres*
« *personnes* que l'évêque ². »

Le lundi 5 avril 1310, comparut le Frère Audebert de Porte. Il a jeté le manteau au concile de Sens. « Il a été
« absous et réconcilié par l'official de Poitiers. Il ne sait rien,
« il n'a rien vu. Il a été reçu dans l'Ordre auquel il a donné
« dix livres de rentes. S'il a fait quelques aveux à l'official,
« c'est parce qu'on l'avait appliqué à la torture. Le témoin
« verse d'abondantes larmes, et demande qu'on lui conserve
« la vie ³. »

Le mercredi, 7 avril 1310, comparut le Frère Guillaume de Pleyo. Il a été absous et réconcilié par l'évêque de Tours. Il porte l'habit du Temple et la barbe. « Il affirme que la peur
« lui a arraché quelques aveux ; il avait été retenu longtemps
« en prison, parce qu'il ne voulait rien avouer. Cependant, il
« n'a pas été appliqué à la question. Il avoue avoir renié et
« craché sur la croix, de bouche et non de cœur. Il ne sait
« plus rien ⁴. »

Le premier jour de l'année tomba le 11 avril 1311 (jour de Pâques).

Le lundi 10 mai 1311, comparut le Frère Hélias Costa. Il porte l'habit du Temple et la barbe. Il a été absous et réconcilié. « Le témoin affirme qu'il ne sait rien, qu'il n'a rien vu,
« qu'on ne lui a rien demandé ou proposé d'illicite, lors de sa

---

¹ *Proc.*, vol. II, p. 15.
² *Id.*, p. 18, 19.
³ *Id.*, p. 171, 172.
⁴ *Id.*, p. 184, 185.

« réception. S'il a avoué certaines choses à l'évêque de
« Saintes, c'est à cause des rigueurs qu'on lui a fait éprouver
« en prison, à cause de la terreur que lui inspirait l'évêque.
« On communiait trois fois par an dans l'Ordre : à Pâques,
« à la Pentecôte et à la Nativité [1]. »

[1] *Proc.*, vol. II, p. 209.

CHAPITRE XXXVII

Du 11 avril 1309 au 26 mai 1311, la commission d'enquête aura entendu deux cent trente et un témoins, parmi lesquels six témoins non Templiers, en tout deux cent vingt-cinq Frères. — Deux cent sept avouèrent le reniement de Jésus-Christ de bouche et non de cœur, et le crachement vers la croix. — Seize protestèrent. — Cent cinquante-trois nièrent l'excitation aux mauvaises mœurs. — Deux d'entre eux déclarèrent qu'en entrant dans l'Ordre, on les menaça des peines terribles de la règle contre les actes impurs. — Soixante-douze avouèrent ces excitations, en protestant que jamais ils n'avaient accompli ces actes odieux. — Tous nièrent l'adoration d'un chat. — Deux cent dix-neuf nièrent avoir vu une idole. — Six seulement déclarèrent avoir vu une tête (capud), soit lors de leur réception, soit dans un chapitre. — Tous affirmèrent que l'on croyait dans l'Ordre à la divinité de Jésus-Christ, aux sacrements de l'autel et de l'Église. — Jamais les chapelains n'omettaient de prononcer à l'autel les paroles du canon. — Le grand maître laïque ne donnait pas l'absolution des péchés. — Les cordelettes étaient reçues et portées en signe de chasteté. — Suggestions. — Les Frères amenés à faire des aveux pour sauver leurs corps, l'Ordre étant condamné d'avance. — Série de preuves résultant de l'enquête. — Les Templiers préféraient la mort à l'apostasie; l'Ordre n'était rien sans Jésus-Christ et sans l'Église. — Arguments tirés de la cédule du Frère de Montréal, opposés à l'opinion émise par le chroniqueur Augerius de Béziers (de Biterris).

La commission tint ses séances successivement à Notre-Dame de Paris, dans la chapelle de l'évêque, au monastère de Sainte-Geneviève, dans la chapelle Saint-Éloi, ensuite rue de la Serpent, en l'hôtel de l'abbé de Fécamp, puis au couvent des Frères Mineurs, enfin dans l'hôtel de Pierre de Savoie, archevêque de Lyon. Du 11 avril 1309 au 26 mai 1311, elle entendit *deux cent trente et un témoins*, parmi lesquels *deux cent vingt-cinq* Templiers, chevaliers, commandeurs, prêtres et Frères servants, et *six* témoins non Templiers. *Deux cent sept* Frères avouèrent qu'en entrant dans l'Ordre, ils avaient renié Jésus-Christ de *bouche* et *non de cœur*, qu'ils avaient craché *vers* et *non sur* la croix, qu'ils avaient reçu et donné des baisers grossiers. *Seize* soutinrent que l'articulation était fausse, affirmant que rien de pareil ne s'était passé lors de leur réception. *Deux* protestèrent qu'ils avaient refusé de renier. *Cent cinquante-trois* nièrent l'excitation aux mauvaises mœurs; *deux* d'entre eux déclarèrent que lors de leur admission dans l'Ordre, ils avaient été avertis que la règle punissait sévèrement toute action de ce genre. *Soixante-douze* passèrent des aveux sur ce chef; mais ils se défendirent d'avoir jamais commis de semblables actes. *Tous* nièrent l'adoration d'un chat. *Deux cent dix-neuf* déclarèrent fausse l'inculpation relative à l'adoration d'une idole, soit lors de leur réception, soit dans les chapitres. *Tous* affirmèrent qu'ils croyaient aux sacrements de l'autel et de l'Église, que jamais les chapelains n'omettaient de prononcer les paroles sacramentelles du canon : « *Ecce enim corpus meum.* » *Tous* protestèrent que le grand maître laïque ne recevait pas la confession sacramentelle, qu'il ne donnait pas l'absolution des péchés non confessés, que ledit grand maître se bornait à accorder le pardon des infractions à la discipline, des désobéissances (*inobedientiæ*) ; les cordelettes étaient portées en signe de chasteté. On se les procurait comme on voulait, quelques-uns les avaient reçues des mains, pures et pieuses, de leurs mères, de leurs sœurs, de leurs parentes, à leur entrée dans l'Ordre. On était parvenu à ce résultat à l'aide des moyens que l'on sait; on avait fait périr de misère dans les cachots, dans les tourments, un grand nombre d'hommes ; beaucoup avaient été livrés aux flammes. On avait flétri quantité de familles nobles dont les membres avaient répandu des flots de sang pour la défense de Jésus-Christ et de la foi, la foi qui, à ces grandes époques, constituait le *patriotisme;* la *Terre sainte* qui était alors le patrimoine de tous, la cause commune. Ce n'était pas fini! On pourra lire et comparer entre elles toutes ces dépositions; elles sont suspectes pour la plupart, dictées par la *suggestion* et la *peur,* à la suite de concerts ourdis dans les prisons *avec les geôliers* : « *Propter quamdam convencionem* « *et informationem quam fecerunt ante... illi qui in carceribus* « *tenebant, propter metum mortis* [1]. » Les malheureux Frères

---

[1] *Proc.*, vol. I, p. 36.

savaient que l'Ordre *était condamné d'avance en haut lieu*, et dans le but de sauver leurs corps, leurs personnes, ils firent la part d'une inculpation à laquelle ils prêtèrent leur concours à l'aide d'aveux mensongers : « *Propter quod perderent corpora « sua nisi jurarent ad destructionem Ordinis* ¹. » Les geôliers leur avaient fait la leçon : « *A satellitibus edocti, confitebantur « contra conscienciam* ². » La torture et les menaces avaient arraché à des prêtres (peu toutefois) des déclarations d'une scélératesse inouïe, *impossibles,* au sujet des paroles du canon et de la sainte communion ³ !

Il demeure évident pour nous dès à présent ce qui suit. Au Temple, on croyait en Jésus-Christ, à ses deux natures en une seule personne; à sa passion, à sa mort, à sa résurrection, à la Rédemption. Les Templiers versaient jusqu'à la dernière goutte de leur sang pour Jésus-Christ, préféraient la mort à l'apostasie : *l'Ordre en effet n'était rien sans Jésus-Christ et sans l'Église.* Au moment même où l'on poursuivait avec tant d'acharnement la destruction du Temple, un très-grand nombre de Frères expiraient dans les prisons du Soudan, parce qu'ils refusaient de renier, d'apostasier ⁴.

La cédule de Jean de Montréal, si éloquente dans sa simplicité, démontrait jusqu'à l'évidence que les Frères du Temple croyaient en Jésus-Christ, Dieu et homme tout ensemble. *Cette couronne d'épines qui fleurissait le vendredi saint,* entre les mains des chapelains, rappelait aux Frères la tête du Dieu fait homme sur laquelle elle fut posée; le Christ inférieur de Manès, le MÉTÉ, ne porta jamais au front que la couronne Valentinienne ⁵. Cette croix, que les Templiers adoraient tous les vendredis saints, les pieds nus, dont ils exaltaient les mérites, qui conjurait les calamités publiques, leur rappelait l'instru-

¹ *Proc.,* vol. I, p. 369.
² *Id.,* p. 168.
³ Dom Vaissette, *Histoire du Languedoc,* vol. IV, p. 139, et Nostradam, *Histoire de Provence,* p. 314, 315, 316.
⁴ Cédule de Jean de Montréal. *Proc.,* vol. I, p. 140 et suiv. — Rien n'est plus exact.
⁵ La *couronne ogdoadique* valentinienne, que l'on a souvent confondue avec une *couronne murale.*

ment du supplice sur lequel était mort le Rédempteur des hommes. Le Christ inférieur terrestre des manichéens n'était pas mort sur cette croix, puisqu'il n'avait jamais cessé de vivre dans la matière. Tous les efforts de la science moderne ne sauront parvenir à établir un rapport quelconque entre la *floraison de la couronne d'épines* qui, pour tous les assistants, constituait un *miracle,* et la puissance *organisatrice, germinative,* d'un Christ inférieur *faisant germer et fleurir (germinans).*

L'article 122 de la règle française proteste de la manière la plus éclatante : « Quant len porte la veraie croiz en chevauchée, le « commandeur de Jerusalem et les X chevaliers la doivent « garder *nuit et jor,* et doivent hesbergier au plus près que il « porront de la veraie croiz tant comme la chevauchée durera; « et chascune nuit 11 Frères doivent veillier à garder la veraie « croiz, et se par aventure avenist que hesberge fust arestée, « tuit doivent hesbergier avec le covent. »

Pour les écrivains ecclésiastiques du quatorzième siècle, les Templiers pratiquaient un culte extérieur, faux et trompeur[1]; mais l'observation des jeûnes rigides, des austérités de la règle, le sacrifice, le sang versé, la décollation, les fers portés dans les prisons perpétuelles des Soudans, pour la défense de Jésus-Christ, pour l'honneur de la foi? Peut-on dire que c'était là un acte de la *comédie sacrée* dont nous parle le chroniqueur Augerius de Biterris? C'est impossible. Au Temple, on vénérait les saints et les saintes de Dieu. Marie *Mère de Dieu,* patronne de l'Ordre, était l'objet du culte le plus pur d'*hyperdulie*[2]. On ne trouvera pas un seul mot dans l'enquête qui puisse faire supposer que les Templiers niaient le mystère de l'Incarnation. On croyait fermement aux sacrements de l'autel et de l'Église; il était absolument faux que les paroles du canon fussent omises, lors de la célébration du saint sacrifice. On communiait réglementairement trois fois par an. On croyait au sacrement du baptême; mais, par suite d'un sentiment

---

[1] Nous n'avons pas besoin de dire que plusieurs écrivains de notre temps partagent encore l'opinion d'Augerius de Béziers.

[2] L'Ordre avait été établi en l'*onor de Notre-Dame.* MAILLARD, art. 128 de la règle. *Règle française,* p. 675 et suiv.

excessif de chasteté, la règle défendait aux Frères de tenir des enfants sur les fonts, afin d'éviter toute communication avec les dames. Au surplus, la règle s'était conformée sur ce point, ainsi que nous l'avons vu, aux strictes prescriptions de l'Église[1].

« Nous créons périlleux estre à tout religion, trop regarder
« face de fame, et par ce nul de vos n'ose basier fame, ne veve,
« ne pucelle, ne mer, ne soror, ne nulle autre fame, et adonc-
« ques la chevalerie de Jhesu-Crist doit fouir en toutes manières
« baisier de fame, porquoi les hommes solaient maintes foiz
« périllier, que il pussent converser, et maindre perpétuél-
« ment. O pure conscience et o seure vie devant la face de
« Dieu[2]. »

L'adoration d'un chat était une imputation dérisoire (*derisorium*). L'adoration d'une idole, qu'on lui donne le nom de *Capud*, de *Maufé* ou de *Baphonet*, constituait une articulation fausse, une mauvaise *plaisanterie* (*trufa*). Les Templiers croyaient posséder des reliques très-saintes, celle de *sainte Euphémie*, de *saint Polycarpe*, celles que l'on disait provenir de *saint Pierre* et de *saint Blaise*. L'inanité de l'inculpation relative au *capud* sera établie à la suite de perquisitions pratiquées au Temple, en vertu des ordres de la commission d'enquête. Le grand maître laïque ne donnait pas l'absolution des péchés. On a voulu confondre les péchés avec les fautes, les simples manquements à la discipline, l'indulgence, le pardon avec l'absolution : les mœurs impures étaient punies avec la dernière rigueur[3]. Tous les efforts de l'inculpation sur ce chef sont vaincus par l'évidence, par les protestations unanimes de ceux mêmes qui avaient reçu les plus pernicieux conseils. Le Temple était pur, irresponsable des désordres de quelques-uns. On pouvait rechercher les hommes pervers qui avaient donné ces conseils pernicieux, les punir; « si l'on avait
« des débauches à reprocher à quelques membres d'une société

---

[1] Décrets d'Innocent IV en 1246, et d'Alexandre IV en 1253. Labbe, *Conciles*, t. XI, 1re partie, p. 682.

[2] Art. 71 de la *Règle française*, et 72 de la *Règle latine*.

[3] Ce péchié liquel est si ort et si orrible que il ne doit ètre nomes. *Règle française*, nos 418, 572, 573.

« composée de plus de vingt mille personnes, leurs faits ne pou-
« vaient retomber sur l'Ordre en général¹ ». On ne parviendra
jamais à faire croire que des chevaliers, des officiers de haute
noblesse rompus aux exercices de la guerre et de l'épée, aient
consenti à se dégrader dès leur entrée dans l'Ordre. Les Frères
se confessaient à leurs chapelains; mais soit par permission,
congé, soit en cas d'absence, d'empêchement, ou pour cause
de maladie, on pouvait se confesser à d'autres prêtres *réguliers*
ou *séculiers :* les preuves abondent. Les cordelettes étaient
portées en signe de chasteté, d'humilité. L'aumône et l'hospitalité se pratiquaient largement, mais il demeure établi pour
nous qu'après réception on était profès, que souvent les récepteurs faisaient *renier Jésus-Christ.* Cette obligation n'était pas
imposée lors de toutes les *réceptions*². Il y eut un grand nombre
de profès qui ne subirent jamais l'épreuve, et qui ignoraient
absolument qu'elle eût été subie par leurs Frères. Il demeure
aussi établi pour nous que celui qui recevait, et que celui qui
était reçu, se donnaient d'indécents baisers. Ces tristes et
détestables épreuves étaient à la *volonté* et au *caprice* des
récepteurs, qui s'en faisaient *un jeu.* Nous fournirons au
moyen des textes les explications que comportent ces habitudes déplorables.

Pour en finir avec la plus odieuse des imputations dirigées
contre l'Ordre, nous faisons connaître les déclarations de certains témoins entendus dans l'enquête. Le Frère THÉOBALD DE
TAVERNIACO comparaît le 30 décembre 1310; on l'interpelle
sur le chef quarantième des articulations (*de crimine S...*).
« Il répond qu'il ne sait rien. Il ne croit pas que cette articu-
« lation soit vraie. Les chevaliers, dit ce témoin, pouvaient
« avoir de *jolies femmes bien parées (mulieres pulchras et bene*
« *comptas*); ils en avaient fréquemment, *lorsqu'elles étaient*
« *riches, hautes et puissantes (cum essent divites et potentes);*
« c'est pour cela que souvent les Frères servants étaient
« éloignés des *mésons*³.

¹ SCHOELL, p. 87.
² *Proc.,* vol. I, p. 464 et 177.
³ *Id.,* p. 326.

Le *Frère Mineur* Étienne de Nereaco (non Templier) déclara à la commission, le mercredi 27 janvier 1310, « qu'il « avait entendu dire par deux Templiers arrêtés à Lyon, à « l'interrogatoire desquels il assista, que si leurs supérieurs « leur avaient ordonné d'avoir des rapports avec les dames, « *ils eussent obéi, les leur auraient même conduites* s'ils avaient « voulu; mais qu'ils n'auraient jamais commis le péché dont on « leur parlait, même sur les prescriptions de ces supérieurs [1] ».

Ces dépositions prouveraient que dans cette communauté comme dans bien d'autres, aux treizième et quatorzième siècles, il s'est trouvé des hommes qui violèrent leur vœu de chasteté. Leur mauvaise conduite échappa à la surveillance des chapitres. « Tout Frère qui était *ataint de feme*, celui qui entrait « en mauvais *leu*, ou en mauvaise maisons, aveuques mauvaise « feme soul à sol, ou aveuque mauvaise compagnie », perdait l'habit, ne devait demeurer dans l'Ordre; *il pouvait même être mis aux fers* [2]. L'Ordre n'était pas responsable de l'inconduite de quelques-uns.

Au cours de cette volumineuse enquête, *trois Templiers seulement* s'étaient accusés d'infamies; mais ils se sont rétractés, ainsi que nous l'avons dit plus haut, devant la grande commission d'enquête : quant à l'adoration d'un *chat*, la déclaration du Frère Baudoin de Santo Justo est la seule acceptable. « *C'est dérisoire* » (*de catu credit esse falsum et derisorium* [3]). En rapprochant le chef d'inculpation relatif à l'adoration du *chat*, des aveux arrachés par la torture, à Nîmes, aux chevaliers de Salgues et de Silva, on éprouve une *douloureuse mystification*, un dégoût profond pour les inquisiteurs.

En ce qui concerne les idoles, les instructions données par Guillaume de Paris avaient été ponctuellement suivies; on avait fait le même jour, à la même heure, dans toutes les *maisons* du Temple, dans les fermes, dans les *granches*, les perquisitions, les saisies ordonnées. On avait eu recours à la ruse, à *toutes les coleurs;* des inventaires avaient été dressés, scellés,

---

[1] Sed non commisissent peccatum ex precepto eorum. *Proc.*, vol. I, p. 459.
[2] Art. 236, *Règle française*.
[3] *Proc.*, vol. I, p. 244.

dans les grandes comme dans toutes les petites commanderies, partout, *jusqu'en Chypre;* on ne trouva pas d'idole, pas de Maufé, pas de Baphonnet.

Le Père Griffet, commentateur du Père Daniel, exprime l'opinion « qu'il aurait fallu représenter aux inculpés l'idole « qui était adorée dans leurs chapitres. Or nous ne voyons, « écrit le Père Griffet, ni par les actes qui nous restent, ni par « les bulles du Pape, ni par les lettres du Roi, que l'on ait « jamais produit contre les Templiers ces *témoins muets* dont « le témoignage est souvent plus fort et plus décisif que celui « des témoins parlants ».

Le Père Griffet ajoute que « les Templiers s'attendaient « depuis longtemps à des recherches dont la seule crainte leur « avait fait supprimer des preuves si concluantes, lorsqu'ils « étaient encore libres, et qu'ils avaient le pouvoir de les anéan- « tir ». Les documents fournis par Nangis, Dupuy et Baluze prouvent que, la veille de leur arrestation par toute la France, les Templiers ne savaient rien de ce qui était machiné contre eux. Le Père Griffet ne connut pas les documents inédits, l'*enquête*. Les Templiers n'avaient pas à faire disparaître des idoles qu'ils n'avaient jamais possédées dans leurs maisons. — Il est des choses qu'ils n'ont pas cachées, leur *argent,* leurs *valeurs,* leurs *archives,* sur quoi l'on s'empressa de mettre la main. La chronique anonyme que nous avons rapportée plus haut se charge de répondre au Père Griffet[1]. La circulaire de Guillaume de Paris nous prouve que les Frères ne se doutaient de rien jusqu'au moment de leur arrestation.

Le 19 octobre 1306, le Frère RAYMOND DE LARCHENT avait donné à l'inquisiteur Guillaume de Paris certains renseignements qui semblaient précis au sujet de l'*idole* (du *capud*). « Ce Templier affirmait avoir vu l'idole *douze fois* dans *douze* « chapitres, et surtout au dernier chapitre qui fut tenu à Paris « le mardi qui suivit la fête des apôtres Pierre et Paul. C'était « une tête *avec une barbe* (*cum barba*); on l'adorait, on la cou-

---

[1] Thomas DANIEL, *Histoire de France,* in-4°, t. V, p. 202, n° 34 des notes du Père GRIFFET. Voy. *Historiens de France,* t. XXI, p. 149. *Chronique anonyme,* et la *Circulaire de Guillaume de Paris.*

« vrait de baisers, on l'appelait *sauveur* (*salvatorem suum*).
« C'était le grand maître, ou celui qui tenait le chapitre, qui la
« gardait[1]. » Nous avons vu que le 3 février 1310 ce même
Frère de Larchent déclarait à la commission d'enquête que
les Templiers *n'avaient pas d'idoles*[2].

Le 9 novembre 1307, le Frère RADULPHE DE GISI, autrefois
receveur de Champagne pour le Roi, déclara à l'inquisiteur
Guillaume « qu'il avait vu une idole dans sept chapitres tenus
« par le grand visiteur Payrando; on l'adorait; elle était ter-
« rible de figure et d'aspect. Cette tête parut au témoin être
« celle d'un *démon*, d'un Maufé (en français); il fut glacé de
« terreur en la voyant ».

Le 15 janvier 1310, ce même témoin, déposant devant la
commission d'enquête, disait qu'il « avait assisté, il y a huit ou
« dix ans, à un chapitre général tenu à Paris. Il vit cette tête
« qui fut placée sur *un banc; il baissa les yeux;* il fut si effrayé
« qu'il ne put *se rendre compte* de sa figure et de sa compo-
« sition[3] ».

Le 22 octobre 1307, le Frère GUILLERME DE HERBLEYO, ex-
aumônier du Roi, déclarait à l'inquisiteur Guillaume « avoir vu
« le *capud* dans deux chapitres tenus par Payrando : on l'ado-
« rait. Il fit semblant de l'adorer. Cette tête était *en bois argenté*
« *ou doré;* il lui *sembla* qu'elle avait une barbe[4] ».

Le vendredi 5 février 1310, ce même témoin de Herbleyo
affirmait devant les commissaires « qu'il avait vu souvent au
« Temple sur l'autel une tête d'argent qu'on adorait. Il a
« entendu dire que c'était la tête d'une des *onze mille*
« *vierges*[5], mais il croit aujourd'hui que c'est la tête d'une

[1] *Proc.*, vol. II, p. 279.
[2] *Id.*, vol. I, p. 495.
[3] *Id.*, p. 399, et vol. II, p. 364.
[4] *Id.*, vol. II, p. 300. Videtur sibi quod habet barbam, seu *similitudinem* barbæ (*sic*).
[5] Cette tête, dite d'une des onze mille vierges, sera trouvée au Temple de Paris, à la suite d'une perquisition opérée en vertu des ordres de la commission : nous donnons l'explication de la légende des onze mille vierges.
En 452, sainte Ursule fut mise à mort par les Huns, près de Cologne, avec d'autres jeunes filles, ses compagnes. D'après la légende, ces jeunes filles étaient au nombre de *onze mille*. Le Martyrologe romain mentionne seule-

« idole. Elle avait deux visages, elle était d'un aspect terrible,
« elle portait une barbe d'argent (*quod haberet barbam*
« *argenteam*); il la reconnaîtrait bien si on la lui représentait».
Le témoin déclare que le concile de Sens l'a condamné à la
prison perpétuelle, *sous réserve de mitiger la peine* [1].

ment *Ursule et ses compagnes,* sans en déterminer le nombre. L'opinion la plus vraisemblable est que les compagnes de sainte Ursule étaient au nombre de *onze,* dont on a fait *onze mille.* Un traducteur aurait mal interprété l'inscription suivante : Ursula et XI MMvv, c'est-à-dire Ursula et undecim *martyres virgines.* Les deux MMvv ont été pris pour *mille;* au lieu de *Martyres Virgines* (*VV*).

[1] *Proc.,* vol. I, p. 502.

CHAPITRE XXXVIII

Audience du 5 février 1310, les commissaires ordonnent une perquisition dans les bâtiments du Temple. — Déposition du Frère Jean de Turno. — Déposition de maître Sycus de Vercellis, notaire de la commission. — Origine d'une tête diabolique dont il a entendu parler. — Déposition du Frère Bartholomée de Bocherii. — La tête qu'il a vue dans la petite chapelle du Temple de Paris est semblable à celle qu'on appelait la tête du Temple (magnum pulchrum caput Templi). — Description de cette tête vue au Temple de Paris par le Frère Bartholomée. — Reliquaire en forme de tête. — Déposition du Frère Prêcheur de Palude. — Déposition du Frère Pierre de Nobiliac.

A ce moment, 5 février 1310, les commissaires envoyèrent au Temple pour faire procéder à une perquisition.

Le 25 octobre 1307, le Frère JEAN DE DUCIS DE TAVERNIACO avait déclaré à l'inquisiteur Guillaume « qu'il avait vu six « fois le *capud* dans six chapitres[1] ».

Le Frère JEAN DE ANISIACO avait, le 9 novembre 1307, déclaré à l'inquisiteur « qu'il avait vu deux fois le *capud* à Paris. Il « ne put le distinguer suffisamment, car dans l'enceinte du « chapitre il n'y avait qu'un cierge allumé; d'ailleurs il était « trop éloigné[2] ».

Le 26 octobre 1307, le Frère JEAN DE TURNO avait déclaré à Guillaume de Paris « qu'il avait vu, lors d'un chapitre, sur un « panneau (*in quodam assere*) une tête peinte qu'on adorait. « Le 25 février 1310, ce même Frère disait à la commission « qu'il croyait que cette peinture représentait la figure d'un « saint, qu'on l'invita à adorer[3] ».

Nous allons entendre ici la déposition d'un personnage lettré; nous verrons que, comme les hommes les plus éclairés de son temps, il croyait *au diable et aux sorciers*. Ce témoin,

---

[1] *Proc.*, t. II, p. 313.
[2] *Id.*, p. 367.
[3] *Id.*, p. 315.

nommé Antoine Sycus de Vercellis, notaire apostolique et impérial, tenait la plume devant la commission d'enquête. Il dépose le 1ᵉʳ mars 1310 ainsi qu'il suit :

« Il y a quarante ans, j'étais au service des Templiers, outre
« mer, en qualité de notaire et clerc.

« J'ai entendu dire souvent dans la ville de Sydon qu'au-
« trefois un seigneur de cette ville avait aimé passionnément
« une certaine dame noble d'Arménie (*de Heremenia*); que
« jamais il ne l'avait possédée pendant qu'elle vivait; mais
« qu'après sa mort, il l'avait connue dans son tombeau, pen-
« dant la nuit qui suivit son ensevelissement. Il entendit alors
« une voix qui lui dit : « Tu reviendras au temps de l'accou-
« chement, tu trouveras une tête que tu as procréée. » Ce
« chevalier revint au terme fixé, et trouva une tête humaine
« entre les jambes de la morte. *Invenit caput humanum inter
« tibias illius mulieris sepultæ.* De nouveau cette voix se fit
« entendre, et lui dit : « Garde bien cette tête, c'est d'elle que
« te viendront toutes tes richesses dans l'avenir. » Et moi qui
« dépose, ajoute de Vercellis (*ego qui loquor*), j'ai vu un certain
« Julien, successeur de ce seigneur de Sydon qui avait, comme
« je l'ai dit, *procréé cette tête*. Ce Julien avait, du temps où de
« Bellojoco n'était pas encore grand maître, donné tous ses
« biens au Temple, avec la ville de Sydon. Les Templiers pos-
« sédaient une *croix* à laquelle ils attachaient le plus grand
« prix ; elle avait été fabriquée avec le bois d'une cuve dans
« laquelle Jésus-Christ s'était baigné, disait-on ; ils la conser-
« vaient dans leur trésor. Lors des fortes chaleurs, la popula-
« tion d'Acre suppliait les Templiers de *sortir avec cette croix.*
« J'ai vu le patriarche de Jérusalem suivre en pompe la pro-
« cession. C'était un chevalier du Temple qui portait la croix
« avec dévotion. *La pluie tombait et rafraîchissait la tempé-
« rature.* J'ai vu, moi qui parle, dans plus d'une circonstance,
« cette croix *conjurer* les malins esprits. Quant aux erreurs
« reprochées au Temple, je n'en avais jamais entendu parler
« avant ce procès[1]. »

[1] *Proc.*, vol. I, p. 642.

Le notaire de Vercellis, homme instruit, ne dit pas un seul mot touchant l'hérésie de Manès, dans laquelle l'inculpation reprochait aux Templiers de tremper; le témoin fait ressortir, avec un accent de conviction qui n'échappera à personne, que le signe de la Rédemption était l'objet du culte de l'adoration de la part des chevaliers du Temple, qui le présentaient aux populations comme la source du salut, des grâces et des miracles. Mais de Vercellis, cet homme intelligent pour le temps, n'était pas éloigné de croire que la tête qu'on reprochait aux Templiers d'adorer pouvait bien avoir une origine satanique.

Le 19 avril 1311, le Frère BARTHOLOMÉE ROCHERII déclarait à la commission d'enquête ce qui suit : « Il fut reçu dans la « *grande* chapelle du Temple de Paris. Sur l'autel de la *petite* « chapelle, dans laquelle on le fit entrer après sa réception (il « était seul avec le récepteur), il a vu près du tabernacle, *contre* « *les vases sacrés* (*juxta*), une tête (*capud*); le récepteur lui a « dit de l'*invoquer* en cas de danger (*in necessitatibus*). Cette « tête ressemblait à la tête du Temple (*ad instar capitis Templi*); « elle était ceinte d'un linge fin (*cum birreto* [1]). Elle avait une « longue barbe blanche. Il n'a pas remarqué si cette tête était « en métal, en bois ou en os; si c'était une tête humaine. Il ne « l'a vue qu'une seule fois dans cette petite chapelle. » Pour nous, la preuve est sur le point d'être faite; cette tête, ce capud, cette idole que la commission d'enquête recherchait n'était autre qu'une relique, à l'instar de celle qu'on *voyait dans la grande chapelle du Temple, la grande tête du Temple* (*magnum pulchrum caput Templi*), qui sera apportée devant la commission, le 11 mai 1311, par Guillaume Pidoie, administrateur de la maison du Temple. Les chefs d'inculpation relatifs aux idoles, aux cordelettes, vont éprouver du même coup un échec définitif [2].

Nous allons lire encore une déposition plus curieuse que celle du notaire apostolique et impérial de Vercellis.

Le 19 avril 1311, le Frère PIERRE DE PALUDE, de l'Ordre des

---

[1] Capitis tegmen lineum, tenue strictum forma ipsius capitis. DUCANGE, au mot *Birretum*.
[2] *Proc.*, vol. II, p. 191.

Prêcheurs, bachelier en théologie, dépose ainsi devant la commission :

« J'ai assisté à l'examen de beaucoup de Templiers. Après « *avoir bien réfléchi,* je pense qu'il faut plutôt *croire* ceux qui « *ont nié,* que ceux qui ont passé *des aveux.* La plupart des « *choses illicites* reprochées à l'Ordre sont intervenues lors « de la *réception de quelques-uns seulement;* mais le plus « grand nombre y est *resté étranger*[1]. » Jusque-là le témoin de Palude est dans la vérité; mais ce Frère *perd l'esprit,* dès qu'il est amené à parler du *diable.*

« J'ai entendu dire, ajoute le témoin, qu'à l'origine de « l'Ordre du Temple, deux chevaliers montaient un seul et « même cheval, dans un combat. Le chevalier qui était devant « se recommanda à Jésus-Christ et fut blessé; le chevalier qui « était monté en croupe, et qui était, je crois, le *diable en per-* « *sonne,* dit qu'il se recommandait à celui qui pourrait mieux « le secourir. Il ne fut pas blessé. Après le combat, il reprocha « à son camarade de s'être recommandé à Jésus-Christ; il l'en- « gagea à faire comme lui, parce que de cette manière « l'Ordre s'enrichirait; telle est l'origine des erreurs de l'Ordre. « J'ai vu souvent en peinture deux *hommes barbus,* montés sur « le même cheval. Je crois que ce sont les deux premiers « Templiers dont je viens de parler[2]. »

Ainsi l'opinion de ce personnage lettré, instruit, d'un bachelier en théologie, était bien arrêtée. De Palude croyait que l'idole qu'on accusait les Templiers d'adorer représentait les deux têtes barbues des deux premiers chevaliers du Temple, qui s'étaient donnés au *diable.* Nous avons déjà eu l'occasion de le faire remarquer, aux treizième et quatorzième siècles, tout le monde croyait au *diable.* Tout le monde, sous *Philippe le Bel,* se signait avec *frénésie,* rien qu'en entendant parler *du diable* ou *d'un sorcier.* Ceux qui voudront prendre la peine

---

[1] L'opinion exprimée par le Frère Prêcheur de Palude confirme la déclaration du Templier Gille de Rotangi, curé de l'église d'Oysemont (t. I, p. 463).

[2] Le cachet des deux fondateurs de l'Ordre, dont Matthieu Paris nous donne le spécimen, représente deux chevaliers imberbes. (Voir ce spécimen à la fin de l'ouvrage.)

de lire l'absurde récit de la bataille d'un *convers* et du *diable*, dans la *Chronique de Saint-Denys*, se rendront compte des excès auxquels pouvaient conduire les superstitions affligeantes de cette époque [1]. Il y avait aussi, aux treizième et quatorzième siècles, la légende populaire et terrible du voyage d'un chevalier au purgatoire de saint Patrice et en enfer. « Le spectacle
« des tourments infernaux, la vue de *Burgibus, le portier d'en-*
« *fer, qui tornait une roe par cent fois cent mille tours en l'es-*
« *pace d'ung jour, et y avait cent mille âmes*. Le pont qu'il
« fallait passer *aussi trenchant comme ung raseur, à l'entrée*.
« On y voyait les âmes en *lis plains de feu*. On y reconnaissait
« *les âmes de quelques-uns;* on y voyait le gibet d'enfer, le
« puits d'enfer, le gouffre d'enfer [2]. » Le monde était affolé alors par la terreur du diable, du purgatoire et de l'enfer.

Le témoin de Palude « déclara en outre à la commission,
« qu'il avait entendu dire qu'autrefois un grand maître du
« Temple, prisonnier du Soudan, avait obtenu sa liberté sous
« promesse d'introduire dans l'Ordre quelques-unes des er-
« reurs dont il est aujourd'hui question; mais, ajoute le témoin,
« je ne sais quel compte il faut tenir des *on dit* à ce sujet [3] ».
Pas plus que le notaire de Vercellis, le témoin, bachelier en théologie, de Palude, ne dit un seul mot de l'hérésie de Manès.

Le 10 mai 1311, la commission entendit le Frère PIERRE DE NOBILIAC. « Il déclare qu'il est resté pendant six années outre
« mer, du temps du grand maître de Bellojoco; il atteste qu'il
« n'a jamais entendu parler du *capud* dont il est question dans
« la déposition du notaire de Vercellis; que les mœurs impures
« étaient punies de la perte de la maison. Le maître de Bel-
« lojoco vivait en bonne amitié avec le Soudan et les Sarra-
« sins, parce qu'autrement les Frères de l'Ordre n'auraient pu
« alors rester outre mer [4]. »

[1] *Chronique de Saint-Denys. Historiens de France*, vol. XX, p. 675.
[2] *Chronique des quatre premiers Valois*, 1327-1393, publiée par la Société de l'Histoire de France, p. 22, année 1862.
[3] *Proc.*, vol. II, p. 195, 196.
[4] *Id.*, p. 215.
Frater Guillelmus (Bellojoco) habebat magnam amiciciam cum Soldano et Sarracenis, quia *aliter* non potuissent ipse vel Ordo tunc ultra mare remansisse.

CHAPITRE XXXIX

Audience du 11 mai 1311, comparution de Guillaume Pidoie, préposé à la garde du Temple de Paris. — Dépôt sur le bureau des commissaires d'une grande belle tête, « *magnum pulchrum caput* », qu'il a trouvée au Temple. — Description de cette tête n° 58. — On disait que c'était celle d'une des onze mille vierges. — Cette pièce à conviction est mise sous les yeux du Frère Guillerme de Herbleyo. — Ce témoin déclare que ce n'est pas la tête dont il a parlé; qu'au surplus, il n'est pas bien sûr d'avoir vu une tête au Temple. — Conséquences de la découverte de cette relique en forme de tête. — Elle ne ressemble en rien à l'idole des manichéens, au Mété. — Aucun Frère n'a pu donner la description du Mété. — Déposition du Frère Hugues de Fauro. — Tête magique. — Destruction des Griffons, habitants de l'île de Chypre. — Funestes effets de la curiosité d'une femme. — Déposition du Frère Guillaume Aprilis. — Tête dangereuse du détroit de Satalie. — Déposition du Frère Pierre Maurini; celui qui l'a reçu dans l'Ordre lui a dit que le *capud* était la tête de saint Pierre ou de saint Blaise. — Déposition du Frère Gaufridus de Gonavilla. — Le chef d'inculpation relatif aux cordelettes croule avec celui *de catu et de idolis*. — Origine de la cordelette, tradition. — Déposition du Frère Guy Dauphin. — Reliques. — Têtes de saint Polycarpe et de sainte Euphémie. — Des coulpes et des infractions à la discipline. — Droits du grand maitre. — Molay n'a jamais pratiqué la confession sacramentelle. — Il n'a jamais donné l'absolution des péchés. — L'hospitalité et l'aumône largement pratiquées; déposition du Frère Philippe Agate, de la maison de Sainte-Vaubourg. — La grande commanderie de Renneville.

Les perquisitions ordonnées au Temple par la commission d'enquête étant terminées, le mardi 11 mai 1311, les commissaires firent comparaître devant eux les administrateurs et gardiens du Temple. Nous donnons la teneur du procès-verbal de comparution, et de l'apport d'une pièce à conviction sur le bureau de la commission : « Ledit jour, onze mai, les commis-
« saires firent venir devant eux GUILLELME PIDOYE, administra-
« teur et gardien des biens du Temple, entre les mains duquel
« se trouvaient, disait-on, les reliques qui avaient été trouvées
« lors de l'arrestation des Frères. Les commissaires lui enjoi-
« gnirent, ainsi qu'à GUILLAUME DE GISORS et à RAGNIER BORDONE,

« ses collègues, de présenter toutes têtes *en métal* ou *en bois* « trouvées dans les bâtiments du Temple. Guillelme Pidoye et « ses collègues mirent sous les yeux des commissaires *une* « *tête grande, belle, en argent doré;* elle avait la figure d'une « femme, renfermait les os *d'une tête* enveloppés *dans les plis* « *d'un linge blanc cousu*[1]; un suaire (robe en toile fine ou gaze « de Syrie), de couleur rougeâtre, était posé dessus, *la recou-* « *vrait*[2]. On lisait ce mot et ce nombre sur une étiquette cousue : « *Capud LVIII.* Ces os ressemblaient à ceux *d'une petite tête* « *de femme,* et l'on disait que c'était la tête *d'une des onze mille* « *vierges.* Guillelme Pidoye affirma n'avoir rien trouvé de « plus dans la maison du Temple[3]. »

Les commissaires firent alors venir devant eux Guillerme de Herbleyo, entendu le 5 février 1310. On lui présente la pièce à conviction. « Ce témoin déclare que ce n'est pas là le *capud* « dont il a parlé; qu'au surplus *il n'est pas bien sûr* d'avoir vu « au Temple le *capud* dont il est question[4]. »

C'était cependant la tête *d'une des onze mille vierges* dont il avait parlé dans sa déposition du 5 février 1310[5].

On avait donc enfin trouvé cette tête, dite *à longue barbe, quasi blanche,* signalée par Huguet de Buris, « *cum longa barba* « *quasi cana*[6] », et par le Frère *Bartholomée Bocherii;* d'une *couleur quasi rouge* d'après le Frère Taillefer de Gène, « *quod*

---

[1] In panno lineo albo involuta et consuta. *Proc.,* vol. II, p. 218, ligne 14.

[2] Syndone rubea superposita. Le mot *sindo* signifie *robe* en toile fine. *Proc.,* vol. II, p. 218, ligne 15.

[3] En 1292, Guillaume Piz-d'Oë fuiz sire Macy habitait sur le renc Bertaut Hescelin, à la viex place aux Pourciaux, par deça la rue aux Bourdonnais, au lieu *que l'on disait le siège des déchargeurs.* Il fut imposé à la taille de 1292 pour la somme de *sept livres.* Géraud, *Rôle de la taille de* 1292, p. 22 et 196.

[4] Voici ce que nous dit Raynaldi : « Quant à la tête saisie au chapitre de « Paris, ils la firent passer pour un reliquaire, *la tête d'une des onze mille* « *vierges;* elle avait une grande *barbe d'argent.* »
Raynaldi est dans l'erreur; la tête trouvée au chapitre de Paris *n'avait pas une barbe d'argent;* rien de pareil dans le procès-verbal de description. Raynaldi, p. 299.

[5] *Proc.,* vol. I, p. 502.

[6] On peut se figurer que les plis du linge blanc se dessinaient, dans leur partie inférieure, en forme *de barbe, d'une couleur quasi blanche,* imitant la

« *quasi coloris rubei* ». La déposition du Templier Radulphe de Gisi semblait lever tous les doutes, cette relique était placée sur *un socle*, « *collocavit ipsum in quodam banco* », un *escabeau à quatre pieds, deux devant, deux derrière;* c'est ce qu'avait dit Payrando, « *habebat quatuor pedes, duos ante ex parte faciei et « duos retro* ». *Le voile, le suaire, l'enveloppe d'étoffe, la gaze de couleur rougeâtre* qui recouvrait la relique, c'était ce que l'on avait pris pour *cette vieille peau* dont parle la *Chronique de Saint-Denys : une viel pel, comme de tèle* (toile) *polie*[1]. Il est plus que probable que quelques-unes de ces reliques avaient été ornées *de pierres précieuses, de rubis, d'escarboucles reluisants ès fosses des yeux;* c'est ce que nous dit encore la *Chronique de Saint-Denys;* mais les spoliateurs du Temple avaient mis la main sur ces reliques à *escarboucles* qu'on ne revit plus[2].

C'était à ces reliques sacrées qu'on attribuait la propriété surnaturelle de préserver les Templiers, de les rendre riches, de donner à l'Ordre toutes les richesses, de faire *fleurir les arbres, de faire germer la terre,* de leur donner d'abondantes moissons[3]. Au Temple, on *adorait* les reliques des saints; les Frères étaient pour la plupart illettrés : ils ignoraient la distinction que l'on devait faire entre le culte de *Latrie* et celui de *Dulie*, entre l'adoration et la vénération. Il existe de nos jours certaines reliques vénérées auxquelles on attribue des propriétés non moins surnaturelles. Que de chrétiens orthodoxes

---

barbe (*habet similitudinem barbæ*), la forme d'une barbe, une espèce de barbe. Déposition de Herbleyo devant l'inquisiteur Guillaume, du 22 octobre 1307. *Proc.*, vol. II, p. 300.

[1] *Chronique de Saint-Denys. Historiens de France*, t. XX, p. 686.

[2] Du temps de Philippe le Bel, il y avait des diamants, des rubis, des émeraudes superbes. Par son codicille en date, à Fontainebleau, du 28 novembre 1314, le Roi légua aux Sœurs du monastère de Poissy une *belle grande précieuse* pierre, dite *camaheu*; à la Bienheureuse Marie de Chartres, une grande et belle pierre, connue sous le nom de *ruby balay*; à la reine d'Angleterre, sa fille, deux bagues, l'une ornée d'un gros diamant, l'autre d'un rubis qu'on appelait la *cerise*; à l'évêque de Châlons, Philippe le Bel légua sa belle pierre appelée émeraude. Codicille de Philippe le Bel, *Notices, Extraits* des manuscrits, t. XX, p. 229.

[3] *Proc.*, vol. I, nos 46 et suiv. *Des chefs d'inculpation.*

mettent leurs personnes, leurs familles, leurs biens, leurs espérances sous l'influence directe et tutélaire d'un ou de plusieurs saints[1] !

Les Hospitaliers, comme les Templiers, possédaient des reliquaires de ce genre. L'un d'eux renfermait une grande croix en vermeil, avec un morceau de la vraie croix. Une châsse d'argent contenait la chemise de Jésus-Christ soutenue par deux anges. Un autre reliquaire renfermait la statue de saint Jacques, un reliquaire de saint Fiacre, un autre où se trouvaient le bras et la main de sainte Anne. Le plus précieux consistait en une grande châsse *reposant sur le maître-autel*, qui renfermait aussi le *corps d'une des onze mille vierges*[2].

L'Ordre de l'Hôpital de Saint-Sanson de Constantinople, qui avait à Douai une maison dépendant de la commanderie de Laigneville[3], possédait une grande croix d'argent qui contenait des reliques précieuses, des morceaux de la couronne, de la croix et de la crèche, et d'autres ayant toutes des propriétés surnaturelles[4]. *Il est pour nous désormais établi* que l'Ordre du Temple possédait dans diverses chapelles de ses commanderies certains reliquaires en *forme de tête*, à l'instar de la grande tête (*magnum capud*) qui se trouvait, que l'on montrait lors des chapitres solennels, dans la chapelle du Temple de Paris. L'information avait suivi une piste trompeuse; elle recherchait une idole à l'instar de celles qui avaient été en usage chez les gnostiques, carpocratiens, nicolaïtes et chez les manichéens, une idole peinte en certaines couleurs (*depictæ coloribus imagines*), dont saint Épiphane avait fourni la description[5], et elle avait découvert une sainte relique, non pas peinte de certaines couleurs, mais recouverte d'un voile de couleur rouge, d'un chiffon de *tèle polie*, d'une étoffe fine,

---

[1] Aujourd'hui, toutes les communautés n'ont-elles pas *leur capud, leur saint* protecteur et préféré, leur relique?

[2] *Ordre de Malte : Commanderies.* Mannier, p. 8.

[3] Arrondissement de Clermont, canton de Liancourt.

[4] *Ordre de Malte : Commanderies.* Mannier, p. 576.

[5] Habent carpocratiani depictas coloribus imagines, quidam aureas et argenteas, vel ex alia materia factas. Saint Épiphane, *Hores*, 37, c. 6. Traduction du Père Pétau.

d'une gaze. Il est évident qu'aucun Templier, lors de sa réception, ou dans les chapitres, ne fut mis en présence de l'*ogdoade*, de l'idole des manichéens, le Mété ; personne au Temple n'a vu cette idole. Le Mété avait sur la tête la couronne Valentinienne, qui n'était pas entourée d'un linge fin (*birretum*). Il suffisait d'un regard pour n'oublier jamais la forme et les nudités immondes qui caractérisaient cette idole ; aucun témoin ne l'a vue, aucun n'a pu en donner la description, le moindre détail [1].

L'enquête va compléter ces renseignements. Le même jour, 11 mai 1311, la commission entendit le Frère HUGUES DE FAURO, chevalier ; il dépose : « La ville de Sydon a été achetée
« par le grand maître Thomas Béraut. J'ai entendu dire après
« la prise d'Accon, alors que j'étais en Chypre, qu'un certain
« noble adorait jadis une demoiselle du camp de Maracléa, du
« comté de Tripoli. Pendant sa vie, il n'avait pu la posséder ;
« mais, après sa mort, il fit exhumer son cadavre et lui fit
« couper la tête. Ce noble entendit, à ce moment, une voix qui
« lui cria « de bien garder cette tête, parce que quiconque la
« verrait serait anéanti et détruit ». Il la plaça dans un écrin :
« comme ce seigneur haïssait les griffons qui habitaient l'île
« de Chypre [2], il les attaqua ; il exposa cette tête devant leurs
« forteresses et leurs camps, qui furent anéantis. Puis il se
« dirigea vers Constantinople, dans le but de prendre cette
« ville ; mais la vieille nourrice de ce seigneur, s'étant emparée
« de la clef de l'écrin qui renfermait cette tête, voulut par
« curiosité savoir ce qu'il contenait. Aussitôt le navire qui
« transportait l'expédition fut assailli par une tempête et fut
« englouti ; quelques matelots seuls purent échapper. Et l'on
« disait que depuis cette époque tous les poissons de cette
« partie de la mer avaient péri. Hugues de Fauro affirme
« qu'il n'a jamais entendu dire que cette tête fût parvenue

---

[1] Le Mété est décrit dans la *Monographie du coffret d'Essarois*. Voir les lithographies du Mété qui font suite aux deux brochures. Dumoulin, éditeur, quai Malaquais, 13. Champion successeur.

[2] Qui portaient une grande haine aux étrangers. MARTENS, t. V, col. 637, *Hist. belli sacri.*

« en la possession du Temple, pas plus que celle dont le
« témoin de Vercellis a parlé[1]. »

Le 19 mai 1311, fut entendu le Frère GUILLELME APRILIS.
« Il déclare qu'il n'a jamais entendu parler, outre mer, des
« têtes dont il est question dans les dépositions des témoins de
« Vercellis et de Fauro ; mais on disait qu'avant la création des
« Ordres de l'Hôpital et du Temple, il apparaissait de temps à
« autre, dans le golfe dit de Satalius[2], une tête qui mettait en
« danger les navires qui fréquentaient ces parages[3]. »

Le Frère PIERRE MAURINI, qui déposa le même jour, déclara
« que celui qui l'avait reçu dans l'Ordre lui avait dit que le
« *capud* était la tête de *saint Pierre ou de saint Blaise*. Le
« témoin ajoute qu'il n'a jamais vu ce *capud*[4] ».

La commission d'enquête, composée des éminents prélats
que nous connaissons, en était réduite à consigner aux actes
de pareilles insanités à l'occasion de l'articulation *De idolis*.

Le 15 novembre 1311, la commission reçut la déposition
d'un grand de l'Ordre, GAUFRIDUS DE GONAVILLA, chevalier,
précepteur d'Aquitaine et de Poitou. « Ce témoin affirma qu'il
« n'avait jamais vu d'idole, qu'il en avait entendu parler pour
« la première fois par le Pape, qui interpella, sur ce point, le
« grand maître Molay, à Poitiers[5]. »

La découverte faite au Temple, le 11 mai, tranchait tous les
doutes. On avait pris pour des idoles des reliques que les
Templiers vénéraient comme très-saintes, très-anciennes;
peut-être (nous allons l'apprendre) des reliques de sainte
Euphémie, de saint Polycarpe, *le disciple bien-aimé de saint
Jean ; des reliques de saint Pierre ou de saint Blaise.*

L'inculpation relative à l'adoration des idoles était donc
complétement fausse.

L'inculpation relative aux cordelettes touchées par les idoles

---

[1] *Proc.*, vol. II, p. 221, 223, 224.
[2] Golfe de *Satalie*, autrefois Attalie, ville maritime de l'Asie Mineure. Cette ville a donné son nom à ce golfe.
[3] *Proc.*, vol. II, p. 238.
[4] *Id.*, p. 240.
[5] *Id.*, p. 398.

358 PROCÈS DES FRÈRES ET DE L'ORDRE DU TEMPLE.

disparaît; mais il est curieux de savoir dans quel but ces cordelettes étaient délivrées au profès, et prescrites à tout Frère du Temple. Ceci fait l'objet du cinquante-septième chef des articulations.

La tradition attribuait à saint Bernard l'obligation imposée aux Frères de porter, par-dessus leur chemise, la *nuit, une cordelette,* en signe de chasteté[1]. Les cordelettes étaient prescrites pour éviter de pernicieux attouchements[2]. Il y avait toujours de la lumière dans les salles où les Frères passaient la nuit[3]. Les dépositions sont unanimes. La règle le prescrivait. Le port de la cordelette, de la ceinture, en signe de chasteté, était d'un usage fort ancien. L'article Ier du canon du concile germanique de 1225 condamne les ecclésiastiques qui ont oublié ce symbole, en se livrant à l'incontinence, à la *perte de leurs âmes, au scandale du grand nombre.* « *Tamen adhuc non-
« nulli clerici lumbos suos cingulo continentiæ, ut accipimus,
« non precingunt, in animæ suæ periculum et scandalum pluri-
« morum*[4]. »

Il faut entendre la déposition du chevalier GUY DAUPHIN, GUIDO DELPHINI, sur ce point, devant la commission, en date du 19 janvier 1310 précédent : « On portait la cordelette sur la
« chemise en signe de chasteté et d'humilité. Je faisais usage
« de ces cordelettes qui avaient touché une *certaine pierre
« blanche,* que l'on voyait à Nazareth dans le lieu où l'ange
« porta l'annonciation à la Bienheureuse *Marie*[5]; elles avaient
« aussi été mises en contact avec des *reliques* que l'Ordre pos-
« sédait outre mer, celles de *saint Polycarpe et de sainte
« Euphémie.* » Tout cela était au surplus conforme aux prescriptions de la règle : tout Frère devant porter une *sainturette*

---

[1] Ex ordinatione beati Bernardi cingebantur, in signum castitatis, cordulis super camisias. *Proc.,* vol. II, p. 231, et vol. I, p. 605, 615, 616.

[2] Propter honestatem, et ne palparent ita libere carnem suam. *Proc.,* vol. I, p. 246.

[3] Tenebant lumen, de nocte, in loco in quo jacerent, *ne hostis inimicus* daret eis occasionem delinquendi. *Proc.,* vol. I, p. 385.

[4] LABBE, *Conc. germanique,* ann. 1225. *Honorius III,* t. XI, 1re partie, p. 295, art. 1er.

[5] Tetigerant quoddam pilare existens in Nazareth. *Proc.,* vol. I, p. 419.

petite, qu'il était dans l'obligation de ceindre sur la chemise. (Art. 138.)

Il ne pouvait la *raccourcir* sans permission. (Art 144.)

Il ne pouvait venir à matines qu'avec la sainturette. (Art. 281.)

Il ne pouvait *mie* laisser la cordelette la nuit sans *congié*. (Art. 317.)

« Vous devez, ajoute la règle, dormir en chemise, en braies, « en *chausses linge* (de drap), et ceints d'une petite ceinture « (art. 680), avec de la lumière jusqu'au matin » (art. 21).

Nous passons au chef quatre-vingt-dix-neuvième des articulations, relatif à l'absolution.

Cette inculpation était grave, elle visait l'ingérence du grand maître Molay, d'un laïque, dans les fonctions sacerdotales.

L'article 67 de la règle latine donnait au grand maître le droit de juger et de réprimer les fautes, légères ou graves, commises contre la discipline. Tout Frère contrevenant, délinquant, devait avouer son fait en plein chapitre au grand maître [1]. Cette confession disciplinaire n'avait aucun rapport avec la confession sacramentelle et l'absolution des péchés, qui étaient de la compétence exclusive des Frères chapelains. Ceux-ci, nous l'avons déjà vu, avaient reçu du Pape en 1163 le privilége de la confession. Ils avaient, nous dit la règle, *greignor poir de l'apostole de aus assoudre, que un arcevesque* [2]. Il y avait toutefois certains délits que les chapelains ne pouvaient absoudre; ces absolutions avaient été retenues par l'apostole en l'Église de Rome [3]. Ce droit d'absolution dans certains cas spéciaux réservés au Pape ne lui donnait cependant pas le pouvoir de s'immiscer dans l'application des règlements disciplinaires intérieurs de l'Ordre. Ainsi, tel Frère sorti de l'Ordre, et qui voulait y rentrer, était *à la discrétion du chapitre :* « Sachez, dit la règle, que notre Père l'apostole qui est meistre

---

[1] Dispensationi et judicio magistri totum incumbebat... ut salvus in judicii die permaneat. Art. 67 de la *Règle latine*, et 45 de la *Règle française*.

[2] Art. 269 de la *Règle française*, retraits des Frères chapelains.

[3] Art. 272 de la règle. Ce sont les choses de quoi Frère chapelain ne peut assoudre.

« et peires de notre religion, sur tous autres après Notre Sei-
« gnor, fait prière à la maison por aucun qui en tel manière ou
« en autres eust laissé la maison ; *il la fait, sauve la justice de*
« *la maison*[1]. »

Au Temple, on ne confondait pas les péchés avec les *fautes*, les *deffaultes* qui n'étaient que des manquements à la discipline. Chaque Frère au chapitre hebdomadaire devait s'accuser de ces manquements. Le grand maître avait le droit de les pardonner, sans donner pour cela l'absolution des péchés, «*quia non habebat claves* ». Jamais le grand maître Molay n'avait commis un semblable abus. Les témoignages sont unanimes. Il s'est sur ce point toujours conformé à la règle. A la fin d'un chapitre, le maître pouvait accorder son indulgence, son pardon à ceux qui, par crainte de la discipline, « *ob verecundiam carnis* », et de la justice de la maison, n'avaient pas fait l'aveu des manquements des contraventions à la règle. La peine de la discipline était très-redoutée par les Frères ; elle s'appliquait, en *plein chapitre*, au moyen d'une *escorgée* (ou lanière en cuir). « *Expoliati disciplinabantur in publico*[2]. » Le pardon, l'indulgence, consistaient dans la remise de toute peine *temporelle*, ce que le grand maître n'oubliait jamais de faire remarquer au « chapitre, *quantum ad pœnam temporalem*[3] ».

Tout cela était conforme à la règle. « Je vous absous des
« failles que vous avez omis de dire, par crainte de la *disci-*
« *pline;* le Frère chapelain, ici présent, donnera l'absolution
« après que vous aurez récité le *Confiteor* comme on le dit à
« l'église[4]. »

La déposition du témoin Radulphe de Gisi, du 15 janvier 1310,

---

[1] Maillard, p. 414, et 475 de la *Règle française*.
[2] Quand le maître ou cil que a le pooir veaut mettre frère en penance, il doit dire : « Beau Frère, ales vos despoiller... celui qui tient le chapitre doit prendre la discipline dou Frère avec une escorgées, s'il veaut, tèle come il semblera, et se il nen a escorgées, il le puet prendre à sa ceinture se il veaut. » Le Frère mis en discipline devait avoir son *mantel affublé* fors que les *estaiches* (attaches, agrafes) doit tenir fors de *son col quand prend la discipline. Règle française,* art. 502 et suiv., et 508.
[3] *Proc.*, vol. I, p. 398.
[4] *Id.*, vol. I, p. 566. Règle, art. 542.

est concluante sur le sens et la portée des paroles de celui qui tenait le chapitre : « Beaus ségnors Frères, toutes les failles « (deffaultes) que vous leyssez à dire, pour la honte de la chair « ou pour la justice de la maison, tel pardon comme je vous « jagit, je vous en fais de bon cuor et de bonne volenté; et « Dieu qui pardona la Maria Magdalène, ses fautes, les vos par- « doint, et vos pri que vous priez à Dieu qu'il me pardon les « miennes, et nostre Frère chapelans se levera et fara la solu- « cion. Que Dieus absolbe lui et nous[1]. » La règle ajoute : « Pardonnons-nous les uns aux autres par Notre-Seigneur, que « courrous ni haine ne puissent démorer entre vos. »

Enfin la déposition du Templier DE VILLARS est péremptoire : « Lorsque les Frères avouaient dans les chapitres avoir commis « des désobéissances, *fecisse aliquam inobedientiam* », le « maître laïque qui tenait le chapitre disait : «Je vous absous en « vertu de l'autorité du grand maître, qui de ce a reçu pouvoir « du Pape[2]. Je autele pardon comme je puis de par Dieu « et par vos meismes, biau segnurs, qui m'aves done le « pooir. »

La coulpe ou confession disciplinaire, établie par l'article 47 de la *Règle latine*, était appliquée, suivie, dans toutes les communautés religieuses.

Pour qu'il n'y ait plus le moindre doute à ce sujet, nous relevons un texte qu'on trouvera aux actes du concile de Londres, tenu en 1268, sous Clément IV. Lorsqu'un membre d'une communauté avait commis une faute, une infraction à la displine, *à la règle*, il devait s'en accuser, s'en confesser au chapitre, qui avait le droit de le punir. « *Accidat ad capitulum in quo juste puniat qui commisit*[3]. » Le chapitre avait le droit de pardonner, et le supérieur ou maître avait celui d'absoudre ceux qui, par crainte de la *peine* disciplinaire *corporelle*, *l'escorgée*, n'avaient pas osé confesser leur faute. C'est ce qui résulte de la règle du Temple ; ceci était commun à la règle de tous les Ordres.

[1] *Proc.*, vol. I, p. 398.
[2] *Id.*, vol. II, p. 124. *Règle*, art. 539.
[3] LABBE, t. XI, 1re partie, § 53, p. 906. *Concile de Londres*, anno 1270.

Il était donc absolument faux que le grand maître Molay ait jamais donné l'absolution des péchés.

Le reproche d'avoir manqué aux devoirs de l'aumône, de la charité, de l'hospitalité, n'était pas sérieux. On pourra en juger d'après la déposition suivante.

Le Frère Philippe Agate, de la maison de Sainte-Vaubourg, du diocèse de Rouen [1], entendu le 21 janvier 1310, affirma que les aumônes et l'hospitalité étaient généreusement pratiquées. Voici en quels termes ce témoin s'était exprimé :

« En un temps de disette, dans un seul jour, à Renneville [2], « j'ai fait donner l'aumône à 11,424 personnes, et du blé pour « l'*amour de Dieu*, dans le courant de la même année de disette, « pour une valeur de 4,000 livres parisis [3]; souvent on préle- « vait du vin sur les rations des Frères pour le distribuer aux « pauvres qui se présentaient [4]. » Le Frère Agate, avant d'être commandeur de Sainte-Vaubourg, avait été à une autre époque Frère servant à Renneville (*Ranavilla*); il parlait des aumônes qu'il avait vu faire, qu'on *avait ordonné de faire le même jour, dans chacune des commanderies qui étaient membres et dépendaient de la grande et opulente commanderie principale de Renneville*. Cette grande commanderie de Renneville était la plus riche et la plus considérable de la Normandie. «*Nobles* « *et non nobles* avaient concouru à son agrandissement et à « son *énorme* fortune; elle comprenait *vingt-deux comman-* « *deries riches* et importantes. »

La création de Renneville remontait à l'année 1134; elle était due aux libéralités des seigneurs d'Harcourt, donateurs *pour l'amour de Dieu et pour le salut de leurs âmes*. En l'année 1200, un descendant des seigneurs d'Harcourt confirma

---

[1] Il s'agit bien de Sainte-Vaubourg, et non de la Gouberge, canton de Conches (Eure), commune d'Ormes. La Gouberge ne portait pas le titre de *sainte*. *Ordre de Malte : Commanderies*. Voir à la table, au mot *Gouberge*.

[2] Du diocèse d'Évreux : Ranavilla Ebroicensis diœcesis, commune de Sainte-Colombe-la-Campagne, canton d'Évreux.

[3] Environ 570,000 francs.

[4] *Proc.*, vol. I, p. 430.

Dans le texte, on a écrit Belleville au lieu de Renneville; nous croyons qu'il y a eu erreur (au surplus, il importe peu).

aux *Frères de la chevalerie du Temple de Salomon* les donations faites par ses prédécesseurs, et celles de tous les biens que les *chevaliers vavasseurs, hommes de fief,* avaient pu faire aux Templiers. Les divers seigneurs qui agrandirent les domaines de *Renneville les amortirent* successivement [1].

[1] *Ordre de Malte : Commanderies.* Commanderie de Renneville. MANNIER, p. 429.

CHAPITRE XL

Reniement de Jésus-Christ. — N'était pas général dans l'Ordre. — Épreuve détestable imposée au profès, lié par son serment d'obéissance passive et d'abnégation. — Reniement de bouche et non de cœur. — En raison de la résistance du profès, on jugeait qu'il ne consentirait jamais à apostasier s'il tombait entre les mains des infidèles. — L'épreuve se retournait contre les ennemis de la foi. — Les prêtres réguliers et séculiers qui confessaient les Templiers semblent l'avoir compris ainsi. — L'épreuve n'avait aucune suite pour la foi. — Reniement fictif. — Les récepteurs le savaient bien. — Leurs discours. — L'épreuve du reniement n'était qu'une plaisanterie (*trufa*), un jeu (*jocus*), que les récepteurs faisaient subir au profès. — Dépositions des Frères Hugues de Calmonte, — Pierre Picart, — Jean de Elemosina, — de Cherento, — Odo de Buris, — Renart de Bort, — Bertrand Guast. — Reniement du prophète ou du faux prophète. — Les uns croient qu'il s'agit de Josué. — D'autres croient qu'on reniait à l'exemple de saint Pierre, qui avait renié trois fois son maitre. — Dépositions des Frères Masnalier et de Gonaville. — Baisers grossiers. — Preuve d'humilité. — Abus indécents, grossièretés de moines.

Il est pour nous constant qu'après avoir prêté serment d'obéissance passive, d'abdication de volonté, d'abnégation de personnalité, tout Frère était profès; car l'article 677 de la *Règle française* donnait au maitre le droit de déclarer profès. « Et « nos de par Dieu. de par Nostre-Dame Sainte Marie, de par « monseigneur Saint Pierre de Rome, et de par nostre père « l'apostoïle, de par tous les Frères du Temple, si vous accueil- « lons à toz les biens fais de la maison [1]. » Le chef trente-cinquième de l'inculpation ne résiste pas à l'examen. L'Église savait bien qu'on ne faisait pas de noviciat au *Temple*.

Celui qui était armé, créé *chevalier de l'Ordre,* n'avait plus de noviciat à faire; il devenait de par *son serment* esclave de la règle. Il était bien averti des rigueurs de la règle et de ses austérités.

Le profès subissait dans quelques maisons, en petit nombre

---

[1] *Règle française,* art. 677.

toutefois, l'obligation, l'épreuve de renier Jésus-Christ; mais cette épreuve n'était pas généralement imposée; nous l'avons vu, le plus grand nombre des Frères ignoraient absolument qu'elle eût été subie par d'autres. L'acte de reniement consistait à renier Jésus-Christ, *sa nature humaine*. On faisait subir cette épreuve détestable au profès lié par son serment. Toute résistance était vaincue par ces mots : « *Vous êtes l'esclave du « Temple, vous avez juré obéissance*[1]. » Tous ceux qui ont renié, avoué avoir renié, après application à la question, ont déclaré l'avoir fait de bouche et non de cœur, et n'avoir pas *agi pour le mal*. « *Hoc non fiebat pro malo in despectu « Christi.* »

On trouve aux documents inédits une explication à l'obligation imposée du reniement. On ne nous reprochera pas de risquer cette opinion, car elle date de *près de six siècles ;* elle fut produite par des prêtres réguliers et séculiers qui reçurent des Templiers au tribunal de la pénitence. Pour ces confesseurs, c'était une *épreuve* que l'on faisait *subir au profès*.

Le 16 janvier 1310, la commission entendait le Frère HUGUES DE CALMONTE. Il disait : « Je me suis confessé trois ans après « mon entrée dans l'Ordre au Frère Raymond Rigaud, de « l'Ordre des Frères Mineurs, maître en théologie, mon parent; « il me dit avoir reçu la confession de plusieurs Templiers, à « l'article de la mort, et n'avoir jamais bien compris la cause « du reniement de Jésus-Christ. Il m'a dit cependant qu'il « croyait que cet usage était mis en pratique *comme épreuve; « qu'*on voulait s'assurer si le nouveau reçu consentirait à renier « Dieu, dans le cas où il viendrait à tomber entre les mains « des Sarrasins[2]. »

Le Frère PIERRE PICART, entendu le 9 février 1310, déposait : « Je me suis confessé dans les trois jours après le reniement

---

[1] Promiserat et juraverat obedientiam religioni eorum. *Proc.*, vol. I, Petrus de Blesis, p. 516.
Faciebat quia requirebatur sub debito juramento per eum prestito. *Id.*, vol. I, Gérard de Pasagio, p. 212.
In virtute obedienciæ. *Id.*, t. II, Michael de Sancto-Mannyo, p. 241, 249.
[2] Credebat quod hoc fecissent ad *temptandum*, si contigeret eum (Templarium) cœpi ultra mare a Sarracenis. *Proc.*, vol. I, p. 405.

« dans l'église des Frères Prêcheurs de Troyes, à un Frère de
« cet Ordre nommé Pierre, qui était alors le confesseur de
« l'évêque. Il m'a donné l'absolution, il m'a imposé une péni-
« tence que j'ai observée pendant un an. Ce Frère m'a dit que
« le reniement de Jésus-Christ et le crachement sur la croix
« m'avaient été prescrits dans le but de *m'éprouver*, pour
« savoir si je renierais ou non Dieu, dans le cas où, envoyé
« outre mer, je serais pris par les infidèles ; que si j'avais refusé
« de renier, on m'eût envoyé en Terre Sainte[1]. »

Le Frère JEAN DE ELEMOSINA déclarait, le 20 février 1310,
que celui qui l'avait reçu « dans l'Ordre lui avait dit, après
« avoir essayé de vaincre ses scrupules : *Allez donc, sot, vous*
« *vous en confesserez. Vade, fatue, confitearis.* » Jean de Elemosina ajoutait : « Dix jours après ma réception, je me suis con-
« fessé au Frère Garnier de Pontisara, de l'Ordre des Frères
« Mineurs, qui m'a donné l'absolution. Il me dit qu'on avait
« voulu *m'éprouver*, pour savoir si je renierais Dieu, au cas où
« je viendrais à tomber entre les mains des infidèles. Il m'imposa
« une pénitence[2]. »

Le profès reniait donc, lié par son serment d'obéissance
passive et d'abnégation ; on voulait sonder son dévouement ;
on jugeait *d'après l'énergie de sa résistance* qu'il ne consentirait jamais à abjurer, à apostasier, s'il venait à tomber au pouvoir de l'ennemi. A celui qui avait protesté avec force contre
le reniement, on disait : « *Vous serez un bon champion outre*
« *mer. Tu eris bonus pugil ultra mare*[3]. » Telle nous semble
avoir été l'opinion des confesseurs dont nous venons de parler.
A d'autres, on disait de renier de *bouche* et *non de cœur*[4].

Le samedi 13 février 1310, le Frère JEAN DE BUFFAVENT
déclarait « que le Frère Raynaud, qui était présent à sa récep-
« tion, lui dit en riant : *Ne vous inquiétez pas*, ceci n'est qu'une

---

[1] Fuerunt illi precepta, ad probandum. *Proc.*, vol. I, p. 523.
[2] Dixit quod causa temptandi an abnegaret Deum, si coperetur ab infidelibus, ultra mare. *Proc.*, vol. I, p. 590.
[3] *Proc.*, vol. I, p. 242.
[4] Dixit ei dictus receptor quod *saltem abnegaret ore non corde*. *Proc.*, vol. II, p. 191, 192. Bocherii...

« *plaisanterie,* ce n'est *pas sérieux* [1]. Un Frère, nommé Lau-
« rent, lui avoua qu'on l'avait soumis à ces épreuves par *plai-*
« *santerie,* qu'il eût à ne pas s'en inquiéter, parce que celui
« qui l'avait reçu était un *mauvais plaisant,* qui se *moquait*
« ainsi des gens [2] ».

Le 11 février 1310, le Frère CHERENTO déposait « qu'après
« avoir subi l'épreuve, un Frère, nommé Odo, se mit *à rire en*
« *se moquant de lui* [3] ».

Le Frère ODO DE BURIS déclarait à la commission, le 21 mars
1310, « que demandant des explications à son récepteur, Guil-
« lelme de Turs, au sujet du reniement et du crachement sur
« la croix, ce récepteur lui répondit : Ne vous *inquiétez* pas de
« cela, j'ai voulu vous faire une *plaisanterie* [4] ». Ce n'était donc
qu'une triste plaisanterie; car Guillaume de Turs avait ajouté
dans un langage cynique et burlesque que « *dans son pays on*
« *reniait cent fois Jésus-Christ pour une puce* [5] ».

Le 2 avril 1311, le chevalier RENART DE BORT déclara que
celui qui l'avait reçu lui tint ce discours : « Soyez *sans crainte,*
« il n'en reste rien (cela ne prouve rien). *Faciatis audacter,*
« *quia nihil de hoc constat.* »

Le 22 mai 1311, le Templier BERNARD GUAST disait ce qui suit
aux commissaires : « Il y a quarante ans environ, j'ai été reçu dans
« la chapelle du Temple, à Sydon ; le Frère Reynier de Loigni,
« chevalier, me menaça de son épée, si je persistais dans mon
« refus de *renier;* mais au même moment, *on cria aux armes,*
« parce que les Sarrasins envahissaient la ville. On les chargea,
« ils eurent *vingt* hommes tués. Après l'alerte, le Frère Rey-

---

[1] Dixit ei *ridendo*... non cures quia hoc non est nisi quædam trufa... receptor dixerat hæc ei pro trufa...

[2] Respondit ei quod truffatorie erant sibi dicta, et quod non curaret, quia
dictus receptor erat quidam truffator qui sic truffabatur de gentibus. *Proc.,*
vol. I, p. 510, 511.

Truffeur (railleur), expression employée dans les chroniques. *Historiens de France,* vol. XXI, au mot *Truffeur.* Table.

[3] Odo incipit *subsidere,* dispiciendo ipsum testem, ut sibi visum fuit.

[4] Quod non curaret quia *pro trufa* fecerat supra dicta. Proc., vol. II, p. 109, 110, 111.

[5] Quia in patria sua *abnegabant* (Jesum) *centies pro una pulice.* Proc., vol. II, p. 109, 110, 111.

« nier me dit qu'on *avait voulu me mettre à l'épreuve* pour *rire*
« et pour *plaisanter*, que l'épreuve n'était *qu'un jeu* ¹. »

Lors de la réception du Frère Guillerme de Soromina, le chevalier Olivier Flament, son récepteur, lui avait dit : « Vous
« avez juré d'obéir à vos maîtres, en tout ce qu'ils vous com-
« manderont. Eh bien! moi, *je veux vous éprouver*, pour savoir
« *si vous observerez ce que vous avez juré*. Je vous *prescris de*
« *renier Dieu* ². » Et comme le témoin Soromina manifestait sa stupéfaction en entendant un pareil ordre, un Frère nommé Arnaud de Aldigena lui dit : « Allez, reniez en *toute sécurité;*
« il est beaucoup de choses que l'*on dit de bouche* et non *de*
« *cœur.* » Le mot *probare*, qui se reproduit dans ces dépositions, démontre suffisamment qu'il s'agissait d'une épreuve.

Le reniement de Jésus-Christ, le crachement sur la croix, constituaient donc une épreuve qui ne *devait avoir aucune suite pour la foi*. Les chevaliers une fois sortis, revenus de cette épreuve, comme d'une *épouvante, comme* d'un *mauvais rêve*, affirmaient à coups d'épée leur croyance; leur foi, Jésus-Christ le souverain Roi, jusqu'à la mort, jusqu'au martyre ³.

La règle ne perdait jamais rien de sa sévérité, de sa rigueur, dans son application.

Tout Frère tombé entre les mains de l'ennemi qui reniait Jésus-Christ pour sauver sa vie;

Celui qui n'était pas bien *créant* en la foi de Jésus-Christ, qui était de *mauvaise loi;*

Celui qui faisait contre nature;

Celui qui laissait son confanon et fuyait par peur des Sarrasins, perdaient la maison et la liberté (art. 569 à 574, *Règle française*).

A côté de la règle, on trouve les exemples. Après la bataille de Gaza, le Frère Rogier Laleman, qui avait été fait prisonnier, fut sommé de renier par les Sarrasins. « Ils lui firent lever le

---

¹ Respondit Frater Raynerius, quod ad *probandum eumdem*, et causa *joci* seu truphe. *Proc.*, vol. II, p. 260.

² Ego volo probare si servabis quod jurasti... inde precipio tibi quod abneges Deum. *Proc.*, vol. II, p. 200.

³ Article 1ᵉʳ de la Règle.

« *doigt et* crier *la loy ;* et fut mis en prison avec les autres
« Frères ; il *cria merci* devant les Frères (qui n'avaient pas
« voulu renier). Il déclara qu'il ne savait pas ce que signifiait
« ce qu'on lui avait *fait crier.* »

« Il fut mis en *respit* devant le maître et le couvent, et quand
« il fut délivré, en chapitre général, il perdit la maison pour
« cette chose. » (*Idem,* art. 569.) (La mise en respit ou répit
devant le maître et le couvent n'avait lieu que pour les grièves
coulpes entraînant la perte de la maison.)

La renonciation *n'était que fictive,* nous dit M. Boutaric [1] ;
par les raisons que nous avons relevées dans l'enquête, nous
nous rangeons avec confiance et conviction à l'opinion de ce
savant, et à l'opinion des confesseurs des Templiers ; nous
avons vu que, pour les récepteurs, l'épreuve n'était pas *sérieuse ;*
pour eux, c'était une *plaisanterie* (*trufa*), un *jeu* (*jocus*) ; le
cœur, la volonté des profès n'y étaient pour rien.

Nous ajoutons que cette épreuve se retournait énergiquement contre les infidèles.

Nous ne pouvons voir là que des *semblants,* selon l'expression du Père Mansuet, « des *semblants* pour éprouver les dis-
« positions des jeunes chevaliers, comme des *représentations*
« de ce que les Sarrasins faisaient pour engager les prisonniers
« chrétiens à renoncer à leur religion ».

Cette opinion du Père Mansuet est conforme à la nôtre. Mais
l'observation suivante de cet écrivain tombe à faux, parce
qu'il n'avait pas les textes originaux sous les yeux :

« Cette conjecture n'est pas sans fondement. Dans un
« mémoire fourni pour la défense de l'Ordre, on trouve qu'au
« commencement d'un carême, quatre-vingts chevaliers as-
« semblés avec une foule de monde dans une église du Temple,
« pour recevoir les cendres de la main du chapelain, celui-ci,
« après la cérémonie, voulant sonder les dispositions de ses
« confrères, les fit approcher, leur parla comme s'ils eussent
« été prisonniers du Soudan, et leur dit entre autres choses : Il
« faut que vous *renonciez* aujourd'hui à Jésus-Christ votre

---

[1] Boutaric, p. 141.

« Dieu, sous peine de la vie (*en pena de las testas*); que les « chevaliers rejetèrent bien loin cette proposition, et répon- « dirent qu'ils perdraient plutôt la tête l'un après l'autre que « de renoncer à la foi [1]. »

Le Père Mansuet veut parler ici de la cédule du chevalier de Montréal, en date du 7 août 1309, dont nous avons donné les principaux passages (chap. XXXI). Mais on ne lit rien de pareil dans cette cédule. Voici le texte auquel Mansuet fait allusion : « Item propossan li frère del dit Ordre que il pren- « dran *cenres* (cendres), le premier jors de carême, veint « totas gentas, ainsi que fizés (fils) crestians de nostre Senhor, « por las mans del capelan. »

Les mots *pena de las testas* s'appliquent au refus obstiné opposé par les quatre cent vingt Templiers, prisonniers du Soudan, de renier Dieu, après la prise du Saphet.

Le passage de la cédule de Montréal indiqué par Mansuet ne se relie pas aux événements qui se passèrent après la prise du Saphet (*Procès,* vol. I, p. 170 *in fine*). Le Père Mansuet n'eut pas sous les yeux le texte complet des *Documents inédits*.

Serait-il vrai qu'à la suite de leurs rapports avec les Sarrasins, les Frères de l'Ordre auraient été amenés à renier Jésus-Christ, parce que les mahométans ne considéraient Jésus que comme un *faux* prophète, mort sur la croix non pour la rédemption du genre humain, mais à cause de ses crimes [2] ? Sans doute, les Soudans ont dû essayer de persuader plus d'une fois aux Templiers que Jésus n'était pas Dieu, qu'il n'était pas Fils de Dieu; que Dieu ne pouvait avoir d'*enfants* [3]; de leur faire comprendre que Jésus n'était qu'un prophète, inférieur à Mahomet; mais jamais disciple de Mahomet n'a pu avouer, soutenir que Jésus fût *un faux prophète,* par la raison que le Coran dit le contraire. L'auteur de la *Monographie du coffret d'Essarois* nous dit : « Il y a de nombreuses raisons « de croire que les musulmans eux-mêmes n'ont pas été sans « influence sur le *déisme formel* des Templiers; car dans un

[1] MANSUET, t. II, p. 172.
[2] Article 8 de l'inculpation.
[3] *Coran,* ch. II, v. 110, et ch. XIX, v. 36. (Loin de sa *gloire* ce blasphème!)

« grand nombre de leurs dépositions, ceux-ci avouent avoir
« renié Jésus-Christ comme *faux prophète;* or ce n'est pas dans
« les sectes purement manichéennes que les Templiers auraient
« puisé cette formule (*Jesus falsus propheta*). Nous trouvons
« donc ici toute flagrante cette sorte de gnosticisme maho-
« métan que n'ont fait que soupçonner Wilcke et Matter [1]. »

Les versets du Coran sont absolument en désaccord avec les conséquences de cette scientifique définition. Même pour les gnostiques mahométans, pour les *Druses unitaires, fidèles sur ce point à l'islamisme,* le Messie est un *prophète* et non un *faux prophète* [2].

Le Coran proclame que Jésus est un des *prophètes qui approchèrent le plus de la face de Dieu,* un *de ceux auxquels il a parlé* [3] : « Nous avons envoyé Jésus, fils de Marie, sur les pas
« des autres prophètes, pour confirmer le Pentateuque; nous
« lui avons donné l'Évangile [4], l'Évangile, *ce livre qui éclaire,*
« *qui contient la direction, la lumière, l'avertissement* [5]. Quand
« Jésus vint au milieu des hommes, accompagné de signes, il
« dit : Je vous apporte la sagesse [6]. Nous avons constitué Marie
« avec son fils un signe pour l'univers [7]... Il parlera aux
« hommes, enfant au berceau, et homme fait [8]. »

Le Coran va beaucoup plus loin : « Le souffle divin des-
« cendit dans le sein de Marie, et engendra Jésus [9]. » Il est encore moins croyable que les musulmans aient voulu persuader aux Templiers que Jésus était mort à cause de ses crimes (*crucifixum pro sceleribus suis*) (7ᵉ chef de l'articulation). En parlant des Juifs, le Coran s'exprime ainsi : « Ils
« disent : Nous avons mis à mort le Messie. Non, ils ne l'ont
« pas tué, ils ne l'ont point crucifié; un homme qui lui res-

---

[1] *Monographie du coffret d'Essarois,* brochure 1ʳᵉ, p. 90.
[2] De Sacy, *Exposé de la religion des Druses,* t. I, p. 87.
[3] *Coran,* ch. ii, v. 254.
[4] *Id.,* ch. lvii, v. 27.
[5] *Id.,* ch. iii, v. 181.
[6] *Id.,* ch. xliii, v. 63.
[7] *Id.,* ch. xxi, v. 91.
[8] *Id.,* ch. iii, v. 41.
[9] *Id.,* ch. xix, v. 18.

« semblait fut mis à sa place... Ils ne l'ont point tué réelle-
« ment. Dieu l'a élevé à lui [1]. Il n'y aura pas un seul homme,
« parmi ceux qui ont la foi dans les Écritures, qui ne croie en
« lui, avant sa mort, au jour de la résurrection [2]. »

Dans la croyance des musulmans, Jésus rappelé au sein de Dieu n'est pas mort; mais il mourra et ressuscitera. Les Juifs seuls avaient pu prétendre que Jésus était mort après avoir été condamné pour ses crimes, et qu'il était un faux prophète.

Le nombre des Templiers qui, dans l'enquête, ont dit avoir renié *Jésus le Prophète* (*la Propheta*), ou le *faux prophète*, n'est pas grand; nous en trouvons douze dont les noms sont conservés aux actes. Les uns ne savaient pas ce que l'on entendait par *prophète*, ou *faux prophète;* d'autres ignoraient pourquoi on le reniait, et quel il pouvait être. Le Frère MAS-NALIER, dans sa déposition, nous fournit la preuve de cette ignorance. Il crut qu'il s'agissait de Josué [3]. Le Frère RAY-MOND AMALVINI déclara qu'il ne savait pas s'il s'agissait de *Jésus* ou d'un autre. Il renia le Prophète de bouche, et non de cœur. Il a entendu dire depuis que les Juifs appelaient notre Dieu prophète, et il a eu un remords de conscience [4].

Le chevalier GUY DAUPHIN affirma qu'il ne savait pas ce que c'était que le faux prophète [5]. « Si c'est le *diable*, dit-il, je le renie. »

Le 15 novembre 1307, GEOFFROY DE GONAVILLA, précepteur de Poitou et d'Aquitaine, disait à l'inquisiteur Guillaume de Paris « que l'on croyait renier le Christ, en *souvenir* de saint
« Pierre, *comme saint Pierre*, qui l'avait renié trois fois [6] ».

En ce qui concerne le chef *de osculo*, les baisers indécents (articles 30 et suivants de l'inculpation) :

Après la réception, le profès était embrassé sur la bouche

---

[1] *Coran*, ch. IV, v. 156.
[2] *Id.*, ch. IV, v. 157.
[3] Ipse testis dixit quod quidam erat propheta qui vocabatur Josue. *Proc.*, vol. II, p. 230.
[4] *Proc.*, vol. I, p. 168.
[5] *Id.*, vol. I, p. 407. Nesciebat quid hoc erat.
[6] Alii dicunt quod hoc fit *ad instar seu ad memoriam* Beati Petri qui abnegavit Christum ter... *Proc.*, vol. II, p. 400.

par les assistants. A l'écart, celui qui recevait et celui qui était reçu se donnaient un baiser par-dessus les vêtements, sur la poitrine, sur l'épaule, sur le dos. Il y eut des abus; cet acte d'obéissance, d'humilité, dégénéra en plaisanteries et brimades grossières, que les *anciens* voulaient probablement *faire subir aux jeunes*. L'Ordre ne pouvait être responsable de la grossièreté de quelques-uns. « On doit voir là, dit M. Boutaric, une marque d'humilité. » Nous ajoutons, et nous ne sommes pas le seul de cette opinion, que c'étaient là des grossièretés de moines. En ce temps, la licence du langage et des actes était extrême. Toute chose avait son qualificatif grossier; jusqu'aux rues de Paris, auxquelles on donnait des dénominations exécrables se rapportant à leur destination. Les pèlerinages lointains entrepris par des groupes d'individus des deux sexes, les contacts journaliers, avaient facilité la débauche (nous avons cité les textes). Les communautés d'hommes et de femmes se ressentaient de ces désordres extérieurs; les mœurs des ecclésiastiques et des réguliers provoquaient d'incessantes réformations. De 1198 à 1310, il n'y a pas moins de vingt-cinq conciles ou synodes qui signalent pour les condamner les *vices inouïs du clergé* et de certaines communautés. Tous ces documents authentiques, nous les avons lus. Cependant il y eut un homme, au temps dont nous parlons, qui pratiquait l'austérité des mœurs; *cet homme était Philippe le Bel.*

La majorité des Pères du concile de Vienne devait faire défaut à Clément V. Le concile s'en tirera par *une fin de non-recevoir de procédure;* il voulut laisser au Pape seul toute la responsabilité de la destruction de l'Ordre du Temple. Mais à quoi bon parler d'enquête, de preuves, de moyens juridiques? Innocent ou coupable, l'Ordre devait disparaître. Le roi de France voulait qu'il en fût ainsi, il avait cette *affaire à cœur*[1]. Philippe le Bel eut le sentiment d'avoir commis une faute. Il avait compris que les biens de l'Ordre lui échappaient. Il dut avoir au cœur une amère déception. Cette fois encore, l'Église de Rome va lui prouver qu'il fallait compter avec elle.

---

[1] Cui negotium erat cordi. LABBE, *Conciles*, t. XI, p. 1569.

CHAPITRE XLI

Concile de Vienne. — Première session du 16 octobre 1311. — Discours d'ouverture. — L'Ordre du Temple n'avait pas été cité. — La majorité des Pères refuse de juger. — Embarras de la cour de Rome. — Un évêque italien, les archevêques de Reims, de Sens et de Rouen, le Pape et les cardinaux veulent passer outre. — Résistance de la majorité. — Elle se retranche derrière *cette exception*, l'Ordre *n'a pas été cité*, « *quod dictus Ordo non fuerat vocatus* ». — Les Templiers avaient toujours déclaré qu'ils se présenteraient en personne ou par fondés de pouvoirs devant le concile général. — Dans une session du mois de novembre, sept Templiers se présentent pour défendre, et deux autres quelques jours après. — Clément V les fait arrêter et jeter en prison. — Suppression définitive de la défense. — Lettre de Clément V à Philippe le Bel. — Le concile traîne en longueur. — Philippe convoque encore une fois les états généraux à Lyon pour le 10 février 1311. — Lettres du Roi à cet effet aux consuls de Narbonne, Montpellier et Nimes. — Efficacité de cette mesure. — Expédient proposé par l'évêque de Mende, Duranti. — Hésitations. — La majorité du concile laisse au Pape toute la responsabilité de l'expédient proposé. — Le 11 des calendes d'avril 1311, Clément V se décide à abolir, casser l'Ordre du Temple, en vertu de son autorité pontificale. — Le 12 avril 1312, le Roi, son frère Charles de Valois, et ses fils, prennent séance au concile. — Le Pape prononce en leur présence une sentence d'abolition. — L'Ordre du Temple ne fut ni jugé ni condamné en jugement. — Conséquences de la sentence de Clément V. — Les immeubles de l'Ordre échappent à la convoitise de Philippe le Bel. — Sa déception. — Réflexions.

Aux termes de sa bulle, en date du 12 avril 1310, Clément V avait reporté l'ouverture du concile de Vienne au 1ᵉʳ octobre 1311. La première session s'ouvrit le 16 octobre; l'assemblée se composait d'environ trois cents évêques, sans compter les abbés, les prieurs. On trouvera dans Labbe, volume XI, les bulles de convocation. Clément V prit pour thème de son discours d'ouverture ces mots : « *In concilio justorum et con-« gregatione, magna opera Domini; non exsurgunt impii in « judicio. Les œuvres du Seigneur sont grandes dans l'assem-« blée des justes*[1]. » Clément V exposa qu'il avait réuni le con-

---

[1] Labbe, *Conciles*, t. XI, p. 1568. E. Frachetto, *Historiens de France*, t. XXI, p. 37.

cile pour trois causes : 1° à raison des erreurs énormes et de l'hérésie des Templiers ; 2° à raison des secours à porter à la Terre Sainte ; 3° pour la *réformation des mœurs et de l'état ecclésiastique*, « *status ecclesiasticus* ». L'Ordre du Temple n'avait pas été cité ! La grande majorité des Pères voulait qu'on accordât aux Templiers la faculté de se défendre devant le concile, qu'on suivît les règles de la procédure et de la justice. Le concile ne voulait pas condamner sans avoir entendu l'*accusateur* et l'*accusé*.

Un évêque italien, les archevêques de Reims, de Sens, de Rouen, le Pape et les cardinaux se déclarèrent *seuls* de l'avis qu'il fallait abolir promptement un Ordre dont plus de deux mille témoins avaient constaté la corruption ; que la légitimité de cette mesure de rigueur se justifiait d'une manière suffisante par l'évidence des preuves [1]. Cette opinion des archevêques de Reims, de Sens et de Rouen n'a rien qui puisse surprendre. Ils avaient eu *leurs conciles provinciaux*. Le Pape et les cardinaux étaient de l'avis des quatre prélats dont nous venons de parler [2].

La majorité des Pères persista à soutenir que l'Ordre n'avait pas *été cité;* qu'en droit il était impossible de le condamner [3].

La difficulté de citer l'Ordre tout entier était grande, mais c'était l'affaire des demandeurs et de l'accusation.

Les adversaires d'une procédure régulière dirent « que « devant la grande commission d'enquête, les Templiers « n'avaient pas voulu constituer mandataires, qu'on ne pou- « vait citer l'Ordre tout entier ; car *beaucoup de Frères, l'Ordre* « *lui-même, avaient été reconnus innocents* dans plusieurs pays ».

La grande commission avait accepté les Frères de Pruino, de Bononia, de Chambonnet et de Sartiges, pour assister aux dépositions des témoins, avec droit de produire toutes observations et défenses ; il n'était pas exact d'en conclure que les Templiers avaient refusé de constituer mandataires pour

---

[1] Raynaldi, année 1311, n° 55. Baluze, t. I, p. 43.
[2] Baluze, t. I, p. 43.
[3] Cum constaret quod dictus Ordo non fuerat vocatus, definitum fuit per dictum concilium, quod non *de jure* damnari. Walsingham, *in Edwardo*, t. II, p. 73.

défendre devant le concile général, c'était *tout le contraire*. Les Templiers avaient offert de défendre personnellement devant le concile, ils avaient supplié humblement les membres de la commission d'enquête de leur permettre de se rendre librement au concile général. Ils s'étaient réservé de choisir, d'envoyer des mandataires pour défendre devant lui; mais deux des quatre Frères défenseurs mis en avant par les Templiers, de Pruino et de Bononia, avaient été condamnés, dégradés par le concile de Sens. Quant aux deux autres, de Chambonnet et de Sartiges, on les avait mis dans l'impossibilité d'agir. *Voilà la vérité.*

D'ailleurs, dans une session du mois de novembre 1311, sept chevaliers du Temple se présentèrent spontanément devant le concile; à une autre session comparurent deux autres chevaliers qui se joignirent aux précédents. Ils s'offrirent à la défense de l'Ordre, et déclarèrent que 1,500 à 2,000 autres Frères qui se trouvaient à Lyon et aux environs faisaient cause commune avec eux.

Clément V s'alarma, fit arrêter et jeter en prison ces neuf chevaliers; puis il s'empressa d'écrire à Philippe le Bel pour l'avertir de cet incident, en l'invitant à veiller à la garde de sa personne, ajoutant qu'il avait cru devoir employer des précautions pour sa sûreté personnelle [1]. La violence supprima une fois encore la défense, et pour jamais.

Le concile traînait en longueur; Philippe le Bel eut recours au moyen qui lui avait toujours réussi, *les états généraux!*

Par lettres en date, à Poissy, du 30 décembre 1311, le Roi convoqua les états généraux à Lyon pour le 10 février suivant, jour de l'octave de la Purification [2]. Il est certain que Philippe

---

[1] « Nos tamen ipsos *se spontanea* offerentes, detineri mandavimus et faci- « mus detineri. Et ex tunc circa nostræ personæ custodiam, solertiorem dili- « gentiam solito duximus adhibendam; hoc autem Celsitudini tuæ, duximus « intimanda, ut tui providi cautela consilii quid ducat et quid expediat circa « personæ tuæ custodiam, diligenti consideratione valeat providere. » Lettre de Clément V à Philippe le Bel, Vienne, 11 novembre 1311. Dupuy, *Bulles des papes depuis Honoré III jusqu'à Grégoire XI.* Collection, Bibliothèque nationale.

[2] Dom Vaissette, *Histoire du Languedoc*, t. IV, p. 152, et lettres du Roi

tint une assemblée des notables du royaume, pour délibérer au sujet de l'affaire des Templiers, avant de se rendre au concile de Vienne; c'est bien au 10 février 1311 que fut fixée la convocation, et non pas en 1312. Nous le répétons, l'année 1312 ne commença qu'au jour de Pâques, qui tomba le 26 mars [1].

La mesure prise par Philippe fut pleine d'efficacité : à défaut de renseignements sur les états généraux de 1311, on peut cependant présumer, d'après les résultats de ceux de 1308, quelle en fut l'issue. On fut mis en demeure, à Vienne, de prendre une résolution.

L'évêque de Mende, Guillaume Duranti, proposa alors un expédient : Clément V fut prié de se charger de prononcer une sentence, en vertu de la plénitude de son pouvoir apostolique [2]. Cette solution fut examinée, mûrie ; il y eut des hésitations. Enfin, dans un *consistoire secret*, tenu en présence des cardinaux et d'un certain nombre de prélats, le 11 des calendes d'avril, Clément cassa l'Ordre du Temple [3].

La seconde session s'ouvrit le 12 avril 1312, en présence de Philippe, de son frère Charles de Valois, et des trois fils du Roi. Philippe était assis sur un siége plus bas que celui du Pape, « *rege in sede tamen inferiori sedente* [4] ». Clément V prononça publiquement une sentence d'abolition qu'on pourra lire dans Labbe, *Conciles*, vol. XI, p. 1558, 1559 :

« Avec l'approbation du saint concile (mais Raynaldi a bien
« soin de dire *sans participation du concile* [5]), bien que nous
« ne puissions pas juger *en droit*, mais par voie de provision,
« en vertu de notre autorité apostolique, nous supprimons à
« toujours l'Ordre du Temple ; nous réservons au Saint-Siége

aux consuls de Narbonne, Montpellier et Nimes, aux notes de cet auteur.

[1] Labi cœpit annus Incarnationis Domini XXVI Martis in quem Pascha incidit.
(Scilicet annus qui tunc in Gallia a Pascha *ducebat* initium.) LABBE, *Conciles*, vol. XI, p. 1569.

[2] Ecclesiæ Dei mirabiliter expediret quod Dominus noster, sive de rigore juris, *sive de plenitudine potestatis*, istum Ordinem ex officio suo omnino tolleret. RAYNALDI, année 1311.

[3] LABBE, t. XI, p. 1569.

[4] *Historiens de France*, t. XXI, p. 37.

[5] RAYNALDI, t. IV, année 1311.

« tous les biens meubles et immeubles, droits, actions, dans
« toutes les parties du monde.

. . . .

« Nous les attribuons aux Hospitaliers, à l'exception des
« biens et terres de Castille, d'Aragon, de Portugal, et des *îles*
« *Majorques*, que nous réservons à la disposition du Saint-
« Siége, jusqu'à ce qu'il en soit par nous autrement ordonné. »

Les Hospitaliers s'étaient déclarés les hommes liges du Roi. Boutaric cite un passage d'une lettre que le grand maître de cet Ordre, Foulques de Villaret, écrivit à Philippe le Bel, qu'il qualifie de *lumière*, de *flambeau de l'orthodoxie* : « *Lucerna ardens quæ orthodoxorum plebem ducit, regit et illuminat* [1]. »

Dans l'intention du Pape, les biens du Temple d'Angleterre étaient compris dans l'adjudication accordée aux Hospitaliers. Le pape Jean XXII donna cette interprétation à la sentence de Clément V. Par bulle en date, à Avignon, du 13 mars 1317, Jean XXII ordonna à ceux qui occupaient les biens ayant appartenu au Temple, en Angleterre, de les restituer aux Frères de l'Hôpital [2].

En Sicile, en Provence, les *valeurs mobilières* du Temple avaient été partagées entre Charles II et Clément V [3]. La cour de Rome s'empara de plusieurs fonds appartenant à l'Ordre, tels que ceux des maisons préceptoriales de Roais et de Boisson, de Saint-Romain, de Malegarde, de Villedieu, du Temple de Cavaillon, de Saint-Vincent, près de Saint-Paul-Trois-Châteaux, des biens dépendant des commanderies de Richarenche, des églises de Caïran, de Sainte-Cécile, de Barboton, et de tout ce que l'Ordre possédait dans le comtat Venaissin. Par bulle en date, à Granselle, du 15 juillet 1313, Clément s'entendit avec Robert de Sicile au sujet des biens du Temple existant encore dans son royaume [4]. Le pape Urbain V, par lettres en date, à Avignon, du 24 septembre 1366, enjoignit à don Pèdre IV, roi d'Aragon, de mettre les Hospitaliers en possession des biens

---

[1] BOUTARIC, *la France sous Philippe le Bel*, p. 145, note 4.
[2] *Archives de Malte*, DELAVILLE-LEROUX, p. 50, n° 38.
[3] NOSTRADAM, *Histoire de Provence*, année 1307. DUPUY, t. I, p. 56.
[4] *Archives de Malte*, DELAVILLE-LEROUX, p. 50, n° 37.

du Temple¹. Le roi de Castille, Ferdinand IV, mit la main sur les biens de l'Ordre². Par lettres en date, à Avignon, du 19 mai 1387, le pape Clément VII attribua les biens du Temple se trouvant dans les *Espagnes* aux Ordres de Saint-Jacques et de Calatrava³. En Portugal, les biens furent attribués à l'Ordre du Christ⁴.

« Il y avait un grand Ordre dans l'Église », écrit Albéric de Rosale...

« J'ai entendu dire par un de ceux qui avaient examiné la
« cause et reçu les dépositions des témoins, que l'Ordre du
« Temple avait été détruit, contrairement à toute justice. Il m'a
« déclaré que le Pape avait reconnu qu'en droit il ne pouvait
« abolir l'Ordre; mais qu'usant de son pouvoir apostolique, il
« l'avait cassé par voie d'expédient, afin de ne pas scandaliser
« son éminent fils le roi de France⁵. »

Nous ne saurions trop le faire remarquer, et *ceci est capital*, l'Ordre du Temple n'a pas été CONDAMNÉ en JUGEMENT; ce que Frachetto exprime fort bien en ces termes : « *non per modum definitivæ sententiæ*⁶ ».

Les expressions de la chronique de Bernard Guidonis sont encore plus explicites : « Le Pape cassa l'Ordre par voie de « provision, plutôt que par *voie de condamnation*⁷. »

Quel contre-sens! Le Saint-Siége prêche la croisade, réunit un concile pour aviser aux voies et moyens d'une expédition, et il commence par supprimer ses meilleures troupes!

Schœll et d'autres historiens nous semblent avoir confondu les effets d'une condamnation en justice avec ceux de la cassation de l'Ordre.

Schœll croit que la suppression suffisait parfaitement *pour que Philippe le Bel pût s'emparer des immeubles du Temple;* il

---

¹ *Archives de Malte,* DELAVILLE-LEROUX, p. 52, n° 42.
² DUPUY, t. I, p. 53.
³ *Archives de Malte,* DELAVILLE-LEROUX, p. 53, n° 33.
⁴ GARIBAY, liv. XXIV, ch. XXIV. *Monarchia Lusitania,* XI° partie, liv. XIX.
⁵ Albert DE ROSATE, *Dict. juris.,* au mot *Templarii.*
⁶ *Historiens de France,* FRACHETTO, t. XVI, p. 37.
⁷ Per provisionis potius quam condemnationis viam Ordinem... cassavit et penitus annulavit. *Historiens de France,* B. GUIDONIS, vol. XXII, p. 721.

en conclut « *que le Roi ne fut pas poussé par la seule avidité*[1] ».
Sans doute Philippe était poussé par plusieurs mobiles; mais nous ne pouvons partager entièrement l'opinion de Schœll.

La cassation de l'Ordre n'entraîna pas la confiscation des biens, parce que l'Ordre ne fut pas condamné en jugement. Les biens restèrent biens d'Église et, comme tels, inaliénables. L'attribution à un autre Ordre religieux, à une autre religion, conserva à ces biens d'Église leur caractère d'inaliénabilité, car rien n'était changé à leur affectation primitive. Une condamnation de l'Ordre en justice eût produit des effets bien différents. Tout jugement de condamnation pour cause de crime, d'hérésie, de sacrilége, d'apostasie, *de lèse-majesté divine*, entraînait (*ipso facto, quia tacite inest*) *la confiscation des biens en même temps que la confiscation de la personne*. Le profit de cette confiscation appartenait au pouvoir séculier et temporel (*fiscus*). « *Qui confisquait les corps confisquait les biens.* » Ce principe, qui fut écrit plus tard dans l'article 183 de la coutume de Paris, était général.

L'opinion des légistes du roi d'Angleterre, duc d'Aquitaine, était très-formelle à cet égard : « Toute confiscation des biens « du Temple pour cause d'hérésie, de lèse-majesté, de tout « crime public, disait le sénéchal d'Aquitaine Jean Hastings, « appartient au duc dans son duché. Il en use comme le fir [2]. »

Philippe le Bel voulut frapper l'Église de Rome dans la personne morale de l'Ordre du Temple. Il inventa le procès à la suite duquel cet Ordre devait être détruit. Il le poursuivit sous prétexte de religion, et l'Église donna à ce roi inflexible des armes contre elle-même. Il dirigea contre les Templiers une véritable croisade de légistes ambitieux, devenus ses nouveaux

---

[1] Schoell, p. 88.
[2] Les Templiers, ne l'oublions pas, étaient seigneurs féodaux; l'Ordre, seigneur féodal.

Pro quibusdem criminibus, sive crimine hæresis læsæ majestatis, murtri, roberiæ, *confiscatio* omnium bonorum *incursorum* ratione omnium criminum publicorum... Dux utitur *sicut fiscus in ducatu*. Baluze, vol. II, p. 171, 174, n° XXX. *Vie des papes à Avignon.*

In incurrimentum, seu foris factio dictorum bonorum... ad dictum regem ducem et ad ipsius prædecessores pertinuerint ab antiquo. Baluze, *ibid.*

hommes liges. Philippe trouva en face de lui un pape, sa créature, dans l'impuissance de lui résister. Les expéditions malheureuses de Louis IX, les guerres d'Aragon, de Flandre et d'Angleterre, l'entretien d'armées permanentes avaient épuisé les finances de l'État. Philippe le Bel voulut par tous moyens faire condamner l'Ordre, et obtenir la confiscation des biens au profit de son domaine ; mais c'était trop demander à la faiblesse de Clément V, qui, forcé de *sacrifier les hommes et l'Ordre*, ne voulut pas sacrifier les biens. *L'Église s'y refusa.*

Sans doute, Philippe était capable de toutes les audaces, de tous les coups de force ; nous avons vu que, dans un de ses mémoires, son conseiller Dubois lui *avait indiqué que l'on devait révoquer les donations faites au Temple, devenues sans objet.* Avec ses états généraux, ses bourgeois et ses communes, avec un arrêt de son parlement, le Roi aurait pu obtenir ces révocations : mais ce coup de force avait ses périls, Philippe aurait rencontré la résistance du pouvoir spirituel, et, ce qui pouvait devenir plus grave, *les revendications des barons*, au nombre desquels se trouvait le roi d'*Angleterre*, duc d'*Aquitaine*.

Nous ne voulons point passer sous silence une réflexion de Ferretus Vicentinus : « Le peuple, dans son ignorance (*impe-« ritia*), condamna la rigueur de la sentence rendue par le « Pape au concile de Vienne ; mais il n'est pas croyable que « Clément V ait cédé, soit à la haine, soit à la prière[1]. »

Il céda à la terreur que lui inspirait ce roi redoutable (*metuendissimus*). Clément eut toujours une peur terrible de Philippe le Bel. Le Roi, ayant appris que le Pape favorisait les projets conçus par l'empereur Henri VII d'attaquer le roi de Sicile, Robert, et de s'emparer de ses États, envoya, au mois de juillet 1313, à Avignon ceux de ses affidés auxquels il avait confié autrefois l'exécution de ses desseins contre Boniface VIII à Anagni. Ces affidés acquirent la preuve que Clément avait fait préparer des lettres par lesquelles il recommandait aux fidèles d'appuyer l'expédition préparée par le roi des Romains. Des reproches amers, des menaces auraient été adressés au

---

[1] *Ferretus Vicentinus*, apud Muratori, t. IX, p. 1018.

Pape, de la part de Philippe. Le chef des députés du Roi aurait osé dire à Clément : « Ne vous souvenez-vous plus du « cas dans lequel, par son audace, s'était mis Boniface? Si cet « exemple ne vous a pas servi d'enseignement, prenez garde « de n'en pas faire vous-même l'expérience [1]! »

L'infortuné Clément V s'était mis dans le cas de tout supporter de la part de Philippe le Bel. Le Pape fut forcé, dans cette circonstance, de casser la décision de Henri VII, qui avait déclaré Robert déchu de son trône et de la couronne de Sicile [2]. Clément, après avoir menacé Henri de l'excommunication, s'il persistait dans ses desseins, l'excommunia lorsqu'il apprit qu'il se préparait à attaquer le royaume de Naples [3]. Il ne faut pas oublier que le Pape était *seigneur suzerain* du roi de Naples, et que ce dernier était justiciable du Saint-Siége, et non de Henri VII.

La Tour du Temple, dans laquelle en 1306 Philippe avait trouvé un asile contre la fureur du peuple de Paris, servit de prison en 1315 à Enguerrand de Marigny, un des avides persécuteurs des Templiers; il n'en sortit que pour être conduit au gibet [4]. Le corps de cet ancien premier ministre resta exposé pendant deux ans à la potence, de 1315 à 1317 [5]. « *Cil* « *an* 1317, *le corps de Enguerram de Marigny fut osté loss hors* « *du gibet* [6]. *En cel tems Enjorrans de Marigni, qui longuement* « *avait été pendu, fu de nuit osté du gibet, et du consentement* « *du Roi qui en fu entortillé, l'en ne sot de cui* [7]. » Cette même

---

[1] Cur non in quem protervia sua traxit Bonifacii papæ casus te docuit? Certe si alieno doceri nescis exemplo, alios docebis tuo. *Historia Joannis de Cermenate*. Muratori, t. IX, p. 1277. Voir à la table, Clemens Philippo *perterritus*.

[2] Anno 1313, Imperator bannivit regem Robertum, et privavit terris et omni honore, et quicumque vellet de bonis ejus occupare posset, et absolvit omnes milites et barones suos a fidelitatis juramento. Ptolémée de Lucques, dans Baluze, vol. I, p. 52, 53.

[3] Schoell, *Cours d'histoire des États européens*, t. VII, p. 90.

[4] Enjerranus positus est in carcere apud Templum.

[5] Postquam fuisset in patibulo longo tempore. Saint-Victor, *Historiens de France*, t. XXI, p. 668.

[6] *Chronique anonyme. Historiens de France*, t. XXI, p. 128.

[7] *Historiens de France*, t. XXI, p. 668, et la note.

Tour devait un jour devenir la dernière demeure du plus malheureux et du plus faible des hommes de la race des Capétiens. Après le concile de Sens, Philippe avait fait exhumer et brûler les os du trésorier du Temple, constructeur de la Tour féodale et souveraine; cinq siècles plus tard, le peuple de Paris jetait dans un lit de chaux les ossements de Philippe le Bel, qu'il exhumait sous le chœur de la basilique de Saint-Denis [1]. Quant aux cendres de Clément V, l'histoire rapporte qu'elles éprouvèrent le même sort en 1577. Le mausolée qui lui avait été élevé à Useste (diocèse de Bazas) fut pillé, renversé par les calvinistes; les cendres du Pontife furent *jetées au vent, et le reste de son corps dans le feu.*

[1] LAMARTINE, *Girondins*, vol. VII, p. 312.

CHAPITRE XLII

Après le concile de Vienne, les Templiers sont jugés d'après leurs actes personnels. — Les conciles provinciaux eurent pleins pouvoirs. — Tortures, supplices, condamnations à la prison affligent ceux qui refusent d'avouer ou qui se sont rétractés. — Pensions, subventions, secours accordés à ceux qui ont refusé de défendre et qui ont passé des aveux. — Exactitude des faits relevés en la cédule du Frère de Bononia, des 23 mars et 1er avril 1310. — Misère des Templiers qui ont échappé. — Jugement du grand maître Molay, des précepteurs de Normandie, de Poitou et d'Aquitaine, et du grand visiteur Payrando. — Les légats de Clément V; leurs noms; leurs adjoints. — Molay et ses compagnons sont condamnés à la prison perpétuelle. — Iniquité de ce jugement. — Journée du 18 mars 1313, le lundi après la fête de saint Grégoire. — Échafaud dressé devant le parvis de Notre-Dame. — Lecture de la sentence. — Protestations de Molay et du maître de Normandie Gaufridus de Charneio; ils prennent à partie les cardinaux et Philippe de Marigny, archevêque de Sens, qui étaient présents. — Ils soutiennent qu'ils n'ont passé d'aveux que par complaisance pour le Pape et pour le Roi. — Ils se rétractent. — Ils sont livrés au prévôt de Paris. — Le Roi assemble son conseil, et, sans soumettre Molay et de Charneio au jugement du tribunal ecclésiastique, il est décidé qu'ils seront brûlés à l'heure de vêpres dans l'île du Palais. — Ledit jour, à l'heure fixée, Molay et son compagnon sont brûlés en la *présence* du Roi dans son jardin du *Pallais*, en l'île aux *Juys*. — Protestations d'innocence jusqu'au dernier soupir. — Description de l'île aux *Juys*. — Stupeur, émotion dans Paris. — Le peuple se rue sur le bûcher, recueille les cendres des martyrs et les emporte. — Chacun se signe et ne veut rien entendre. — Indignation qui se lève dans toute l'Europe. — Concile de Narbonne. — Bernard de Farges. — Belle conduite du roi de Majorque.

Après le concile de Vienne, dont la troisième et dernière session fut célébrée au cours du mois de mai 1312 (*in sabbato infra octavas Assumptionis Domini*), les Templiers furent jugés suivant leurs actes personnels. Les conciles provinciaux eurent pleins pouvoirs. Les Frères qui refusèrent d'avouer, ou qui, après avoir passé des aveux sous l'influence de la torture, s'étaient rétractés, furent impitoyablement condamnés comme impénitents, obstinés et relaps [1]. Quant à ceux qui avaient

---

[1] Circa impœnitentes vero et relapsos... justitia et censura Ecclesiæ observetur. BALUZE, t. I, p. 76 et 108.

avoué et qui avaient persisté, on leur accorda d'honorables subventions sur les biens de l'Ordre. La cédule présentée le 1ᵉʳ avril 1310 par le défenseur Pierre de Bononia contient donc la vérité : « D'autres ont été séduits par l'argent et par de « grandes promesses; on leur a promis des rentes viagères, la « vie, la liberté. » Le 1ᵉʳ décembre 1318, par bulle datée d'Avignon, le pape Jean XXII ordonna aux Frères Prêcheurs et aux Frères Mineurs de fournir des secours et des aliments aux Templiers qui avaient survécu à la destruction de l'Ordre [1]; mais ce pape prescrivit aux archevêques de veiller à ce que les Templiers entrassent dans des monastères désignés, et de refuser toute espèce de ressources et de solde (*stipendia*) à ceux d'entre eux qui, s'étant mariés, se refuseraient à renvoyer leurs épouses [2]. Il y en eut qui avaient échappé aux inquisiteurs, qui s'étaient soustraits aux recherches par la fuite; ceux qui étaient sans notoriété se livrèrent, pour vivre, aux plus humbles métiers; ceux qui appartenaient à des familles nobles et connues durent changer de nom et de condition [3].

Clément V s'était réservé le grand maître Molay et les principaux de l'Ordre. Le 22 décembre 1313, le Pape donna commission à trois cardinaux français de se transporter à Paris et d'y agir *en son nom*. Ces prélats étaient *Arnaud* de Farges, neveu de Clément V, Arnaud Novelli, moine de Cîteaux, pensionnaire de la France, et Nicolas de Freauville, Frère Prêcheur, autrefois confesseur et conseiller du Roi, de la famille des Marigny, qui prit pour adjoint son parent, Philippe de Marigny, archevêque de Sens, avec quelques autres évêques et décrétistes [4].

On dut procéder à de nouveaux interrogatoires; car, *parait-il*, Molay, le commandeur de Poitou et d'Aquitaine, Geoffroy de

---

[1] *Archives de Malte*. Delaville-Leroux, p. 51, n° 39.
[2] Et etiam si contraxerint uxorem dimittant, vel stipendia substrahantur. Delaville-Leroux, p. 51, n° 40.
[3] Ministeriis plebeis ignoti, aut artibus illiberalibus se dederunt... Nobiles... ultra se gentibus edidere. Muratori, t. IX, *Ferretus Vicentinus*, p. 1018.
[4] Rainaldi, n° 39.

Gonaville, le commandeur de Normandie, Gaufridus de Charneio *(preceptor totius Normaniæ)* [1], et le grand visiteur Payrando, confirmèrent leurs aveux, en présence de l'archevêque de Sens et autres prélats convoqués. Ils furent condamnés à la prison perpétuelle.

Le lundi 18 mars 1313, la veille de la fête de saint Grégoire, les cardinaux firent dresser un échafaud devant le parvis de Notre-Dame, afin de donner lecture publique des aveux et de la sentence. Molay et ses Frères parurent sur cet échafaud; un des cardinaux prit la parole. « Mais un des cardinaux », nous apprend Dupuy, « ayant déclaré au peuple que ces Templiers
« étaient condamnés *seulement à la prison perpétuelle,* pour
« avoir ingénument confessé leurs fautes, à l'instant, comme
« ces juges y pensaient le moins, le grand maître et le maître
« de Normandie se levèrent, en présence de la foule et des
« juges, et déclarèrent que tout ce qu'ils avaient dit dans leurs
« interrogatoires était faux. »

Ils soutinrent n'avoir passé d'aveux qu'à la *persuasion du Pape et du Roi, par complaisance pour le Pape et pour le Roi* [2], et protestèrent énergiquement contre les cardinaux et *contre l'archevêque de Sens (se pertinaciter defendentes).*

« Aussitôt, ajoute Dupuy, les cardinaux les livrèrent au
« prévôt de Paris, qui était là présent, pour *les représenter le*
« *lendemain.* Ils furent tous quatre reconduits en prison. »
L'intention des juges était de reprendre l'affaire *le lendemain* [3].

Cette nouvelle si étrange fut portée au Roi, qui aussitôt assembla son conseil, sans y appeler aucun ecclésiastique [4]. Il y fut décidé que sur le soir le grand maître, le précepteur de Normandie, seraient brûlés dans l'île du Palais, entre le

---

[1] *Proc.*, vol. II, p. 295.
[2] Rien n'était plus exact. Ils avaient promis au Pape et au Roi d'obéir à leurs volontés. *Historiens de France*, t. XXI, p. 651; Dupuy, t. I, p. 63, et Félibien, t. I, p. 517.
[3] Mansuet, t. II, p. 314.
[4] Quamvis perinde clericis non vocatis. Nangis, 1314.
Nullo judicio alio ecclesiastico super hoc expectato, quamvis essent Parisiis præsentes tunc duo sanctæ Romanæ presbyteri cardinales. Muratori, t. III; Guidonis, *Vita Clementis V papæ*, p. 678.

jardin du Roi et les Augustins, ce qui fut exécuté [1]. « Ces
« misérables, dit Dupuy en finissant, endurèrent très-con-
« stamment ce rude supplice, protestèrent jusqu'à la fin, disant
« que tout ce qu'ils avaient déposé était faux, ce qui étonna
« le peuple qui assista à cette exécution. »

Voici ce que l'on trouve dans les chroniques : « Ledit jour
« 18 mars 1313, à l'heure de vêpres, Molay et son compagnon
« furent brûlés, en la *présence du Roi*, devant son *jardin du*
« *Pallais*, en l'isle des *Juys* », dans une petite île qui se trouvait sur la rive gauche de la Seine, entre les Augustins et le jardin du Roi [2].

En 1313, la cité finissait à l'endroit où se trouve la rue du Harlai; à la pointe, en aval, à l'est du jardin du Roi, existaient deux petites îles parallèles; celle de la rive droite s'appelait île de Bucy ou île du *passeur aux vaches;* l'île de la rive gauche s'appelait *île aux treilles*, île de Seine ou *île aux Juifs;* c'est bien le nom d'isle aux Juys, employé par le chroniqueur.

Ces renseignements exacts sont extraits des *Olim* [3]. L'emplacement de ces deux îles est aujourd'hui occupé par la place Dauphine et le pont Neuf (plan de la ville de Paris sous Philippe le Bel, par Albert Lenoir, d'après le travail de Géraud).

Saint-Victor, dans la Vie de Clément V, nous dit que Molay fut brûlé dans une petite île, sous la chapelle (*fuit combustus in parva insula sub capella*) [4].

Maillard de Chambure, page 103, affirme qu'on a acquis la certitude que l'exécution de Molay eut lieu le 11 mars 1314. L'année 1314 tomba à Pâques le 7 avril; le Pape et le Roi étant décédés, l'un le 12 des calendes de mai (20 avril 1314), et l'autre le vendredi 29 novembre de la même année, il résulterait de cette affirmation de Maillard que Molay serait

---

[1] Dupuy, t. I, p. 63, 65, 66.

[2] *Chronique anonyme. Historiens de France*, vol. XXI, p. 140, 143.

[3] In insula existenti in fluvio Secanæ juxta pointam jardini nostri, inter dictum jardinum nostrum, ex una parte dicti fluvii, et domum religiosorum virorum Fratrum Ordinis sancti Augustini Parisiensis, ex altera parte dicti fluvii executio facta fuerit de *duobus hominibus qui quondam Templarii existerant in insula prædicta combustis*. Arrêt du Parlement. *Olim*, vol. II, p. 599, XI.

[4] En contre-bas, en aval de la Chapelle (la Sainte-Chapelle probablement).

mort après Clément V et Philippe le Bel (*l'année* 1315 commença à Pâques, *le* 23 *mars*). Pour nous, la date exacte du supplice de Molay est du lundi 18 mars 1313. En voici la preuve, que nous trouvons dans le même arrêt du Parlement, cité en note. Après l'exécution de Molay dans l'île aux Juifs, l'abbé et le couvent de Saint-Germain des Prés, qui avaient toute juridiction sur cette île, se plaignirent de la violation de leurs priviléges, et demandèrent réparation (*requirentes eorum indempnitati super hoc provideri*). Philippe le Bel leur accorda, en mars 1313, des lettres de non-préjudice [1].

Philippe le Bel assuma sur sa tête une responsabilité terrible; le Roi commit un abus d'autorité énorme, en usurpant les attributions des juges ecclésiastiques : aberration de la part d'un homme d'État de sa valeur! Philippe viola les principes de la séparation des pouvoirs pour lesquels il luttait depuis si longtemps avec la nation, avec l'Église de France elle-même.

L'auteur de l'*Histoire de la papauté* nous dit que l'Église n'eut aucune part à l'exécution du grand maître du Temple et de son compagnon. Sans doute, puisque le tribunal ecclésiastique ne fut pas mis à même de prononcer; mais les légats ne sont-ils pas responsables des faits qui ont préparé ce dénoûment atroce? Il faut se souvenir que les trois cardinaux Bérenger, Étienne et Landulphe avaient, en 1308, absous les *cinq* grands de l'Ordre. qu'ils les avaient admis à communion, réconciliés avec l'Église, qu'ils avaient demandé leur grâce au Roi, et ce, de l'autorisation de Clément V [2], et voilà que cinq ans après on déchire une sentence d'absolution, une sentence apostolique, voilà que l'on condamne à la prison perpétuelle ces mêmes hommes auxquels l'Église avait ouvert les bras de *miséricorde* et les portes du cachot! Cependant Molay et ses Frères n'étaient ni des *obstinés*, ni des *impéni-*

[1] Tenore præsentium declaramus quod nos nolumus nec nostre intencionis existit, quod juri prædictorum abbatis et conventus monasterii Sancti Germani de Pratis, ex facto prædicto, ex nunc vel futuris temporibus prejudicium aliquod generetur. Actum Parisiis anno Domini *millesimo trecentesimo tertio decimo, mense marcii*. *Olim*, t. II, p. 599, XI.

[2] Ils n'avaient point *été abandonnés* par l'Église. Voir la consultation des maîtres en théologie, du 25 mars 1307, ci-dessus.

tents, puisqu'ils venaient de confesser à nouveau leur erreur, et de confirmer publiquement des aveux qu'ils n'avaient jamais rétractés.

Philippe le Bel *manqua à la promesse qu'il avait faite à Molay*, lors de l'entrevue de Poitiers, de lui *accorder sa grâce s'il persistait dans ses aveux*. Molay ne se rétracta qu'après avoir entendu prononcer sa condamnation *à la prison perpétuelle*. Toute réflexion est superflue !

L'impression générale fut très-défavorable à Philippe [1]. « Le peuple se rua sur le bûcher, recueillit les cendres des « martyrs et les emporta comme une précieuse relique [2]. « *Chacun se signait, et ne voulait plus rien entendre* [3]. » Il s'éleva dans toute l'Europe un cri d'indignation contre la condamnation des Templiers [4]. « Leur mort fut belle, tant admi- « rable et inouïe, qu'elle rendit la cause de Philippe le Bel « d'autant plus suspecte. Philippe, atteint d'avarice, les fit « cruellement traiter, plus pour l'affection désordonnée de « recouvrer leurs grands biens que pour quelque *zèle* ou « *crainte de Dieu* qui le touchait [5]. »

Essayant d'expliquer la décision du Roi contre Molay et le commandeur de Normandie, M. Schœll croit que l'on peut soutenir que, par suite de la sentence de suppression du Temple, ces Templiers avaient cessé d'appartenir à l'Ordre ecclésiastique ; cette opinion est difficile à expliquer, car Molay et son compagnon venaient d'être jugés par l'autorité ecclésiastique qui se les était *réservés, en les envoyant en prison sous la conduite du prévôt de Paris, avec ordre de les représenter le lendemain* pour les juger *à nouveau;* religieux ou laïques n'avaient d'autres juges que le pouvoir ecclésiastique, qui avait seul qualité pour connaître du crime d'hérésie [6].

---

[1] Cunctis videntibus admirationem multam intulerunt ac stuporem. DE FRACHETTO, *Historiens de France*, t. XXI, p. 40.

Depuis six ans, Molay attendait jugement dans les cachots.

[2] Abbé VELLY, *Histoire de France*.

[3] MICHELET, *Histoire de France*, t. III, p. 206.

[4] SCHOELL, t. VII, p. 89.

[5] NOSTRADAM, *Histoire de Provence*, p. 322.

[6] On peut regretter de voir M. Schœll se ranger en définitive, dans cette

La précipitation de Philippe le Bel et de son conseil à condamner au bûcher Molay et le maître de Normandie, à les faire disparaître, fut calculée, et c'est là que l'odieux se manifeste ; les cardinaux avaient reçu mission du Pape d'appliquer la *peine de la prison perpétuelle*, et non la *mort ;* en sorte que si Molay et son compagnon avaient été ramenés devant les légats le mardi 19 mars, ces ecclésiastiques avaient le devoir de donner avis au Pape de l'incident et de lui en référer, avant de prendre une nouvelle décision. Le devoir des légats était de protester. Ils n'ont pas osé.

Ferretus Vicentinus rapporte qu'au cours de l'année, après le supplice de Molay, un Templier fut conduit de Naples devant Clément V, auquel ce Frère aurait adressé des paroles d'imprécation terribles, faisant appel au Dieu vivant et vrai, prédisant au Pape que lui et Philippe le Bel mourraient dans l'an et jour.

L'historien met deux discours très-énergiques dans la bouche de ce Templier. Il ne faut pas croire à cette mise en scène ; mais il est clair que Ferretus Vicentinus s'est fait ici l'écho de l'indignation générale soulevée contre Clément V et Philippe le Bel [1]. La prétendue prédiction de ce Templier se serait réalisée. Le Pape mourut de la dyssenterie et de vomissements à Roque-Maure (*apud Rocham Mauram*), le 12 des calendes de mai, 20 avril 1314, la neuvième année de son pontificat [2]. Ferretus Vicentinus ajoute à son récit que la prédiction s'est accomplie [3]. Philippe décéda le vendredi 29 novembre 1314,

circonstance, à l'opinion de l'avocat du Roi, Dubois. (Voir le 2ᵉ pamphlet.) Molay et le maître de Normandie n'étaient *plus abandonnés au bras séculier*, du moment où les cardinaux ordonnaient au prévôt de Paris de les *ramener* le lendemain devant les juges ecclésiastiques, seuls compétents.

[1] « Audax, fortis, voce magna clamavit : « Audi, Papa trux, et meas sermones « intellige. Ego quidem ad hoc nefando tuo judicio, ad Deum vivum et verum « qui est in cœlis appello, teque admoneo ut intra diem et annum, coram eo « pariter cum Philippo, tanti sceleris auctore, comparere studeas, meis objec-« tionibus responsurus tuæque excusationis causam editurus. » MURATORI, t. IX, p. 1018, *Ferretus Vicentinus*.

[2] Bernard GUIDONIS, *Vie de Clément V*, dans BALUZE, t. I, p. 80.

On sait que Clément comptait les années, à partir de l'an 1305, du jour de son couronnement.

[3] Mirabile quidem et stupendum quod ille prophetiam edidit, et ex fide propositum sumens mirabilem, in operibus suis Deum invenit, nam uterque

à Fontainebleau, où il s'était fait transporter dans les premiers jours du même mois.

Le peuple, nous dit Villani, attribua la mort prématurée de Philippe à la colère du ciel, qui vengeait Boniface VIII et les Templiers[1]. On avait aussi attribué la mort de Nogaret à cette terrible vengeance. « Puis *avint que Guillaume Longaret* « (Nogaret) mourust et enraigea moult hideusement, la *langue* « *traitte*, dont le Roy fut moult esmerveillé et plusieurs autres « qui avoient esté contre le pappe Boniface[2]. »

Nous ne terminerons pas ce chapitre sans parler du concile qui fut tenu à Narbonne en 1315, après la mort de Philippe le Bel et du pape Clément V.

On se souvient que Bernard de Farges, neveu de Clément V, avait été forcé de quitter son siége de Rouen, qu'il avait permuté avec Gilles Aiscelin, archevêque de Narbonne, en mai 1311. Bernard de Farges, qui avait condamné au feu les chevaliers de la petite commanderie de Pont-de-l'Arche, pensa qu'il devait recommencer les mêmes agissements dans son nouveau diocèse. Cet archevêque convoqua un concile de la province par lettres en date, à Carpentras, du mois de septembre 1315; il y appela entre autres Guillaume, évêque d'*Elne*, son suffragant, à qui il écrivit, quelques jours après, pour lui ordonner d'amener au concile tous les Templiers détenus dans les prisons de son diocèse, et d'apporter les procédures qui avaient été suivies contre eux, pour disposer *ensuite de leurs personnes*. L'évêque d'Elne était alors absent et dans un pays éloigné. Ses grands vicaires, à qui ces ordres furent signifiés, étant prêts à partir au commencement d'octobre, pour se rendre à la convocation de Bernard de Farges, se présentèrent à l'audience du roi de Majorque dans son palais de Perpignan, pour lui en faire part. Une commission d'inquisition s'était réunie à *Elne*, comme nous l'avons déjà marqué, le 14 janvier 1309, sous la présidence de l'évêque Raymond; elle avait

---

Philippus et Clemens, priusquam anni circulus ageretur, vitalem spiritum effudere. *Ferretus Vicentinus*, t. IX, p. 1018, dans Muratori.

[1] Villani, t. VIII, ch. xcii.

[2] *Chronique normande au quatorzième siècle*, p. 29.

interrogé vingt-cinq Templiers, qui tous avaient opposé d'énergiques dénégations; le procès-verbal qu'on pourra lire à la page 423 du volume deuxième des *Documents inédits* était négatif. Nous relevons quelques protestations énergiques. Le Frère RAYMOND SAPTE avait déclaré que ceux qui avaient confessé de pareilles erreurs n'étaient pas des hommes, mais des *démons* infernaux[1]. Le Frère RAYMOND DE GARDIE avait dit que si le grand maître avait passé de semblables aveux, il en avait *menti par sa tête*[2]. Le Frère GUILLELME DE THÉRADE avait protesté que si des Frères avaient avoué de pareilles erreurs, ils en avaient *menti par la gorge*[3]. Les inquisiteurs d'Elne n'avaient pas eu recours à la question; mais le moyen pouvait être employé par les Pères du concile de Narbonne, et, sans aucun doute on eût alors obtenu *tous les aveux désirables;* on serait ainsi parvenu à ce qu'on appelait alors *la manifestation de la vérité!*

Le roi de Majorque fit répondre aux grands vicaires, par Guillaume de Canet, son lieutenant, « que, le feu pape Clément V « l'ayant chargé de la garde de ces Templiers, il ne pouvait « les remettre sans un ordre du Pape, son successeur; que si « ces prisonniers devaient être punis des crimes dont ils étaient « accusés, il était en droit de leur faire subir le supplice dans « ses domaines, où ils les avaient commis, et de les faire juger « par sa cour; mais que, de crainte que l'archevêque de Nar- « bonne, l'évêque d'Elne, ou leurs officiaux, n'entreprissent « quelque chose contre sa juridiction, ou qu'ils n'usassent d'ex- « communication ou d'interdit, il en appelait au Saint-Siége, « ou au *Pape futur* ». C'est tout ce que l'on sait de ce concile de Narbonne[4].

On a écrit que le pouvoir (*Philippe le Bel*) ne s'était pas enrichi des dépouilles du Temple[5]. On a voulu dire sans doute que, Philippe ayant trouvé moyen de dissiper la plus

---

[1] *Proc.*, vol. II, p. 451.
[2] *Id.*, p. 459.
[3] *Id.*, p. 498.
[4] DOM VAISSETTE, *Histoire du Languedoc*, t. IV, p. 152, 153.
[5] *Monographie du coffret d'Essarois*, brochure 2ᵉ, p. 90.

grande partie des valeurs mobilières de l'Ordre sur lesquelles il avait mis la main, le trésor royal resta *dénué comme devant, à sa mort*. Selon l'expression du père Mansuet, « les coffres « du Roi, semblables au tonneau des Danaïdes, *se vuidaient* « à mesure qu'on y versait[1] ».

Nous allons pouvoir nous rendre compte des *sommes énormes* dont Philippe et les siens profitèrent. On ne pourrait faire le calcul approximatif de ces richesses mobilières.

[1] Mansuet, t. II, p. 126.

CHAPITRE XLIII

Aperçu général des valeurs provenant des biens du Temple, dont Philippe le Bel, sa femme, leurs enfants et Charles de Valois, frère du Roi, ont profité. — Pillages. — Revendications. — Compositions.

Ferretus Vicentinus rapporte que Clément V adjugea à Philippe le Bel la magnifique maison du Temple de Paris, et des richesses considérables consistant *en vases et objets du plus grand prix*. Cela paraît exact[1]. Philippe et ses successeurs conservèrent pendant plusieurs années en leurs mains la Tour et les bâtiments du Temple; mais nous voyons qu'à la fin du quinzième siècle les Hospitaliers occupaient ces immeubles[2].

Quant aux richesses mobilières dont parle Ferretus, le Pape abandonna à Philippe le Bel tout ce dont il s'était emparé dans les diverses églises et chapelles de l'Ordre. Le codicille du Roi en date du 28 novembre 1314 prouve bien qu'il en fut ainsi. La veille de sa mort, à Fontainebleau, au moment de paraître *devant Dieu, son souverain Roi*, Philippe le Bel se souvint d'avoir déposé dans le monastère des Sœurs de Sainte-Marie de Poissy une certaine quantité d'objets provenant du pillage des églises du Temple; par son codicille susdaté, il légua aux Sœurs de Sainte-Marie toutes les *reliques, vases précieux et sacrés* qu'il avait mis en dépôt dans leur couvent[3] :

---

[1] Atrium etiam mirabile quod princeps eorum Apollonis juxta Parisius civitatem ære magno construxerat, Philippo contribuitur, sunt etiam qui pretiosissima vasa, resque precio magno nobiles, illum accepisse dejudicent. Muratori, t. IX, *Ferretus Vicentinus*, p. 1018.

[2] *Archives de Malte : Commanderies*. Procès-verbal de visite prieurale de l'année 1495, sous le grand prieur de l'Hôpital, Émery d'Amboise. Mannier, p. 5 et 6.

[3] Ceci explique comment il se fit qu'on ne trouva aux inventaires que la tête n° 58; les autres têtes ou reliques, avec leurs pierres précieuses, étaient passées en d'autres mains que celles des administrateurs des biens.

la grande et *précieuse et belle croix d'or* qui avait *appartenu aux Templiers*, deux riches et *magnifiques tentures en or* que Clément V *lui avait données*, et deux autres draps d'or qu'il avait reçus des Hospitaliers [1].

Nous essayons d'établir le détail des autres valeurs immenses, incalculables, dont le pouvoir (c'est-à-dire Philippe le Bel et les siens) approfita des dépouilles du Temple.

1° Philippe s'était emparé, le 13 octobre 1307, des valeurs considérables en numéraire accumulées au Temple de Paris, dans les commanderies et maisons des provinces.

2° Le Roi fit vendre les récoltes engrangées, le mobilier des commanderies et maisons, jusqu'aux instruments d'agriculture [2].

3° Il s'adjugea les richesses des églises et chapelles, objets du culte, ornements, vases en or et en argent, joyaux, pierreries, rubis et diamants, d'une valeur énorme.

4° Il toucha pendant cinq années les revenus des immeubles de France, les cens et les rentes.

5° Il réclama aux Hospitaliers une somme de deux cent mille livres, qu'il prétendit avoir mise en dépôt au Temple, et que les Frères ne lui auraient pas rendue [3].

6° Il réclama soixante mille livres pour les frais du procès, qu'il avait déjà prélevés sur les valeurs mobilières.

7° Philippe devait au trésor du Temple 500,000 *francs*, que l'Ordre lui avait avancés à l'occasion du mariage de Blanche, sa sœur [4].

8° Il devait aux Templiers une somme de deux cent mille florins qu'un trésorier de l'Ordre lui avait livrés, et qui, pour ce fait, en avait été chassé [5].

---

[1] Codicille de Philippe le Bel, du 28 novembre 1314. *Notices* et *Extraits* des manuscrits, vol. XX, p. 229.

[2] *Ordre de Malte : Commanderies*. MANNIER, p. XVIII.

[3] FÉLIBIEN, *Histoire de Paris*, vol. III, p. 320.
On prétendit même que le Roi déclara que les Templiers lui *avaient volé* cette somme.

[4] DUPUY, *Histoire de l'Église au quatorzième siècle*.

[5] Francesco-Amadi MAS LATRIE, *Histoire de Chypre*, t. II, p. 699.
« Aucun trésorier ne pouvait prêter *grand avoir* de la maison sans l'auto-

9° Il devait deux mille cinq cents livres qu'il s'était fait remettre en 1297, sous sa garantie, sur l'argent de la croisade[1].

10° Il toucha le montant des créances de l'Ordre, les *créances claires* (*comme on disait alors*).

11° La femme de Philippe le Bel, la reine Jeanne ; les princes Louis, Philippe, Charles, comte de la Marche, devaient au Temple des sommes importantes, soit pour *cause de prêt,* soit à raison de ce qu'ils avaient touché sur les biens séquestrés de l'Ordre.

12° Louis le Hutin et Philippe le Long se firent donner une quittance générale et définitive; de plus, les Hospitaliers leur abandonnèrent les deux tiers de toutes les valeurs mobilières non *réalisées* par Philippe le Bel, et de toutes celles dues, *liquides ou non liquides,* à la mort de leur père.

13° Charles de Valois, frère du Roi, fit des réserves, à raison de ce qu'il prétendit lui être dû par les Templiers. (Il usa largement de ces réserves, ainsi que nous allons le voir.)

Philippe le Bel dut obéir à la sentence de Clément V, rendue au concile général. Il fallut faire *remise à regret* aux Frères de l'Hôpital des biens du Temple. On fit un règlement avec eux.

A la date du 26 mars 1312, il intervint entre les officiers du Roi et l'Ordre de l'Hôpital un premier arrangement, auquel on donna le nom de *composition* (*compositio*).

PREMIÈRE COMPOSITION.

Le 26 mars 1312, les Hospitaliers s'engagèrent à payer au Roi deux cent mille livres tournois, montant de son dépôt au trésor du Temple, en l'espace de trois années, à condition

---

« risation du grand maître, et ce dernier n'avait pas le droit de faire un prêt
« important sans l'autorisation d'une *grande partie des prodhommes de la*
« *maison.* » (Art. 82 de la *Règle française.*) Tout Frère qui prêtait chose de la maison sans congié perdait l'habit. (Art. 250 et 598 de la Règle.)

[1] FÉLIBIEN, t. III, p. 320.

qu'on déduirait de cette somme, à *leur décharge*, ce qui aurait été perçu des biens des Templiers et appliqué au profit du Roi depuis leur arrestation, « *in utilitatem prefati regis conversa bona*[1] ».

A la date du mercredi après l'Annonciation, il intervint un arrêt du Parlement qui mit les Hospitaliers en possession des biens du Temple[2]. Rien ne fut terminé, Philippe le Bel étant décédé à Fontainebleau le vendredi 29 novembre 1314.

Le 14 février, les officiers du roi Louis le Hutin firent avec les Hospitaliers une nouvelle composition.

DEUXIÈME COMPOSITION.

L'Ordre de l'Hôpital s'engagea à payer au Roi 260,000 petits tournois, savoir 200,000 en restitution du dépôt fait au Temple par Philippe le Bel, et 60,000 pour les frais du procès. Cette composition contenait en outre les six articles qui suivent :

1° Les Hospitaliers tiennent le Roi quitte de tout ce que son père a touché et approfité des biens du Temple jusqu'à aujourd'hui.

2° De tout ce que son père, sa mère, la reine Jeanne, lui le Roi, et ses frères, doivent au Temple pour cause de prêt.

3° Ils abandonnent au Roi les deux tiers de ce qui pourrait rester dû par les administrateurs des biens du Temple.

4° Les deux tiers des créances *claires et non claires*.

5° Les deux tiers des arrérages de toutes les fermes qui sont encore dus.

6° Les deux tiers de tous les ornements d'église et joyaux[3].

Louis le Hutin mourut à Vincennes le 5 juin ou le 5 juillet 1316; rien ne put être terminé.

Philippe le Long, son successeur, fit saisir les biens des Hospitaliers, qui étaient en retard de payer ce qu'ils devaient, aux

---

[1] FÉLIBIEN, 1re *Composition*, Pièces justificatives, vol. III, p. 320.
[2] *Id.*, p. 319.
[3] *Id.*, p. 121.

termes de la composition du 14 février. L'Ordre emprunta et paya au Roi une partie de la dette. Les officiers de Philippe le Long mirent la main sur les deux tiers des fruits des terres et vignes ayant appartenu au Temple; ils soutinrent qu'aux termes de la composition passée entre les Hospitaliers et le feu roi Louis, les deux tiers de ces fruits appartenaient au Roi. Les Hospitaliers soutinrent que les fruits étaient immeubles et non meubles. Le Parlement décida, après avoir examiné ladite composition, en son audience du lundi après la Saint-Denis 1317, que les deux tiers des fruits de la précédente année appartenaient au Roi[1]. Il fallut en arriver à une troisième composition.

TROISIÈME COMPOSITION.

Les Hospitaliers déclarèrent qu'ils déchargeaient le Roi des successions de Philippe le Bel et de Louis le Hutin, Charles, comte de la Marche, frère du Roi, de tout ce qu'ils pouvaient devoir au Temple, de tout ce qu'ils avaient approfité sur les biens de l'Ordre; et, pour en finir, ils s'engagèrent à payer à Philippe le Long une somme de 50,000 livres tournois en trois années. Les Frères de l'Hôpital furent en outre dans la nécessité de consentir à réserver à Charles de Valois, oncle du Roi, *tels droits qu'il devait avoir ès biens du Temple*[2]. Il n'y avait pas à discuter avec Charles de Valois. Ce *prince* GRACIEUX[3], AUSSI

---

[1] *Olim*, t. II, p. 643, 644, XVII.
[2] FÉLIBIEN, 3ᵉ *Composition*, t. III, p. 321.
[3] Charles de Valois avait fait plusieurs belles actions dans sa vie, notamment celle-ci. En 1299, Guy, comte de Flandre, ses fils et certains barons s'étaient rendus à Charles de Valois, qui s'engagea à les mettre en liberté au bout d'une année. Charles mena ses prisonniers à son frère Philippe, qui les envoya en la *tour*, à *Compiègne*, à Chinon et à Nouette. Charles avait fait connaître au Roi la *condition*. L'année étant expirée, Philippe refusa de rendre le comte de Flandre, ses fils et les barons à la liberté. « Charles requist son frère que il « les renvoiast en Flandres, ainsi comme il les avait en convenant; *le Roi dist* « *que non*. Adonc Charles assembla 5,000 hommes et parti de France pour « aler en *Constentinoble*, dont sa femme devait estre *Empereris*. » *Chronique normande du quatorzième siècle*, p. 15.

biau de corps que feu son frère (d'après les chroniques du temps), mais aussi cupide que lui, avait fait *pendre*, le mercredi veille de l'Ascension 1315, *Enguerrand de Marigny qui lui avait baillé la plus grande partie du trésor royal, qui se trouva tout desnué* à la mort de Philippe le Bel[1].

Charles de Valois ne lâcha pas prise ; car on voit, en 1320, son neveu Philippe le Long nommer des commissaires dans le Languedoc, pour lever le reste des créances des Templiers, dont Charles de Valois se fit adjuger *le neuvième*[2].

Philippe le Long mourut le 3 janvier 1322. Son successeur, Charles IV, proposa aux Hospitaliers de les tenir quittes et libérés de toutes leurs obligations, s'ils consentaient à lui constituer sur sa tête, et sur celle de Mahaut de Saint-Pol, sa femme, une rente annuelle et viagère de douze cents petits tournois. Les Hospitaliers acceptèrent et donnèrent en garantie les revenus de plusieurs commanderies. Voilà pour Philippe le Bel et sa famille.

L'Ordre de l'Hôpital se trouva chargé de dettes. Ce ne fut pas tout encore, les biens de l'Ordre avaient tenté toutes les avidités. Des intéressés avaient fait disparaître des *archives ordinaires du Temple certains titres* de propriété et d'amortissement. Les Hospitaliers furent forcés de payer de nouveaux amortissements, sous peine d'être contraints de délaisser. Au mois de mai 1323, l'Hôpital dut amortir les *maisons et possessions* du Temple de la Ville-Dieu en Drugecin, de Launay lez Vernueil, de la chastellenie du Château-Neuf en Thimerais dépendant de la commanderie de Launay[3]. Charles de Valois reçut pour cet amortissement une somme de 679 livres[4].

En 1260, Mathieu, seigneur de Montmorency, avait octroyé aux chevaliers du Temple l'amortissement pour tous les biens qu'ils possédaient en ce lieu ; mais en 1318 Jean de Montmorency, seigneur de Montmorency, fit saisir le domaine ayant

---

[1] *Chronique de Saint-Denis. Historiens de France*, t. XX, p. 693.
[2] Dom Vaissette, t. II, p. 142.
[3] Commune de Rueil-la-Gadelière (Eure-et-Loir), arrondissement de Dreux, canton de Brezolles.
[4] *Ordre de Malte : Commanderies.* Mannier, p. 125.

appartenu à l'Ordre du Temple, en prétendant qu'il n'avait été amorti ni par lui ni par ses auteurs. Les Hospitaliers transigèrent en payant une somme de 1,600 livres parisis, pour obtenir la possession libre, entière et définitive de ces biens [1].

Des domaines entiers ayant appartenu au Temple avaient disparu.

En 1223, les Templiers possédaient hors la ville de Vendôme une maison dite *l'Hôpital;* cette propriété avait été donnée depuis l'arrestation des Frères (on ignore par qui) à l'abbaye de Notre-Dame de Lépeau, nommée *de la Pitié de Dreux,* aux Frères Mineurs de Vendôme [2].

La commanderie de Choisy-le-Temple [3] ne put recouvrer une grande partie des biens de l'Ordre; il manquait plus de neuf cents arpents de terres à Villemareuil, Nanteuil, Villers-sur-Morin, Dinville et Saint-Pathus [4]. A Saint-Mesmes, les Hospitaliers ne trouvèrent plus ni maisons ni terres [5].

A Coulommiers, commanderie principale de la Maison-Neuve lez Coulommiers, l'administration des biens du Temple avait été confiée en 1307 au prévôt Gillon Barillat, qui ne rendit aucun compte de sa gestion [6].

La maison de Bilbartaut, dépendant de la même commanderie, fut pillée par le même Gillon Barillat; il avait vendu tout le mobilier et affermé le domaine à un de ses parents, Jean Barillat, moyennant 9 livres par an [7].

Les Hospitaliers payèrent fort cher la remise qui leur fut faite des biens du Temple, ce qui fit dire à saint Antonin, évêque de Florence, et aux écrivains du temps, « que partie des « biens ayant été occupée par diverses personnes laïques, les « Hospitaliers furent forcés de vider leur trésor pour *faire*

---

[1] *Ordre de Malte : Commanderies.* MANNIER, p. 20.
[2] *Histoire de Vendôme,* par l'abbé SIMON, t. II, p. 85.
[3] Choisy-le-Temple, commune de Charny (Seine-et-Marne), arrondissement de Meaux, canton de Claye.
[4] *Ordre de Malte.* MANNIER, p. 183.
[5] *Id.*, p. 183.
[6] *Id.*, p. 200.
[7] *Id.*, p. 204.

« *des dons au Roi* et à ceux qui occupaient ces biens, en sorte
« que l'Ordre de l'Hôpital fut appauvri [1] ».

Le temps et une bonne administration aidant, les Hospitaliers rétablirent leurs affaires. Les biens du Temple contribuèrent largement à l'immense fortune des chevaliers de Malte.

Nous avons donné notre opinion, conclu presque à chaque page ; nous n'avons aucun résumé à faire.

[1] Labbe, *Conciles*, t. XI, p. 1563, 1564.

FIN.

SPÉCIMEN DU SCEAU DU CACHET DES DEUX CHEVALIERS FONDATEURS
DE LA COMMUNAUTÉ DU TEMPLE.

(D'après Mathieu Paris.)

Les curieux trouveront d'autres renseignements sur les cachets, sceaux ou *boules* de l'Ordre et des maîtres, dans l'*Inventaire des sceaux des Archives nationales*, par M. Douet d'Arcq, t. III, p. 231.

TABLE DES MATIÈRES

CHAPITRE PREMIER

Commencements des pauvres soldats du Temple (*pauperes commilitones Christi templique Salomonici*). — Hugues de Payens et Godefroy de Saint-Omer. — Leur vœu, leurs services. — Un seul cheval sert à ces deux chevaliers. — Leur cachet. — De 1118 à 1127, la petite communauté se compose de neuf chevaliers. — Ils demandent la règle. — Le pape Honorius II et Bernard, abbé de Clairvaux.................. 1

CHAPITRE II

L'abbaye de Clairvaux. — Bernard. — Sa doctrine. — Les deux glaives. — L'épée spirituelle et l'épée temporelle. — Constitution d'une religion armée. — Unité du dogme. — Unité politique sur le modèle de l'unité catholique. — Idée fixe de l'abbé de Clairvaux de préserver l'Occident contre l'invasion des Sarrasins et du monothéisme.................. 6

CHAPITRE III

1128, concile de Troyes. — La règle. — Hugues de Payens, le patriarche de Jérusalem, Étienne de la Fierte. — Révision de la règle par Bernard. — Compléments apportés à la règle latine. — Statuts et règlements de l'Ordre trouvés par Maillard de Chambure. — L'Église connut-elle ces additions à la règle?.................. 11

CHAPITRE IV

La blanche chlamyde des chevaliers. — Donations de Raoul le Gros, de Hugues de Payens, de Godefroy de Saint-Omer, de Payen de Montdidier, de Barthélemy de Vire, de Thierri, comte de Flandre. — Bernard recommande les chevaliers aux puissances du siècle. — Ses lettres. — 1132, richesses croissantes de l'Ordre. — Princes, comtes et barons se font Templiers. — André, oncle de Bernard; Hugues, comte de Champagne. — Résumé de l'exhortation aux chevaliers. — Bernard leur fait accorder par le pape Eugène III, son disciple, la faveur de porter la croix rouge, du côté gauche, sur leur manteau. — Même faveur accordée aux Frères inférieurs portant robe noire. — Bernard et Pierre le Vénérable.................. 16

CHAPITRE V

Les pèlerins et les Templiers. — Alphonse le Batailleur, roi d'Aragon. — Munificence du roi Louis VII. — Lettres adressées au Roi par le grand maitre Bertrand de Blanquefort et par un grand de l'Ordre, Fulcherius. — Les Templiers s'installent à Paris en 1146. — Charte de Simon, évêque de Noyon. — Munificence de Baudouin III, roi de Jérusalem. — Donations de Thibaut, comte palatin de Troyes, de la princesse Constance, sœur de Louis VII, de l'impératrice Mathilde, de Henri II, roi d'Angleterre, duc de Normandie, de Richard Cœur de lion et de Jean, son fils, de Philippe-Auguste, de la reine Alix sa mère, d'Adelicia, veuve du comte de Blois. — En 1181, les Templiers créent une boucherie à Paris, pour les besoins de la population *(de la ville)*, et *à cette seule considération de lui être utile*. — 1193. L'Ordre comprend 900 chevaliers. — Envahissement des biens des églises et des dixmes. 24

CHAPITRE VI

Certains priviléges généraux et spéciaux accordés par les papes. — Les Templiers affranchis de la juridiction des évêques. — Au commencement du treizième siècle, l'Ordre possède 9,000 maisons, *maneria*. — Opinion de Matthieu Pâris. — La confession disciplinaire. — Martin IV et les Templiers. — Croisade d'Aragon. — Les chevaliers servent dans cette croisade. Pourquoi? — Ils avaient déjà servi dans les croisades contre les Albigeois. Pourquoi?. 31

CHAPITRE VII

Les Templiers seigneurs féodaux. — Le grand maitre prince souverain. — Biens du Temple. — Coup d'œil sur les droits de mutation. — L'amortissement. — Les abrégements de fiefs. — L'allodium. — L'Ordre a tous les avantages de la féodalité, sans en avoir les charges. — Travaux considérables des Templiers. — Défrichements de bois et forêts. — Mise en culture de landes et bruyères. — Desséchements de marais. — Création de vastes centres agricoles. — Revenus de l'Ordre au quatorzième siècle, près de 57 millions de francs. — Calculs approximatifs. — Emploi des revenus. 41

CHAPITRE VIII

Revers de la septième croisade. — Grégoire X veut réunir les deux Ordres du Temple et de l'Hôpital. — Concile de Lyon, 7 mai 1274. — Le Pape échoue dans ses projets. — Chute d'Accon, 16 juin 1290; massacre des Templiers. — Nicolas IV veut réunir les trois Ordres militaires : le Temple, l'Hôpital et l'Ordre Teutonique. — Concile de Saltzbourg. — Le grand maitre du Temple s'oppose à cette fusion. — Conséquences de ce refus. — Clément V ne pourra parvenir à fusionner les deux Ordres du Temple et de l'Hôpital. 48

CHAPITRE IX

L'Ordre du Temple mêlé aux différends de Boniface VIII et de Philippe le Bel. — Lutte entre le pouvoir spirituel et le pouvoir temporel. — Ambition du Roi. — Promesse du Pape de transférer l'Empire romain à un prince français. — Décimes royaux. — Plaintes du clergé de France. — Principales bulles du Pape : *Clericis laicos, Noveritis nos, Ausculta fili, Petri solio excelso*. — Boniface joue Philippe le Bel à l'occasion de l'Empire. — Jubilé de l'année 1300. — Philippe le Bel envahit le comté de Melgueil. — L'évêque de Pamiers, Saisset. — Bertrand de Got, archevêque de Bordeaux. — 10 avril 1302, réunion des états généraux. — Philippe le Bel reconnu comme fieffeux souverain. — Lettre du clergé au Pape. — Lettre de la noblesse. — Concile de Rome. — Session du 13 novembre 1302. — Constitution *Unam sanctam*. — 11 février 1302, le Roi fait brûler publiquement à Paris la bulle *Ausculta fili*. — Assemblée des prélats et barons des 17 et 20 janvier et 12 mars 1302. — Grande assemblée tenue au Louvre les 13 et 14 juin 1303. — Appel au futur concile contre Boniface; les Templiers donnent leur adhésion. — Conciles provinciaux; les Templiers donnent encore leur adhésion. — Adhésion des couvents de Paris et de Toulouse. — Adhésion des diverses Églises, des monastères et couvents, même des communautés de femmes. — Étrange conduite des abbés de Citeaux, Cluny et Prémontré. — Bulle d'excommunication *Petri solio excelso*, du 8 septembre 1303. — Attentat d'Anagni. — Mort de Boniface VIII, 11 octobre 1303. 51

CHAPITRE X

Mémoire de Nogaret au Roi. — Il lui conseille d'en rester là quant à présent. — Nogaret et l'avocat du Roi, Dubois, indiquent certains moyens de défense à opposer à l'Église de Rome, si elle inquiète Philippe le Bel. — Moyens tirés des Écritures. — Dubois soulève la question du célibat des prêtres. — Philippe le Bel ne voulut jamais aller jusqu'au schisme. — La bourgeoisie et le peuple aimaient le Roi, tout en le redoutant. — Vaillance, patriotisme de Philippe le Bel. — Le pape Benoît XI. — Ce pape releva le roi de France, sa femme et leurs enfants, les grands et le royaume, de toute excommunication. — 7 juillet 1304, mort de Benoît XI. — Réflexions. 71

CHAPITRE XI

Bertrand de Got, archevêque de Bordeaux. — Intrigues des Colonna, du cardinal de Prato et de Philippe le Bel. — Bertrand de Got élu pape. — Roman de Villani. — Ambassadeurs de Philippe le Bel à Bordeaux. — On y traite d'affaires secrètes. — Lesquelles? — Lettres importantes du Pape à Philippe le Bel. — Opinions des plus anciens auteurs : Vecerius, saint Antonin, Jean Marius. — Opinion de M. Boutaric. — Étranges révélations faites à Philippe le Bel au sujet des Templiers. — Solennité du couronnement du nouveau pape à Lyon. — Attitude de Philippe. — Accidents, conférences. — Promesses du Pape. — Rapport de la constitution *Unam sanctam*. — La bulle *Clericis laicos* rapportée plus tard. — Vengeances du

Pape contre Gérard Pigalotti, évêque d'Arras, et contre Gauthier de Bruges, évêque de Poitiers. — Exactions commises par l'entourage du Pape. — Retour du Pape à Bordeaux. — *Roberies* commises par ses gens au préjudice des Églises de France.................... 79

CHAPITRE XII

Clément V et Philippe le Bel mettent les mains sur les libertés de l'Église de France, sur le droit d'élection. — Ils choisissent des créatures et les élèvent aux dignités de l'épiscopat. — Nominations scandaleuses....... 91

CHAPITRE XIII

L'Ordre du Temple inspirait tout à la fois des jalousies et des craintes. — Détesté de la noblesse, du clergé, de la bourgeoisie et du peuple. — Pourquoi? — On lui reprochait son âpreté au gain, son avarice, certains moyens employés pour acquérir. — On lui reprochait d'avoir été la cause de la prise de Louis IX à Damiette. — Belle conduite de l'Ordre du Temple au combat de la Massoure. — Motifs du refus de contribuer à la rançon de Louis IX. — Récit du sire de Joinville. — La clef. Le Roi. — Fidélité de l'Ordre au Roi, ses services. — Le Roi n'accusa pas l'Ordre de félonie. — Crimes de l'Ordre : son indépendance, sa souveraineté, sa richesse. — Aucun dessein dangereux contre la monarchie des Capétiens. — Faiblesse de Molay devant les inquisiteurs. — Il se relèvera en face de la mort. 95

CHAPITRE XIV

La règle du Temple, cause de sa grandeur et de sa perte. — L'Ordre ne reconnaissait d'autre maître que Dieu. — République aristocratique. — Hiérarchie basée sur l'élection. — Le couvent obéit au grand maître, et le grand maître au couvent. — Jalousie de Philippe le Bel. — L'Ordre a le droit de basse, moyenne et haute justice dans ses possessions. — Conflits entre les officiers de l'Ordre et les officiers de Philippe-Auguste, après l'agrandissement de l'enceinte de Paris. — Philippe le Hardi reconnait aux Templiers le droit de basse justice et de cens dans leurs possessions à l'intérieur de Paris, et le droit de haute, moyenne et basse justice, la libre disposition de leurs biens, pour toutes leurs possessions en dehors de l'enceinte. — Queue du Temple. Philippe le Bel décharge les habitants de la *Villeneuve-le-Temple* des impositions de la capitale. — Maltôte de 1292. — Sédition à Rouen, pillages, graves conséquences. — La ville perd ses priviléges, concédés par Philippe-Auguste et par Philippe le Hardi. — Lettres patentes de 1207 et de mai 1278. — Philippe le Bel rend, en 1309, à la ville de Rouen ses priviléges. — Extension considérable du commerce maritime de Rouen, de la navigation et des pêches, sous Louis le Hutin. — Ordonnance royale du mois de juillet 1315............. 102

CHAPITRE XV

En faisant rentrer les biens du Temple dans son domaine, le Roi voulait les rendre à la vie civile et à la loi féodale. — Nécessité d'obtenir une condamnation en justice contre l'Ordre. — Le bénéfice de la confiscation, l'encours d'hérésie. — Concours du Pape indispensable. — L'Ordre justiciable du Pape seul. — Dangers politiques pour le Roi résultant de la confiscation. — Observations faites à ce sujet par le roi d'Angleterre, duc de Guienne. — Lettre importante du Pape à Philippe le Bel, du 9 novembre 1310. — Perplexités de Clément V. — Aucun concile général ne consentira à déposséder l'Église de ses biens. — Empressement des hommes libres à se donner au Temple. — Pourquoi? — Avantages de la recommandation. — Source de bénéfices énormes et d'influence pour les Templiers. — Patriotisme de Philippe le Bel. — Le Roi veut employer aux besoins de la défense nationale les forces vives de la féodalité. — Le Roi n'a pas voulu détruire le *système* féodal. — Philippe le Bel compose avec les églises pour obtenir le payement des décimes nécessaires aux besoins et aux dépenses de la guerre. — En 1279, 1289 et 1304, le Roi amortit les biens de l'Ordre du Temple. — Pourquoi?. 110

CHAPITRE XVI

Juin 1306, ordonnance de Philippe le Bel rétablissant la forte monnaie. — Exigences des propriétaires de maisons à Paris. — Émeute. — Le Roi reçoit asile au Temple. — Son orgueil froissé. — Pillage, mise à sac de la Courtille-Barbette. — Pendaisons. — L'Ordre est dénoncé. — Avril 1307, voyage du Roi à Poitiers, conférence avec Clément V. — Les deux souverains tombent d'accord de faire chacun de son côté une enquête à l'occasion des dénonciations. — Menaces de Philippe le Bel de suivre le procès contre la mémoire de Boniface VIII. — Lettre du Pape. — Clément mande auprès de lui les grands maîtres du Temple et de l'Hôpital. — Voyage de Molay à Poitiers. — Prétendues révélations de Cantilupo, Templier, camérier du Pape. 120

CHAPITRE XVII

Lettres dites de cachet de Philippe le Bel, du 14 septembre 1307. — L'arrestation générale des Templiers est décidée le 25 septembre en conseil secret tenu à Pontoise; elle est fixée au 13 octobre dès l'*aube*, par toute la France. — Nogaret nommé garde des sceaux en remplacement de l'archevêque de Narbonne, Gilles Aisselin. — Instructions données par Guillaume Imbert, confesseur du Roi, inquisiteur de la foi en France, aux inquisiteurs de Toulouse, Carcassonne et autres. 129

CHAPITRE XVIII

Le jeudi 12 octobre 1307, le grand maître Molay assiste en grande pompe aux funérailles de Catherine de Courtenai, deuxième femme de Charles de Valois, frère du Roi. — Les Templiers ne se doutent pas qu'ils seront arrêtés le lendemain. — Conjuration. — Arrestation générale des Frères le 13 octobre au matin, dès l'aube. — Massacres à Arras. — Philippe le Bel prend possession du Temple, de la tour, du trésor et des archives. — Description de la tour du Temple, élevée au commencement du treizième siècle par le trésorier Frère Hubert. — 15 octobre, lecture, sur la place du Palais, des énormités dont les Templiers sont accusés. — Le but était de soulever la clameur publique contre l'Ordre, de légitimer les poursuites (d'office, *ex officio*), comme en matière de flagrant délit. — Exécution des ordres du Roi et des instructions de Guillaume de Paris dans les provinces. — Lettres de Philippe le Bel aux princes étrangers. — Réponses du duc d'Aquitaine, roi d'Angleterre, du roi des Romains, de l'archevêque de Cologne et du duc de Brabant. 135

CHAPITRE XIX

Le 18 octobre 1307, Guillaume de Paris commence son enquête. — Mode de procéder. — Cent quarante Templiers, détenus au Temple de Paris, sont interrogés du 18 octobre au 24 novembre 1307. — Contradictions étranges entre les déclarations consignées aux procès-verbaux des inquisiteurs et celles reçues en 1309, 1310, du chef des mêmes témoins, par la grande commission d'enquête instituée par le Pape. — Comparaison des déclarations des Frères Raynier de l'Archent, Jean de Tortavilla, Guillaume de Giaco ou de Gii, Pierre de Safet, Pierre de Arbleyo, Jean de Elemosina, Stéphane de Domont, Pierre de Blésis, Pierre de Bononia, Hugo de Payrando, Pierre de Bocli, Radulphe de Gysi. — Déclarations de Molay devant Guillaume de Paris. 141

CHAPITRE XX

Clément V est averti par la rumeur publique de ce qui se passe à Paris et dans les provinces. — Son indignation. — Sa lettre à Philippe le Bel, du 27 octobre 1307. — Il enjoint au Roi de remettre les Templiers aux mains de deux cardinaux qu'il lui envoie, Bérenger de Frédol et Étienne de Saint-Cyriace. — Le Pape enlève leurs pouvoirs aux inquisiteurs. — Philippe ne tient aucun compte de la lettre de Clément V; les inquisiteurs continuent leur *besoigne* à Paris. — Arrestations opérées à Pamiers, Bigorre, Carcassonne, Nîmes, Beaucaire, Troyes, Pont-de-l'Arche, Bayeux et Caen. — Interrogatoires. — Ancienne commanderie du Temple à Rouen, rue Saint-Éloi, rue des Hermites. — Commanderie principale de Sainte-Vaubourg. — Host de Sainte-Vaubourg à Rouen, rue Saint-Éloi. — La Monnaye de Rouen. — La Vieille-Romaine. — Le grenier à sel. — Cens, revenus, maisons des Templiers à Rouen. — Procès-verbal des inquisiteurs de Caen. — Templiers des commanderies de Baugy, Bretteville-la-Rabelle, Voismer et Corval. — De Bullens ou Bullex, commandeur de Voismer, mis à la torture. — Il sera brûlé en 1310. — Gracieux accueil fait par Philippe le Bel aux deux cardinaux envoyés vers lui par Clément V. — Lettre de Philippe au Pape, du dimanche avant Noël 1307. 155

CHAPITRE XXI

Soixante-douze Templiers sont conduits à Poitiers devant Clément V; ils passent des aveux. — Délibération des maîtres en théologie de Paris du 25 mars 1307. — Le Roi convoque les états généraux à Tours pour le

14 avril 1308. — Lettre de Philippe le Bel, du 25 mars 1307, aux communes. — Lettre du Roi, du 26 mars, au clergé et aux grands feudataires. — Le Roi arrive à Tours le 11 mai 1308. — Séance des états généraux du 10 juin. — Les Templiers sont déclarés coupables; les députés déclarent que les Frères du Temple méritent la mort. — Philippe le Bel se rend à Poitiers auprès de Clément V, avec une partie des députés. — Molay mis en présence du Pape et du Roi, qui lui *signifient leurs volontés*. — Clément V hésite encore; il veut se borner à réformer l'Ordre du Temple. — Menaces du Roi de reprendre le procès à la mémoire de Boniface VIII. — Le Pape est forcé de composer. **165**

CHAPITRE XXII

Dubois avocat du Roi à Coutances. — École de droit d'Orléans; les principes qu'elle professe. — On fait circuler à Poitiers trois libelles ou mémoires diffamatoires contre le Pape, attribués à Dubois. — Extraits de ces curieux mémoires. — Attaques contre Clément V et contre les Templiers. — Bernard de Farges, neveu du Pape, archevêque de Rouen. — *Grande prise* faite par Bernard de Farges; coupes dans les forêts de l'Église de Rouen. — Népotisme. — Délibération des chanoines du chapitre de Rouen, du mercredi après la Saint-Michel 1308. . . . . **172**

CHAPITRE XXIII

Clément V, inquiété par l'affaire des Templiers et par les menaces de Philippe le Bel, demande conseil au cardinal de Prato. — Influence de ce cardinal. — Mort de l'empereur Albert, le 1er mai 1308. — Conseil donné au Pape par le cardinal de Prato. — Lettre du doyen du Sacré Collége à l'électeur, archevêque de Cologne. — Mémoire de Dubois, qui conseille à Philippe le Bel de faire investir Charles de Valois de l'Empire par Clément V, de supprimer les électeurs, de prendre au Pape tout le patrimoine de l'Église. — Agissements de Philippe le Bel et de Charles de Valois. — Lettre du Roi aux chevaliers Gérard de Landry, Pierre Barrière et Hugues de la Celle. — Emploi d'une somme de 10,500 livres tournois pour préparer l'élection de Charles de Valois. — Texte de la reconnaissance de cette dette souscrite par Charles de Valois, en date du 16 juin 1308. — Clément V et le cardinal de Prato traversent secrètement les projets de Philippe le Bel et de Charles de Valois. Pourquoi? — Élection de Henri de Luxembourg. — Portrait et caractère de ce prince par Dino Compagni. — Philippe le Bel perd l'occasion de gagner l'Empire. — Le Pape ne veut pas donner au monde un maître dans la personne de Philippe le Bel. **181**

CHAPITRE XXIV

Philippe avait quitté Poitiers à la fin de juin 1308. — Textes du compromis intervenu entre Clément et le Roi au sujet des Templiers et de leurs biens. — Choix de Guillaume de Plasian pour terminer les négociations. — Condescendances de Pierre de la Chapelle, évêque de Préneste, nonce du Pape. — Le Pape et l'Église ne pouvant garder les Templiers, ceux-ci resteront sous la garde de Philippe le Bel, ainsi que les biens de l'Ordre. —

Personnel, composition des commissions d'enquête. — Clément V prescrit aux souverains d'arrêter tous les Templiers. — Détail et résumé des négociations intervenues entre le Roi et Clément à Poitiers, au cours des mois de juin et juillet 1308, au sujet de l'affaire du Temple. **188**

CHAPITRE XXV

Clément V s'était réservé d'examiner les grands de l'Ordre. — Mission confiée aux cardinaux Bérenger, Étienne et Landulphe de Saint-Angeli. — Molay transféré de Corbeil à Poitiers, et de Poitiers à Chinon. — Les cardinaux reçoivent à Chinon les confessions du grand maître et des grands de l'Ordre, auxquels ils font entrevoir leur grâce. — Ils donnent à Molay et à ses frères l'absolution, leur rendent la communion, les admettent aux sacrements. — Lettre des cardinaux à Philippe le Bel. — Création des commissions d'enquête, leur composition. — Curieuse bulle de Clément V, du 12 août 1308. — Le Pape exalte la *vertu* de Philippe, son *désintéressement*, son *orthodoxie*. — Exercices de piété de Philippe le Bel **194**

CHAPITRE XXVI

Le Pape prend le parti de transférer le Saint-Siége à Avignon. — Retour du Pape à Bordeaux, au mois d'octobre 1308. — Clément prescrit à Charles II, comte de Provence, d'arrêter tous les Templiers. — Lettres de Charles II à ses juges, viguiers et officiers. — Arrestation des Templiers, condamnations, bûchers. — Confiscation des biens. — Charles II fait part à Sa Sainteté, son suzerain, des meubles confisqués. — Irritation en Provence contre Charles II. — Clément s'installe à Avignon, fin avril 1309. — Philippe de Marigni, archevêque de Sens. — Grand intérêt porté par le Roi à cette nomination. — Question des biens du Temple. — Elle est agitée même avant la condamnation de l'Ordre. — Clément veut donner les immeubles aux chevaliers de l'Hôpital. — Cette proposition n'est pas du goût du Roi. — Nouveau mémoire de Dubois proposant à Philippe le Bel de faire nommer en secret par le Pape son second fils comme roi d'Accon, de Babylone, d'Égypte et d'Assyrie, et de lui faire adjuger les biens du Temple. — Projet de croisade. — Les ambassadeurs du roi des Romains reçus en grande pompe à Avignon. — Mécontentement de Philippe le Bel. — Le Roi remet en question le procès à la mémoire de Boniface. — Comment se termina cette affaire. — Hésitations des commissions d'inquisition. — Réponse de Clément V. **202**

CHAPITRE XXVII

Fonctionnement des commissions d'enquête contre les personnes. — Conciles de Sens, Senlis, Rouen, Nimes, Provence, Languedoc, Bologne, Pise, Florence, Ravenne, Espagne, Aragon, Salamanque, Mayence, Londres. — Composition de la grande commission d'enquête contre l'Ordre. — Philippe de Voheto, prévôt de l'église de Poitiers, et Jean de Jamvilla, huissier d'armes de Philippe le Bel, préposés à la garde des Templiers. — Documents inédits. **212**

CHAPITRE XXVIII

La grande commission d'enquête contre l'Ordre se constitue en tribunal le samedi 22 novembre 1309, dans la chapelle de l'évêque de Paris, à Notre-Dame. — Du 22 novembre au 28 mars 1309, six cent trente-huit Templiers comparaissent devant les commissaires. — Cinq cent soixante environ déclarent qu'ils veulent défendre l'Ordre. — Ils deviennent parties au procès. — Le 22 novembre, comparution de l'ex-Templier Jean de Mélot. — On a confondu Jean de Mélot avec Jacques Molay, le grand maître. — Cause de cette erreur. — Molay comparut trois fois devant la commission : 1° le mercredi 26 novembre ; 2° le vendredi 28 novembre ; 3° le lundi 2 mars 1309. — 26 novembre, première comparution de Molay ; ses hésitations ; on lui offre le délai qui lui conviendra pour se décider à défendre ou à ne pas défendre. — Indignation de Molay à la lecture de certaines pièces du procès. — Il demande jusqu'au 28 novembre pour réfléchir. — Dénûment dans lequel Philippe le Bel laissa le grand maître. — 27 novembre, comparution du Templier Ponzardus de Gisiaco. — Il a été mis à la torture. — Son odieuse dénonciation contre les maîtres et les précepteurs de l'Ordre. — Concert organisé dans les prisons entre un certain nombre de Templiers et les gardiens. — Déclaration du Templier Aymo de Barbona ; il a été torturé ; supplice de l'eau. — Déclaration de Jean de Furno, dit Tortavilla ; il a été torturé. — 28 novembre, seconde comparution de Molay ; il refuse de défendre l'Ordre devant la commission, et demande à être conduit devant Clément V, son seul juge. — Sa profession de foi. — Intervention étrange du garde des sceaux Nogaret. — Interpellations de Nogaret adressées au grand maître. — Fières réponses de Molay. — On cherche par tous les moyens à déshonorer le grand maître. — Ajournement de la commission au 6 février 1309. — 13 février, comparution du Frère Jean de Barro ; il a été torturé. — Jacques de Sanci, ses plaintes. — Vingt-cinq Templiers de son groupe sont morts à la suite de la question et de la torture. — Bernard de Saint-Paul ; termes curieux de sa protestation. — 14 février, rétractations énergiques des Templiers de Carcassonne, Gazerandus de Montepassato, Johannes Costa, Stephano Trobati, Deforo Agula, Dorde Jafet, Raymundus Finel ; ils protestent qu'ils ont menti devant le Pape, à Poitiers. — Le Templier Cathiaco remet aux mains des commissaires une lettre que l'on faisait circuler dans les prisons. — Cachet de cette lettre. — Attitude déplorable des gardiens de Voheto et Jamvilla. — 17 février 1309, comparution du Frère Adhémar de Sparros ; il se rétracte ; il déclare qu'il a menti devant le Pape, à Poitiers. — Le Templier Bernard de Vado ; il a été torturé, ses pieds ont été brûlés au feu ; il montre aux commissaires les os tombés de ses talons sous l'action des flammes. — 20 février, énergiques protestations du chevalier de Caus. — 2 mars 1309, troisième comparution de Molay ; il persiste à demander son renvoi devant Clément V ; il refuse définitivement de défendre l'Ordre devant la commission 216

CHAPITRE XXIX

Le 28 mars 1309, les commissaires font donner lecture, dans le jardin de l'évêque de Paris, des chefs d'inculpation. — Présence des Templiers qui ont déclaré vouloir défendre. — Leurs protestations contre les faits articulés. — Texte des chefs d'inculpation, au nombre de 117. — Définition, but, résumé de l'articulation. — On a voulu envelopper l'Ordre et ses membres dans un vaste procès d'hérésie, entraînant la condamnation de l'Ordre et la confiscation des biens. 237

CHAPITRE XXX

Les Templiers sont sommés de choisir des mandataires pour défendre devant la commission d'enquête. — Cédule présentée par Raynald de Pruino et Pierre de Bononia, au nom de leurs adhérents. — Mise en demeure, paroles de l'archevêque de Narbonne et de l'évêque de Bayeux. — 1er avril 1309, les notaires de la commission se rendent dans les lieux où se trouvent détenus les Templiers, pour recevoir leurs déclarations. — Les divers quartiers et rues de Paris au quatorzième siècle. — Emplacement des rues, portes, ponts, places, établissements, édifices accédés par les notaires. — Les Templiers refusent de constituer mandataires avant de s'être concertés avec leur grand maitre. — Cédule dictée aux notaires par Pierre de Bononia. — Cédule du Frère Hélias Aymeric, modèle d'orthodoxie et de douce piété. — Cédule de Raynald de Pruino, du 1er avril 1309. — Exceptions soulevées. — Cédule d'un groupe de Templiers détenus à Saint-Martin des Champs. — Les Frères entendent défendre en personne, chacun pour soi, devant la commission et au concile général. — Ils défendront la religion du Temple contre quiconque jusqu'à la mort. — Ils demandent à se concerter avec Godefroy de Gonaville, Guillaume de Chambonnet de Blandésio, Guillaume de Bléri de Chantalonne, Pierre Maliane, Hélias Aymeric et Pierre de Longni. — Réponse ironique de treize Templiers détenus à la maison Ocréa 249

CHAPITRE XXXI

3 avril 1309, comparution et cédule de Jean de Montréal. — Le Temple possédait une relique de sainte Euphémie et d'autres reliques sacrées. — Les Frères déclarent qu'ils combattront à mort tout homme qui osera attaquer la religion du Temple, à l'exception du Roi et du Pape. — Cédule remise à la commission par le gardien Colard d'Évreux, au nom d'un groupe de Templiers. — Cédule présentée le 4 avril par un autre groupe de détenus. — Leurs plaintes. — On les laisse toutes les nuits dans une fosse obscure, accouplés deux à deux. — Leur état de pénurie. — Ce qu'ils sont forcés de payer pour se faire fergier et desfergier. — Leurs gages. — Proposition faite par l'évêque de Bayeux, au sujet du choix des mandataires. — Nouvelles difficultés. — Les Frères finissent par consentir à ce que de Pruino, de Bononia, Chambonnet et de Sartiges présentent toutes observations devant la commission, mais sous toutes réserves. — Cédule de Bononia. — Moyens et exceptions. — Revendication des priviléges de l'Ordre. — Extraits d'une deuxième cédule produite le 7 avril par le Frère de Montréal. — Réponses des commissaires 266

CHAPITRE XXXII

Première phase de l'enquête, du 11 avril 1309 au 30 mai 1310. — Les Frères de Pruino, de Bononia, de Chambonnet et de Sartiges sont agréés par la commission comme défenseurs *officieux*, et non pas comme parties au procès. — Prestation de serment des témoins. — Procédure. — Dépositions interrogatoires. — L'évêque de Bayeux se rend à Rouen pour siéger au concile de Pont-de-l'Arche, présidé par l'archevêque de Rouen, Bernard de Farges. — 23 avril 1310, cédule des quatre défenseurs; ils offrent de prouver à l'instant même les manœuvres, les violences physiques et morales employées contre les Frères dans le but de leur arracher des aveux mensongers. — Ils demandent qu'on leur délivre copie des chefs d'inculpation. — De même pour les noms des témoins. — Argument tiré du défaut de libre arbitre. — Supplice infligé au Frère Gérard de Pasagio par le bailli de Mâcon. — Le Frère Consolin de Sancto-Jorio a été appliqué à la question pendant un an, mis au pain et à l'eau, exposé sans vêtements au froid pendant six mois. — Le Frère Raymond de Vassiniacho torturé. — Le Frère Baudoin de Sancto-Justo appliqué à la question à Amiens. — Le Frère Gilet de Encreyo torturé à Paris. — Déposition du Frère Jacques de Trécis. — La figue, *marisca*, l'ἰσχάς, *Eucharistie* des manichéens. — Échecs subis par l'instruction 280

CHAPITRE XXXIII

10 mai 1310, allure émouvante de l'enquête. — Les quatre défenseurs de l'Ordre sont conduits d'urgence devant la commission. — Ils signalent que l'archevêque de Sens doit réunir le 11 mai un concile provincial pour juger les Templiers qui se sont offerts à la défense. — Ils en appellent au Pape! — Réponse de l'archevêque de Narbonne. — Cédule présentée par les quatre défenseurs. — Le but de l'archevêque de Sens est d'entraver l'enquête, de la rendre impossible. — Les Templiers en appellent à l'Apostole et au Sacré Collége; ils demandent à être conduits devant le Pape. — Dépôt de l'acte d'appel sur la table de la commission. — L'archevêque de Narbonne, après la lecture de cet acte, s'esquive, sous le prétexte d'aller dire ou entendre la messe. — Raisons de l'embarras de ce prélat. — Compassion témoignée aux Templiers par les membres de la commission. — Elle n'y peut rien. — L'archevêque de Narbonne s'abstient de siéger, du 10 au 18 mai. — Lundi 11 mai, interrogatoire du Frère Humbert de Podio. — Il a été appliqué à trois reprises différentes à la question par Jean de Jamville, et un nommé Peyto, parce qu'il refusait d'avouer ce qu'ils voulaient. — Mardi 12 mai, les commissaires sont avertis que cinquante-quatre Templiers vont être conduits au bûcher. — La commission députe Philippe de Vohet et l'archidiacre d'Orléans à l'archevêque de Sens pour l'inviter à surseoir à l'exécution. — Signification de l'acte d'appel. — Mercredi 13 mai, comparution du Templier Villars-le-Duc, scène terrible devant la commission. — Les commissaires décident qu'il y a lieu de surseoir à l'enquête jusqu'au 18 mai. — 18 mai, la commission députe une deuxième

fois Philippe de Vohet et l'archidiacre d'Orléans à l'archevêque de Sens, qui a fait arrêter l'un des quatre défenseurs, de Pruino, pour le juger. — 18 mai, nouvelle absence de l'archevêque de Narbonne. — Députation des chanoines Pierre de Massa, Michel Mauconduit, Jean Coccard, envoyée à la commission par l'archevêque de Sens. — Échange de paroles amères. — La commission proteste que l'acte d'appel au Pape daté du 10 mai (dimanche) a été signifié le mardi 12 mai, à la première heure. — Affirmations de Philippe de Vohet et de l'archidiacre d'Orléans. — Conduite inqualifiable des archevêques de Narbonne, de Sens, et de l'évêque de Preneste, chargés de la garde des Templiers. — Ces évêques ne devaient pas laisser exécuter les Templiers sans en avoir référé au Pape. . . . 303

CHAPITRE XXXIV

Après la décision du concile de Sens, le bras séculier s'étend sans délai. — Cinquante-quatre Templiers sont brûlés, le 12 mai 1310, au moulin à vent de Paris. — Description de l'emplacement. — D'autres Frères sont condamnés au mur perpétuel, dégradés, excommuniés. — Le 16 mai, quatre autres Frères sont brûlés au même lieu. — Neuf autres Templiers brûlés à Senlis, condamnés par le concile de Senlis, sous la présidence de l'archevêque de Reims, Robert de Courtenay. — Parmi eux, les Frères Clément Grandi Villarii et Lucha de Sornoy. — Les chairs et les os de tous ces hommes sont ramenés en poudre. — Philippe le Bel fait exhumer les ossements du Frère Hubert, constructeur de la tour du Temple, et les fait brûler comme étant ceux d'un hérétique. — Noms de quelques Frères recueillis dans l'enquête, condamnés au mur perpétuel, dégradés, excommuniés. — Noms de quelques-uns qui furent brûlés à Paris. — Bulle du Pape du 12 avril 1309, qui renvoie l'ouverture du concile général de Vienne au 1er octobre 1311. — L'enquête fut prorogée du 30 mai 1310 au 3 novembre suivant. 312

CHAPITRE XXXV

En 1310, les Templiers sont condamnés par les conciles de Sens (Paris), de Senlis (Reims), de Pont-de-l'Arche (Rouen). — Rien dans l'enquête concernant le concile de Pont-de-l'Arche. — Renseignements incomplets fournis par Guillaume Bessin. — Ce concile fut présidé par Bernard de Farges, archevêque de Rouen, neveu de Clément V. — Les Templiers de Pont-de-l'Arche (*milites*) furent condamnés au feu. — Les actes de ce concile ont disparu. — Les Frères sont absous au concile de Ravenne. — A Pise, à Florence, ils sont appliqués à la question et passent des aveux; ils sont condamnés. — En Sicile, en Provence, ils sont brûlés. — En Aragon, les Templiers prennent les armes; ils se défendent, ils sont vaincus; renvoyés devant le concile de Salamanque, ils sont reconnus et proclamés innocents. — A Mayence, ils se rendent en armes au milieu du concile; on n'ose pas les condamner. — Hugues de Waltgraff. — Au concile de Londres, ils sont condamnés à la pénitence perpétuelle. — Versés dans divers monastères, ils édifient par leur piété. — Ils déclarèrent au concile de Londres qu'ils ne pouvaient *s'espurgier*. — Qu'entendait-on par ces mots *s'espurgier* après négative. — L'alibi, la preuve par accident. — Concile tenu à Nîmes au mois de juin 1310. — Le curé de Saint-Thomas de Durfort, Guillaume Dulaurens, inquisiteur. — Interrogatoire des trente-trois Templiers arrêtés en 1307, détenus au château royal d'Alais. — 29 août 1311, nouveaux interrogatoires. — Guillaume Dulaurens fait appliquer les détenus à la torture et obtient certains aveux. — Question modérée et question immodérée. — Déclarations passées par Bernard de Salgues, commandeur de Saint-Gilles, et par le Frère Bernard de Silva. — Effets produits par la torture et les douleurs physiques. — Ces deux Templiers avouent qu'ils ont vu le *diable* sous la figure d'un chat qui *parlait*, qui *répondait* à toutes les questions en plein chapitre. — Ils ont vu des *démons* sous la *forme* de femmes. — Tous ces Templiers furent épargnés. — Le 9 novembre 1312, ils reçurent l'absolution, ils furent admis à la communion. 317

CHAPITRE XXXVI

Seconde phase de l'enquête, du 3 novembre 1310 au 26 mai 1311. — La commission se réunit le 3 novembre à Sainte-Geneviève, dans la chapelle de Saint-Éloi. — Les Frères de Chambonnet et de Sartiges demandent ce que sont devenus leurs collègues de Pruino et de Bononia, qui ont disparu. — Réponse des commissaires. — De Pruino et de Bononia seraient revenus à leurs premiers aveux; de Bononia aurait brisé sa prison et pris la fuite; de Pruino a été condamné, dégradé, il n'a plus capacité pour défendre. — Les Frères de Chambonnet et de Sartiges se retirent, en disant qu'ils n'assisteront plus aux dépositions des témoins. — Suppression de la défense. — Le 17 novembre, la commission transporte le lieu de ses séances à l'hôtel de l'abbé de Fécamp, rue de la Serpent. — L'enquête est reprise le 18 décembre 1310. — Témoins entendus ayant passé des aveux après avoir subi la question, ou s'étant désistés de la défense après le concile de Sens, ou réconciliés avec l'Église. — Suite des dépositions, interrogatoires, suggestions. — Mensonges. — Aveux arrachés par la torture. — Rétractations 325

CHAPITRE XXXVII

Du 11 avril 1309 au 26 mai 1311, la commission d'enquête aura entendu deux cent trente et un témoins, parmi lesquels six témoins non Templiers, en tout deux cent vingt-cinq Frères. — Deux cent sept avouèrent le reniement de Jésus-Christ de bouche et non de cœur et le crachement vers la croix. — Seize protestèrent. — Cent cinquante-trois nièrent l'excitation aux mauvaises mœurs. — Deux d'entre eux déclarèrent qu'en entrant dans l'Ordre, on les menaça des peines terribles de la règle contre les actes impurs. — Soixante-douze avouèrent ces excitations, en protestant que jamais ils n'avaient accompli ces actes odieux. — Tous nièrent l'adoration d'un chat. — Deux cent dix-neuf nièrent avoir vu une idole. — Six seulement déclarèrent avoir vu une tête (*capud*), soit lors de leur réception, soit dans un chapitre. — Tous affirmèrent que l'on croyait dans l'Ordre à la divinité de Jésus-Christ, aux sacrements de l'autel et de l'Église. — Jamais les chapelains n'omettaient de prononcer à l'autel les paroles du canon. — Le grand maitre laïque ne donnait pas l'absolution des péchés. — Les cordelettes étaient reçues et portées en signe de chasteté. — Suggestions. — Les Frères amenés à faire des aveux pour sauver leurs corps, l'Ordre étant condamné d'avance. — Série de preuves résultant de l'enquête. — Les Templiers préféraient la mort à l'apostasie; l'Ordre n'était rien sans Jésus-Christ et sans l'Église. — Arguments tirés de la cédule du Frère de Montréal opposés à l'opinion émise par le chroniqueur Augerius de Béziers (de Biterris) 337

CHAPITRE XXXVIII

Audience du 5 février 1310, les commissaires ordonnent une perquisition dans les bâtiments du Temple. — Déposition du Frère Jean de Turno. — Déposition de maître Sycus de Vercellis, notaire de la commission. — Origine d'une tête diabolique dont il a entendu parler. — Déposition du Frère Bartholomée de Bocherii. — La tête qu'il a vue dans la petite chapelle du Temple de Paris est semblable à celle qu'on appelait la tête du Temple (*magnum pulchrum capud Templi*). — Description de cette tête, vue au Temple de Paris par le Frère Bartholomée. — Reliquaire en forme de tête. — Déposition du Frère Prêcheur de Palude. — Déposition du Frère Pierre de Nobiliac 347

CHAPITRE XXXIX

Audience du 11 mai 1311, comparution de Guillaume Pidoie, préposé à la garde du Temple de Paris. — Dépôt, sur le bureau des commissaires, d'une grande belle tête « *magnum pulchrum caput* » qu'il a trouvée au Temple. — Description de cette tête n° 58. — On disait que c'était celle d'une des onze mille vierges. — Cette pièce à conviction est mise sous les yeux du Frère Guillerme de Herbleyo. — Ce témoin déclare que ce n'est pas la tête dont il a parlé; qu'au surplus il n'est pas bien sûr d'avoir vu une tête au Temple. — Conséquences de la découverte de cette relique en forme de tête. — Elle ne ressemble en rien à l'idole des manichéens, au Mété. — Aucun Frère n'a pu donner la description du Mété. — Déposition du Frère Hugues de Fauro. — Tête magique. — Destruction des Griffons, habitants de l'ile de Chypre. — Funestes effets de la curiosité d'une femme. — Déposition du Frère Guillaume Aprilis. — Tête dangereuse du détroit de Satalie. — Déposition du Frère Pierre Maurini; celui qui l'a reçu dans l'Ordre lui a dit que le *capud* était la tête de saint Pierre ou de saint Blaise. — Déposition du Frère Gofridus de Gonavilla. — Le chef d'inculpation relatif aux cordelettes croule avec celui *de Catu* et *de Idolis*. — Origine de la cordelette, tradition. — Déposition du Frère Guy Dauphin. — Reliques. — Têtes de saint Polycarpe et de sainte Euphémie. — Des coulpes et des infractions à la discipline. — Droits du grand maitre. — Molay n'a jamais pratiqué la confession sacramentelle. — Il n'a jamais donné l'absolution des péchés. — L'hospitalité et l'aumône largement pratiquées; déposition du Frère Philippe Agate, de la maison de Sainte-Vaubourg. — La grande commanderie de Renneville 352

CHAPITRE XL

Reniement de Jésus-Christ. — N'était pas général dans l'Ordre. — Épreuve détestable imposée au profès, lié par son serment d'obéissance passive et d'abnégation. — Reniement de la bouche et non de cœur. — En raison de la résistance du profès, on jugeait qu'il ne consentirait jamais à apostasier s'il tombait entre les mains des infidèles. — L'épreuve se retournait contre les ennemis de la foi. — Les prêtres réguliers et séculiers qui confessaient les Templiers semblent l'avoir compris ainsi. — L'épreuve n'avait aucune suite pour la foi. — Reniement fictif. — Les récepteurs le savaient bien. — Leurs discours. — L'épreuve du reniement n'était qu'une plaisanterie, *trupha*; un jeu, *jocus*, que les récepteurs faisaient subir au profès. — Dépositions des Frères Hugues de Calmonte, Pierre Picart, Jean de Elémosina, de Chéruto, Odo de Buris. — Renart de Bort. — Bertrand Guast. — Reniement du prophète, ou du faux prophète. — Les uns croient qu'il s'agit de Josué. — D'autres croient qu'on reniait à l'exemple de saint Pierre, qui avait renié trois fois son maître. — Dépositions des Frères Masnalier et de Gonavilla. — Baisers grossiers. — Preuve d'humilité. — Abus indécents. — Grossièretés de moines. — Brimades. 364

CHAPITRE XLI

Concile de Vienne; 1re session du 16 octobre 1311. — Discours d'ouverture. — L'Ordre du Temple n'avait pas été cité. — La majorité des Pères refuse de juger. — Embarras de la cour de Rome. — Un évêque italien, les archevêques de Reims, de Sens, de Rouen, le Pape et les cardinaux veulent passer outre. — Résistance de la majorité. — Elle se retranche derrière cette exception : l'Ordre n'a pas été cité, « *quod dictus ordo non fuerat vocatus* ». — Les Templiers avaient toujours déclaré qu'ils se présenteraient en personne, ou par fondés de pouvoirs, devant le concile général. — Dans une session du mois de novembre, sept Templiers se présentent pour défendre, et deux autres quelques jours après. — Clément V les fait arrêter et jeter en prison. — Suppression définitive de la défense. — Lettre de Clément V à Philippe le Bel. — Le concile traîne en longueur. — Philippe convoque encore une fois les États généraux à Lyon pour le 10 février 1311. — Lettres du Roi à cet effet aux consuls de Narbonne, Montpellier et Nîmes. — Efficacité de cette mesure. — Expédient proposé par l'évêque de Mende, Duranti. — Hésitations. — La majorité du concile laisse au Pape la responsabilité de l'expédient proposé. — Le 11 des calendes d'avril 1311, Clément V se décide à abolir, casser l'Ordre du Temple, en vertu de son autorité pontificale. — Le 12 avril 1312, le Roi, son frère Charles de Valois, et ses fils, prennent séance au concile. — Le Pape prononce en leur présence une sentence d'abolition. — L'Ordre du Temple ne fut ni jugé, ni condamné en jugement. — Conséquences de la sentence de Clément V. — Les immeubles de l'Ordre échappent à la convoitise de Philippe le Bel. — Sa déception. — Réflexions. 374

CHAPITRE XLII

Après le concile de Vienne, les Templiers sont jugés d'après leurs actes personnels. — Les conciles provinciaux eurent pleins pouvoirs. — Tortures, supplices, condamnations à la prison affligent ceux qui refusent d'avouer ou qui se sont rétractés. — Pensions, subventions, secours accordés à ceux qui ont refusé de défendre et qui ont passé des aveux. — Exactitude des faits relevés en la cédule du Frère de Bononia, des 23 mars et 1er avril 1310. — Misère des Templiers qui ont échappé. — Jugement du grand maître Molay, des précepteurs de Normandie, de Poitou et d'Aquitaine, et du grand visiteur Payrando. — Les légats de Clément V; leurs noms; leurs adjoints. — Molay et ses compagnons sont condamnés à la prison perpétuelle. — Iniquité de ce jugement. — Journée du 18 mars 1313, le lundi après la fête de saint Grégoire. — Échafaud dressé devant le parvis de Notre-Dame. — Lecture de la sentence. — Protestations de Molay et du maître de Normandie, Gaufridus de Charneio; ils prennent à partie les cardinaux et Philippe de Marigny, archevêque de Sens, qui étaient présents. — Ils soutiennent qu'ils n'ont passé d'aveux que par complaisance pour le Pape et pour le Roi. — Ils se rétractent. — Ils sont livrés au prévôt de Paris. — Le Roi assemble son conseil, et sans soumettre Molay et de Charneio au jugement du tribunal ecclésiastique, il est décidé qu'ils seront brûlés, à l'heure de vêpres, dans l'île du Palais. — Ledit jour, à l'heure fixée, Molay et son compagnon sont brûlés en la *présence* du Roi, dans son jardin du *Pallais*, en l'île aux *Juys*. — Protestations d'innocence jusqu'au dernier soupir. — Description de l'île aux *Juys*. — Stupeur, émotion dans Paris. — Le peuple se rue sur le bûcher, recueille les cendres des martyrs et les emporte. — Chacun se signe et ne veut rien entendre. — Indignation qui s'élève dans toute l'Europe. — Concile de Narbonne. — Bernard de Farges. — Belle conduite du roi de Majorque 384

CHAPITRE XLIII

Aperçu général des valeurs provenant des biens du Temple, dont Philippe le Bel, sa femme, leurs enfants et Charles de Valois, frère du Roi, ont approfité. — Pillage. — Revendications. — Compositions. 394

FIN DE LA TABLE DES MATIÈRES.

PARIS. — TYPOGRAPHIE DE E. PLON, NOURRIT ET Cⁱᵉ, RUE GARANCIÈRE, 8.

ERRATA

Page 50, au lieu de : **1265, 1267**, lire : **1365, 1367**.

Page **127**, ligne 3, au lieu de : *Julco*, lire : *Fulco*.

Page **127**, ligne 16, au lieu de : *lapud*, lire : *capud*.

Page **142**, ligne 14, au lieu de : *procès-verbal à enquête*, lire : *procès-verbal d'enquête*.

Page **226**, ligne 10, au lieu de : Pollemourt, lire : Pollencourt.